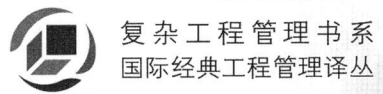

复杂工程管理书系
国际经典工程管理译丛

与复杂性共舞：
大型基础设施项目的管理与组织

〔荷〕马塞尔·郝托 (Marcel Hertogh) 著
〔荷〕埃迪·韦斯特维尔德 (Eddy Westerveld)

高星林 何清华 罗岚 编译
刘琰 王歌 董双

Playing with Complexity：
Management and Organisation of Large Infrastructure Projects

同济大学 出版社
Tongji University Press

图书在版编目(CIP)数据

与复杂性共舞：大型基础设施项目的管理与组织 /
(荷)马塞尔·郝托(Marcel Hertogh),(荷)埃迪·韦
斯特维尔德(Eddy Westerveld)著；高星林等编译. —
上海：同济大学出版社，2021.7
(国际经典工程管理译丛 / 李永奎，何清华主编)
书名原文：Playing with Complexity——
Management and Organisation of Large
Infrastructure Projects
ISBN 978-7-5608-9855-1

Ⅰ. ①与… Ⅱ. ①马… ②埃… ③高… Ⅲ. ①基础设施建设—项目管理 Ⅳ. ①F294

中国版本图书馆 CIP 数据核字(2021)第 152322 号

© by NETLIPSE
p/a AT Osborne B.V.
P.O.Box 168
3740 AD Baarn
The Netherlands
本书原版由 NETLIPSE 项目团队所有，侵权必究。

Tongji University Press is authorized to publish and distribute exclusively the Chinese (Simplified Characters) language edition. This edition is authorized for sale throughout Mainland of China. No part of the publication may be reproduced or distributed by any means, or stored in a database or retrieval system, without the prior written permission of the publisher.
本书中文简体翻译版权由同济大学出版社独家出版并仅限在中国大陆地区销售。未经出版者书面许可，不得以任何方式复制或发行本书的任何部分。

与复杂性共舞：大型基础设施项目的管理与组织

马塞尔·赫托(Marcel Hertogh)　埃迪·韦斯特维尔德(Eddy Westerveld)　著
高星林　何清华　罗岚　刘琰　王歌　董双　编译
责任编辑　姚烨铭　姜黎　**责任校对**　徐春莲　**封面设计**　陈益平

出版发行	同济大学出版社　www.tongjipress.com.cn	
	(地址：上海市四平路1239号　邮编：200092　电话：021-65985622)	
经　　销	全国各地新华书店	
排　　版	南京文脉图文设计制作有限公司	
印　　刷	常熟市华顺印刷有限公司	
开　　本	787 mm×1092 mm　1/16	
印　　张	22.25	
字　　数	555 000	
版　　次	2021年7月第1版　2021年7月第1次印刷	
书　　号	ISBN 978-7-5608-9855-1	
定　　价	128.00元	

本书若有印装质量问题，请向本社发行部调换　　版权所有　侵权必究

原著作者简介

马塞尔·赫托
Marcel Hertogh

自 2012 年起,Marcel Hertogh 在代尔夫特理工大学土木工程和地球科学学院担任基础设施设计和管理的全职教授。他的主要研究方向为重大工程项目管理、集成设计、资产管理和施工技术等。他是代尔夫特三角洲、基础设施与流动性倡议组织(Delft Delta, Infrastructure and Mobility Initiative, DIMI)的主席,该组织促进和协调代尔夫特理工大学 8 个学院有关三角洲、基础设施和流动性的研究和教育(https://www.tudelft.nl/infrastructures/)。他也是 Triple Bridge B.V. 的管理合伙人之一。

Marcel Hertogh 曾在代尔夫特理工大学主修土木工程,在鹿特丹伊拉斯姆斯大学主修经济学,并分别获得硕士学位。他在鹿特丹伊拉斯姆斯大学(社会科学)与苏黎世联邦理工学院(项目管理)分别取得博士学位。他著有 12 部有关重大项目、基础设施和城市发展的设计、管理和组织著作,并在该领域发表了大量期刊论文和会议论文。

2002 年,Marcel Hertogh 联合发起了欧洲网络 Netlipse(www.netlipse.eu),致力于大型基础设施项目的知识交流,并在前十年(直至 2012 年)担任项目总监。他负责该领域两个由欧盟资助的大型研究项目(2006—2011 年),以及基础设施项目评价工具(Infrastructure Project Assessment Tool,IPAT)的开发。他曾是一条铁路线(造价 10 亿欧元)的项目总监,并建立、重组和深入研究了 30 多个重大项目(累计造价超过 100 亿欧元)。他与中国多所高等院校在重大项目管理方面进行了卓有成效的合作。

自 2016 年以来,他担任了荷兰国家风暴潮屏障委员会的主席。2013 年至 2019 年,他在荷兰基础设施和水资源管理部担任战略顾问。他已婚,有四个孩子,喜欢旅行和跑步。

埃迪·韦斯特维尔德
Eddy Westerveld

Eddy Westerveld 担任荷兰 AT 奥斯本(AT Osborne)公司的管理顾问。他是一名拥有超过 20 年管理大型项目经验的员工。他曾是诸多大型基础设施项目的项目经理,如荷兰高铁南线、NoordZuidlijn 和 Uithoflijn。作为项目顾问,他活跃于荷兰的许多项目,包括 Schiphol-Amsterdam-Almere(SAA)、Zuidasdok、Hoekse Lijn、Blankenburgverbinding、ERTMS 和 Amstelveenlijn。他提供的顾问服务包括治理、工程控制、合约及调解等。他的主要委托方包括荷兰交通运输部(The Department for Public Works,RWS)①、鹿特丹市、阿姆斯特丹市和乌得勒支市。

Eddy 于 1999 年获得了格罗宁根大学工商管理硕士学位。他写过一本书和多篇关于卓越项目模型的论文。卓越项目模型是联系项目成功标准和成功因素的模型,该模型背后的基本思想被用于构建国际项目管理协会(IPMA)的卓越模型。他担任了多年的 IPMA 年度卓越项目奖首席审核员。

2002 年,Eddy 成为欧洲网络 Netlipse(www.netlipse.eu)的创始人之一,该网络旨在促进大型基础设施项目的公共业主之间的知识交流。他领导了最初的 Netlipse 研究,包括欧盟内部的 15 个大型基础设施项目,用以开发最佳实践和总结经验教训。

2010 年,Eddy 获得鹿特丹伊拉斯姆斯大学公共管理博士学位。在完成博士研究后,他专注于缩小实现大型基础设施项目成功的理论与实践间的差距。

Eddy 是一个运动达人,喜欢足球和骑行。他已婚,有四个儿子。

---

① 负责荷兰主要基础设施的设计、建设、管理和维护。

译著作者简介

高星林

教授级高级工程师,清华大学粤港澳大湾区创新领军工程博士生,现任港珠澳大桥管理局局长助理、计划合同部部长,国际道路协会(PIARC)重大项目组中国专家,交通运输部、国家留学基金委公派荷兰代尔夫特理工大学访问学者,长安大学、重庆交通大学、广州大学经管学院兼职(客座)教授,同济大学经管学院名家讲堂特聘专家、复杂工程管理研究院外聘高级研究员,交通运输部综合评标专家,中国公路学会青年专家委员会常务委员、欧洲分委会首届负责人等。主要从事工程项目管理策划及模式构建,以及超大型复杂工程计划、招标、合同、进度、造价管理等工作。目前主要研究重大工程项目管理、复杂性管理和智能化运维管理等。先后参与了国家科技支撑计划"跨境重大交通工程管理模式决策机制和战略资源供应链的关键技术研究"、国家自然科学基金"我国重大基础设施工程管理的理论、方法与应用创新研究"等多个重大课题,出版和翻译著作多部,发表论文多篇,发明专利多项,获省部级科学技术进步奖多项,带领团队获得"全国工人先锋号"称号。

何清华

同济大学经济与管理学院建设管理与房地产系教授,博士生导师;同济大学复杂工程管理研究院副院长。英国皇家特许测量师学会资深会员(FRICS)、英国皇家特许建造师学会资深会员(FCIOB)。获得国际项目管理协会认证特级项目经理(IPMP-A)等国际执业资格。担任中国(双法)项目管理研究委员会(PMRC)理事、中国建筑业协会(CCIA)理事、上海市建设工程咨询行业协会(SCCA)行业发展委员会副主任委员、上海市工程咨询行业协会(SECTA)理事,曾任英国皇家测量师学会(RICS)中国区委员、亚洲教育标准委员会(AESB)委员、2019年RICS中国年度大奖评审委员会主席。长期从事建设工程管理领域的教学、科研与咨询实践。研究领域包括建筑业行业发展与改革、重大/复杂工程管理、精益建设、集成项目交付和全过程工程咨询等。主持国家自然科学基金、住房和城乡建设部、上海市科委等政府和企业委托各类研究课题三十余项,出版《大型复杂工程项目群管理协同与组织集成》《项目复杂性识别、测度与管理研究》《重大工程组织公民行为识别、驱动因素与效能涌现研究》《现代工程建设精益项目交付与集成实践》《项目管理案例》《项目管理》等著作、译著、教材十余部,发表学术论文120余篇。主持国内若干大型复杂工程项目管理研究咨询工作,典型案例包括上海迪士尼度假区、深圳前海新中心、上海西岸传媒港、湖南广播电视台节目生产基地、中国佛学院、中国商飞总部、广西南宁东站高铁新城、陕西汉中汉文化博览园等。

罗 岚

南昌大学建筑工程学院副教授,硕士生导师,赣江青年学者,同济大学与美国北卡罗来纳州立大学联合培养博士,新加坡南洋理工大学博士后,东南大学中西部高等学校青年骨干教师国内访问学者,研究方向为重大工程复杂性及治理。主持国家自然科学基金项目3项、江西省自然科学基金和社会科学规划项目等省部级课题5项。同时作为主要成员先后参与了国家基金委重大项目和面上项目等多项纵向课题。出版专著《大型复杂工程项目群管理协同与组织集成》《项目复杂性识别、测度与管理研究》,在工程管理专业顶级期刊 International Journal of Project Management、Journal of Management in Engineering、Journal of Construction Engineering and Management、《管理工程学报》等发表学术论文50余篇。多次获得"授课质量优秀奖""青年岗位能手"、优秀博士毕业生、博士研究生国家奖学金等荣誉。担任国家自然科学基金评审专家、教育部学位与研究生教育发展中心评审专家以及 International Journal of Project Management、Project Management Journal、Engineering, Construction and Architectural Management 等十余本 SCI/SSCI 期刊的审稿专家。

刘 琰

荷兰代尔夫特理工大学（Delft University of Technology）博士、博士后研究员、硕士专业 Construction Management and Engineering 和本科辅修专业 Project Management from Nano to Mega 讲师、硕士生导师（已指导 23 名）；英国伦敦大学学院（University College London）访问学者、客座讲师。获得国际项目管理协会 IPMA 青年学者卓越贡献奖，日本笹川良一青年教育基金会会员（SLYFF）。研究领域包括大型基础设施项目管理、项目式学习、项目集群管理及数字创新与能力等方面。参与中国 BIM 标准研究等课题。出版《业主开发与建设项目管理实用指南》（第四版）译著等 3 部，在 International Journal of Project Management 等国内外学术期刊上发表论文 10 余篇，其中 ESI 高被引论文 1 篇，担任 International Journal of Project Management、Automation in Construction、Urban Planning、Journal of Management in Engineering 等多本 SCI/SSCI 期刊的审稿人，被 International Journal of Project Management 和 Automation in Construction 评为杰出审稿人（Outstanding Reviewer）。曾担任代尔夫特中国学生学者联合会副主席，代尔夫特理工大学博士教育咨询委员会委员，博士生工会 PromooD 主席。

王 歌

同济大学管理学博士（建设工程管理专业），Queen's University Belfast 联合培养博士研究生，2019 年入选湖北省"楚天学者计划"，获得华中农业大学第十四届青年教师讲课竞赛一等奖，指导本科生获得全国智能建造与管理创新大赛一等奖、华中农业大学第十二届"神农杯"大学生课外学术科技作品竞赛特等奖。主持国家自然科学基金青年项目 1 项、中央高校基本科研业务费专项基金 1 项、中国博士后科学基金面上项目 1 项和华中农业大学乡村振兴战略研究中心开放课题 1 项，参与国家自然科学基金重大和面上项目以及国家社会科学基金重大项目等国家级课题 3 项。担任教材《项目管理》和《土木工程科技英语》的副主编，在 International Journal of Project Management、Journal of

Management in Engineering、*Renewable & Sustainable Energy Reviews*、*Sustainable Cities and Society*、《系统管理学报》《中国土地科学》等国内外期刊和会议上发表论文 30 余篇,其中 ESI 高被引论文 1 篇,担任中国工程院院刊 *Frontiers of Engineering Management* 特约通讯专家以及 *Project Management Journal*、*Journal of Management in Engineering* 等 10 本 SCI/SSCI 期刊的评审人,被 *International Journal of Project Management* 评为杰出评审人(Outstanding Reviewer),2017 年获得 International Conference on Construction and Real Estate Management 的最佳论文奖(Best Papers Award),2019 年获得 Engineering Project Organization Conference 的最高评价论文奖(Highly Rated Papers)。

董 双

现为华东理工大学商学院讲师,专业为工程管理。曾获得同济大学管理学博士及香港理工大学工学博士学位。目前为止主持国家自然科学基金青年项目 1 项,博士后基金 A 类项目 1 项,主要参与包括社科在内的 2 项省部级项目,以及两项教学创新项目。曾发表期刊论文 20 余篇,其中包含 SCI 一区文章 5 篇。现担任 *Automation in Construction* 以及 *Accident Analysis and Prevention* 两本高质量杂志审稿人。教学方面,主要承担本科建筑工程识图和硕士学位专业英文及工程伦理(全英文)的讲授工作。

荐序

　　Marcel Hertogh 教授是欧洲研究重大工程管理的一位代表人物，他在积累了几十年工业界实务经验的基础上，加入荷兰代尔夫特理工大学从事教学和研究工作。Marcel Hertogh 教授在对欧洲 15 个重大基础设施项目最佳实践系统展开研究的基础上，精心挑选了来自英国、瑞士和荷兰的 6 个重大项目案例，通过大量调研和访谈，形成了他对重大工程复杂性的认识和驾驭重大工程复杂性的方法，并于 2010 年与 Eddy Westerveld 博士联合出版了《大型基础设施项目的管理与组织：与复杂性共舞》专著。他是一位兼具工程界与学术界广博知识和经验的专家。

　　本书作者客观上把握了重大工程从系统性到复杂性的属性演变规律，用工程思维提出了重大工程复杂性体现在技术、社会、融资、法律、组织和时间六个维度，用理论思维分析了重大工程的细节复杂性和动态复杂性。作者并没有局限于工程本体视角，而着重于将利益相关方带来的重大工程社会复杂性作为重点，从更广阔的视角和作者认为影响重大工程项目成功的最关键因素来解构重大工程的复杂性管理；并在此基础上提出了驾驭重大工程复杂性的理论模型，用中国传统文化的太极图来说明管理控制和管理交互的平衡作为处理动态复杂性的主要方法，以适应错综复杂的项目背景和不断变化的项目环境，具有较好的柔性和鲁棒性。

　　作者还进一步提出重大工程项目成功取决于更高层次的合作、高水平团队、重要人物和有能力找到独特解决方案和发现机会窗口。从中国重大工程管理实践来看，这些观点在港珠澳大桥等一系列工程建设中得到了验证。我深信，以上研究结论在中国未来重大工程管理实践中一定会有很好的借鉴和应用价值。

　　本书主要译者高星林、何清华及工作小组团队成员做了一件非常有价值和有意义的工作。通过该著作中文版的出版，不仅把欧洲重大工程管理最佳实践和经验教训介绍到国内，让国内同行形成对欧洲重大工程管理审视的总体性视角，同时也把欧洲重大工程复杂性管理的思维、方法和理论带到中国，供国内更多的同行予以分析和借鉴。

　　教授级高级工程师高星林全程参与了港珠澳大桥的建设工作，对重大工程的管理实践有着深刻的认识，利用交通运输部公派访学荷兰的机会,又进一步加强了对重大工程管理的理论学习和思考。我仔细阅读过他在访学期间完成的读书笔记和翻译计划,能强烈感受到其求真务实、坚持不懈的学习精神,实在难能可贵。何清华教授常年在同济大学经济与管理学院建设管理与房地产系任教,同时兼任同济大学复杂工程管理研究院副院长,多年来一直围绕重大工程管理开展研究,并取得丰硕成果。两位作为主要参与方参与了国家自然科学基金重大项目"我国重大基础设施工程管理的理论、方法与应用创新研究",由他们联合组成团队来翻译此书,能将理论和实践结合得更好,并能够深入开展欧洲和中国重大工程复杂性管理的对比研究。

重大工程管理基础理论研究已经成为当今国际工程管理界公认的一个原创性、前沿性学术问题。近年来,中国学者积极参与了这一具有重大学术价值的理论问题的自主性和原创性研究,体现了中国工程管理学界在学术研究道路上从"照着讲"到"接着讲"的重要转变。我国学者提炼出的核心概念、基本原理、基础性科学问题以及新的方法体系构成了该领域理论体系完整的学理链,并提出了关于重大工程管理基础理论体系与话语体系的学术创新。

在实现两个"一百年"的民族复兴和中国梦的过程中,相比欧美等其他国家,中国具有更加丰富和鲜活的重大工程管理实践的土壤和提供问题导向的研究机遇。在中国引领世界重大工程实践的巨大舞台上,面向中国重大工程管理实践需求,更加开放地借鉴国际经验,开创中国特色的重大工程管理理论和方法,应成为我国学者的学术担当。

本书是欧洲学者关于重大工程复杂性管理的代表作之一。作者集成了工程师的工程思维和学者的理论思维,将理论与实践进行了很好的融合,相信工业界和学术界的读者都会有很深的感悟和很大的收获。

衷心祝贺《大型基础设施项目的管理与组织:与复杂性共舞》能与中国读者见面,并进一步促进中国重大工程管理实践探索和理论研究走向更高水平。

盛昭瀚
南京大学工程管理学院　名誉院长
同济大学复杂工程管理研究院　院长
2020 年 9 月 30 日

译者序（一）

我加入港珠澳大桥项目后，逐渐对重大工程管理和复杂性产生了浓厚并持续的兴趣。2019年8月底，我被交通运输部确定为公派出国留学访问学者，而此时，同济大学何清华教授刚刚前往美国访学。2014年至2018年，我和何清华老师共同参与了由南京大学盛昭瀚教授牵头，联合哈尔滨工业大学、同济大学、上海交通大学和华中科技大学共同承担的国家自然科学基金"我国重大基础设施工程管理的理论、方法与应用创新研究"的重大项目，正是借助于盛老师一手创建和打造的平台，我得以接触一批杰出学者和同学，并因志同道合和他们成为朋友，进而一起合作，在合作过程中又逐步发展为终身友谊。以上算是我翻译有关重大、复杂工程管理系列书籍的最初缘起。

从确定访学那时开始，我便开始系统思考和筹备如何充分有效地利用好访学的一整年时间，尽量多出一些有价值的成果。回想起来，Marcel Hertogh教授于2019年4月23日到访港珠澳大桥，我们进行了非常愉快的交谈和沟通。当时，他送我一本他的著作，我得知作者是欧洲研究重大工程复杂性管理最有影响力的教授之一，著作融合了作者丰富的工程实践和扎实的理论基础。所以，慢慢就形成初步设想，能否把Marcel Hertogh教授编著的复杂性理论专著引进到中国。在制订自己访学目标成果计划时，把专著翻译的事情列入优先级工作确定了下来。在和何清华老师交流的过程中，何老师提出，可以考虑整合团队一起来做这样一件有意义的事情。期间，他在美国访学，也可以抽出一些时间和精力来共同完成。何老师本人作为同济大学经济与管理学院建设管理与房地产系的教授，同时担任同济大学复杂工程管理研究院副院长，长期致力于重大工程管理领域的理论研究，团队也参与了上海世博会、上海迪士尼度假区、深圳前海新中心等一批大型复杂工程的项目管理咨询工作，对工程实践也有比较深刻的认知。

我于2019年12月19日抵达荷兰代尔夫特理工大学，在12月20日与Marcel Hertogh教授、刘琰博士见面商讨访学研修整体计划过程中，进一步了解了Marcel Hertogh教授已经公开出版的多本著作的情况，并根据著作的学术价值和实践价值，当天商议确定了翻译Marcel Hertogh教授等撰写的 *Managing Large Infrastructure Projects*（《大型基础设施项目管理：欧洲大型基础设施项目的良好实践与经验教训》），*Ten years of Managing Large Infrastructure*

Projects in Europe（《管理欧洲大型基础设施项目的十年——教训学习和挑战前瞻》）和 Playing with Complexity——Management and Organisation of Large infrastructure Projects（《大型基础设施项目的管理与组织：与复杂性共舞》）三本书。第一本书的主题是对欧洲十五个涵盖公路、铁路、水运等不同类别的重大基础设施工程管理实践的系统总结和分析；第二本书针对第一本书的研究成果做了十年期的持续跟踪、进一步的总结和思考，这两本书相对侧重于重大工程管理实践与方法；第三本书是在重大工程管理案例的基础上，核心探讨重大工程管理成功之道，相对更侧重于理论研究。

Maecel Hertogh 教授团队成员刘琰博士非常熟悉导师所创立的重大工程管理整体学术思想和理论体系，学术功底扎实，为人真诚热情，反应敏捷迅速，被 Marcel Hertogh 教授留下来担任博士后研究员，他也答应加入翻译团队。何老师和我经过几轮沟通，快速组建了一个有战斗力和执行力的翻译团队，成员中吸纳了多位年轻学者和优秀的博士研究生及硕士研究生。

2020 年 1 月 9 日召开了翻译工作启动会，中、美、荷三国团队成员连线视频，之后每月一次或多次通过视频连线的会议方式，讨论并解决翻译工作中存在的各类问题。期间，我又和刘琰博士一起和 Marcel Hertogh 教授就需要和其他原作者沟通、确认的问题做了多次、多轮的沟通与求证。越到后续收尾阶段，会议和沟通越是频繁。我从 2020 年 3 月 26 日至 2020 年 4 月 15 日，利用疫情期间封闭在家，集中精力完成了原著第一遍英文原稿的系统阅读，并同步整理了 101 条读书笔记；之后一周又完成了英文原稿的第二遍重点阅读，继续对全书进行了概括性总结，期间基本同步完成第一版中文译稿的中英文对照审校，并将意见和建议反馈给工作小组成员。南昌大学建筑工程学院罗岚博士牵头，代尔夫特理工大学刘琰博士、华中农业大学公共管理学院的王歌博士、华东理工大学商学院董双博士一起参与，会同翻译工作小组的博士研究生陈小燕、何晖，硕士研究生罗培圣等，一起对全书的专用名词、概念、高频词汇、地名、人名等进行了耐心细致的统一，并于 2020 年 5 月 15 日完成了中文译著初稿。罗岚博士、刘琰博士、何清华教授和我又历时数月，经过多轮审阅、润色和修改，带着精益求精的态度极力按"信、达、雅"的要求反复锤炼和推敲，并希望给中国读者呈现一本较高翻译质量的学术专著。

阅读本书有诸多感受和体会。本书的主要成果基于 Maecel Hertogh 教授和另一位作者 Eddy Westerveld 共同完成的博士论文。令人感到新奇的是，我在本书中见到了国内历史学研究上常用的"叙事分析法"（参见黄仁宇《万历十五年》）。作者并没有按照一般博士论写作方式来书写，却以一个故事作为开头，真可谓是独辟蹊径，匠心独运，用讲故事的方式，从案例分析入手，围绕问题导向，抽丝剥茧，如剥洋葱般层层展开，层层递进，逻辑清晰，条理清楚，让一本理论著作读起来饶有趣味而不觉枯燥。

而恐怕更令人称奇的是，一位西方学者，却用中国传统文化来解读其理论观点。作者用太极图来说明控制管理和交互管理的平衡关系，可谓恰到好处，妙到毫巅。作者善于构建四象限模型，读者可从复杂性解构到复杂性管理模型构建中领略复杂背后的简洁之美，且容易理解和运用，足见作者逻辑架构之功力，甚是喜欢。

通过作者在国际视野下对欧洲重大工程案例的分析，希望本书协助读者建立驾驭复杂性的系统思维。以本人作为全过程亲历港珠澳大桥建设的实践者而言，作者构建的复杂性管理理论，读来非常亲切并有共鸣。应该说，书中许多地方说出了我们在实践中的真实感受和体会，但我自己又未曾归纳或未有能力总结提炼出相对完整的理论体系。这种理论思维在重大工程管理中定会有很好的应用，可以实质性地指导重大工程管理实践。

引证两段读书笔记予以分享。

2020年3月30日读书笔记：今日读书，心情愉悦。关于人的重要性，作者强调项目管理中人的能力不同导致结果不同。作者举了两个例子，一是创意，二是遭遇少数意见时的坚持。作者专门谈到有能力的人需要具备的综合品质，除了专业能力（准备充分）以外，有时更重要的是人性中那些最宝贵的品质，如热情、奉献、正直和谦虚。老外也重"德才兼备"，这是比较"开玩笑"的总结。另外，个人认为越到管理的更高层级，书中提到的人性之宝贵、品质之重要性越发凸显，我把他们总结为个人除专业能力以外的软技能，就显得越为重要。

2020年4月1日读书笔记：今日读书，海阔天空。作者关注的核心问题，到底哪些因素显著影响重大工程项目管理成功，也是我长期关注的问题，希望访学期间能给出自己的答案。我期待通过系统性和结构化的深入思考，最终能够深入浅出给出这个问题的答案。作者通过他的研究，说明本书的核心出发点和关键目标也是解决以上问题。作者同时建议读者读完本书，能结合自身工程实践经验和理论认知再做螺旋式持续提升，此番话说出了我内心对重大工程管理理论和实践交互关系的系统认知。

工程师的思维主要体现为工程思维，学者的思维主要体现为理论思维。理论和实践的大门永远敞开，理论和实践的鸿沟也客观存在，光有实践可能不够深刻和系统,光有理论可能显得抽象和乏味,工程是造物的实践,需要理论与实践的融合,驾驭重大工程和超级工程更是如此。本书两位作者都是有着丰富工程经验的实践者,而 Marcel Hertogh 教授又从工程界投身于理论界。本著作的成果正是建立在大量工程案例实证分析基础上对重大工程管理理论的探寻,没有深厚的工程背景和工程实践的理解,绝对写不出这般鲜活的文字和这样"接地气"的理论,相信读者在阅读过程中,可以强烈感受工程思维和理论思维完美结合体现出的力量。

中文译本全书分为十章,另有前言、总结、致谢、参考文献、附录、作者简介和译后记等内容。本书译者序(一)由高星林撰写、译者序(二)由何清华撰写;第一章和第二章由董双主持翻译;第三章由陈小燕、罗岚和王婷主持翻译;第四章由何晖主持翻译;第五章由罗培圣主持翻译;第六章和第七章由王歌主持翻译,胡文伯、迟昕阳、聂清伟、兰沈媛和雷贺仟参与翻译;第八章、第九章和第十章由罗岚主持翻译,吴霞、周德、吴小平和王慧隆参与翻译;总结、致谢、作者简历由陈小燕主持翻译。译后记由高星林完成。全书由罗岚、刘琰、何清华、高星林进行多轮统稿,由刘琰、高星林复核,厦门大学青年教师张苏娟博士对全书进行了复核,由何清华、高星林最后审定。

为从读者阅读角度提高全书的可读性,广东省交通运输厅总工程师黄成造先生、港珠澳大桥管理局总工程师苏权科先生、原副局长余烈先生、原工程总监张劲文博士抽空提前审阅了全书,并结合对重大工程管理的深刻认知,提出了诸多宝贵意见和建议。

承蒙荣幸,南京大学工程管理学院荣誉院长、同济大学复杂工程管理研究院院长盛昭瀚教授百忙之中审阅了此书,并撰写了荐序;交通运输部原总工程师周伟教授、长安大学校长沙爱民教授、重庆交通大学校长唐伯明教授、港珠澳大桥管理局前局长(前党委书记)朱永灵先生审阅了此书,对全书翻译工作进行了指导并提出了宝贵的意见。他们对本人访学全过程进行了耐心指导,谨致以崇高的敬意和衷心的感谢。

中国仍处在高速发展的过程中,大型基础设施的建设和运营维护任务工作量巨大,"一带一路"倡议和建设"粤港澳大湾区"国家战略等,在新时代、新基建背景下带来了新的历史机遇,也带来了新的历史挑战,正如中国工程院郭重庆院士在《直面中国管理实践,跻身管理科学前沿》中感慨的,"中国经济与社会面临的挑战与其说是资金和技术的问题,毋宁说是管理问题,不论是宏观层面,还是微观层面,这个结论似乎都成立,这也是为什么,到老了,我又转向管理领域的缘由"。如何发挥科学管理的作用,最大限度地控制风险,创造社会和经济价值,这也是翻译本书的初心。希望本书能为从事重大工程管理的理论研究者和实践从业者提供更多的国际视野，提供思路与借鉴。希望本书中的良好实践和经验教训能够为读者所借鉴，在中国的重大工程管理实践中结合中国情景和中国案例不断开花结果，不断提高我国重大工程管理的理论和实践水平。

感谢交通运输部、国家留学基金委、广东省交通运输厅和港珠澳大桥管理局等相关单位和领导，特别感谢港珠澳大桥管理局党委书记、局长郑顺潮先生，能够给予本人这次极其宝贵的访学机会，让我得以完成本书的翻译。感谢同济大学、南京大学、重庆交通大学及长安大学等相关单位的老师和学者在本书翻译过程中提供的大力帮助和支持，感谢荷兰代尔夫特理工大学在本人访学期间提供的良好的学习环境和周到的服务保障，能够在此访学并有机会听取各种演讲报告，参加博士生很多课程学习，充分享受学校极其开放的学术资源，让我获益良多。感谢访学的合作导师 Marcel Hertogh 教授及集成设计和管理研究团队负责人 Hans Bakker 教授，与他们不停地讨论专业问题让我受益匪浅，他们开阔的视野、开放的学术精神和严谨的学术态度让我受益终身。也衷心感谢我的家人和朋友，在我访学期间给予我的大力支持和关心，让我全身心地投入到本书的翻译中，并克服疫情带来的困难而如愿完成本书的工作。

访学回国后，得到了很多领导和朋友的诚挚关心，因工作繁忙和受限于疫情影响，无法当面沟通，谨以此书敬致谢意。在此期间，有幸入读清华大学粤港澳大湾区创新领军工程博士，重整行装再出发，开启新的征程，要特别感谢清华大学缪立新教授和各位老师，给我信心、鼓励和帮助，还有各位新同学，未来与他们同行，将是我人生的荣幸。

另外，特别感谢荷兰隧道工程咨询公司（TEC）的 Hans de Wit 执行总裁和李英博士，他们给了我访学热情的支持和帮助，协助我调研访谈了丹麦至瑞典的厄勒海峡通道（Øresund Crossing Project -Denmark & Sweden）等多个欧洲项目和相关组织，并特别衔接厄勒海峡通道项目业主为本书的封面提供了部分图片（图片版权 Copyright Øresundsbron），再次致以衷心的感谢！也同时对港珠澳大桥管理局为本书的封面提供了部分图片表示感谢！

因水平有限，翻译过程中恐错误在所难免，恳请各位同行批评指正。各位读者在阅读本书过程中，如有更好的建议或意见，欢迎指正并请及时向我们反馈。

管理之道，在止于至善。

高星林

初稿 2020 年 9 月 30 日

终改于 2021 年 10 月 6 日

译者序(二)

已故物理学家史蒂芬·霍金教授指出,21世纪是复杂性科学的世纪。从某种意义而言,复杂性科学将带来方法论或思维方式的变革。尽管国内外学者,甚至实践界专业人士越来越多地认识到研究复杂性科学的重要价值,我们必须承认人们对复杂性科学的认识不尽相同,甚至存在较大分歧。目前而言,想找出一个能够符合各方研究和应用旨趣的复杂性科学的概念都有些困难,但可以肯定的是,复杂性科学的理论和方法将为人类和社会的发展提供一种新思路、新方法和新途径。

重大基础设施工程(以下简称"重大工程")往往被称为"社会发展过程中的特权粒子",旨在雄心勃勃地改变城市、区域、国家乃至国与国之间的社会结构和网络关系。重大工程并不是中小型工程的简单集合体或者放大版本,而是在战略愿景、交付周期、利益相关方参与等诸多方面具有显著特性的复杂项目。改革开放以来,我国以三峡工程、青藏铁路、国家高铁网络、港珠澳大桥、北京大兴国际机场等为代表的系列重大项目创造了诸多世界级工程奇迹,成为全球重大工程实践的主战场。英国牛津大学 Bent Flyvbjerg 教授曾在《巨型项目:雄心与风险》(Megaprojects and Risk: An Anatomy of Ambition)一书中指出:"没有哪个国家像中国那样被重大工程所定义。"

重大工程是典型的"复杂巨系统",具有目标的整体性、系统的开放性、环境的动态性、参建主体的多元性及组织的自适应性等诸多复杂性特性,给项目决策、工程实施和设施运营等生命周期不同阶段的管理和阶段之间的集成都带来巨大挑战。跨海大桥建设史上的超级工程——港珠澳大桥工程,既要克服"一国两制"制度框架下的组织问题,也要克服社会环境和文化差异所带来的管理问题。但建设团队带着情怀和使命,带着激情和热情,在项目愿景和目标定义、投融资模式设计和安排、全生命周期集成化管理理念的贯彻、组织治理体系的整体设计和动态演化、实施策略系统筹划策划、项目管理规则制订和实施、全球匹配优质资源的物色和整合、风险管控和持续变化应对、精益建造理念的践行、知识管理和再造、公民行为和社会责任的履行及基于合约治理下的参建各方合作伙伴式(Partnering)项目文化的培育等方面均做了大量卓有成效的努力和创新,最终成就了"打造世界级精品工程、地标和国家名片"的梦想。这是国内众多重大工程管理标杆式实践的典型代表。

但我们也看到，重大工程作为项目世界中的"野兽"，"投资超支、工期拖延、效益未达预期"往往被认为是国际普遍的"铁律"。理论界和实践界均认为，复杂性增大以及对复杂性的低估是导致重大工程项目失败和项目管理失败的最主要原因。因此，深刻认识复杂性已经成为破解重大工程"绩效悖论"亟待研究和解决的问题。

复杂性科学在众多行业领域研究和实践不断深入，相关理论和方法也逐渐应用到建设工程管理学科领域，特别是重大工程管理领域。目前已有一些学者对重大工程复杂性的内涵界定、测度方法以及影响因素等方面进行了零星探索。然而，重大工程项目管理不同于一般项目具有独特的"情境"基因，表现出开放的复杂巨系统特征，跨学科、跨领域、多层次的特点使得重大工程管理具有高度复杂性，必然要求从复杂性理论的视角去认识和凝练重大工程管理的科学问题。揭示重大工程复杂性的奥秘，破解重大工程管理复杂性这一难题和困境，具有理论和现实的紧迫性和意义。南京大学工程管理学院名誉院长盛昭瀚教授指出，究竟是什么样的重大工程管理理论体系在指导着人们的管理实践却含糊不清，甚至究竟是否存在着这样的重大工程管理理论体系在学术界都没有定论，需要对这一重大学术问题"有个说法"。

《大型基础设施项目的管理与组织：与复杂性共舞》为我们打开了重大工程复杂性管理新的视角和启示，从理论和实践两个角度系统剖析大型基础设施项目复杂性的产生本质和管理策略。该书结合欧洲不同国家的6个大型基础设施项目的实践经验，基于实践者视角将复杂性归纳为技术复杂性（technical complexity）、社会复杂性（social complexity）、融资复杂性（financial complexity）、法律复杂性（legal complexity）、组织复杂性（organisational complexity）和时间复杂性（time complexity）等6个维度；然后从理论视角将复杂性进一步划分为细节复杂性（detail complexity）和动态复杂性（dynamic complexity），从而针对性地提出了复杂性四象限管理模型，即内部和内容聚焦法（Internal & Content focused approach）、系统管理（Systems management）、交互管理（Interactive management）和动态管理（Dynamic management）。本书将理论与实践结合，阐述了重大工程复杂性的奥秘，提出了一个可用于指导重大工程项目实践的复杂性管理模型。

美国哲学家、匹兹堡大学哲学系教授、科学哲学中心主席尼古拉斯·雷舍尔（Nicholas Rescher，1928—）曾说："对复杂性进行研究既是一种苦难也是一种福音，说它是福音是因为它总是不可避免地与我们相伴，并成为进步的真正先决条件；说它是苦难是因为它自身既是消极的,又是阻碍我们顺利实现进一步发展的重负。在我们的复杂性世界中,完全不存在确定的保证。正是这种不受欢迎又不可避免的境况,预示着理性的尴尬处境:合理性一方面要求我们去做似乎是最好的,另一方面又要求我们充分而清晰地认识到这种要求实在是太过了。但是,我们并不能因此而停止探索的脚步,复杂性科学的研究之路任重而道远,我们才刚刚上路。"

我们始终相信,复杂的背后往往蕴含着简单和美丽的基本原理,发现重大工程管理背后的简单美是我们大家共同的使命。《大型基础设施项目的管理与组织:与复杂性共舞》为大型基础设施项目复杂性管理的研究和实践提供了很好的框架体系,其成功之处在于使复杂性简约而不简单,提出的管理策略对管理日益具有挑战性的重大工程项目做出了巨大贡献,相信能为从事重大工程管理研究和实践的读者提供参考和借鉴。

本书中文版出版得到了国家自然科学基金面上项目"重大工程项目成功要素识别、双元驱动及组织适应性研究"(71971161),国家自然科学基金青年项目"重大工程项目多元治理机制的策略匹配及效应涌现研究"(71901113)和"工程施工承包商'漂绿行为'的形成机理、动态演化和治理策略研究"(71901101),以及国家自然科学基金地区项目"重大工程复杂性动态演化、形成机理及适应性治理研究"(72061025)的支持。尽管本书选题很严肃,但读起来却非常令人愉悦。本书资料源于作者亲身参与的实践项目,思想具有原创性。希望译著提出的观点和策略能为重大工程理论界和实践界点燃更多的创新火花,激发更多学者广泛、深入开展具有中国情境的重大工程管理学术研究。

译著中不足之处,敬请广大读者、专家批评指正。

何清华

同济大学经济与管理学院建设管理与房地产系　教授
同济大学复杂工程管理研究院　副院长
2020 年 9 月 30 日

作为一名长期从事项目复杂性和重大工程项目治理研究的科研工作者,有幸参与了该书的编译,深深被该书所构建的复杂性系统框架以及基于细节复杂性和动态复杂性提出的四象限复杂性管理模型所折服。该书基于实践者视角和理论者视角,将工程实践与相关理论完美地融合在一起,为我们揭示了"复杂的背后是无比简单和无比美的基本原理",相信本书有助于我们发现复杂工程背后的简单美。

——罗岚

南昌大学建筑工程学院副教授

同济大学与美国北卡州立大学联合培养博士研究生

新加坡南洋理工大学博士后

东南大学中西部高等学校青年骨干教师国内访问学者

作为原著作者之一 Marcel Hertogh 教授的博士生和博士后,我更加能感受到这本书对于大型基础设施项目组织与管理的启示与借鉴。一方面,该书用实践者更容易理解的语言去阐述项目复杂性理论及其管理策略,层层递进,点面结合;另一方面,来自欧洲的理论认识与实践经验,巧妙地与中国太极图结合起来阐释了管理控制和管理交互的平衡,深入浅出,方便应用。本书浓缩了作者多年的丰富实践经验和深刻理论思考,又经过多位译者推敲打磨,希望能为广大大型基础设施项目从业人员读者带来启发和帮助。

——刘琰

荷兰代尔夫特理工大学博士、博士后研究员、讲师

从简单、复杂、到超级复杂,在"乌卡"时代,项目管理,特别是大型复杂项目的管理与组织面临着理论与实践的"紧张点",与复杂性共舞译著第 6 章中提到的内部和内容聚焦法以及第 7 章管理细节复杂性的系统管理对防范制约项目成功的"灰犀牛"和"黑天鹅"具有重要的启示。

——王歌

华中农业大学公共管理学院副教授

同济大学与英国贝尔法斯特女王大学联合培养博士研究生

上海交通大学安泰经济与管理学院博士后

"复杂"不仅仅是工程的重要属性，也已经变成了现代生活的标签。如果能将书中所学的应对复杂之方式方法活用于处理生活之事、之关系，也许就可以更好地享受阳光与自由。

——董双

华东理工大学商学院讲师

同济大学与香港理工大学联合培养博士研究生

复杂性是学术界长期以来关注的热点问题，重大工程本身来说具备多维度的复杂性特征，与复杂性共舞这本书系统梳理了重大工程复杂性特征，对我们系统地思考与总结、了解重大工程复杂性提供了帮助。

——何晖

同济大学博士研究生

复杂性在大型基础设施项目全生命周期各阶段的决策过程都是可见的，并且复杂性不会随着项目实施的结束而结束。因此，从动态视角来认识和解读大型基础设施项目的复杂性具有非常重要的意义。

——陈小燕

同济大学博士研究生

通过一系列的案例研究，作者归纳出大型基础设施拥有的细节复杂性与动态复杂性两方面特征，并建立复杂性管理模型，为以后大型复杂工程管理提供了很好的方法与指导。

——罗培圣

同济大学硕士研究生

前 言

大型项目旨在实现其雄心壮志,一些项目比另外一些项目取得了更大的成功。一些项目是可作为展示最佳实践的绝佳案例,其他有些项目则有许多可以从中吸取并应用的"经验教训"。完成大学学业后,我们有幸参与了大型基础设施项目的实施,我们曾作为承包商项目团队、业主和项目管理机构以及外部顾问成员。在项目组织内部,我们很幸运能与有激情的项目经理、专家和科学家共同努力,找到实现项目成功的途径。一家钢铁公司的负责人曾经说过:"在重大项目中,你所面临的主要挑战不应超过一个。"但是在我们从事的项目中,我们观察到了许多挑战汇聚在一起,并且我们确定将来仍会出现新的挑战。管理者,如何管理这些项目?这个问题刺激着我们俩不断思考并寻求其答案。

Eddy 的兴趣更多来自理论方面。他问自己:一个项目什么时候取得成功?如何保证不超出预算限制?如何保证按规定的要求及时交付项目?利益相关方是否感到满意?如果是,他们什么时候感到满意?您何时能判断该项目能取得成功?在运营的第一年,丹麦和瑞典之间的厄勒海峡通道项目的车流量令人失望,有关研究公开发表了该项目没有取得成功的结论。十年之后,这种认知被彻底改变,厄勒海峡通道项目发挥了其应有的作用,而且对其所连接的哥本哈根和马尔默地区的经济增长产生了积极影响。Eddy 问自己,成功的因素到底是什么。他开发了"项目卓越模型",该模型通过关注对实现项目成功至关重要的因素,研究了管理复杂性的成功策略。他在硕士论文期间就开始开发该模型,Marcel 是他的导师之一;与此同时,他与国际项目管理协会(IPMA)建立了联系,举办了系列讲座和研讨会。参与国际讨论,以及对项目管理文献的不断钻研,极大地增进和扩展了他的知识储备和学术网络。他于 2003 年开始攻读博士学位,研究大型基础设施项目成功与项目管理。

另外,Marcel 的兴趣源自他在 20 世纪 80 年代末以来参与的许多项目,包括隧道工程、风暴潮屏障工程、饮水厂和其他大型环境项目。在荷兰 Betuweroute 项目中,由他负责建立项目管理机构。从 1995 年至 1999 年,作为质量控制和组织部门的负责人,他从根本上思考在项目实施环境的剧烈动荡和国家层面对项目绩效不满的复杂情境下,如何继续组织荷兰 Betuweroute 项目的实施。在荷兰 Betuweroute 项目后续实施过程中重点关注了以下 3 个方面：对利益相关方采取开放的态度，出色的内部项目管理和合同管理，以及从永久性组织中汲取的诸多要素（例如年度计划、控制周期及人力资源管理）。1997 年，Marcel 的第一本关于大型项目不同利益方的书公开出版，并就交互管理（interactive management）发表了第一篇论文。2002 年，他考虑攻读博士学位来研究荷兰 Betuweroute 项目的交付组织。随后，他与荷兰的其他大型项目和瑞士隧道项目业主取得联系，其研究涉及的项目包括了 3 个荷兰当地的项目和 2 个瑞士的项目。后来，NETLIPSE 项目的开展，为其研究引入了第 6 个项目案例（英国西海岸干线项目）。

由于我们各自研究的相互叠合和交叉越来越多，我们俩经常一起讨论攻读博士学位研究项目。Eddy 对利用 Marcel 的案例感兴趣，而 Marcel 对应用 Eddy 的理论感兴趣。最后，我们决定将各自的论文相结合，共同着力于复杂性研究。起初，我们分别撰写各自的章节，Eddy 的研究聚焦于项目管理和项目成功方面，Marcel 的研究聚焦于复杂性和交互管理方面。我们越来越意识到，我们在对方负责章节中的意见和建议丰富了各自的研究工作，并且我们开始越来越多地介入对对方章节的修改和完善。当我们调整目录时，章节被不断拆分或合并，出现了越来越多需要合作完成的部分，这对整个博士论文的写作是绝对有利的。从整合各自观点和贡献角度来看，我们认为共同完成博士论文的方式真的很有优势。另外，我们可以通过研究更多的案例，从而得到更加具有说服力的结论。我们的论文并不是去验证一种现象是否在个别或少数案例中出现。我们希望在若干事件之间划清界限，以找到合适的方法来改善欧洲大型基础设施项目实施过程的管理。

最初，作为博士论文研究的"衍生产品"，我们试图让欧盟委员会对我们在大型项目中持续寻找项目的卓越性产生兴趣。他们建议我们投标 2004 年 12 月发布的第六框架项目（the 6th Framework Programme）。我们成功递交了一份非常棒的项目建议书！事实证明，我们在论文中提出的想法是一个很好的基础。正是这些好的想法赢得了项目评审委员会的关注，我们也提出了一份有价值的建议书并获得了资金资助。2006 年 5 月，我们和八位合作伙伴一起在欧洲启动了 NETLIPSE 项目。2008 年 5 月，我们和两位同事一起出版了名为《欧洲大型基础设施项目管理：良好实践、经验教训与未来挑战》（*Managing Large Infrastructure Projects：Research on Best Practices and Lessons Learnt in Large Infrastructure Projects in Europe*）的著作。NETLIPSE 项目和博士论文研究之间存在一些交叉和重叠，不仅仅体现在内容层面上。一个主要的叠合是随着 NETLIPSE 项目的开展，我们获得了丰富的项目素材，大大促进了该项研究，但是这也直接导致我们没有足够的时间来攻读博士学位！自 2008 年以来，得益于欧盟委员会的支持，我们一直在持续开展 NETLIPSE 项目的第二阶段工作。我们希望本研究课题的国际网络组织能够从本书中受益。

攻读博士学位期间是我们人生中充满活力与快乐的一段时光。我们都有小孩出生，我们都搬了家，我们都参与了 AT Osborne 公司的买断交易，我们都拥有了一份全职工作，而这份工作中又有非常有趣的项目相伴，最后，经过漫长的旅程之后，是的，没错，我们得完成我们的博士毕业论文——复杂性研究。

我们希望这本书能够给你们启发，希望你们喜欢。

Marcel Hertogh & Eddy Westerveld

2009 年 12 月

本译著出版得到以下基金项目的资助

国家自然科学基金面上项目"重大工程项目成功要素识别、双元驱动及组织适应性研究"(71971161),负责人:何清华,2020.1—2023.12。

国家自然科学基金青年项目"重大工程项目多元治理机制的策略匹配及效应涌现研究"(71901113),负责人:罗岚,2020.1—2022.12。

国家自然科学基金青年项目"工程施工承包商'漂绿行为'的形成机理、动态演化和治理策略研究"(71901101),负责人:王歌,2020.1—2022.12。

国家自然科学基金地区项目"重大工程复杂性动态演化、形成机理及适应性治理研究"(72061025),负责人:罗岚,2021.1—2024.12。

国家公派留学项目(201903210005),负责人:高星林,2019.12—2020.12。

目 录

荐序
译者序(一)
译者序(二)
前言

1 成本超支和进度延期的有趣世界 ……………………………… 001
　1.1 一位项目总监真实的生活故事 …………………………… 002
　1.2 伟大抱负 …………………………………………………… 003
　1.3 重大问题 …………………………………………………… 006
　1.4 不断增长的需求 …………………………………………… 008
　1.5 众多挑战 …………………………………………………… 010
　1.6 核心研究问题 ……………………………………………… 010
　1.7 总结和阅读指南 …………………………………………… 012

2 复杂性管理方法论 ……………………………………………… 015
　2.1 引言 ………………………………………………………… 015
　2.2 研究的一般特点 …………………………………………… 015
　2.3 研究策略和保证研究质量 ………………………………… 020
　2.4 研究过程 …………………………………………………… 031
　2.5 概念模型 …………………………………………………… 033
　2.6 研究设计 …………………………………………………… 034
　2.7 总结与结论 ………………………………………………… 036

3 项目——与复杂性的斗争 ……………………………………… 038
　3.1 荷兰 Betuweroute 项目 …………………………………… 039
　3.2 荷兰高铁南线项目 ………………………………………… 049
　3.3 荷兰 A73 高速公路南线项目 ……………………………… 064
　3.4 瑞士圣哥达隧道项目和勒奇山隧道项目 ………………… 071
　3.5 英国西海岸干线项目 ……………………………………… 090
　3.6 总结与结论 ………………………………………………… 099

4 管理者对复杂性的认识 ……… 104

4.1 引言 ……… 104
4.2 隧道安全:荷兰 A73 高速公路南线项目 ……… 106
4.3 技术复杂性 ……… 110
4.4 社会复杂性 ……… 114
4.5 融资复杂性 ……… 121
4.6 法律复杂性 ……… 126
4.7 组织复杂性 ……… 129
4.8 时间复杂性 ……… 133
4.9 复杂性扫描:6 种复杂性的相对重要性 ……… 137
4.10 总结与结论 ……… 142

5 复杂性的科学认识 ……… 145

5.1 现存的两个观点 ……… 146
5.2 复杂性的两个视角 ……… 149
5.3 细节复杂性 ……… 152
5.4 动态复杂性 ……… 155
5.5 大型基础设施项目的复杂性综合 ……… 175
5.6 复杂性的管理意义 ……… 179
5.7 管理方法 ……… 181

6 内部和内容聚焦法 ……… 186

6.1 引言 ……… 186
6.2 内部和内容聚焦法 ……… 187
6.3 荷兰 Betuweroute 项目隧道安全技术案例 ……… 189
6.4 内容聚焦法的关键发现 ……… 192
6.5 总结与结论 ……… 203

7 系统管理——管理细节复杂性 ……… 204

7.1 组织设计理论 ……… 204
7.2 系统管理理论 ……… 208
7.3 控制策略——管理细节复杂性 ……… 209
7.4 控制策略的主要发现 ……… 213
7.5 总结与结论 ……… 227

8 交互管理——管理动态复杂性 229
- 8.1 交互管理理论 229
- 8.2 复杂性管理理论 233
- 8.3 交互策略——管理动态复杂性 235
- 8.4 交互策略的关键发现 250
- 8.5 总结与结论 257

9 动态管理——控制和交互的平衡 259
- 9.1 引言 259
- 9.2 动态管理理论 261
- 9.3 动态管理方法 264
- 9.4 动态管理的主要发现 270
- 9.5 总结与结论 274

10 动态管理——5 个 X 因素 276
- 10.1 引言 276
- 10.2 X 因素 1：更高层次的合作 277
- 10.3 X 因素 2：项目引领者 284
- 10.4 X 因素 3：有能力的人会带来改变 287
- 10.5 X 因素 4：找到独特管理解决方案的能力 288
- 10.6 X 因素 5：利用机会窗口 291
- 10.7 总结与结论 293

11 总结 295

致谢 306

参考文献 308

附录 317
- 附录 1 受访者名单 317
- 附录 2 地名译名一览表 319
- 附录 3 机构名称一览表 320
- 附录 4 专业名词一览表 321

译后记 323

1 成本超支和进度延期的有趣世界

大型基础设施项目(Large Infrastructure Projects),我们也称之为"LIPs",是一个妙趣横生的世界。在本章中,我们将说明项目发起人、项目经理和其他实施大型基础设施工程的参与方在实践中所面临的主要挑战。为此,我们首先会详细说明大型基础设施工程项目总监面临的艰巨任务(第1.1节)。

我们将从一位项目总监的真实故事说起。这个故事讲述了过去几年中,身为该领域的积极实践者,我们在欧洲从事大型基础设施项目工作中遇到的一些问题。本书将基于这些工作中的经验教训进行分析论述。

在项目总监的真实生活故事之后,我们讲述了欧洲不同国家的政府在大型基础设施项目方面试图实现的巨大抱负(第1.2节)。遗憾的是,最近有研究显示,所有的这些雄心壮志都未能完全实现(第1.3节)。然而另外,世界对大型基础设施项目的期望和需求迅猛增长(第1.4节)。为了满足这些要求和既定的抱负,大型基础设施项目管理需要极大改善。在第1.5节中我们将进一步详尽概述这一挑战,了解这一问题的基本特征并帮助项目经理应对这类挑战是本书的主要目标。

在第1.6节中,我们介绍了本书所应用的主要研究方法。在大型基础设施项目的管理中,复杂性管理似乎一直是关键词或者敏感概念。因此,本书的主要研究问题是(第1.6节):

> 欧洲大型基础设施项目的实施过程如何演变,大型基础设施项目的实施中如何体现复杂性的特征,如何管理该过程以及改进实施流程管理的合适方法是什么?

在第2章"方法论"中介绍了我们如何回答这个问题。本章首先要确定当今大型基础设施项目中存在的问题、抱负和挑战。并以简短的阅读指南作为结尾,解释本书的架构。

1.1 一位项目总监真实的生活故事

> 在项目的某些时刻,你活跃在太多层面上。活动路径的调整,与利益相关方的谈判,你必须在不同方面进行斗争。同时,你还必须管理项目内部组织,以确保活动质量。那时,一切都混在一起了。
>
> 荷兰 Betuweroute 项目经理

Peter Dijk 曾于 2007 年年底被任命为 Betuweroute 的项目总监。在 2008 年年底,他又被任命为南北线项目的项目总监,该项目是阿姆斯特丹从北到南的新型地下连接通道。他是我们在 AT Osborne 的同事,他的经历完美地呈现出了项目经理目前必须解决的问题。这就是为什么我们以他在荷兰 Betuweroute 项目的工作(我们所研究的案例之一)为基础,以他真实的生活经历开始本书。

Peter Dijk 驾驶着他的雷诺 ESPACE 沿着 Betuweroute 旁边的 A15 高速路行驶,Betuweroute 是一条新建的从鹿特丹到德国边境的铁路货运线。荷兰 Betuweroute 项目已于 2007 年 6 月 16 日交付,从那时起,他一直是荷兰铁路基础设施公司(ProRail)组织的主管。尽管 Betuweroute 已处于运营阶段,但仍有许多问题有待解决。就在两周前,交通运输大臣、公共工程和水务大臣批准了范围变更,并资助了该轨道鹿特丹部分(港口铁路线)上 ERTMS1 级的额外预算拨款,用于 25 kV 电源接通和鹿特丹南部 4 公里的捷径"短路路线"的开通。同时,议会委员会还得出结论,Betuweroute 轨道上的列车运行数量仍然令人失望,这虽然不是 Peter Dijk 的责任,但肯定会带来媒体的负面新闻。

Peter Dijk 领导着一个项目管理机构,该组织拥有 150 名员工,这还不包括聘用的众多工程顾问。今天早上,他刚刚拜访了巴伦德雷赫特市市长,该市长代表 Betuweroute 沿线地方议会和他讨论了有关工程安全的问题。在巴伦德雷赫特,9 条铁轨贯穿城市中心,其中 2 条属于 Betuweroute 线路。为了最大程度地减少对当地居民生活造成影响,9 条轨道均采用特殊结构铺设在隧道中,该结构可隐藏轨道并阻挡噪声传播。隧道顶部是一个巨大的混凝土结构,由荷兰 Betuweroute 项目管理机构负责建造。在会议上,Peter Dijk 提出了站台上已存在了三年的安全问题,以防止火车意外失火情况的发生。

在接受新任命的途中,Peter Dijk 正在思考昨天他与一名分包经理进行的谈话,涉及隧道设备安装承包商的重大诉求以及如何满足该诉求。

突然,交通运输部相关人员给他打了电话,询问所谓的"手持终端"

的问题,该设备用于封闭部分轨道以达到维护的目的。这个手持终端引起了荷兰铁路基础设施公司和交通运输部检查部门之间的激烈争吵。Peter Dijk 还与他讨论了这样一件事情,目前只有柴油列车能在这条线路上运行,而且本月制订的"通电"计划已经推迟,因为还没有对消防人员进行应对事故的充足培训。该部人员对此延误感到非常不满,并要求他们立即采取行动来解决这个问题。

Peter Dijk 现在到达了目的地斯利德雷赫特,与市长和议员在一个集装箱中举行非正式会议!这个集装箱正在放映关于 Betuweroute 结构的三维电影。在过去的几个月中,该集装箱走过了许多城市,以便居民可以观看到该电影。这是项目组织的告别礼物,事实证明这一做法非常成功。

他开车到家已经很晚了。明天他将在乌特勒支的项目管理机构办公室和项目经理进行进度管理会议。他的另一担忧是组织的关键成员会在任务完全完成之前离开项目。

Peter Dijk 的真实生活经历告诉我们,即使项目看似已经完成,但他仍面临着诸多问题的挑战,这一挑战也就是我们稍后将要论述的。这一事例阐述了当我们试图实现大型基础设施项目的宏伟目标时会遇到的困难与阻力。

1.2 伟大抱负

> 人和货物的自由流动不仅取决于运输市场的开放程度,还取决于有形的基础设施建设。通过促进跨越边界、连接国家网络的基础设施的建设,跨欧洲的运输网络加快了内部市场的建立,将周边地区与欧盟的心脏联系起来,并向邻国开放了欧洲。
>
> Loyola de Palacio 女士(欧盟委员会委员兼能源和交通运输部交通运输专员)[欧盟委员会,2002]

现代社会财富和就业机会的创造离不开运输网络的支持,但是,当前的基础设施网络还远远不够。欧盟委员会预计,到 2020 年,欧盟成员国之间的交通需求量将翻一番[欧盟委员会,2005]。为了满足不断增长和变化的需求,欧洲制订了雄心勃勃的交通网络规划。

欧盟委员会启动了全欧交通网络(TEN-T)项目,1994 年,欧洲理事会首次在埃森确定了"对整个欧洲真正具有价值的优先项目"[欧盟委员会,2002]。会议决定要将大部分精力集中在第一个阶段的 14 个优选项目上,其中许多"项目"都是主干线项目。例如,列表中第一个提到的 TEN-T 项目是"高铁/南北联合运输":建设从柏林到维罗纳的

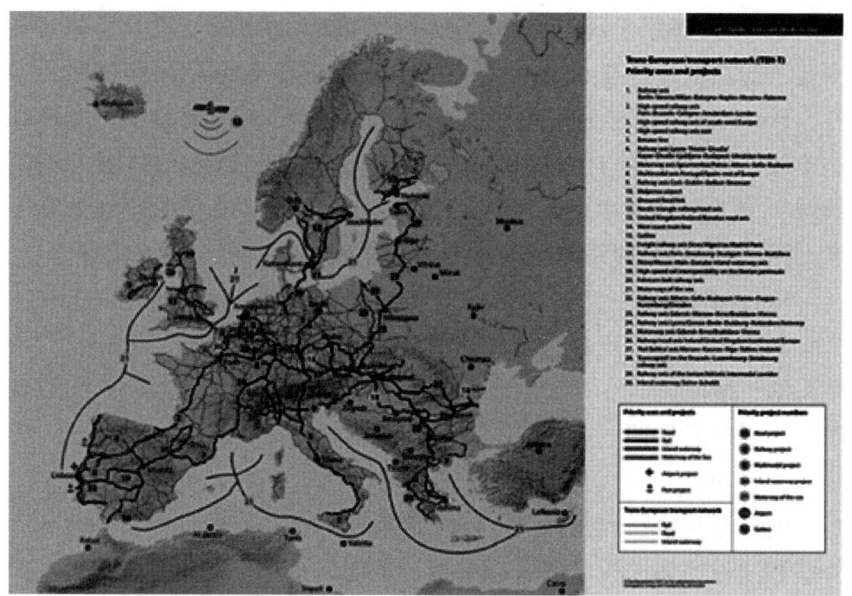

图1-1 全欧交通网络（TEN-T），优先主干线和项目［欧盟委员会，2005年］

958公里长的主干线。2001年，欧盟委员会提议将优选项目从维罗纳一直延伸到那不勒斯，这又将原有项目延长了828公里，并将总投资在178亿欧元的基础上又增加了159亿欧元［欧盟委员会，2002］。该主干线横穿德国、奥地利和意大利，这些都是巨大的投资，但是欧盟的抱负变得越来越宏大。由于欧盟已从15个国家扩展到25个国家，1994年的14个优选项目也随之在2005年发展成为30个项目，见图1-1。需要注意的是，一般而言，新成员国的交通系统发展普遍较差，因此需要更多新的投资。

负责交通运输部门的欧盟委员会副主席Jacques Barrot先生在2005年致函［欧盟委员会，2005］：

> 鉴于成员国之间的交通运输需求迅猛增长，在扩大后的欧盟内完成一个真正的现代化跨欧洲网络所需的投资初步估算约为6 000亿欧元。

为了在2020年年底前完成这30个优选主干线项目，我们估计2005年所需总投资为2 520亿欧元。如果包括不在优选列表中的所有共同利益项目，那么完成TEN-T并使之具备现代化的总成本将超过6 000亿欧元。在特殊情况下，欧盟委员会可资助最多50%的预备研究费用和最高20%的总建设费用［欧盟委员会，2005］，见图1-2。

欧盟委员会及其成员国除了交通方面的凌云壮志之外，还有其他多方面大型基础设施项目的宏伟规划。想想瑞士，这里有两条引人注目的圣哥达和勒奇山基线隧道，以及一项巨大的投资铁路（Bahn，

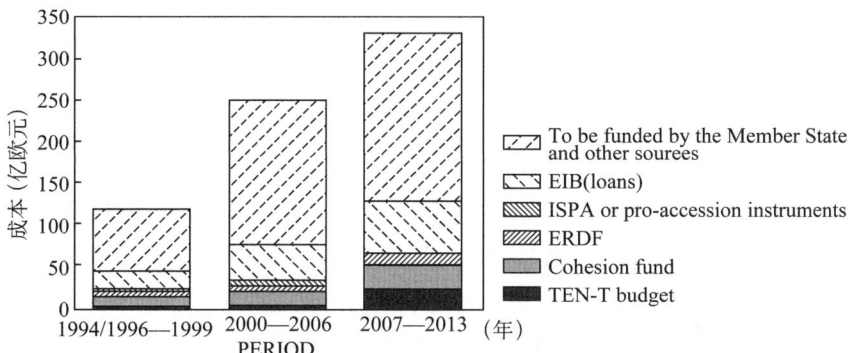

图 1-2 TEN-T 成本和资金（欧盟委员会成本估算：10 亿欧元）[欧盟委员会，2005 年]

2000)和公路的总体计划。联合国为中欧、东欧和东南欧等国家启动了跨欧洲高速公路(TEM)和跨欧洲铁路(TER)项目：涵盖德国和瑞士以东几乎所有的国家，从意大利到格鲁吉亚，从土耳其到立陶宛、白俄罗斯和俄罗斯。总体规划中包含了近 500 个项目(319 项 TEM 和 172 项 TER)，总成本估计为 1 020 亿欧元(联合国、欧洲经济委员会，2006 年)。联合国欧洲经济委员会的目标是协助其成员国制订切实可行的投资方案。在图 1-3 的地图中，显示了 TEM 总体规划骨干网。

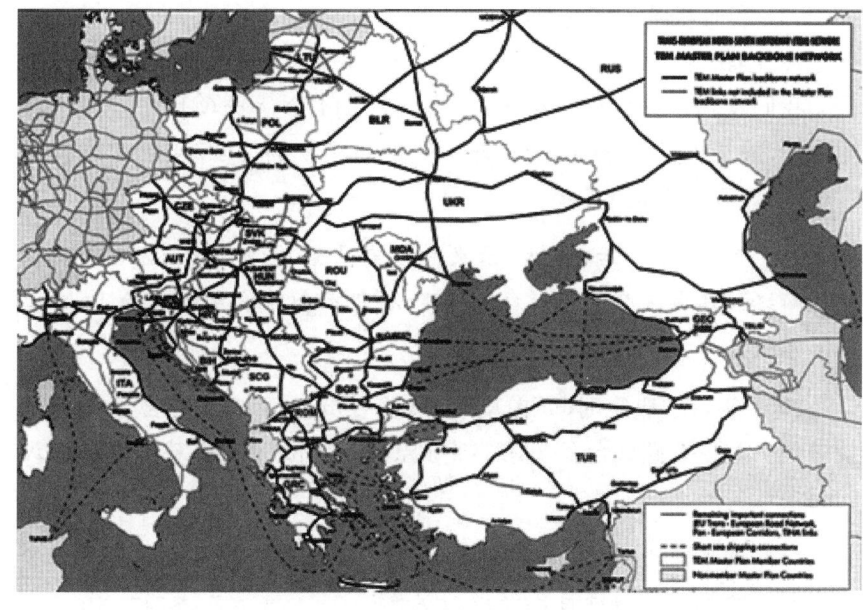

图 1-3 TEM 总体规划骨干网[联合国，欧洲经济委员会，2006 年]

提出的投资计划足以证明实施大型基础设施项目的雄心壮志与决心。无论是商务还是休闲，交通流量都在迅猛增加。在接下来的几十年中，人们的出行需求有望进一步增长。然而当前的交通运输网络远远无法满足这些出行需求，这意味着仍有大量工作要做。但是我们将来能满足这些要求吗？到目前为止，我们在大型基础设施项目中的表现如何？在第 1.3 节中，将展示我们在大型基础设施项目管理方面的表现着实不如制订的计划那么出色。

1.3 重大问题

就如欧盟委员会雄心勃勃地想要建设从柏林到那不勒斯的主干线所示，大型基础设施项目通常需要数十亿欧元甚至更大的投资。大型基础设施项目的实施是一项艰巨的任务。当我们关注新的基础设施的设计和建设所涉及的工作时，这一点变得显而易见。参与方通常在施工中需要采用各种新型技术，这将会带来巨大的挑战。大型基础设施项目中活跃的利益相关方网络也会为项目管理带来挑战。这些项目通常长达数百公里，对景观、环境以及涉及的众多利益相关方都具有重大影响。在本节中，我们重点讨论以下问题："大型基础设施项目的实施过程如何？"可以看出，这些实施过程在以下方面令人失望：

(1) 工期。
(2) 预算和收益。
(3) 利益相关方满意度。

1. 工期

我们看到，1994 年欧盟委员会发起了 14 个优选项目。经过十年的建设，成果如何？Jacques Barrot 先生回顾了到 2005 年项目取得的进展[欧盟委员会，2005]：

> 不过，十年后，显然，结果并没有达到总体目标。2003 年，该网络仅建成三分之一。1994 年欧洲理事会在埃森核准的 14 个具体项目中，只有 3 个已经完成。

2001 年，在"决定时间"白皮书[欧盟委员会，2001]中，欧盟委员会就提到一些主要路线已经饱和，部分原因是跨欧洲网络基础设施建设的延误：

> 到目前为止，理事会和议会通过的社区指导方针中只有五分之一的基础设施项目已经成功实施。

工期延误不单单发生在个别项目。Ten Heuvelhof（Van Twist et al.，2003）曾调查了一个具体的案例，即史基浦附近省道 N201 的工期延误。N201 是通往世界上最大的花卉拍卖场阿尔斯梅尔的主要通道，已有大约 50 年的历史，并在 2008 年终于开始实施改造。Ten Heuvelhof 在一篇论文中反思了该项目的进程。他不仅提到了延误的弊端，也说明了延误可能带来的一些好处，因为"延误所导致的时间拉长为我们避免了过早地作出决定"。不过，他还是强调必须加快决策进程。他的建议不是在法律中寻找答案，而是需要提高决策过程的质量和使用交互管理策略。

在荷兰的南荷兰省存在另一个相似的案例，该案例研究调查了以下问题：为什么基础设施项目的开发需要那么长时间？该省的基础设施项目停滞研究委员会在2005年就已经提交了报告。该委员会得出的研究结论表明，在许多情况下都会发生延误。例如，在项目第一阶段——决策阶段就可能发生较大的延误。其中提到的两个造成延误的重要原因是：该省及其合作伙伴缺乏政治承诺，以及缺乏交互管理[南荷兰省，2005年]。本报告的核心：

> 不仅要提出要求，作出判断，批评未达成的目标，更要以一种基于知识和洞察力的方式更切合实际地塑造决定项目范围和控制项目进度的角色。

2. 预算和收益

项目除了发生工期延误，在成本控制方面也存在不足。丹麦教授Bent Flyvbjerg研究了258个交通基础设施项目，总价值高达900亿美元(Flyvbjerg et al.，2002，2003，2005，2007)。基于这些真实数据的成本估算可靠性，可以发现：

（1）在大型项目中，实际发生的成本超支通常为50%～100%，成本超支超过100%也并不少见。

（2）铁路成本预测的平均误差为45%，桥梁和隧道为34%，道路为20%。

（3）成本低估不能用误差来解释，而似乎用策略性虚假陈述（即说谎）能进行更好的解释。

（4）按照时间顺序来看成本数据，成本预测的准确性并未提高。

（5）与其他类型的大型项目相比，交通基础设施项目的成本并没有显示出更容易被低估的特点。

Flyvbjerg及其合作者得出的结论是："在公共辩论、媒体报道以及交通基础设施发展的决策中使用的成本估算数据具有很大的欺骗性，甚至导致发生系统性的欺骗性。与此同时，成本效益分析也是如此，通常将低估的成本估算用于分析成本效益，以计算项目的可行性和名次。"（表1-1）Flyvbjerg建议"不要相信基础设施项目发起人和预测者所给出的成本估算"(Flyvbjerg et al.，2002)。

表 1-1　按不同的交通基础设施项目类型划分的成本估算的不准确性(Flyvbjerg,2007)

项目类型	案例数目	平均成本超支	标准偏差
铁路	58	44.7%	38.4
桥梁和隧道	33	33.8%	62.4
公路	167	20.4%	29.9

3. 利益相关方满意度

在荷兰,两个大项目的成本超支直接导致了由临时基础设施委员会(TCI)执行的议会调查。TCI 成立于 2004 年,对荷兰基础设施项目的决策过程进行了彻底的调查。主要被调查的两个项目是荷兰 Betuweroute 项目和荷兰高铁南线项目,这两个项目也是 TEN-T 优选主干线项目的一部分。这两个项目在本书中也持续用作案例分析项目(详见第 3.2 节和第 3.3 节)。TCI 的关注重点是议会在决策过程中以及执行阶段的项目控制作用。TCI 报告的结论之一是,新的基础设施项目的开发受到政策制定缺陷和项目管理不充分的严重阻碍[TCI,2004]。

正如 TCI 的最终报告所表明的那样,大型基础设施项目通常不能很好地满足社会需求,不仅是由于工期延误和成本超支,而且在于利益相关方通常对项目的最终成果带来的附加值(利益)以及"负面利益"的处理结果非常不满。大型基础设施项目似乎常常不如人意,导致了民主赤字①(Nijssen,2006)。民主赤字意味着政府和其他利益相关方无法充分使项目成果与利益相关方的利益保持一致。在第 7 章和第 8 章中,我们将更详细地讨论利益相关方(不)满意的问题。

也就是说,大型基础设施项目的实施并没有太多值得骄傲的功绩。我们遇到了工期延误,成本超支以及难以满足利益相关方需求等诸多问题。这是怎么引起的? 可能是巨大的复杂性和利益相关方不断变化和增长的需求。后续我们将讨论这些不断变化和增长的需求和复杂性是如何严重阻碍大型基础设施项目成功的。

1.4　不断增长的需求

在过去的十年中,我们看到项目对环境的要求越来越严格,这对于国内和国际的大型基础设施项目的实施非常重要。这在《京都议定书》和欧盟的相关法律中都有充分体现,例如栖息地法规、动物法规、赔偿

---

① 民主赤字,又称为民主逆差,指的是民主体制中出现的入(民意流入)不敷出(决策产出),即表面上被定位成民主的组织(特指政府),无法满足基层人民的需要,经过民主产生的代表与基层人民的鸿沟持续扩大,人民对民主机制感到疏离和决策无力,在现实中表现为参与感和投票热情降低。

规则、空气质量规则以及有关考古的《马耳他条约》。这些法规表达了对环境的普遍关注,从而使基础设施的开发更加困难和复杂。基础设施项目的项目经理和决策者面临的挑战是,要在满足持续不断的新规则和新法律中制定严格的环境要求。一些项目经理甚至可能会质疑他们是否能够满足所有的这些要求。

参与大型基础设施项目的利益相关方越来越擅长保护和表达他们对项目的权益(Hertogh,1997)。如今,他们拥有知识、方法、时间和耐力来捍卫自己的权益。他们可以尝试自己对项目施加影响,但是也有许多人与非政府组织保持一致,为人类和地球"战斗"。一些组织成立的目的就是影响大型基础设施项目的决策。这些非政府组织的工作方式多年来也一直在不断发展,当地环境利益团体的一位代表在讲到以下内容时阐明了这一点:

……环境利益群体已经从对立发展到合作,从要求到谈判,从被动到主动。

工作方式的变化源于这样一种信念,即利益相关方可以与被任命的大型基础设施项目的交付组织以相同的能力水平行事。过去政府占主导地位,并有能力按照最初的计划实施项目,目前的情况是众多利益相关方都具有某种影响力,但没有决定权。简而言之:

没有人控制。

在荷兰,一个突出的例子是在 20 世纪 90 年代前期规划荷兰 Betuweroute 项目时,荷兰铁路(NS)发起了铁路项目,但并未充分关注与沿线地方政府、人民的利益以及其他压力团体[①]间的合作。在第 3.2 节中我们可以了解到,荷兰铁路完全低估了他们的力量。

社会对失败的接受程度有持续降低的趋势。除非项目方选择自己承担风险,这时风险是可以接受的,而所有其他风险都必须由政府消除。失败容忍度的下降也直接影响了他们对新基础设施项目的态度。

愈发严格的法律,各种利益相关方合作带来的巨大影响,以及对缺陷的接受度越来越低,这些都给试图实现大型基础设施项目的项目管理机构以及其他相关利益方带来了严峻的挑战。十年或二十年前的"好"项目现在已经不算好了。

以前的好,现在却并不足够好。

在过去的二十年中,对大型基础设施项目的需求和期望一直在迅

---

① 一种团体或组织,不断向政府施加影响和压力,要求重视其观点并制定符合其利益和观点的法律或采取相应的行政措施

速上升。期望很高，但是结果却令人失望。现在是时候探讨我们所面临的诸多挑战了。

1.5 众多挑战

我们看到，大型基础设施项目面临着成本超支，工期延误，并且通常无法满足利益相关方的需求等诸多问题。与此同时，我们已经意识到内外部需求的持续增加。尽管如此，目前的欧洲大型基础设施项目计划是有史以来最雄心勃勃的！欧盟委员会已提到将更有效地部署大型基础设施项目[欧盟委员会，2001，2005]，并希望采取一定的措施来加快项目实施。然而，欧盟委员会和成员国对这些项目的有效实施进行预测和监控的可能性却很低，因为尚不清楚管理和组织中的哪些要素会影响基础设施项目的成功。另外，规模和复杂性对这些项目的组织和管理水平提出了很高的要求。为了实现优选主干线项目以及欧洲其他大型基础设施项目的雄心，欧盟委员会和成员国将面临巨大挑战。

管理和行政部门是否能够应对挑战？还是说这是一个"不可能完成的任务"？我们坚信，只要管理和行政水平相应提高，就有可能应对挑战（图1-4）。但是，我们认识到基础设施开发的复杂性与现有项目管理能力之间存在着巨大差距。由于先前提到的内外部需求的增加，这种差距仍日益加剧。欧洲国家和欧盟委员会似乎一直处于两难境地，一方面要满足交通需求，另一方面又要满足社会要求。这种处境并不会好转，相反，将来可能会持续加剧。我们并不能期望需求和要求会降低，化解这一明显僵局的唯一方法是提高决策者和管理者的能力水平（Hertogh et al.，2005）。

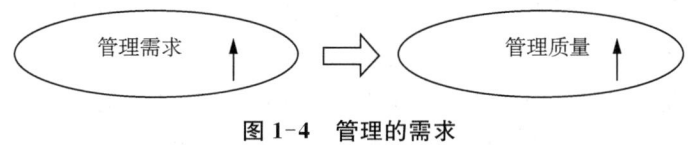

图 1-4 管理的需求

为了满足不断变化的需求，项目经理和其他利益相关方需要提高绩效。如何做到这一点便是本书的主题。

1.6 核心研究问题

当前，大型基础设施项目的管理和组织领域的知识交流具有鲜明的国家特色，并且主要集中于一些国内项目。由于其规模之大和复杂性之高,大型基础设施项目在全国范围内通常是独一无二的。此外,目前国际上针对这些项目的组织和管理知识的研发与交流甚少(Hertogh et al.,2008)。早在1996年,De Bruijn就已经提到,对于大型项目而言,以前的普通项目只能提供很少的经验教训,更何况其他项目的绩效评估也缺乏可靠的参考资料(De Bruijn et al.,1996)。TCI也提到应该更好地利用国内外经验来帮助新项目的管理工作(TCI,2004)。通过这项研究,我们将充分分析现有项目的经验,并且对各国项目进行对比,从而获得所需知识。

目前,存在多种可能的方法可以用来调查大型基础设施项目当前所面临的挑战。我们首先想到的是调研该领域的"一般项目管理实践",因为我们的主要目标是为改善大型项目管理作出贡献。从这点来讲,很显然,一般项目管理方法并不够具体,无法在研究过程中为我们提供明确的侧重点。另外,这些广义的方法使我们必须以一种开放的眼光来处理案例。

广义的方法,或者说是方法论,意味着我们研究的第一步是要确定大型基础设施项目管理中的关键主题或敏感概念。在查阅了文献、各种访谈、研究文件并反思了我们自己的经验之后,这个关键主题确定为"复杂性"。正如我们将在第3.6节以及第4章和第5章中所讲的那样,该术语似乎在理论和实践中都发挥着越来越重要的作用。在大型基础设施项目实践领域中,"复杂性"一词是一个公认的概念,对于实践者来说至关重要。

前面的部分已经涉及一些与复杂性相关的重要信息,我们展示了现实生活中的项目经理在处理复杂性方面遇到的困难。我们明确了引起复杂性的一个重要原因,那就是政界对大型基础设施项目的伟大抱负。目前,在大多数情况下,我们无法通过项目实施过程实现这些宏大的目标。现存大型基础设施项目的管理方法似乎无法充分应对由于外部(利益相关方)和内部(技术、规则和法规)需求增加(第1.5节)而导致的复杂性提升。

大型基础设施项目的复杂性管理是我们职业的魅力所在。在作为经理和顾问的日常工作中,我们常问自己如何才能够改善大型基础设施项目的管理。这个目标是本书的起点,也是本书的最终目的。

经过初步调研并基于本章的分析,我们提出了以下主要研究问题:

> 欧洲大型基础设施项目的实施过程如何演变,大型基础设施项目的实施中如何体现复杂性的特征,如何管理该过程以及改进实施流程管理的合适方法是什么?

接下来,我们将此主要问题拆解为若干子问题,包括:

(1) 大型基础设施项目实施过程中存在哪些问题和挑战,我们希望实现哪些抱负?

(2) 可以使用哪种方法来研究大型基础设施项目的复杂性管理?

(3) 大型基础设施项目具有哪些特征?欧洲大型基础设施项目的实施如何演变?

(4) 研究选取的欧洲不同国家项目案例之间,这些特征和实施过程是否相似还是有显著差别?

(5) 在成功实施大型基础设施项目中,为什么复杂性和复杂性管理是主要问题?

(6) 从项目经理和其他参与方视角,如何定义复杂性?

(7) 从理论视角,如何定义复杂性?

(8) 理论和实践视角对复杂性定义的对比有什么差别?

(9) 负责实施的管理者们如何处理大型基础设施项目的复杂性?

(10) 大型基础设施项目的实施过程为复杂性管理可以汲取什么经验教训?

这10个子问题对我们的主问题进行了详细的阐述。本章已经回答了第一个问题。在第2章中,我们将详细介绍如何回答以上提出的问题,以及概述我们在研究中采用的方法。在本章的最后部分,我们为本书的其余部分提供了简短的摘要和阅读指南。

1.7 总结和阅读指南

在本章中,我们描述了在欧洲实现大型基础设施项目的雄心壮志。欧盟委员会估算,到2020年,全欧交通网络项目的投资将超过6 000亿欧元。此外,欧盟委员会之外的基础设施投资计划也很庞大。另外我们注意到,大型基础设施项目的交付结果通常令人失望,具体表现为经常性的成本超支、工期延误和利益相关方的普遍不满。为了实现雄心壮志,管理实践需要改善,否则单单从融资角度来看,欧盟国家所需投资也不止6 000亿欧元,还需要更多(按平均成本超支三分之一测算,需要增加2 000亿欧元)。这并非易事,因为对大型基础设施项目的管理和组织能力的要求正在上升,以前认为好的现在不再足够好了。越来越多的人相信,要建成大型基础设施项目,我们必须与各种利益相关方通力合作,因为我们已经意识到了"没有人控制"的局面,这需要我们提升更高层次的管理理念和水平。挑战是巨大的,我们坚信,能够满足更高要求的唯一方法便是提高管理质量。

在这项研究中,我们不想仅仅局限于一个国家的案例。我们希望能够在国际范围内满足不断增长的知识需求,因此本研究在几个欧洲国家间同时进行。

基于这样的分析,我们形成了以下主要研究问题:

> 欧洲大型基础设施项目的实施过程如何演变,大型基础设施项目的实施中如何体现复杂性的特征,如何管理该过程以及改进实施流程管理的合适方法是什么?

为了能够回答这个研究问题,我们提出了一些子问题,本书的各个章节回答了这些子问题。表1-2列出了有关问题和章节的概述。

表1-2 研究问题和章节概述

问题	章节	标题
1. 大型基础设施项目实施过程中存在哪些问题和挑战,我们希望实现哪些抱负	第1章	成本超支和进度拖延的有趣世界
2. 可以使用哪种方法来研究大型基础设施项目的复杂性管理	第2章	复杂性管理方法论
3. 大型基础设施项目具有哪些特征?欧洲大型基础设施项目的实施如何演变	第3章	项目——与复杂性的斗争
4. 研究选取的欧洲不同国家项目案例之间,这些特征和实施过程是否相似还是有显著差别		
5. 在成功实施大型基础设施项目中,为什么复杂性和复杂性管理是主要问题	第4章	管理者对复杂性的认识
6. 从项目经理和其他参与方视角,如何定义复杂性		
7. 从理论视角,如何定义复杂性	第5章	复杂性的科学认识
8. 理论和实践视角对复杂性定义的对比有什么差别		
9. 负责实施的管理者们如何处理大型基础设施项目的复杂性	第6章	内部和内容聚焦法
	第7章	系统管理——管理细节复杂性
	第8章	交互管理——管理动态复杂性
	第9章	动态管理——控制和交互的平衡
10. 大型基础设施项目的实施过程为复杂性管理可以汲取什么经验教训	第10章	动态管理——5个X因素

我们想要从"内部"研究大型基础设施项目,这并非巧合,因为我们俩都是大型基础设施项目管理领域的积极实践者。在本书中,我们试图将科学和实践结合起来,即在实践研究的基础上发展理论。基于此理论,我们制订了一些指导原则,认为可以帮助管理人员应对大型基础设施项目的复杂性。这是将在第2章进行介绍的研究方法的基础,其

中具体包含了研究策略、研究过程、使用的概念模型和详细的研究设计。

在方法论之后,我们将依次对各个子问题进行解答,从而最终完成主要研究问题的回答工作。在第 3 章中,我们将展示欧洲大型基础设施项目的实施是如何演变的。该专题通过 6 个案例的比较研究来完成,包括荷兰 Betuweroute 项目、荷兰高铁南线项目、荷兰 A73 高速公路南线项目、瑞士圣哥达隧道项目、瑞士勒奇山隧道项目和英国西海岸干线项目。在本章中,我们首先提出论点来阐明"复杂性"为何是大型基础设施项目管理中的核心问题,并且说明了为什么要对选取的案例进行国际化比较分析。

在第 4 章中,我们将介绍业内实践者对复杂性的看法。复杂性是一个有趣的术语和流行语,但是这对实践者意味着什么呢?我们根据访谈,建立了实践者的复杂性框架,即技术、社会、融资、组织、法律和时间复杂性 6 个要素。

在第 5 章中,我们将介绍一种更理论化的复杂性研究方法。在该章中,我们说明了项目实施演化过程中复杂性的基本特点。当然,我们可以从多个理论角度来研究和观察复杂性。我们将研究大型基础设施项目中两类关键的复杂性,即细节复杂性和动态复杂性。

基于细节和动态这两种复杂性类型,我们提出了一个框架,该框架满足同时处理细节复杂性和动态复杂性的需求,结合了四种管理策略来处理大型基础设施项目中的复杂性问题。四种管理策略方法分别是内部和内容聚焦法、系统管理、交互管理以及动态管理。

然后,将在以下独立的章节(从第 6 章到第 10 章)中讨论这四种管理方法。我们概述了该方法的起源,构成该方法的主要策略,然后就其应用及其在复杂性管理中可能取得的成果进行详细的阐述。最后一种方法,即动态管理,是我们认为最有可能取得成效的方法。这种方法涉及控制和交互的平衡策略(第 9 章)以及对卓越的追求态度(第 10 章)。最后一章概述了提高大型基础设施项目复杂性管理成效所必需的特有方法。

2　复杂性管理方法论

2.1　引言

大型基础设施项目的实施具有极高的挑战性,因为要实现这些大型基础设施项目就必须考虑其需求和活动的复杂性。在这一章中,我们将详细阐述本书的第二个子问题:

> 什么样的方法可以用来研究大型基础设施项目的复杂性管理?

我们将提出可行的方法及相应的依据。第 2.2 节,将解释研究项目的一般特征。第 2.3 节,将基于研究标准提出研究策略,然后在第 2.4 节中会提及研究过程中的具体步骤。在第 2.5 节中,将介绍并阐述我们的概念模型,而实际研究活动的设计将在第 2.6 节中介绍。最后,将在第 2.7 节中总结我们的研究方法。

2.2　研究的一般特点

在本书中,研究方法的使用需要达到以下两个目的(De Leeuw, 1993):

(1) 选择合适的研究策略。

(2) 判断研究质量。

方法论可以看作是思考和研究社会现实的一种方式(Strauss et al., 1990)。这一定义一般侧重于"研究的思维方式",而不能为开展研究提供切实可行的指导。De Groot(1994)指出,"科学家试图描述、组织、记录、理解、解释、控制和影响通过物理经验出现在他们面前的现象"。在这方面,方法论可以被看作是一种工具,研究人员可以利用它来处理通过物理经验呈现给他们的表象。这也类似于方法论的一种观点:"提供研究者需要遵循的指导方针、规则和工具,以便开发可靠的知识。"(Jonker et al.,1999)所有这些定义都与 De Leeuw(1993)提出的两种方法论观点有关。大多数方法论的相关定义也符合这一描述(Strauss et al.,1990;Jonker et al.,1999;Taylor et al.,1998;Van aken,1996;Volberda,1999;Van der Zwaan et al.,1994)。

虽然在方法论的定义上似乎有一些基本的共识,但关于"最合适的研究现实的思维方式"却存在诸多讨论。可以基本确定两个流派(Volberda,1997):"方法多元化"和"有原则的方法论"。一些研究者认为,应该有一种全面的方法,可以用于管理和组织领域的研究(Volberda 的 Pfeffer,1997),这将意味着有一个"有规范的方法论"来指导研究,以及一套判断研究质量的普遍标准。另一些研究者则认为,开发这样一种有纪律的方法论是不可能的,相反,他们提倡"方法多元化",这可能会变得更切实际。这类基本思想是,每种形式的研究都需要陈述和制定自己的一套判断研究质量的标准(De Leede et al.,1999)。

本书的方法论基于"方法多元化"的观点,因为我们不认为只选取一种普遍的方法是可行的或可取的,这就意味着研究策略需要完全符合研究问题的性质和研究主题的特点。在我们的案例中,研究核心就是"实施大型基础设施项目的复杂性管理"。

我们的研究可以分为"公共管理"和"管理科学"两个领域,有时也被称为"企业管理"。本研究领域的实践研究对象是组织。在这项研究中,很难明确界定研究的中心对象。总体而言,我们研究了由政治机构指派来执行大型基础设施项目任务的组织。所研究的组织通常不会自行承担大型基础设施项目的设计和建造任务,而是由设计单位、工程咨询单位和承包商通过各种合同安排来完成。如果你将实现政治抱负这一角色作为基础,那么这些政府交付组织通常属于"项目法人"和"项目管理机构"的范畴,它们负责大型基础设施项目的建设。而项目法人和项目管理机构在更广泛的利益相关方体系中发挥作用,它们可以是私营企业,也可以是国有企业。每个大型基础设施项目都采用不同的组织模式去实施,因此我们不可能对大型基础设施项目中的"项目法人"和"项目管理机构"给出一个普适的定义。但是,我们研究项目法人和项目管理机构的内容将在第 3 章中展示,在这里将重点介绍我们选取的案例研究项目。

项目管理机构的管理活动是我们研究的重点。"管理"一词在文献中一直被广泛使用,因此在本书中不再对这类普适定义进行深入讨论。实践中广为流传的观点能更好地服务于本研究的目的,因此,我们选择使用以下广义定义：

管理是"一切形式的以结果为导向的影响"(De Leeuw, 1982)。

下一个问题是，对于大型基础设施项目的研究，我们可以得出什么样有用的结论，这也是本书的主要研究课题。这个问题可以从许多有关"项目成功"的文献中找到答案。结论应当既包括项目成功的要素，也包括如何实现项目成功的方法。在文献中，一些作者指出，回答如何使项目成功问题的一个可行方法是制订一个整体框架，将项目成功标准的研究与关键成功因素的研究联系起来(Turner, 1997; Morris, 2000)；然后结合实践和理论的研究结果，提出项目卓越模型。基于 EFQM 模型①的项目卓越模型旨在将项目成功标准和关键成功因素整合到一个一体化模型中。Westerveld(2001)等对项目卓越模型进行了详细的描述。本书选择了基于项目卓越模型分析结果的成功标准来研究复杂性管理策略是否成功，如图 2-1 所示。

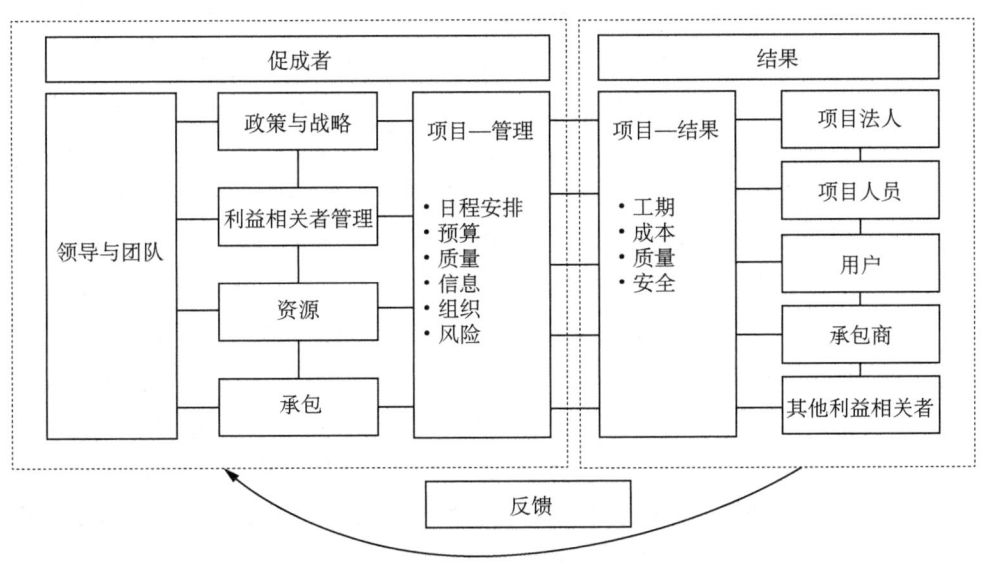

图 2-1　项目卓越模型(Westerveld et al., 2001)

上述几位作者就项目成功的问题发表了自己的看法。早期关于项目成功的标准是所谓的"金三角"，即①按时，②在预算内，③达到所需的质量或功能。然而，项目成功的问题远比这些更微妙，甚至存在更多的可以确定的标准，但他们之间可能是相互竞争的(Atkinson, 1999)。不仅有一大把潜在的竞争标准，在不同的时间范围内，成功与否的判断更是由广泛的潜在利益相关方做出的。Van aken(1996)甚至将项目成

---

① 欧洲品质管理基金会(European Foundation for Quality Management, EFQM)建立的 EFQM 业务卓越模型，简称 EFQM 模型，用于组织的自我业务评价和改进。

功定义为:"所有利益相关方的满意度。"将项目成功简单地视为对进度、成本和质量约束的遵守,未免过于"狭隘"。

对项目成功的研究进一步表明,争取一个适用于所有项目的成功标准通用清单是不现实的。成功标准因项目而异,这取决于许多因素(Wateridge,1998;Bennet,1991),例如规模、唯一性和复杂性。因此,在研究项目成功方面,一种不那么"固定"的和更灵活的方法似乎更为贴切。判定项目是否成功的一个更为灵活的方法是制定一系列可能的成功标准——假设定义项目成功的标准对于每个项目都是不同的,那么可以制定一个通用的标准集群来涵盖项目是否成功的问题(Lim and Mohammed,1999;Wateridge,1998)。因此,在本书中,我们将图 2-1 所示的项目卓越模型中结果栏的集群用作评估大型基础设施项目的管理策略结果的基础。

我们的研究集中在项目管理机构身处的利益相关方网络中,进行大型基础设施实施过程的管理方式上,这个网络包含甚广,如项目法人、利益相关方和非政府组织。与这些利益相关方的交互更是我们关注的重点,而不是过多关注项目管理机构如何管理其承包商,以及项目管理机构如何管理其组织内部。这样的选择主要有两个原因。首先,我们发现管理项目管理机构与项目法人、利益相关方和非政府组织之间的关系是复杂性管理的关键问题。项目管理机构内的项目经理所面临的许多挑战都可以归属于这一领域。这与我们回答"什么使你的项目复杂"(见第 4 章)而得到的答案是一致的。其次,我们也希望尽可能地缩小研究范围,以加大研究深度。缩小我们的关注范围意味着我们选择放弃一些其他相关且有趣的主题,比如项目管理机构和承包商之间的关系,以及本书几乎没有触及的项目管理机构的内部安排。

管理科学的研究有一些独有的特点(Biemans et al.,1994),正是这些特点对所选择的研究策略提出了具体的要求:

(1)考虑明确的研究对象(在我们的案例中,该对象为大型基础设施项目的项目管理机构以及利益相关方网络中的其他利益相关方);

(2)不可能将研究对象与其情境分离(Van Aken,1996);

(3)研究对象的调研只能在可行且真实的情况下进行。

这就引出了我们研究的另一个重要特点,那就是,该研究是由那些具备大型基础设施项目顾问能力及管理经验的研究人员完成的。这是行动研究的一个重要特征,即研究者同时是研究对象的重要组成部分。行动研究是一个反复的调查过程,它将实践解决问题的方法与严谨的数据驱动分析方法进行结合,以寻找问题出现的潜在原因,从而能够对个人和组织变革的未来模式进行预测(Reason and Bradbury,2001)。

这意味着行动研究是一个可以在不断改变中进行学习和研究的过程。它通常被描述为具有周期性,因素依次发生作用及具备临界反馈的特点。其中,反馈用于对上一个操作进行回顾,并能对下一个操作进行计划。在我们的案例中,行动研究的步骤意味着研究路径开发的许多概念是与大型基础设施项目领域的其他实践者和学者反复讨论并经过严格论证的。以讨论和论证为基础,概念时长发生变化,结论也随之而变,研究的稳定性也得到了加强。

行动研究是一项挑战"传统社会科学"的研究方法,它超越了外部专家创造的反思性知识(Torbert,1991),因为传统的研究主要集中在"反思"而不是"行动"上。

除此之外,还有其他几种可用的研究方法,例如 Verschuren(1988)提出的三种不同的研究类型,他的研究重点分别是:

(1)改进操作——提高人类行动的有效性。
(2)发展理论——常识。
(3)研究学习——研究过程是必不可少的。

另有其他作者在问题导向研究和理论导向研究之间做出了区分,见表 2-1。

表 2-1 不同类型的研究

作者	区别	解释
Swanborn(1987)	基础研究	增加对现实的常识
	实践研究	有助于解决实际问题
De Leede et al.(1999)	理论指导	发展一门学科的常识
	实践指导	解决一个特定的问题
De Leeuw(1996)	科学的	研究成果有助于建立通用知识库
	实用的	研究成果有助于解决具体的管理问题
Van Strien(1986)	解释性的	对实践进行研究以解释现实问题
	解决问题	利用已有知识分析诊断解决具体问题

本研究的主要目标,是协助项目管理机构内的项目经理管理大型基础设施项目的复杂性。因此,本研究主要目的是能提供一套实用的管理体系。为了帮助其管理复杂性,我们需要发展理论框架。从这个意义上说,这项研究也可以被列为科学或理论指导类别。因此,这项研究的成果同时具备实用性和科学性,构建的理论将有助于解决大型基础设施项目实施中复杂性管理的实际困境。该理论将涵盖大型基础设施项目管理的实践领域。因此,理论将是实质性的,而不是概念性的

(Glaser et al.,1967)。

在科学与哲学领域,对"理论"一词始终没有一个公认的定义(Sutton et al.,1995)。因此,在本书中,该词也没有具体的理论定义。但由于研究对象的性质,构建的理论更可能是启发式("经验法则")的,而不是一堆算法(Vijverberg,1995)。原因是,当研究一个复杂的对象(如大型基础设施项目)时,多个变量相互影响,找到有力的统计学证据的可能性比建立一些关于如何管理复杂性的一般规则或基础知识要难得多。

"好"理论有自己的一套要求或质量标准(Glaser et al.,1967)。一个好的理论对行为的预测和解释往往通俗易懂,并且具备足够的普遍性,并允许用户具体问题具体分析。这些对理论构建提出的要求同样适用于本研究。

判断理论有效性的另一个标准是理论产生的方式。与其说这是对已构建理论功效的判断,不如说是对整个研究过程的反思。Glaser 等(1967)指出:"实现这些目标的最佳方法是从数据中建立理论。"因此,本研究的主要研究过程是在收集经验数据的基础上进行启发式分析。

在这一部分中,我们在研究方法上做了一些初步的选择。作为一个概述,图 2-2 展示了主要研究选择。

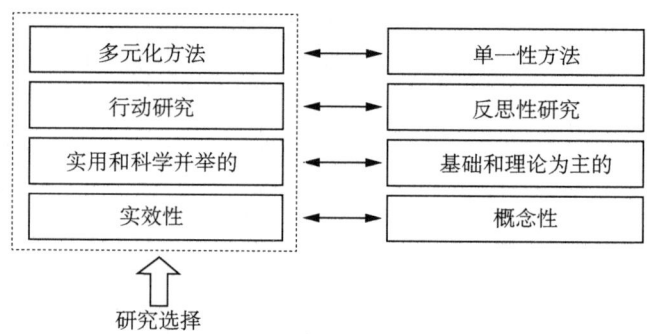

图 2-2 研究大型基础设施项目复杂性管理的主要研究选择

2.3 研究策略和保证研究质量

2.3.1 制订研究策略的标准

"选择研究策略"涉及如何在大型基础设施项目实施过程中构建相关和有效的复杂性管理知识。本书将选取个案研究,并结合扎根理论作为主要的研究策略。

在选择研究策略时,研究者需要注意与研究情境相关的几个选取标准。由于我们选择了方法多元化的观点，因此研究策略需要根据本研究的具体特点进行调整。

用于本研究的研究策略选取标准需要综合考虑以下因素（Jonker et al.，1999）：

（1）研究目标和研究问题。
（2）研究对象的性质。
（3）已经形成的"敏感概念"。
（4）数据的性质。
（5）研究人员的个人偏好。

在研究策略中做出选择的核心指导标准是所陈述的"研究目标和研究问题"（Strauss et al.，1998；also see：Jonker et al.，1999；Yin，1989；Biemans，1994）。第 2.2 节已经讨论了本研究的基本特征。综上所述，本研究以实务为重点，以商业及公共行政为界，以项目管理机构为研究对象，以发展理论、协助改善大型基建项目实施过程中的复杂性管理为最终目的。

选择研究策略的第二个基本标准是研究对象的性质（Jonker et al.，1999；Yin 1989；Biemans，1994）。研究对象是执行大型基础设施项目的项目管理机构（主要关注点）以及参与大型基础设施项目的利益相关方（次要关注点）。由于这些项目管理机构与相关的利益相关方间的复杂交互，并在一个高度动态的环境中运作，因此不能脱离其行为情境。研究对象的性质是复杂的，并且与它的情境高度相关。

使用"敏感概念"可以为研究者提供一幅有意义的研究图景（Glaser et al.，1967）。敏感概念可用于指导有意义的数据搜索过程，但这些数据不是事先设定和定义好的变量。本书中使用的主要敏感概念是"复杂性"。为了说明这个概念，可以参考我们的专家访谈。我们询问荷兰 Betuweroute 项目、瑞士圣哥达隧道项目和勒奇山隧道项目以及荷兰 A73 高速公路南线项目的受访者："是什么让这个项目对你来说很复杂？"最初只有一名受访者回答说项目并不复杂。但在后来访谈中，他终于承认项目在诸多方面都表现出复杂性。因此，在研究大型基础设施项目所面临的挑战时，复杂性是一个敏感概念，同时，似乎又是可识别的词语。

研究策略的选取还取决于现有数据和待收集数据的可用性和有效性。在这项研究中，主要使用语言、文字资料，这一选择与研究对象的复杂性密切相关。

对于一项研究问题来讲，很少或从来没有一种研究方法是最好的（Van Strien，1986），因此，研究者的偏好会在研究策略的选择中发挥重要作用,而且应该发挥其应有作用(Swanborn,1987)。这项研究中的两名研究人员都是积极的行业实践者,在大型基础设施项目内担任高级管理顾问。

管理顾问可以被描述为一名到公司来处理与其管理相关问题的实践者。顾问是利用理论来为实践做出贡献,而学术研究人员则是从实践中汲取经验来为理论构建做出准备(Gummesson,2000)。在这项研究中,我们将尝试把以上两个角色很好地结合。我们将尝试在实践研究的基础上发展理论,同时在此基础上制订有助于大型基础设施项目复杂性管理的指导方针。

身为管理顾问的研究人员存在一项潜在的优势,可以帮助对研究有一定程度和深度的预理解(Gummesson,2000)。这就意味着,顾问在大型基础设施项目中具有丰富的实践经验,可以提高研究质量。表2-2概述了选择研究策略的标准及其在本书中的应用。

表 2-2 选择研究策略的标准

研究策略准则	本书的选择
研究目标与研究问题	欧洲大型基础设施项目的实施过程表现如何,大型基础设施项目实施的复杂性特征如何显现,如何有效管理实施过程,如何改进实施过程的管理
研究对象的性质	大型基础设施项目的项目管理机构、项目法人和利益相关方复杂且依赖于情境
已经形成的敏感概念	以"复杂性"为中心概念
数据的性质	语言资料
研究人员的个人偏好	用理论帮助解决实践中的问题

在选择合适的研究策略时,必须在以下 3 个方面做出决定(Verschuren et al.,2000):

(1)广度 vs 深度。

(2)定性 vs 定量(临床 vs 分析)。

(3)实践 vs 案例研究。

1. 广度 vs 深度

在开展本书的研究设计时,我们选择了注重深度而非广度的方法。这种选择是基于研究对象的性质、研究目标和一些基本的实践约束而形成的。

本研究的目的是发展有关大型基础设施项目复杂性管理的知识体系。这些项目通常在技术和社会层面上都很复杂(Miller et al.,2000;Hertogh,1997)。这意味着研究过程将涉及大量变量,而且它们之间的相互关系往往很难确定。同时,在研究过程中,这些项目也不能脱离实际情况。因此,为了开发可用于未来项目管理的可靠知识,研究的重点是对选定项目的深入研究,这表明研究过程只调查了少数大型基础设施项目。当研究对象是复杂的,即涉及大量相互依赖的变量时,一种深入和整体的方法似乎更为合适(Biemans et al.,1994),整体研究方法也更适用于规范性知识的搭建(Verschuren,1998)。

2. 定性 vs 定量(临床 vs 分析)

定性研究与定量研究之间的矛盾一直是方法论文献中的一个主旋律,有些文献作者倾向于用不同但相似的术语来定义这两个极端。这里我们将首先介绍 Volberda(1997)提出的更广泛术语,即临床方法和分析方法之间的区别。

描述两种主要研究类型之间差异的不同术语和作者如表 2-3 所示(Volberda,1997)。

表 2-3 管理和组织方面的分析和临床研究

分析方法	临床方法	作者
定量	定性	Yin(1989),Eisenhardt(1989),Verschuren(2000),Swanborn(1987)
理性的	解释性的	Weick(1989),De Groot(1994)
经验周期	可调控周期	De Leeuw(1996)
适用的	实用的	Swanborn(1987)
限制性的	全面的	Van Rossum et al.(1985)
描述的	规范的	Verschuren(1999)
形式理论	实质理论	Glaser et al.(1967)

对于如何进行研究,分析方法和临床方法给出了截然相反的观点。

分析方法基于经验周期(De Groot,1981)。该方法力求在使用严格的指导方针基础上取得客观结果和建立普遍知识。分析研究大多是单学科的,与"传统"的自然科学有关,也与定量方法有着密切的联系。遗憾的是,很难对定量或定性方法给出明确的定义(Wester,1991;Jonker et al.,1998)。但是,定量方法似乎或多或少与数字类数据的收集和统计分析有关,并且研究者与研究对象之间也似乎有着可以度量的距离(Van Strien,1986)。由于其严格性和一般性,分析研究方法势必存在着不切实际的风险(Volberda,1997)。

另外,临床方法基于可调控周期。这类研究的基础是特定业主的主观意见——在我们的案例中是项目管理机构内的项目经理。此类方法的重点更多地放在多学科方法和规范性知识的发展上。临床方法广泛应用于人文学科的研究,通常也被称为"定性研究"。定性研究需综合考虑知识的生成方式以及研究人员行为、研究策略选择和数据收集的性质(Jonker et al.,1998)。Taylor 等也阐述了定性研究的一些特点(1998年)。定性研究关注的是人们对生活的态度,从数据中发展概念,是一种整体方法,在研究过程中体现人们如何思考和行动。一般来说,定性研究是"以系统的方式寻找未知的答案"。定性研究的一个主要问题,是应用方法的随意性较为明显(Volberda,1997)。"定性"常常会与"蒙混过关""含糊不清""不科学"和"没有起点或终点"联系在一起(Jonker et al.,1999)。然而,也有人认为,与分析研究中使用的标准不同,定性研究必须遵循自己的方法论指导方针来完成(Strauss et al.,1990)。

本研究有很大一部分采取了定性方法,做出这种选择的主要原因是,我们认为定性研究似乎更适合理论的发展(Jonker et al.,1999)。由于本研究的目标是对大型基础设施项目的复杂性管理提出理论见解,归纳法被认为是最合适的方法,即从数据中发展理论(Taylor,1998)。当研究对象高度复杂且对研究对象知之甚少时,定性方法也同样适用(Strauss et al.,1990)。此外,尽管之前对项目、项目管理机构和基础设施项目进行了大量研究,但还无法找到与该类项目复杂性管理相关的研究资料。

虽然本书主要采用定性方法,但这并不意味着不使用定量技术。举例来说,收集和分析数据过程中,我们就运用了定量技术。定性的关注点更多地体现在研究者对待研究问题的态度上。我们在本书中使用的一些指南,也是基于 Volberda 的合成方法,见表 2-4(Volberda,1998;Jonker,1999)。

表 2-4 研究期间使用的指南

术语	应用
探索	研究者不是一个专家,而是一个探索者,他试图发现管理复杂性的有效方法
情境依赖	在特定情境中研究大型基础设施项目
交互视角	这项研究是与大型基础设施项目的利益相关方和人员一起进行的,研究结果将与受访者讨论,并可能根据讨论形成的意见和建议,对结果进行调整
全面的	专注于深度而不是广度,本书以荷兰 Betuweroute 项目为主要案例,采用深入的文献分析和多种访谈方式进行案例分析
跨学科	用更多的视角研究大型基础设施项目的管理,尝试从不同角度来看待复杂性和复杂性管理

3. 实证与文献研究

基于前面的论述,本书的重点显然是实践研究。这是因为研究对象的性质以及建立大型基础设施项目复杂性管理理论的目标需要采用这种方法。这并不意味着本研究不需要采用文献研究。但文献更多被用来增强研究的可靠性,而不是对研究带来更多的制约和限制(另见 Biemans,1994 和 Strauss et al.,1998)。文献研究不是本书的中心内容,但被用作一个增强工具以发现敏感概念、提出问题,并验证和丰富已建立的经验结论。

总之,我们的研究旨在深入分析,采用定性方法,并有扎实的实践背景。在此基础上,我们选择了一种合适的研究策略,即"结合扎根理论元素的案例研究方法"。

2.3.2 研究策略的选择

多位学者对不同的研究策略做出了类似的区分,但不同的研究策略之间总存在或多或少的区别。在本书中,我们使用了 Verschuren(2000)和 Swanborn(1987)等描述的策略分类。Verschuren 区分了以下策略:

(1) 调查。
(2) 实验。
(3) 案例研究。
(4) 扎根理论方法。
(5) 文献研究。

Swanborn(1987)将研究策略分为 6 种。他把案例研究法和扎根理论都放在"实地研究"的主题下,并将模拟和心理测试作为具体实施方法。需要强调的是,尽管这些策略被列为独立的基本研究形式,但在实践中往往会组合使用(Verschuren et al.,2000)。

我们不会详细描述上述策略,但将这五项策略与前一节中所述的,包含广度与深度、定性与定量以及实践与案例研究等在内的三项核心决策联系起来,如此对开展研究来说更富有成效。这种关系如图 2-3 所示。

在图 2-3 中没有包含文献研究,因为它是唯一的非经验策略,而且通常是在经验策略之外应用的。因此,它可以同时用于定性和定量研究。

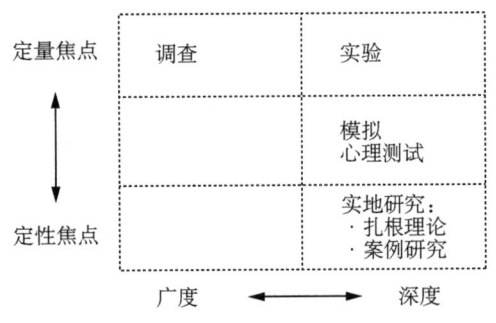

图 2-3 与核心决策相关的可用研究策略

基于我们的核心决策,我们认为重点应该放在定性和深入的研究上,图 2-3 显示了最合适的研究策略是"实地研究"。实地研究包括案例研究和扎根理论,我们选择使用这两种方法的组合。这个组合的优点是可以丰富数据的收集和分析,从而提高研究的有效性。案例研究是一种基本的研究策略,它丰富了扎根理论的一些元素,例如"复杂性"这一敏感概念的发掘。

1. 案例研究法

案例研究就是通过单个或多个案例进行研究。单案例研究是在特定环境中研究一个实际的、经验性的对象(Biemans et al.,1994),或者,正如 Yin(1989)所说:"现实生活中的当代现象。"当出现以下情况时,案例研究是一种最合适的研究策略(Van hutjes et al.,1992):

(1) 处理复杂的情况。

(2) 分离研究对象是困难的。

(3) 研究对象的数量低,但相关的因素多。

这三种情况都适用于我们的研究。案例研究可以分为多种类型,基于 Yin(1994),Van der Zwaan(2000),Kjellen 等的理论(1980,在 Gummesson,2000),在这里介绍以下 6 种:

(1) 描述性——尝试描述事件。

(2) 探索性——尝试导出问题和假设以供未来研究。

(3) 解释性——尝试解释事件过程。

(4) 生成理论——尝试基于案例开发新理论。

(5) 测试理论——尝试在一个(多个)案例中测试理论。

(6) 启动变革——在研究过程中尝试发起变革。

然而,这些类型不能孤立地看待,因为通常情况下,多种策略会在一个研究中组合起来。本研究将在现有实践情境下进行,目的是从实践中构建新的理论。这种类型的研究通常侧重于探索一个没有明确定义的研究问题或难题(Dijkstra et al.,1999)。也就是说,本研究所定义的研究问题被视为是"开放式"的,研究问题是在研究过程中才逐渐变得明确并越来越细分。Verschuren 等(2000 年)称这种方法为"迭代研究"。在我们的研究中,研究从一个非常普遍和广泛的研究目标开始,即如何改善大型基础设施项目的管理。这个问题通过结合敏感概念"复杂性"而变得更加具体。在我们第一次访谈项目总监时,大型基础设施项目的复杂性管理便成为一个中心主题,这也成为我们后续研究的重点。这说明了本研究中使用的就是迭代方法。

案例研究法(Verschuren et al.,2000)的优点是整体视角、灵活的方法和被调查者接受结论的高可能性。案例研究法的主要缺点是外部有效性低(Gummesson,2000)。一种提高研究外部有效性的方法是采用多案例研究的方法。这种案例研究的结果可以通过使用比较元素来对单案例研究进行改进,这可以通过将结果与其他案例的结果进行比较来实现(Van der Zwaan,2000)。在本书中,我们采用了这种比较案例的研究方法,使用了 6 个研究案例项目,而不是 1 个。

2. 扎根理论

在这项研究中,我们选取了多个案例,尝试生成对大型基础设施项目的管理理论。这就是"扎根理论"发挥重要作用的地方。扎根理论是一种基于经验研究的理论生成方法,最初由 Glaser 和 Strauss(1967)创立。在研究过程中,从系统的数据收集和分析中得出一个理论。研究者在开始一个新项目时不能有先入为主的理论(Strauss et al.,1990)。扎根理论研究过程的主要组成是提出问题和进行比较(Strauss and Corbin,1990)。另一个重要的观点认为,研究者可以坚信自己的理论,但这并不意味着他的分析是唯一可能的结论(Glaser et al.,1967)。

扎根理论的主要特点包括(Verschuren et al.,2000):

(1)研究者的探索态度;

(2)比较方法,即经验概念和理论概念,包括主要或次要的数据和理论;

(3)使用广泛的程序、工具和技术。

当研究的目的是对现有理论进行阐述和扩展时,就可以使用扎根理论。当人们对研究课题知之甚少、研究领域较新、研究复杂问题时,使用扎根理论(GT)是非常有效的(Strauss et al.,1990)。所有这些,在一定程度上,都极为适用于本研究。与案例研究特别相关的扎根理论方法是理论抽样和理论饱和度,这些方法被用来选择我们的案例。理论抽样指的是根据临时调查结果和相关理论来选择合适的案例。应在可比特征上最大限度地增加案例(Hakvoort,1995)。理论饱和度是指实际案例的数量基于每个案例的附加价值。当附加(子)案例的价值接近零时,就不需要再添加新的案例。理论抽样和理论饱和度都有助于提高案例研究方法的外部有效性。从这个观点来看,很明显,理论可以建立在有限数量的案例上,因为在发展新理论时,附加证据并不是那么关键(Gummesson,2000)。本书以 6 个案例和 14 个具体的子案例为基础,展开理论研究。子案例详情如表 2-5 所示。

表 2-5 研究的子案例

序号	项目	子案例
1	荷兰 Betuweroute 项目	隧道安全技术
2	荷兰 Betuweroute 项目	范围定义和成本测算
3	荷兰 Betuweroute 项目	运营准备
4	荷兰 Betuweroute 项目	组织
5	荷兰 Betuweroute 项目	潘纳登施运河/霍林赫姆/巴伦德雷赫特市

续 表

序号	项目	子案例
6	瑞士圣哥达隧道项目和勒奇山隧道项目	全民公投
7	瑞士圣哥达隧道项目和勒奇山隧道项目	乌里州
8	瑞士圣哥达隧道项目和勒奇山隧道项目	弗鲁蒂根(Friutigen)
9	荷兰 A73 高速公路南线项目	政治协议
10	荷兰 A73 高速公路南线项目	隧道安全技术
11	荷兰 A73 高速公路南线项目	环境补偿
12	荷兰高铁南线项目	Bos 替代方案
13	荷兰高铁南线项目	隔音屏(鸟类问题)
14	英国西海岸干线项目	历史

虽然扎根理论在研究策略中起着重要作用,但所属的某些程序和工具将不被应用。例如,在扎根理论的最初使用中,一般认为理论不应在数据收集过程中发挥任何作用。在后来的研究中,这一观点得到了修正(Strauss et al.,1990)。有各种各样的研究实例,其中理论被用来加强数据收集(例如 Denison,1990)。研究者不可能是一块"白板",而且总需要一些经验来借鉴。这一观点已被从事案例研究的人所广泛接受(Eisenhardt,1989)。

2.3.3 研究质量

我们现在谈谈研究质量的问题。进行研究时,必须注意科学研究质量的判断标准(第 2.1 节中方法论的定义 2)。为了判断我们的研究结果质量,我们需要事先制定相关标准。在研究设计中作出的重要决定很可能与这些制定的标准有关。

我们用来判断这项研究质量的主要术语是"有效性"(De Leeuw,1996)。De Leeuw 还提供了判定要素之间的关系图。而其他作者只是简单地陈述了一些标准——尽管有时与 De Leeuw 陈述的标准非常相似——而没有具体说明关系(例如 Dijkstra et al.,1999;Swanborn,1987)。

为了提高研究质量,并衡量我们已开发理论的"有用性",我们采用了以下方法:

(1) 三角验证。
(2) 敏感性和可分析性。
(3) 主体间性。
(4) 服务多业主的科学研究。

(5) 模式匹配与解释构建。

1. 三角验证

三角验证涉及更多数据来源、应用方法和研究人员的使用(Verschuren,1999)。三角验证有助于提高研究结果(Swanborn,1987)的内部有效性,方法是从不同的角度进行观察,从而最大限度地降低对收集到的数据进行解释时出现错误的机会。"三角验证"一词最初源于测量学,在测量学中,它被用来描述用几种不同的坐标确定点的位置的方法(Hakvoort,1995)。在本研究中使用了研究人员、数据源和理论基础的三角验证方法概念。但事后看来,最好的三角验证方法都是有争议的,由两个不同的研究人员进行,每个人都有自己的观点和看法。通过结合和讨论这些有时对立的观点,研究质量无疑会得到提高。

2. 敏感性和可分析性

理论中发展的概念应该具备以下两点(Glaser,Strauss,1967):

(1) 可分析性——足够概括代表具体实体的特征;

(2) 敏感性——为感兴趣的人提供有意义的图景。

定性研究不是使用预先开发的理论概念,而是最多的使用到敏感概念(Jonker,Pennink,1999)。使用敏感的概念可以提高研究的有效性。在研究过程中,这些概念将被修改,以描绘出更有意义的图像。另外,这并不意味着研究者应该一开始就摒弃任何概念,研究人员应至少明确说明所使用的概念是如何发展和改进的(Hutjes et al.,1992)。本研究中使用的主要敏感概念是"复杂性"。

3. 主体间性("判断的可靠性")

研究应力求客观,但不应将主观性视为一个干扰因素(De Groot,1994),因为在处理复杂性资料时,可能找不到绝对客观的衡量标准。在这种情况下,研究者应该争取做到"主体间性",也被称为"判断的可靠性"(De Groot,1994)。为了尽可能地降低主观性,研究者可以(De Groot):

(1) 内置循环;

(2) 通过具体措施减少复杂性;

(3) 消除其他方面影响;

(4) 消除不同的兴趣。

主体间性是经验(实践)研究中经常使用的一种方法,当无法保证数据或者结果的客观性时,这种方法则更加适用(Swanborn,1987)。有学者甚至认为,主体间性才是科学研究中可实现的最高目标(Dijkstra et al.,1999)。这与前面提到的迭代研究方法是一致的,在迭代研究方法中,研究人员对分析结果的持续反思和反馈是一个重要方面。与这种方法相匹配的技术还有"同行汇报"和"同行互检"(Hutjes et al.,1992),它们涉及同行们对研究结果的控制,这与前面描述的三角验证方法类似。

4. 服务多业主的科学研究

首先,我们心怀完成优质博士论文的雄心壮志,以满足科学界的需求。然而,这项研究成果需要同时满足为不同项目业主服务,其中包括荷兰交通运输部公共工程和水务局、荷兰铁路基础设施公司、瑞士联邦交通局、英国交通运输部、欧盟委员会和荷兰的知识项目(Transition sustainable mobility,简称 Transumo)。

荷兰交通运输部委托研究人员对荷兰的 3 个大型基础设施项目进行了初步调查,并要求我们将这些项目的管理实践与瑞士圣哥达和勒奇山隧道项目管理进行深入对比。这项研究结果也同时提交给了欧盟委员会,并促成了欧洲大型基础设施项目管理和 NETLIPSE 倡议。在该倡议中,欧盟委员会内部对大型基础设施项目管理进行了研究。这项研究于 2008 年 6 月完成,著有《欧洲大型基础设施项目管理》(*Managing Large Infrastructure Projects*)一书。Transumo 是联合了荷兰的政府、企业和其他社会机构的一个平台,一个可持续和移动的知识共享平台。Transumo 通过提供知识和资金支持,促进了这项博士课题研究。瑞士联邦交通局、荷兰铁路基础设施公司和英国交通运输部通过支持访谈和提供所需数据对这项研究给予了大力支持。我们与这些组织进行了有趣并深入的讨论,使我们的研究结果逐渐变得清晰。

本书研究服务的另外一类重要对象是被调查项目的项目总监。在我们的研究中,业主加入了一个专门的指导委员会,成员能获取研究最新进展情况并为保证研究结果的实践意义做出努力。通过将结果与"实践中"的具体问题联系起来,业主在本研究中的参与提高了本书的实用性。此外,由于业主身为大型基础设施项目的业内人士,可以根据 Hutjes(1992)提到的"成员检查"方法对收集的数据和分析过程进行监控,因此有效性得到了进一步的提高,这就是指导委员会的重要作用(Brasters,2000)。几名指导委员持续跟踪所提交的研究报告,并对结果进行反复思考。

5. 模式匹配与解释构建

模式匹配是一种将案例数据中提取出的经验模式与理论中的预期模式进行比较的方法,这有助于提高案例研究的内在有效性。另一种用来提高内部效度的方法则是"解释构建"(Yin,1989)。在这种策略中,提出的假设是被用来解释案例研究中所发现的证据。模式匹配和解释构建通常都被用于案例研究协议的建立。

在接下来的章节中,我们将展示所采取的方法如何在研究过程、概念模型和研究设计中得到体现。

2.4 研究过程

提高研究质量的主要研究策略和措施形成了我们研究过程中的输入环节,如图2-4所示。这个过程不仅通俗易懂(在图中从顶部开始研究,从底部得出研究结论),而且存在几个迭代循环,正如前一节所述。

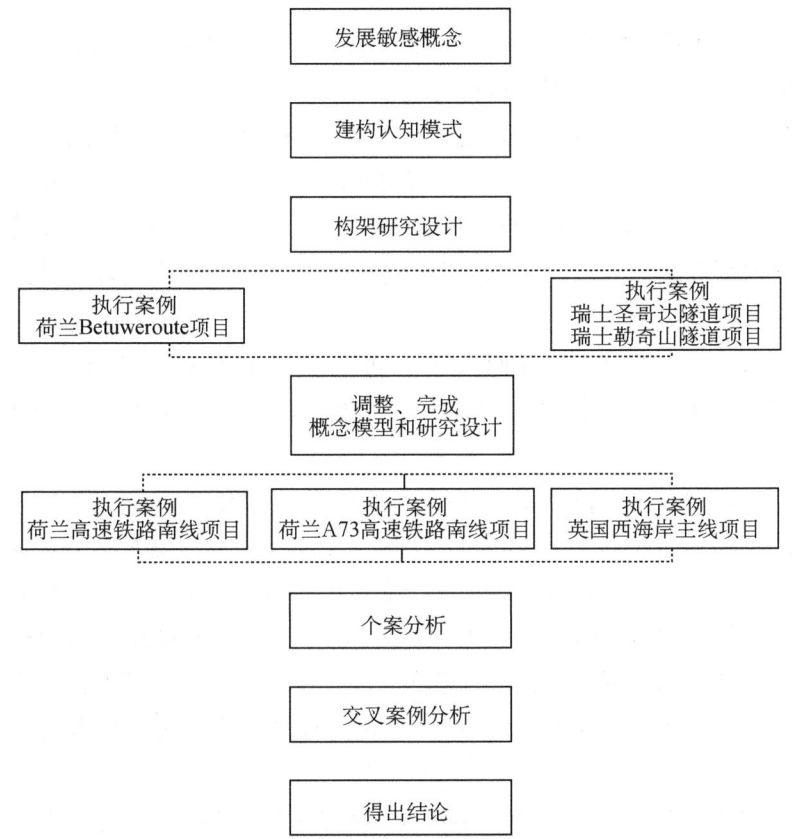

图 2-4 应用研究过程

第一步是提取敏感概念,这是我们所有研究开始的基础。这一步通过与荷兰大型基础设施项目的主要参与方进行深入会谈以及对相关文献进行综述来完成。同时需要结合我们对实践经验的深刻反思,最终确定敏感概念。这些生成的概念之后也在不同的情境下与同行、实践者及其他研究人员进行广泛深入讨论,从而提高主体间性。以下列举了在课题研究过程中发生的一些讨论:

（1）项目组与荷兰 Betuweroute 项目、荷兰 A73 高速公路南线项目和荷兰高铁南线项目组织成员进行讨论；

（2）指导委员会与荷兰 Betuweroute 项目、荷兰 A73 高速公路南线项目和荷兰高铁南线项目的项目总监和经理进行讨论；

（3）研究小组与苏黎世联邦理工大学和鹿特丹伊拉斯姆斯大学的成员进行讨论；

（4）向指导委员会提交初步调查结果的论文；

（5）为公共工程及水管理局员工举办的复杂性管理研讨会；

（6）在 AT Osborne 与其他顾问进行同行简报讨论；

（7）与欧洲大型基础设施项目管理和组织知识网络和 Transumo 内完成的工作直接联系；

（8）在欧洲大型基础设施项目管理和组织知识网络研究期间与本研究项目的四个调研团队进行讨论。

最重要的敏感概念就是前面提到的"复杂性"，概念模型的第一个版本正是基于这些关于复杂性的敏感概念建立起来的。概念模型（见下一节）构成了执行案例研究的理论框架。接下来，将概念模型转化为描述数据收集和分析的方法，即研究设计。本研究设计包含了访谈所使用的问卷。

出于灵活性考虑，我们选择了两个案例作为第一批研究对象。在对这两个案例分析的基础上，对概念模型和研究设计进行改进和调整。

在最初的研究设计中，只有 5 个案例项目被列入调研列表，后来我们决定将英国西海岸干线项目作为第 6 个案例。增加这个案例是为了在欧洲各重大项目比较中增加一个第三国因素——这是一个提高我们结论有效性的重要措施。另外，我们使用欧洲大型基础设施项目管理和组织知识网络的经验已经向我们表明，英国西海岸干线项目将为我们提供一些非常有趣的意外见解，这也是理论采样和理论饱和度的一个实例。

在调查期间，事实证明，不可能对荷兰高铁南线项目进行大量访谈。当时（2004 年前后），该项目正在经受议会调查和其他机构调查。因此，我们主要使用大量可用的二手材料——文件、自身经验、来自欧洲大型基础设施项目管理和组织知识网络的访谈和经验以及与项目组织成员的讨论，作为我们分析的基础。

所有案例调研完成后，开始数据分析。我们是从单案例分析开始的，最终以案例综合比较分析结束。根据分析结果，提出研究问题的答案，并得出最终结论。接下来，演示概念模型是如何设置的。

2.5 概念模型

该概念模型是为了回答"欧洲大型基础设施项目的实施过程是如何演变的"这一主要研究问题而构建,在大型基础设施项目的实施中,复杂性的特征如何显现?如何管理此过程?还有哪些合适的方法来改进实施过程的管理?研究问题的中心要素无疑就是"复杂性"。为了开发概念模型,我们对复杂性和管理的理论与实践进行了研究。

概念模型是在复杂性管理文献综述和实践研究的基础上提出来的。对于大型基础设施项目,本书有两个主要问题需要回答:

(1) 什么是复杂性?

(2) 如何处理复杂性?

1. 什么是复杂性

关于第一个问题的理论构建是通过结合两种方法来完成的。

第一种方法是基于实践(第 4 章),从经验中,我们归纳了 6 种复杂性:技术复杂性、社会复杂性、融资复杂性、法律复杂性、组织复杂性和时间复杂性。

第二种方法是理论基础(第 5 章),关于细节和动态复杂性的理论概念被证明对研究大型基础设施项目的复杂性是非常有效的。我们选择了两种不同的方法,通过提供更多的相关研究中的定义来增强三角验证。在理论和实践相结合的基础上,我们对两种主要的复杂性进行了区分,即细节复杂性和动态复杂性。

2. 如何处理复杂性

我们的研究可以定位在项目管理和公共行政学科之间。在案例研究中,我们使用故事线描述法来研究组织如何处理复杂性。因此,我们还分析了大型基础设施项目的具体实施过程。

我们发现,项目管理理论特别适合于大型基础设施项目的内部管理,并且拥有专注于具体工作的方法和技术。作为"项目管理"的代表,我们使用了系统管理理论(第 7 章)。我们还使用了另一种管理策略来管理复杂性,这是以公共行政为基础的。我们称这一理论为"交互管理"(第 8 章)。

值得注意的是,在我们研究的执行过程中,发现可以再添加另外两种策略,而不仅仅是我们最初概念模型的一部分,以全面概述实践中的复杂性管理。第一种是内部和内容聚焦法(第 6 章),事实上这是一种适合低复杂性项目的管理方法。然而,我们注意到,它经常被用于管理更高层次的复杂性。当然不用说,这导致了糟糕的后果。另一种是我们寻找到一种最适合管理复杂性的方法,这里称之为动态管理。在动态管理之下,系统管理和交互管理的优势相互结合(第 9 章)。也就是说,要成功地管理复杂性,需要一种组合式的方法,将系统管理和交互管理结合起来。如何将两者结合在一起将在第 9 章中进行详细说明。最后,在我们的分析中发现,要想在关键时刻成功地管理好大型基础设施项目,常常需要"追求卓越"的态度。显然,当情况变得艰难时,非凡的项目需要非凡的方法(第 10 章),这就是我们动态管理方法的第二部分。

概念模型是基于两个主要问题而建立起来的,即"什么是复杂性?""如何处理复杂性?"图 2-5 中以图形方式表达了更细化的内容。

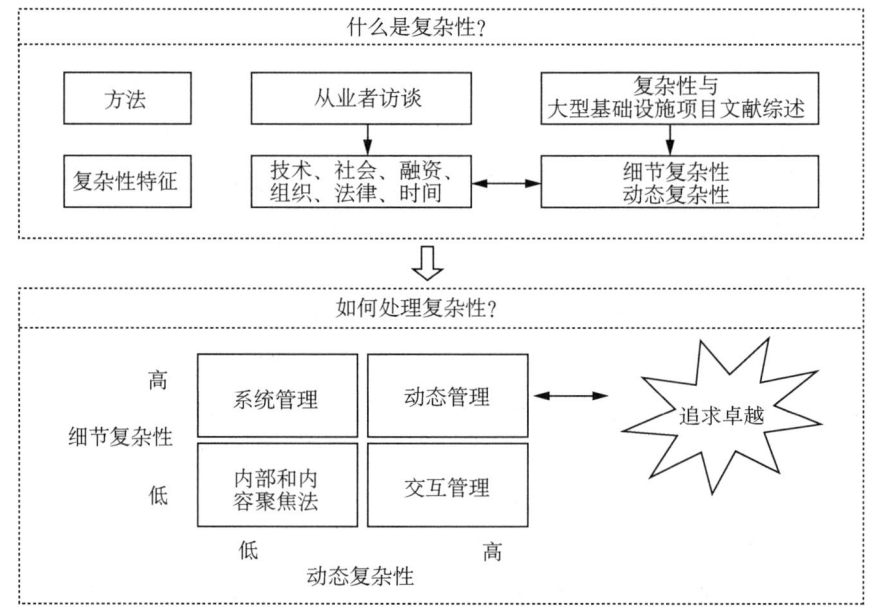

图 2-5 概念模型

2.6 研究设计

本书以个案研究的方法,结合扎根理论,作为搜集资料的主要方法,以回答如何管理大型基础设施项目复杂性为主要研究问题。本节主要介绍数据收集和分析的方法。

我们研究的第一个目的是揭示复杂性的本质和感知方式。如概念模型中所述,可以应用各种复杂性视图进行展现。在我们的研究中,构建了一个理论框架,以了解项目管理机构及其他利益相关方对复杂性的感知程度以及相互之间的关系。选择的方法是深入研究案例并基于文档研究方法寻找可能的复杂性来源。此外,在对管理者和利益相关方的访谈中,我们询问他们是什么让项目变得复杂。

为了研究复杂性的管理,必须确定"具体情况",以便进行分析。在我们的研究中,使用"关键事件"或"重要主题"来标定具体情况。在访谈中,我们要求被访谈者确定项目中的重要事件,而这些关键事件是具有复杂性特征的事件。

在前两个案例之前,使用"轮次模型"(rounds model)进行历史分析,历史分析以文献研究为基础。在前两个案例(荷兰 Betuweroute 项目和瑞士圣哥达隧道项目和勒奇山隧道项目)中,我们使用文件分析法和访谈来确定最终的"关键事件",以研究复杂性的管理问题。然后,以子案例的形式,使用"轮次模型"对最常提及的主题和事件进行深入分析。在执行第一轮访谈之后,我们将子案例分为若干不同的主题。主题的构建是在与学术团队的一次会议上讨论完成的,该团队由研究人员 Teisman 教授(鹿特丹伊拉斯姆斯大学)和 Schalcher 教授(苏黎世联邦理工学院)组成。通过会议讨论,确定了以下主题:

(1) 政治支持。
(2) 技术和法律。
(3) 融资和范围。
(4) 资金和上级组织。
(5) 利益相关方。

然后这些主题被用于定制最后 3 个案例研究。接下来,在开始访谈之前,先选择要研究的主题,这使得我们在第二批访谈中能够更好地集中精力,更好地选择访谈对象。我们还通过"理论饱和"和"理论抽样"的标准来进一步选择那些最有趣的子案例。在案例分析中,我们为每一个主题选择了至少两个主要的子案例,以测试和扩展我们的发现。

对于各个主题的主要子案例,我们使用了故事线描述法。这个故事线是基于第 3 章介绍的"轮次模型",可以用来展示公共决策(Teisman,2000)。

进一步的分析侧重于在所研究的案例中找出如何处理复杂性,详细的案例描述是回答问题的基础。此外,我们还向管理者和利益相关方提出了具体问题,以便收集更多的数据。

在对复杂性管理类型进行分析的过程中,我们以系统管理理论和交互管理理论为基础,分析了在理论上发现的管理方法是如何与我们每轮主要案例中被调查者的实际行为相联系的。在研究了被调查者的具体行为之后,紧接着研究这种行为所取得的结果,主要集中在以下几个方面(详见项目卓越模型,图 2-2)。

(1) "硬性结果":在时间、成本和质量方面;

（2）"软性结果"：关于受访者对结果的满意度；

（3）"软性结果"：受访者对流程的满意度。

最后一步是将被调查者的行为与结果联系起来，以检查方法和结果之间的关系是否可以确定。

访谈是收集案例资料的主要方法之一。每次访谈都包含一般性和更具体的问题。对所有受访者提出一般性问题，根据访谈期间确定的研究主题或关键事件，对选定的受访者提出具体问题。

数据分析主要采用两种方法：

（1）模式匹配。

（2）归纳分析。

为了进行模式匹配，我们开发了特定的量表用来对每个主要子类的"复杂性"和"管理"视图进行分类。研究的每一个要素都试图确定哪种复杂性在特定的一轮调研中占主导地位，以及采用了什么样的管理策略。

此外，为了寻找管理行为模式，我们对每次访谈内容和每个案例收集的数据进行分析。这些都是从数据本身提取出的模式，而不是在先前提出的假设中出现的模式。这种方法称为归纳分析。模式发现后，在归纳分析的基础上，我们将执行后的案例研究结论与理论进行比较，并利用专家的现场意见进行佐证。

2.7　总结与结论

在本章中，我们概述了本书的研究方法。本书的主要研究问题是："欧洲大型基础设施项目的实施过程如何演变，大型基础设施项目实施的复杂性特征如何显现，这个过程是如何管理的，有哪些合适的方法来改进实施过程的管理？"本研究中使用的主要"敏感"概念是"复杂性"。

为了回答主要的研究问题，我们选择了方法多元化的观点。这意味着，该方法是专门为回答某一问题而量身定制的，而非采用通用的方法。由于研究的核心对象是与大型基础设施项目实施相关的"项目管理机构"和"利益相关方"，因此该研究可以归类为公共行政和管理科学领域的跨领域研究。除了研究这些实体之外，我们还描述和分析了大型基础设施项目的实现过程。

由于研究者是大型基础设施项目领域的积极实践者，因此本研究是一个具体的行动研究案例，这意味着研究者是研究对象的重要组成部分。

这项研究的结果既实用又科学，它的目标是发展"实质理论"。这一理论将有助于解决大型基础设施项目复杂性管理中的实际难题。该理论将包含利益相关方在大型基础设施项目领域使用的启发式方法，即基于经验数据的收集和分析。

本书将比较案例研究与扎根理论的一些原理相结合作为主要的研究策略。这项研究将基于一种解释性的生成理论方法，目的是从实践中构建新的理论。

在本书的研究设计中，我们选择了以深度而非广度为重点的研究方法，并主要采用定性研究方法。然而，这并不意味着没有使用定量技术来收集和分析数据。

扎根理论中主要采用了理论抽样和理论饱和度的方法。我们用来判断这项研究质量的主要术语是"有效性"。为了提高有效性，采用了三角验证、敏感性和可分析性、主体间的一致性、服务多业主的科学研究和提高有效性的措施（模式匹配与解释构建）等一系列方法。

在本研究中，使用案例研究协议来构建整个研究，该协议包含了概念模型和研究设计。概念模型包含了收集和分析案例研究数据的理论框架。为了回答我们的主要研究问题，我们研究了6个案例。这些将在第3章介绍。

3 项目——与复杂性的斗争

第 1 章介绍了大型基础设施项目在实践中所出现的问题,以及这些问题所涉及的参与方。第二章论述了如何开发有价值的方法论,以应对当今大型基础设施项目由于复杂性所带来的挑战。在本章中,我们将通过项目案例的引入,进一步探究并回答以下问题:"大型基础设施项目有哪些特点?欧洲大型基础设施项目实施是如何演变的?这些特征和实施过程在欧洲不同国家是相似的还是不同的?透过不同项目案例之间对比分析,我们观察到了哪些相似点和不同之处?"

本书研究的项目来自欧洲不同国家,并且每个项目都有其各自的独特性。然而,可以肯定的是,它们有一个主要的共同点,即这些项目的管理都需要处理棘手的复杂性问题。本章中的项目可以让我们对如何在日常实践中观察到这种复杂性有一个初步的认识。此外,本章还会初步探究参与大型基础设施工程的项目管理机构与其他利益相关方面临复杂性后所导致的各种需求。

本章列举了以下 6 个项目:

(1) 荷兰 Betuweroute 项目(第 3.1 节)。
(2) 荷兰高铁南线(High Speed Link South)项目(第 3.2 节)。
(3) 荷兰 A73 高速公路南线(A73-South)项目(第 3.3 节)。
(4) 瑞士圣哥达(Gotthard)隧道项目(第 3.4 节)。
(5) 瑞士勒奇山(Lötschberg)隧道项目(第 3.4 节)。
(6) 英国西海岸干线(West Coast Mainline)项目(第 3.5 节)。

这 6 个案例将会在不同节中进行介绍。由于瑞士圣哥达隧道项目与勒奇山隧道项目有紧密联系,本书将这两个案例并入第 3.4 节。我们将在不同章节分别展示以上 6 个基础设施项目在欧洲不同国家的演变过程,以及负责实施这些项目的管理者要面对哪些问题。这些项目都需要和复杂性作斗争。在案例介绍中,我们选择了这样一种方式,即通过事实和数据以及对实施过程的历史概述来展示这些特征,而后分析项目主要的相似点与不同点(第3.6节)。

每个项目都是基于事实和数据进行描述的,我们根据项目规模、所涉及的利益相关方和合同结构来描述项目详细信息。其次,我们从历史的角度来描述每个项目。第一个视角允许我们将项目更多地看作一个静态设施,主要从利益相关方数量、项目范围、组织结构以及要完成的工作量来展示其超大规模。

第二个视角允许我们在大型基础设施项目中采用更动态的视角,来显示项目随时间变化的实施全过程。我们可以使用多种方法来展示动态视角。通常用来描述动态视角的方法是"阶段模型"(phasing model),项目从开始到完成都会经历若干特定的阶段,如启动、可行性研究、规划、执行和收尾等。然而,"阶段模型"假定不同阶段之间按照顺序和线性的方式实施。由于大型基础设施项目相关问题与解决方案往往并不遵循线性特征,因此我们采用"轮次模型"(Teisman, 2000)来描述我们所研究的大型基础设施项目的实施过程。轮次模型是一种通过区分决策与发展的具体轮次来描述项目历史的方法。该模型根据不同参与方所做的一系列相互作用的决定来检查决策过程。轮次的划分通过识别利益相关方中的关键变化来完成,例如是否有新的关键参与方加入,以及改变项目进程的关键事件。这意味着,轮次模型在研究实践中被观察的大型基础设施项目非线性发展方面,提供了更多的灵活性和洞察力。

在轮次模型中,历史描述并不通过严格的事件时间轴来呈现,而具有故事线的特征。故事线概念使我们能够以一种定性的方式来呈现项目的历史,它用于识别系统中关键事件和参与方的干预(Haynes, 2008)。从这个意义而言,故事线通过采用定性方法来呈现一个案例的历史,而不是采用更定量的方法,这种方法只呈现时间轴。在故事线中,我们重点展示大型基础设施项目的复杂性,以及在大型基础设施项目管理过程中利益相关方(主要是项目法人和项目组织)之间处理复杂性的斗争。

3.1 荷兰Betuweroute项目

本书的首个研究对象是2007年6月开通的荷兰Betuweroute铁路,即鹿特丹港与德国边境之间160公里长的专用双线货运铁路。它将会作为荷兰铁路运输的主要干道,并且极大地增加了欧洲内部运输网络的连接程度。

3.1.1 项目事实、数据和利益相关方

Betuweroute 是一条 160 公里长的双轨专用货运铁路,连接阿姆斯特丹和德国边境的荷兰泽弗纳尔至德国艾默里奇路段,具体路线如图 3-1 所示。

简而言之,荷兰 Betuweroute 项目预计带来以下效益:
(1) 环境——缓解老旧道路运输压力,并实现可持续的铁路运输;
(2) 经济效益;
(3) 提升鹿特丹港的竞争地位;
(4) 将铁路运输变成一个经济型的选择。

表 3-1 提供了关于荷兰 Betuweroute 项目的一些关键事实和数据。

表 3-1 荷兰 Betuweroute 项目关键事实和数据

原始预算	25.3 亿欧元(1995 年价格水平)
成本	47 亿欧元(2007 年价格水平)
年收入	未知(开通于 2007 年)
房屋和其他转移的财产	超过 400 处
沿 A15 公路平行长度	95 公里
隔音屏长度	160 公里
电气化	25 千伏
安全系统	ERTMS/ETCS
降低轨道的长度	7.5 公里
桥梁和高架桥的数量	130 座
桥梁和高架桥的长度	12 公里
开关数量	155 个
生态交叉口数量	190 个
隧道数量	5 个

项目规划过程始于 1990 年,正式的路线决策(通常被视为该项目的政府组织决策)于 1996 年完成。荷兰 Betuweroute 项目由荷兰女王比阿特丽克斯(Queen Beatrix)于 2007 年 7 月 16 日宣布正式开通。

荷兰 Betuweroute 项目是利用政府资金以及欧盟和荷兰铁路基础

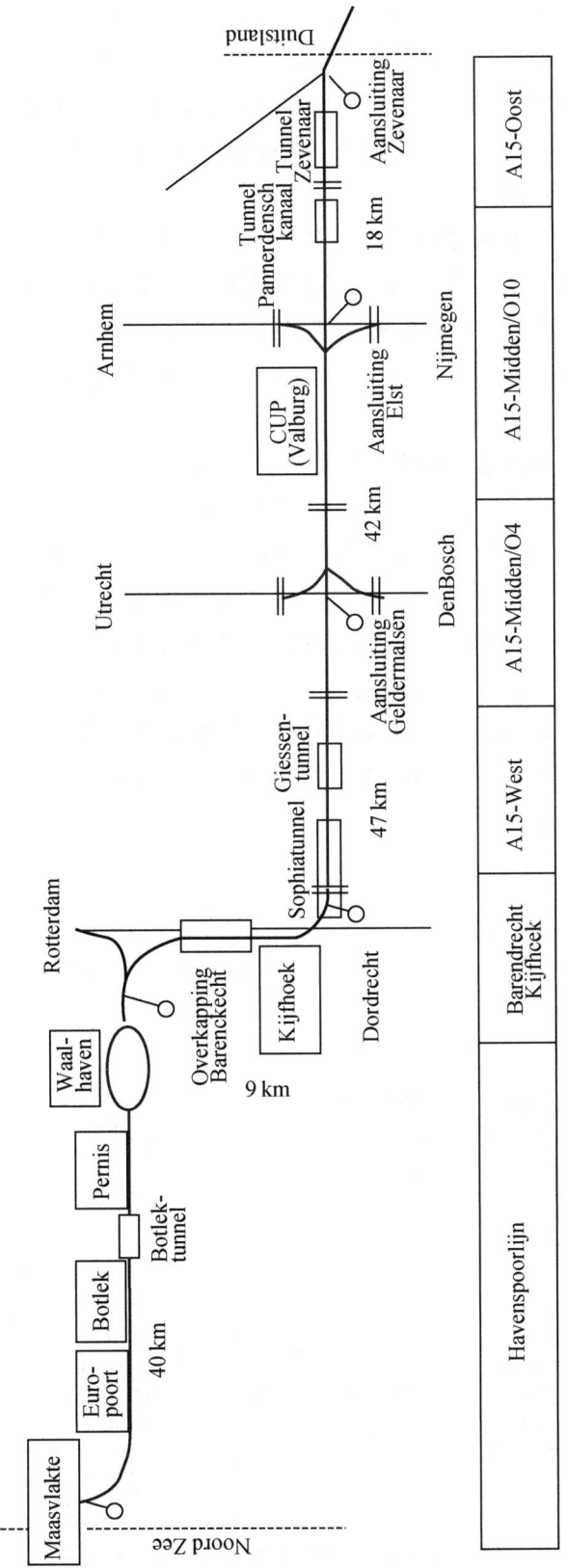

图 3-1 荷兰 Betuweroute 项目

3 项目——与复杂性的斗争 | 041

设施公司的少量捐款建造的。在荷兰 Betuweroute 项目的早期阶段（1995 年），部分人设想通过私人资金资助来完成该项目的建设。具体而言，希望项目总投资中的 20% 来自私人资金，私人投资者通过未来的道路收益获得适当的收益。该种模式因无法吸引足够的私募资金参与而没有采用。

荷兰交通运输部是荷兰 Betuweroute 项目的主要牵头单位，以及执行该项目的责任主体。交通运输部每 6 个月须对众议院提供进度报告，该进度报告以及其他需要作出政治决定的项目问题将在众议院一个单独的委员会中讨论，该委员会负责处理与交通运输部有关的问题。

荷兰铁路基础设施公司是负责荷兰铁路运力、保障和安全的本土公司，其被交通运输部指定负责整个铁路线的建设。在该公司内部，专门成立一个部门具体负责开展荷兰 Betuweroute 项目，并命名为"Betuweroute 项目部"，该部门项目总监领导项目部开展各项工作。荷兰 Betuweroute 项目主管向荷兰铁路基础设施公司总监报告项目进展情况，公司总监与交通运输部讨论进展情况。此外，在项目法人与政府交通运输部之间，也开展非正式会议来辅助决策。

荷兰 Betuweroute 项目自 2003 年开始以来整体运行架构如图 3-2 所示。

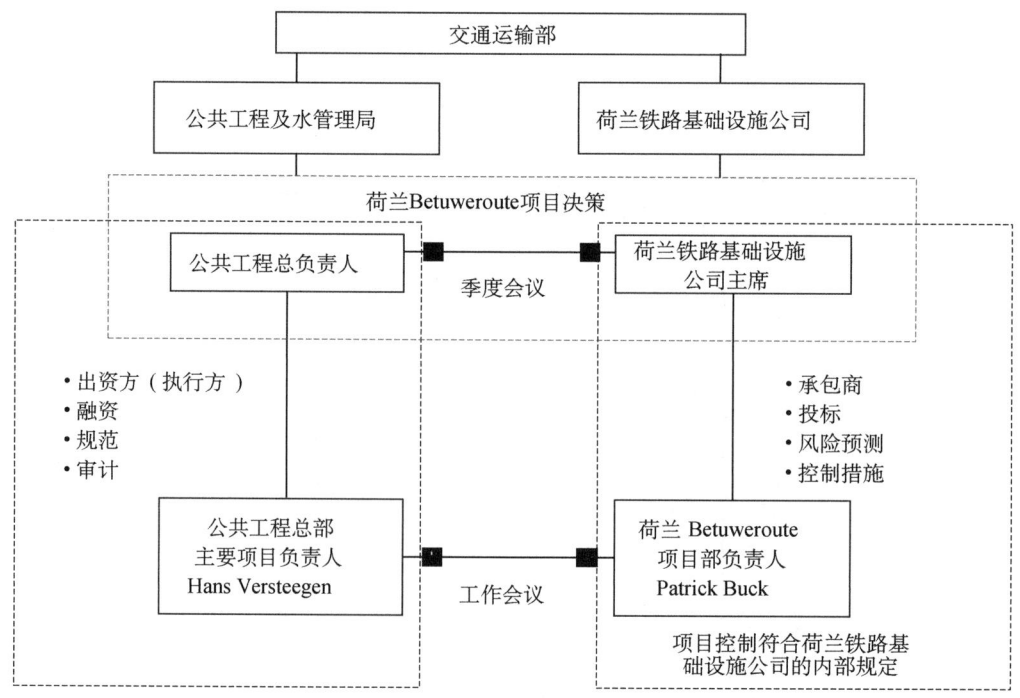

图 3-2　荷兰 Betuweroute 项目出资方和执行方关系图

除了执行交通运输部的项目外,荷兰铁路基础设施公司的服务内容也涉及设施维护规划和运营准备。此外,荷兰铁路基础设施公司参股50%,与其他(如鹿特丹和阿姆斯特丹)港口开发集团,共同组建 Keyrail 公司,共同运营荷兰 Betuweroute 项目(2007—2012年间)。

荷兰 Betuweroute 项目主要的当地利益相关方包括道路沿线以及南荷兰省和海尔德兰省的社区,这些地方的人员,尤其是海尔德兰省的,对项目(尤其是早期,直至1995年)产生了相当大的影响。

其他利益相关方包括环保机构和消防部队等。

3.1.2 荷兰 Betuweroute 项目的故事线

轮次模型用于区分荷兰 Betuweroute 项目3个不同的决策进程(阶段),每一轮由一个重要的事件分割,这3个阶段分别是:

(1) 第一轮,达成确定的项目范围,1990—1995年。
(2) 第二轮,项目预算不断超支,1995—2000年。
(3) 第三轮,预算内完成的"有污点"项目,2000—2007年。

荷兰 Betuweroute 项目的故事进展主线,是基于2003年由临时基础设施委员会撰写的报告、关于该项目的公开进度报告以及对项目参与方的访谈来划分的。

每一轮的内容在下文分批详述。

1. 第一轮 达成确定的项目范围(1990—1995年)

早在20世纪80年代中期,交通运输部就开始酝酿建造用来改善鹿特丹港与德国之间货运联系的新铁路线。为此,交通运输部组建了一个称为 Van der Plas 的特别委员会。该委员会完成的报告于1989年7月对外公布,强调了东西货运铁路通道的重要性,并提出为了改善这条通道,现有的 Betuwelijn 线路将需要改进的意见。

基于 Van der Plas 委员会出具报告的主要结论,Betuweline 项目又被作为一条主线工程呈报于命名为"SVV2"的政府文件中,并在交通运输部1990年的报告中提出。项目核心目的在于提升现有地区客运线路,计划总投资为11.34亿欧元。议会通过了该文件,并被视作 Betuweline 项目的起点。

原先的铁道基建由荷兰铁路公司(NS)承担,因此,Betuweline 项目的实施应交由荷兰铁路公司完成,该公司也是唯一一家拥有项目实施所需完整技术的机构。交通运输部虽可授权资助该项目,但对荷兰铁路公司并不能直接指令或干预。在项目早期,荷兰铁路公司开始负责该项目各项工作的推进,如空间规划文件的编制。但实际情况是,荷兰铁路公司承担的任务远大于此。一个荷兰铁路公司的项目经理说:

说起来讽刺,我们这些来自荷兰铁路公司的人发起了荷兰 Betuweroute 项目的收益和必要性的研讨倡议,但这本应当是交通运输部的事情。在当时,荷兰铁路货运公司(NS Cargo)希望荷兰 Betuweroute 项目成功,因为它会带来就业。荷兰铁路公司因而也希望加快相关倡议的进行。

荷兰铁路公司与鹿特丹港管理部支持该项目。荷兰铁路公司希望加强其在运输市场的地位,同时港口也希望提升其与德国内陆的运输调配能力。

荷兰交通运输部将项目委派给了荷兰铁路公司。在 1990 年,荷兰铁路公司组建了专门的项目部,负责编制称为"起始记录"(Startnotitie)的文件,即荷兰 Betuweroute 项目环境评估第一步程序文件的准备工作。但项目推进却更多地关注技术设计与时速设计,其仓促性从荷兰铁路公司 Betuweroute 项目部领导办公室的时钟上可见一斑。钟表发生机械故障停摆后,该领导将时间设定为 11 点 55 分,并说道:

这个项目,永远处于 11 点 55 分。

而且领导明确提出,他不打算修复钟表。

1991 年,荷兰铁路公司项目部开展了铁路线路沿线的信息推介会,新的铁路雏形乍现,但问题也随之出现。这也是第一次发生大量居民和城市反对该条铁路以及路线规划。有些人提出,部分线路会穿越其住所,因为荷兰铁路公司所用的地图并未考虑最新的城市和区域空间发展。荷兰铁路公司宣讲计划引起了骚乱,但这些通报会并非唯一因素。

海尔德兰省的一位前副省长阐述了与荷兰铁路公司就 Betuweroute(BR)项目进行谈判的特点:

一开始很难与项目领导沟通,尽管后来情况有所好转,但是第一次会议却是单方面的通报而已,在会议过程中并没有展现出双方友好沟通和协商的氛围。看起来这个既定的计划对国家是有利的。你可以认为他们用尽了一切力量阻碍项目,但他们的确成功了。

在半年内,28 个组织提出了反对意见。海尔德兰省最初对荷兰 Betuweroute 项目投了赞成票,但后来转为反对建设该条线路。1995 年之前,荷兰 Betuweroute 项目一直占据着报纸的头条。我们对临时基础设施委员会编制的荷兰 Betuweroute 项目重建报告进行了详细的科学分析，并为 Hans Boom 撰写的《Betuweroute 之战》一书提供了更多的个人故事。

回顾该事件，项目前期集中关注了国家层面的利益者，并没有与地方政府展开广泛的沟通与交流。这就直接导致了该项目没能得到足够的和广泛的社会支持度，而仅仅取得了少量国家环保组织的被动支持。

中央政府遵循"关键规划决策（PKB）"的正式程序来构建空间规划流程。PKB3 对荷兰 Betuweroute 项目的决定于 1993 年 5 月公布，项目总估算约为 28.32 亿欧元。过高的预算源自对项目内容的扩增（该项目现在同时包括对连接现有客运专线与鹿特丹港区海港线的改进），以及项目目标的更改（从改造客运线路变为新建客运线路）。这个改变导致项目名称由 Betuwerline 变为 Betuweroute（简称 BR）。此外，大量新增内容涉及环保（降噪）、减少社区分割、土地和水资源等环境保护措施。即便如此，来自本地利益集团的要求因为过于昂贵，并未纳入其中。在海尔德兰省，当地官员并不接受此观点，因此，他们不断要求政府交通运输部、其他相关部门和项目单位采取额外补救措施。

国会对 PKB3 进行了多轮会议讨论，并通过议案改变了项目所涉及的范围，并且增加了项目的预算。增加用于连接鹿特丹现有轨道 Kortsluitroute 的子项目、泽弗纳尔隧道、Schelluinen 下沉项目和巴伦德雷赫特市通道顶棚建设，共计 32.39 亿欧元。然而，令人惊讶的是，并没有对这条铁路进行讨论——关于是否应该修建这条铁路的讨论显然被认为既没必要也不合适。1994 年 5 月，BR 项目的 PKB4 的官方文件予以公布，荷兰 Betuweroute 项目最终正式启动。

1995 年，新一届政府上台，其对 BR 项目的价值提出多重质疑。先前反对该项目的政党现在成为政府联盟的一部分，政府提出重新考虑该项目，并成立了名为"赫尔曼斯"（Hermans）的委员会。

该委员会提议，荷兰 Betuweroute 项目的铁路线建设应当满足其他要求，其中要求之一是项目要带动新线路沿线的使用率。该决定被认为是有战略眼光的，在加强鹿特丹港和德国联系的同时，进而实现运输从公路向铁路的转型，而最初着重于"经济恢复"的目标被委员会放弃了。新政府于 1995 年 1 月发布报告，认为要增加利益相关方对 BR 项目的支持，进而采取更多的措施去满足地方的利益需求。

根据 Hermans 委员会的报告，对该项目的涵盖范围做出了调整，如吉森-潘纳登施运河隧道项目提议，就被交通运输部所采纳，并且决定该线路的基建水平不再作地区性区分，项目总投资设定为 37.44 亿欧元。值得注意的是，该总价 37.44 亿欧元是政府提出的一揽子预算，意味着需要在此总投资限额内再进行讨论和确定，哪些项目可以建设。

Hermans 委员会在该项目的建设中扮演着重要角色,不仅将原有目标由"经济振兴"调整为"战略性投资",同时也将中央政府和地区的利益冲突予以平息。项目主要的利益相关方也调整为交通运输部和荷兰铁路基础设施公司。

2. 第二轮 项目预算不断超支(1995—2000 年)

基于政府的最新决策,项目规划于 1995 年 11 月发布,但在项目预算的分配和使用上仍有分歧。上报交通运输部的项目预算,由荷兰铁路基础设施公司内部的项目组织负责编制。荷兰铁路基础设施公司作为一家新成立的负责铁路基础设施管理的公共机构,是前荷兰铁路公司(NS)旗下的独立公司之一,负责该项目的执行。在交通运输部内部,设立了一个独立的部门来管控荷兰铁路基础设施公司对该项目的执行。BR 项目作为重大项目,其项目总投资初始预算高达 37.44 亿欧元,这意味着项目推进过程需要与国会不断进行讨论,并符合国会提出的新的指导意见和规范。每 6 个月须向众议院递交项目进展报告。

1996 年 4 月,荷兰铁路基础设施公司 BR 项目经理向交通运输部汇报项目需要额外增加约 4.25 亿欧元预算,包括无法预估的项目开支风险金、未确定的项目范围、已确定的项目变更以及历史文物保护和土地平整等工作可能发生的额外开支。在接下来几年,超支问题变成了荷兰铁路基础设施公司 BR 项目部和交通运输部经常讨论的问题,并试图通过不同的财政手段来尝试解决相关问题。

第一个尝试叫作"再评估",启动于 1998 年。同年 4 月,BR 项目部最新编制的项目总投资预计为 45.06 亿欧元,对比 PR4 期间最终批复的 41.38 亿欧元项目总投资预算,意味着 3.68 亿欧元的超支。荷兰交通运输部与荷兰铁路基础设施公司启动设立"专门行动计划"来解决相关问题,双方尝试确定明确的最终项目范围定义,以及基于最终项目范围定义的最终造价。

经过荷兰铁路基础设施公司和荷兰交通运输部的反复沟通,确定该项目最终可接受的预算应不高于 41.38 亿欧元,即固定预算,这被荷兰交通运输大臣 Netelenbos 视为一个重要的问题。她的理由是,这种方法将刺激负责基础设施工程实施的项目组织在出现超投资的情况下,努力寻找替代解决方案。坚持固定预算的另一个原因是,她认为应当在荷兰铁路基础设施公司和政府之间建立一个可控关系,并鼓励大家找到更好的替代方案来避免超支。尽管如此,这些可用的手段也很难在本质上缓解和解决问题。经过具体讨论后,最终于 1998 年 10 月签订了开支削减协议。该协议被称为"Melle Jan"协议,最终确定项目总预算为 41.38 亿欧元。该协议基于理性的设计,提出并不是任何的设计变更都需要向国会请示，只有涉及项目实质功能调整的设计变更才需要提交国会去确认。很明显，固定预算与项目的功能相比前者显得更为重要。

尽管如此，项目实施过程中的超支问题仍然无法避免。1999 年 9 月，BR 项目部与交通运输部相关部门联名向大臣报告此消息。新的超支预算为 1.8 亿欧元，向国会申请资金并不是一个可行选项，因为荷兰 Betuweroute 项目已经被认为是重大超支项目。但是，交通运输部与荷兰铁路基础设施公司指出，由于物价上涨、建筑市场蓬勃发展、新的司法管辖区的影响及法律的变更，许可和空间规划的滞缓以及公民的反对等各种原因，许多明显的额外成本并不确定，但有可能需由当前的预算来支付。

截至 1999 年 10 月，项目总投资预估费用为 44.79 亿欧元，但当时的项目总预算只有 42.81 亿欧元，其超支主要源于项目范围的变更。此次项目范围的变更和预算增加都在 2000 年 8 月向众议院递交了报告。一些新的措施被许可，其中固定预算仍被进一步强调，关于不可见的开支和不可预见的价格水平已经被工程管理督导部门确定包含在固定预算之内。然而，在项目启动时，未被预见的预算内容被当作附属分项，以应对项目范围的变化。荷兰铁路基础设施公司的项目部经理曾经对项目预算作出如下评价：

> 约占项目总投资 10% 的未预见开支（额外开支）用于支付项目实施过程中可能发生的费用，而非项目范围本身。然而，在项目初期该部分预算为 ±20%，但这些边际预算却从未被列入预算，从未有任何一版预算考虑过额外开支，这说明项目预算从一开始就非常紧张。

预算紧张情况在新的协议中得到了缓解。该协议通常被称为建设预算（Aanlegbegroting）。新协议包含了新的总体规划，并规定项目完成日期为 2006 年 7 月。2000 年 8 月发布的 PR8 报告了预算的增加和项目范围的变更。

自从 1993 年的大讨论以来，BR 项目几乎成了预算不断增加和范围不断变更的代名词。项目范围的变更和预算的增加已经上报议会。而其他类型的变更，如功能性削减（基于预算内部分）和财政储备则没有被报告，更谈不上被议会批准。

回顾本轮决策，可以看到公共管理面临诸多问题。外因导致的更改和不成熟的计划管控导致了项目实施过程中不断增加的预算压力。同时，在项目实施过程中，项目要求也一再增加，但并没有提供额外资金。这些复杂问题导致作为出资方的交通运输部和作为执行方的荷兰铁路基础设施公司一直存在矛盾冲突,该状况导致双方在处理问题时压力剧增。命名为"Malle Jan"和"Aanlegbegroting"的两个协议被用来处理以上的紧张关系,但在新协议中仍有模糊或不明确的地方。荷兰铁路基础设施公司并不认为有义务去采取措施抑制项目预算的上涨,因为该类措施被认为很难奏效;荷兰交通运输部却认为荷兰铁路基础设施公司应对确定的项目总投资预算负责。时任荷兰铁路基础设施公司的一名项目经理对该协议作出如下的评价:

> 双方的关系太紧张了,以至于我们不得不做些什么事情。我们列出了一个基于原预算的措施。我认为这个初衷是好的,并且有助于我们完善后续工作,这是我们签署该协议的原因所在。但是,我认为这些措施非常泛泛而谈,很难确定能得以实现。

对项目的不同认知可能来自双方所属的政治立场。荷兰铁路基础设施公司在完成该线路的同时,受到了固定预算的严格限制。交通运输部却要向议会提出持续的预算增加,但双方总体的共识是同意继续将项目进行下去。对各方来说,有一点是很明确的,即持续的延期将导致更多的预算上涨。这与第三轮和最后一轮的情况不尽相同。在本轮,各方的冲突最终变成了"哑炮",即项目可以在相对安静的环境中完成,但同时也为该项目带来了"开支与规划灾难"这一负面形象。

3. 第三轮 预算内完成的"有污点"项目(2000—2007 年)

在 2000 年荷兰铁路基础设施公司向交通运输部提交的 6 个月进度报告中,使用了内部编制的项目成本估算。荷兰铁路基础设施公司对原有的项目总投资固定预算提出了质疑。因此,交通运输部要求荷兰铁路基础设施公司重新编制项目成本估算,以解决其和项目总投资预算之间的不协调问题,双方也就此展开了激烈的讨论。然而,到 2000 年年底,项目赤字高达 2.72 亿欧元,其中的原因包括但不限于工程管理督导部提出的要求需要额外支出、超大型建筑结构施工由于市场波动引起的成本增加以及隧道安全技术的应用引起的成本增加等。

2001 年 7 月,一份由科尔尼咨询公司起草的关于 BR 项目预算紧张的报告显示,预算赤字由 3.48 亿欧元增加至 4.43 亿欧元,报告同时提出了一系列关于缩减赤字的手段。BR 项目的管控由荷兰交通运输部负责,主要考虑到其有长期和丰富的项目指导和外包经验。

2002年7月,新政府上台后,对包括BR项目在内的大型基础设施项目重新进行了预算审核。新内阁决定对BR项目和荷兰高铁南线项目设立组合风险储备。在对这两个项目进行风险分析后,建议设立约9.85亿欧元的风险储备金。该提议在议会2002年10月的会议中引起了激烈的讨论。虽然该风险储备金被众议院认为是不可接受的,但荷兰交通运输部依然决定执行该决策。

在接下来的一段时间,通过风险储备金的设立,BR项目成本风险和项目范围问题的注意逐渐减弱。项目得到较好的管控,外部的干扰也一并消失,项目成本增加更多来自由于物价水平上涨和细微的项目范围增加等原因。由于经济衰退导致建筑行业的萧条,也为该项目的管理带来了一个较好的局面,项目合同价格降低了。从2004年起,荷兰铁路基础设施公司足以有条件返还交通运输部部分项目预算。由于项目管理能力的提升、项目范围重大变化的避免以及良好的市场环境,项目的开支也得到了很好的控制。风险储备金也被非常有限地使用,仅仅在隧道技术设施费用中涉及(2007年追加至3.5亿欧元)。

BR项目需要讨论并明确的另一重要事宜涉及设施运营准备,即谁来运营铁路?经过多番讨论,最终决定由Keyrail拥有铁路线路建成后最初5年的设施运营权。Keyrail联合体包括荷兰铁路基础设施公司、鹿特丹港口公司与阿姆斯特丹港口公司。

1995年,项目刚刚启动,设定的项目总投资预算为37.44亿欧元;2007年,项目完工,项目实际总投资为46.63亿欧元,较预算增加9.19亿欧元。项目总投资增加主要由于价格水平上涨、项目目标和范围变动等因素,但按照1995年可比价格来说,总体增加幅度小于5%,可以认为项目总投资基本控制在预算范围之内。在政治、传媒、社会多方的认知中,该项目仍然被视为是一个财政上的灾难,这的确让人惊讶。如果我们去审视另一个超支更多的荷兰高铁南线项目时,你也许会感到更为惊讶。

3.2 荷兰高铁南线项目

荷兰Betuweroute项目是荷兰历史上规模最大的货运铁路项目。以下将介绍荷兰高铁南线项目,是荷兰有史以来规模最大的客运铁路项目。本节将着重探讨本项目在建设管理过程中遇到的历史性大事件。这些数据和事实原引于NETLIPSE关于该项目的报告。事实的还原基于基础设施临时委员会的报告以及项目参与方的经历回顾。

在战略层面上，荷兰高铁南线项目对荷兰具有重要意义，该项目的建成将给乘客带来更快、更舒适的交通体验，并将更好地将荷兰融入欧洲，进一步增强荷兰的可持续发展。荷兰高品质铁路网与欧洲铁路网的进一步融合，对荷兰而言意义重大。正如官方发布的关于荷兰高铁南线项目的重大项目决策文件（PKB3）中叙述的那样：

完工后的高铁网将会让大家的出行更加方便，也会有助于从公路到铁路运输的转变。

荷兰高铁南线项目的范围涵盖高铁网建设，从阿姆斯特丹到比利时，中途经停阿姆斯特丹、史基浦和鹿特丹，部分线路穿梭于海牙和布雷达。在比利时边境，高铁南线与比利时和欧洲的铁路网连接。

3.2.1 项目概况和利益相关方

荷兰高铁南线是一条长125千米的双轨高铁线，其中85千米需要重新建造，40千米需要进行改建。该项目建设过程中，对基础、电气工程、信号系统等方面采用了许多高新技术。高新技术的设计和应用使高铁列车在轨道上以300公里/小时以上的速度行驶成为可能。该项目的独特之处是在建造过程中需要穿越软土地基以及170个市政建筑（如使列车能够高速行驶的潜水器和渡槽等）。

荷兰高铁南线项目线路示意如图3-3所示。

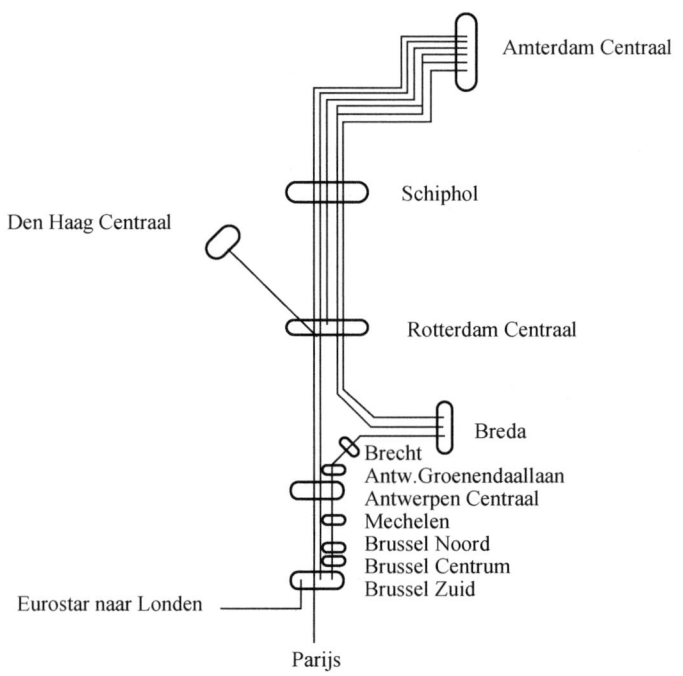

图3-3　荷兰高铁南线项目线路示意

荷兰交通运输部是该项目实施的主体,其责任人是交通运输大臣。他每半年向众议院提交进度报告。

1996年,大臣设立一个命名为"荷兰高铁南线"(HSL-Zuid)的组织来负责该项目建设,该组织隶属于交通运输部下设的客运交通总务办公室。2001年,荷兰高铁南线项目被拆分,基础结构部分由负责公共事务的荷兰交通运输部(Rijkswaterstaat)总办公室负责,交通设施部分仍由客运交通总务办公室负责。2007年,情况又发生变化,整个项目的全部责任由公共工程及水管理局负责。

荷兰交通运输部的项目总监负责荷兰高铁南线项目的建设。项目部负责安保、通信和系统集成,以保证整条线路客运功能得以满足。在建设阶段,项目部负责与项目有关的所有采购和合同管理,分为负责实施与既有轨道连接的建设联合体"Infrarail",和负责承接上部结构的承包商"Infraspeed"。当项目依照合同实施结束,先前组建的各类分包商、总承包商等组织自动解散。荷兰高铁南线项目建设业主方的组织架构如图3-4所示(2000—2004年)。

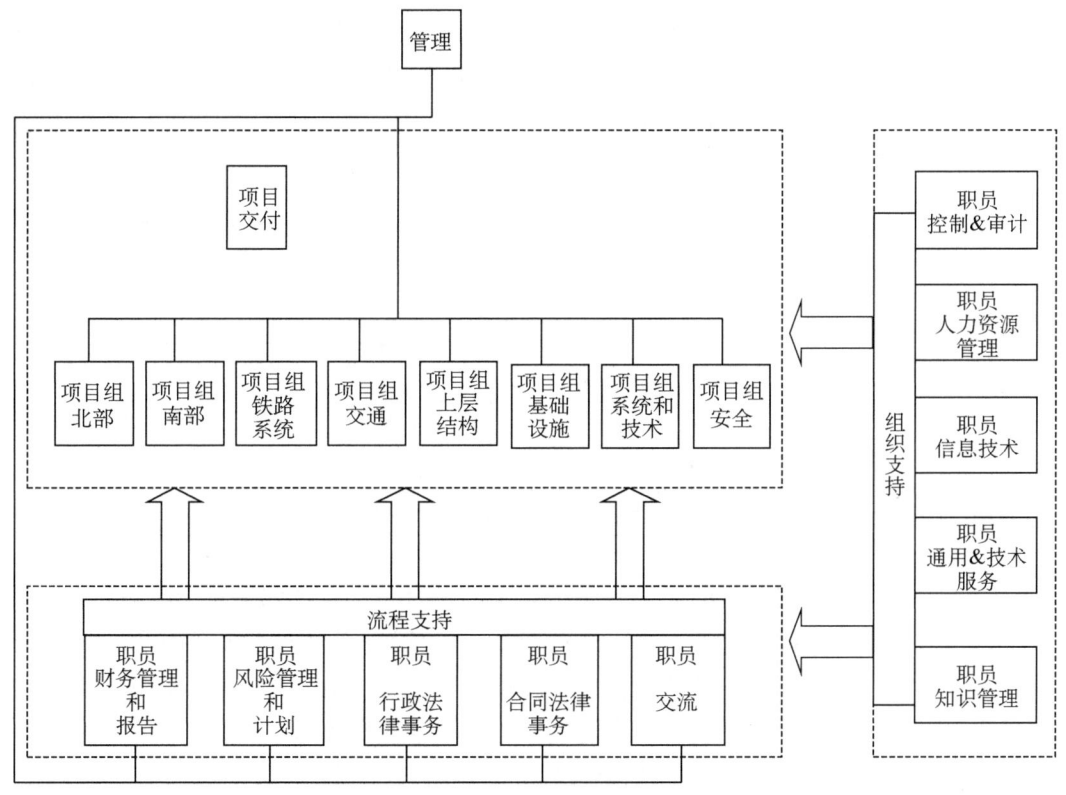

图3-4　荷兰高铁南线项目组织(2002—2006年)

图3-5展示了荷兰高铁南线项目利益相关方组成。

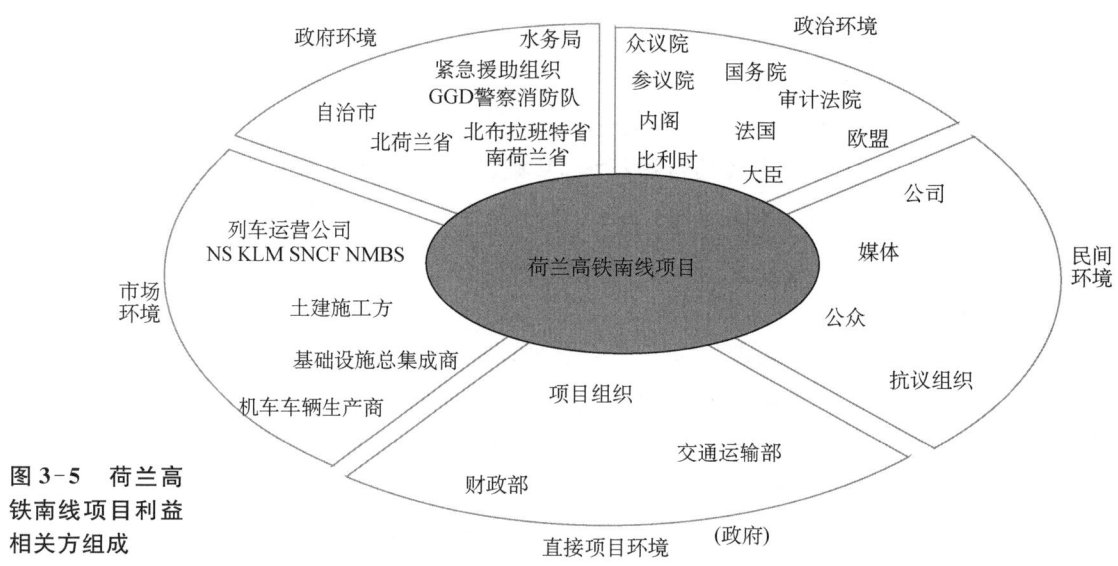

图 3-5 荷兰高铁南线项目利益相关方组成

荷兰高铁南线项目实施组织主要策略之一是，以 PPP 等创新的大型基础设施项目交付和承包模式取代传统模式。承包合同模式很大程度上受到政策法规范式的影响，同时也与私有市场紧密相连。针对项目的建设、维护、运输等，采用不同类型的合同，如设计与建造（D&B）合同，设计、建造、融资与维护（DBFM）合同。基于这一理念，开发了项目合同模型，如图 3-6 所示。

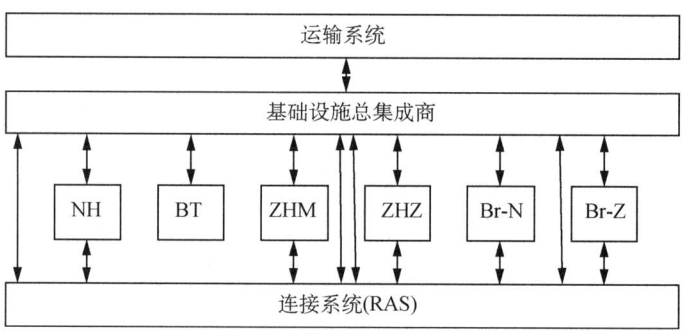

图 3-6 荷兰高铁南线项目合同模型

交通运输部将下部结构施工分为 6 个设计和建造合同，以及一个连接系统（RAS）合同。对于整个上部结构，通过公开招标，Infraspeed 联合体获得设计、建造、融资和维护合同。Infraspeed 需要在 5 年内完成上部结构的设计和建造，才能获得绩效费用。Infraspeed 同时负责保证高铁南线基础设施 25 年的运营，在此期间，需要保证 99% 的铁路运营可靠性。

通过公开招标，荷兰政府授予 Hispeed 一个为期 15 年的交通协议。这个 PPP 合同是荷兰历史上第二大的合同。Hispeed 是荷兰铁路公司旗下的一个联盟,其中荷兰铁路公司占90%股份,荷兰皇家航空占10%股份。交通运输部需要关注国内和国际高速客运交通的整体运营情况。设施使用方每年需要向政府支付使用费。欧洲其他国家的高铁运营公司,如法国国家铁路公司和比利时国家铁路公司在使用该铁路时,需要支付设施使用费。依照合同,Hispeed负责运营准备(如车辆设备购置和准入),而政府需要负责按时提供基础设施和客运承载能力的合理分配。

荷兰高铁南线项目的基建管理主要由荷兰铁路基础设施公司负责,管理任务包括行政服务、客流量管理、交通管理及控制等。

该项目将与荷兰高铁北线连接,进而连接比利时高速线路。为保证项目的推进,还专门设立了一个协调机构,用来促进跨境技术融合的进程。

与荷兰Betuweroute项目不同的是,地区社区和省份表现出了合作诚意,但众议院还是在项目前期准备阶段就如何减少矛盾及可能的措施展开了深入的讨论。实际上,如何将新线路与已有线路进行整合也是讨论的重要议题之一。但是,与BR项目相比,在此过程中并没有发生政治上的分歧。合理的解释是:

(1)与货运铁路相比,客运铁路的价值更容易为公众所接纳。

(2)荷兰高铁南线项目并没有穿越政治敏感的"河区",并且紧紧地沿着A4和A13线路。

(3)荷兰BR项目分散了公众对荷兰高铁南线项目提案的注意力。

以下我们将呈现荷兰高铁南线项目的故事线。

3.2.2 荷兰高铁南线项目的故事线

荷兰高铁的概念在1973年首次被提及,从目前来看(2008年1月),项目最终完成日期为2008年10月。在故事线中,项目通过七个不同回合进行描述,在每一轮中,关注的重点和利益相关方都会发生变化。该项目的故事线持续到2004年。

1. **第一轮 欧洲雄心(1973—1988年)**

首轮的故事主要发生在欧洲境内,荷兰内阁雄心勃勃地呈现了进一步国际化的愿景。正如在荷兰Betuweroute项目实施初期展现出的偏好,政府决定通过新的基建项目的实施,用来代替老旧项目,这种影响力在后续多轮决策中都存在。

荷兰高铁的想法早在1973年就被首次提出。交通运输部和住房与城市发展环境部共同成立了工作小组,提出从阿姆斯特丹,经鹿特丹,再到比利时边境的高铁项目。工作组于 1977 年发表了《阿姆罗贝尔报告》。

1979 年,交通运输部公布了首份国家交通与运输计划(SVV1)。报告表明:"当西欧高铁网完成后,荷兰政府内阁开始评估连接荷兰与该铁路网的线路。"并补充道:"选择高铁,将让阿姆斯特丹到鹿特丹,再到比利时边境,以及阿姆斯特丹、鹿特丹和德国边境保持畅通。"高铁也是飞机和陆路以外的选择。

1984 年,PKBA(巴黎、科隆、布鲁塞尔、阿姆斯特丹的英文首字母缩写)项目设立,这是法国、德国、比利时和荷兰建立高铁网的初衷,同时得到了欧盟的支持。PKBA 工作组在 1986 年完成可行性研究,并提出 4 种可行的连接方案。欧盟委员会支持并通过了该草案,同时指出建设布鲁塞尔北部线路很难带来利润。

1987 年,交通运输大臣发函告知众议院有关 PKBA 项目的结果。该函件明确了建设高铁线的意向。尽管线路并未确定,但建造新的基础设施显然是较好的选择。在这封函件中,大臣还告知众议院,将开始编制项目启动文件。1987 年的高铁项目声明文件中公布了包括关键决策规划(PKB)、线路决策程序(Tracéwetprocedure)以及环境影响评价(MER)的一系列内容。

2. 第二轮 规划流程的错误开始(1988—1992 年)

在第二轮决策中,国家层面开始启动高铁南线的规划。有关线路规划,由于受到公共舆论的阻力,过程和结果都表现得并不成功。政府内阁的国际化雄心和本地利益集团冲突使得在表观上显得非常紧张,最终导致规划的重新开始。

第二版的国家交通与运输计划(SVV2)讨论始于 1988 年,高铁项目建设于 1990 年 6 月最终被确认。同时,政府内阁的国际化决心也被荷兰议会所许可。很快,欧盟基于 PKBA 的研究,决定进一步研究、确定并优化项目线路,以及建立可持续的项目财务与法律结构。这种合作一度在铁路公司之间展开,私人资金也一度被认为是重要选项之一。但铁路公司之间的合作一开始就困难重重,法国国家铁路公司和德国铁路(DB)都希望主导该研究。此外,法国国家铁路公司提出要负责融资、建设和运营新铁路,这使得合作很难开展。研究结果表明,荷兰和比利时的项目利润回报,相比于法国和德国要低很多。基于此报告,欧盟交通运输大臣同意分阶段执行该项目。对荷兰来说,这意味着不仅要建设一条安特卫普到鹿特丹的线路,在后续阶段再建设鹿特丹到阿姆斯特丹的线路,其预计设计时速为 300 公里/小时。第二版的国家交通与运输计划(SVV2)预计项目成本为 11.5 亿欧元,其中 50% 的资金计划由私人资金投资。

关键决策规划(PKB)的设计草案于1991年公布。在第一版关键决策规划(PKB1)中,提出4条备选线路,其中一个方案是利用现有线路替代,但该方案最终被证明不可行,因其在时效上与航运服务相比毫无竞争力。政府支持建设连接阿姆斯特丹和鹿特丹间的新线路方案,其中一个主要原因是该线路可以连接史基浦机场。显然,连接阿姆斯特丹高铁的理由已经改变,现在更可行的方案是修建一条到阿姆斯特丹的高铁,而不是到鹿特丹。这也导致项目总投资的急剧增加。在政府内部,对于实施高铁项目有较大的支持力度。初期,财政部大臣表示高铁项目并非十分必要,然而,大臣最终还是批准通过了第一版关键决策规划(PKB1),包括连接阿姆斯特丹的线路。项目计划于1999年完工,项目总投资预算为13.6亿欧元,其中,10亿欧元来自公共募集资金,其他资金需要靠政府贷款和私人投资。

第一版关键决策规划(PKB1)并未很好地被社会公众所接纳,大多数批评都集中在修建这条铁路缺乏正当理由,以及无法对首选的替代方案和使用现有的阿姆斯特丹至鹿特丹(经海牙)铁路的替代方案进行准确的比较。与此同时,比利时与荷兰一直没有对所选线路的南线部分项目达成一致意见。最终,交通运输大臣决定对关键决策规划(PKB)程序进行重新表决,这就意味着项目规划需要重来,进而导致了项目进度的延误。

3. 第三轮 平静的准备过程(1992—1994年)

1992—1994年期间,荷兰高铁南线项目并未在政府层面得到关注,荷兰交通运输部的重点是起草新版本关键决策规划(PKB)文件。考虑到项目的复杂性,该项目推进比以往项目更为谨慎,为此交通运输部专门成立了一个单独的项目部门,负责项目规划与对外沟通。

新版本关键决策规划(PKB)重点关注以下议题:

(1) 商业计划,包括乘坐人数预计;

(2) 与比利时开展线路设定的讨论。

由交通运输部委托外部咨询机构的研究结果表明,具有全新轨道的备选方案投资价值最高,但与其他需要较少投资的替代方案(如建设只到鹿特丹的连接线)相比并没有太多增值。此外,报告确认了全新轨道线路在法国和比利时会带来很大的收益。

在1992—1994年期间,荷兰与比利时关于线路选择的谈判仍在紧张进行。荷兰倾向于采用与A16公路并行的方案;然而,比利时方面(包括弗拉芒大区政府、比利时国家铁路公司以及联邦政府)倾向于建造连接安特卫普的更短且更经济的线路。为了打破谈判僵局,荷兰仔细听取比利时的意愿,如推进西斯海尔德河项目合作,以进一步促进两国合作;优先选择 A16 沿线作为高铁线路等。

1994 年 3 月,政府决定采用首选路线(北部选择"A1"线路,南部选择"F"线路),最终确定的新线路与 1991 年提出的方案基本一致。为了满足社会公众、土地所有者、环保组织的要求,该线路也做了许多调整和改进,这也直接导致项目总投资预算增加到 26.7 亿欧元。关键决策规划(PKB)同时也明确将该高速线路的融资、建造和运营分开的意义和重要性。

1994 年,上台后的新政府宣布保证原定的高铁项目和所选线路不变,并表达了对该项目的坚定支持。这在一定程度上和关键决策规划(PKB)程序中约定的有关决策流程法律框架相悖,其目的是为了保护利益相关方的权益。这样说的原因是,在政府发表以上声明时,关键决策规划(PKB)程序尚未完成。

4. 第四轮 项目范围的讨论(1994—1996 年)

新版关键决策规划(PKB1)于 1994 年 5 月向社会公布。在此之后,尤其在 1994—1996 年期间,涵盖公众、政府顾问委员会以及其他组织的广泛讨论开始。与此同时,项目负责人还与受新线路影响的社区和省份等当地利益相关方进行了会谈和谈判,以进一步研究其他可行方案和替代方案。

期间,公众对项目经济效益以及建设新线路的决策持有一定程度的怀疑。政府咨询部门坚持认为,将荷兰与欧洲高速线路进行连接是极其必要和重要的。另外,政府咨询部门并不同意线路中连接鹿特丹北部的线路部分。

进一步的研究主要集中在线路的北部,新的替代方案被研究,例如由公民提出被命名为"Bos 替代方案"以及代尔夫特理工大学提出的方案。地区规划与环境部(The Ministry of Spatial Planning and Environment,VROM)是以上替代方案研究和比选的主要推动方。究其原因,地区规划与环境部(VROM)对北部线路穿过"绿色心脏"不满,该地区是阿姆斯特丹、鹿特丹、乌特勒支和海牙之间的自然地貌保护区。

"Bos 替代方案"是公众在 20 世纪 90 年代提出的一个方案,其优点是避开了"绿色心脏",线路将沿着 A13 和 A4 线路。Wim Bos 于 1994 年再次提出该方案,并提交政府公共部门咨询。环境与影响评价委员会非常支持该提案,并促成与高铁项目有关的政府部门对该方案展开深入的研究。

经过详细调查,"Bos 替代方案"提议得到了地区规划与环境部

(VROM)大臣的公开支持,因为该方案提供了一个更加环保,且不同于穿越保护区的方案。因此,该方案也得以进入关键决策规划(PKB)程序,且需要对该方案进行额外的环境影响评价(EIA)以及公共意见咨询。该备选方案并不被财政部所接纳,主要原因是采用该方案需要额外增加约 5.4 亿欧元的建设成本。在几次公开听证会上,该替代方案也没有得到公众的大力支持。

讨论持续了 2 年,"Bos 替代方案"一直悬而未决,直到与比利时的最终路线方案确定后才宣告结束。方案确认耗费了很长时间,为该替代方案的正面和负面影响提供了许多讨论的机会。

最终,比利时于 1996 年同意由鹿特丹到安特卫普的线路可以和 A16 公路并行建造。同时,比利时也将获得 3.8 亿欧元(不包含利息)的财政补偿,以应对可能的超支。相关补偿以及最终决策结果都被纳入由比利时与荷兰政府双方在 1996 年 12 月 21 号正式签署的《高铁协议》。

5. 第五轮 公共决策(1996 年)

在新版关键决策规划(PKB1)进行公示和咨询后,政府与国会需要达成最终的一致决策,该过程被划分为两个阶段。第一阶段,需要确定是否有比 A1 线路更为合适的方案,以及是否有足够的证据来证明它(替代穿越保护区的方案)。在第二轮中,关键决策规划(PKB)中提出的完整方案需要政府与国会双方的共同确认。

1996 年年初,用隧道穿越"绿色心脏(Groene Hart)"成为许多人赞同的选择。就像"Bos 替代方案"一样,隧道替代方案获得了希望保护该区域的地区规划与环境部(VROM)的支持。与"Bos 替代方案"相比,隧道替代方案还有另一个优势,即行驶时间将大大缩短。

1996 年 3 月,政府召开会议对线路方案进行表决。在和地区规划与环境大臣(VROM)会面时,交通运输大臣提出了反对意见。地区规划与环境大臣(VROM)支持"Bos 方案",交通运输大臣支持原有方案。

在持续几天的政府会议后,Kok 首相提出隧道方案可以作为备选方案。在第二次政府会议上,隧道方案成为首选路线,该方案预计将增加项目总投资预算金额 3.8 亿欧元。

案例 3.1　Intermezzo:绿色心脏隧道的进一步情况

绿色心脏隧道项目在 1998 年成为众议院讨论的热点话题。1998—1999 年,对采用更短隧道的路线选择进行了严肃的研究。然而基于当时招标流程已经完成的实际情况,如果方案进行更改将导致项目延期,因此,原有方案得以保持不变。最终结果于 1999 年 7 月报请众议院讨论,并开始绿色心脏隧道建设。

考虑额外 2.4 亿欧元的缓解措施费用和 3.8 亿欧元的隧道项目费用,项目总投资将高达 34 亿欧元。首相表示,需要为该项目设定明确的总投资预算限额。然而在当时,如何对额外预算进行筹资并未明确。通过政府对北部线路部分单独讨论和考虑,新版关键决策规划(PKB3)在 1996 年 5 月 20 日得到批复,并很快呈送至众议院。与此同时,Flemish 政府正式同意安特卫普到荷兰边境的计划,进而确定了荷兰和比利时两个国家之间的项目合作。

众议院认为新版关键决策规划(PKB3)涉及信息过多,决定在对 PKB3 进行讨论决策之前,由独立政党对提议的替代方案进行快速研究。通过研究表明,这些替代方案很难比较,没有一个提议的替代方案可以被描述为"最佳替代方案"。

1996 年 10 月 28 日,众议院首次讨论新版关键决策规划(PKB3)。在讨论过程中,要求提供项目融资方面更多和更细化的信息,以便选定的融资方案与其他候选融资方案进行比较。融资问题在 1996 年 11 月举行的第二次会议中就不作为重点讨论内容。在接下来的 1997 年,众议院在兼顾已计划项目的同时,重点考虑如何统筹高铁项目的资金安排。在对新版关键决策规划(PKB3)讨论过程中,项目路线选择问题仍然是重点的决策议题。

讨论过程中有一个议题是关于线路的时速,有人提出绿色心脏隧道 300 公里/小时的设计时速没有必要。此论点看似有道理,但并没有被大臣关注。新建高铁线路的时速由此被确定,不被列入讨论。

另外一个讨论的焦点聚焦于鹿特丹到阿姆斯特丹的线路的选择和决策,重点讨论对 3 个可选方案的比选,这 3 个方案分别是首选的 A1 替代方案(包括绿色心脏隧道)、Bos 替代方案和利用阿姆斯特丹和鹿特丹之间现有线路的替代方案。

在该问题上分歧严重,虽然大多数人支持"Bos 替代方案",但该方案并没有获得交通运输部的认可。在 11 月举行的第一次辩论之后,政府进行了一段时间的谈判,讨论了对众议院的修正案。最终讨论结果是选择 A1 替代方案,并且仅批准有限的其他众议院修正案,使该项目总预算保持不变。由于政府选择了首选方案,引起了众议院成员的极大不满。总体而言,政府通过政治压力,而且这些政治压力往往是公众看不见的,使得一些党派改变了他们的态度。议会似乎在控制政府选择方面能力也很弱。基于政府决定,最后的辩论于 1996 年 12 月 16 日进行。最终,新版关键决策规划(PKB3)得到了国会的支持,也意味着项目可以进入下一轮的决策。

6. 第六轮 项目准备(1997—2000 年)

在新版关键决策规划(PKB3)确定后,线路决策新的司法程序开始,该程序的目的是对高铁项目全方位的认可。项目的准备工作开始于 1997 年,项目线路准备、运营(商业开发模式)准备、技术准备以及项目组织同步开始推进。

1998 年 4 月,荷兰交通运输大臣和荷兰住房、空间规划及环境部最终作出线路决定,该决定不必得到众议院的批准。在最终线路决定过程中,几乎看不到众议院提出的任何修正案。

1997 年,A16 和荷兰高铁南线项目合并,谁来负责项目实施被提上议事日程,备选方案包括荷兰铁路基础设施公司、荷兰交通运输部公共工程和水管理局以及客运管理局下属的荷兰高铁南线项目指挥部。最终决定另外设立一个办公室,由新设立的项目总监负责。该决定意味着项目组织需要引入更多的外部咨询资源(约占总人数的 90%)。

1998 年 6 月,项目财务控制引起人们的普遍担忧,有关部门进行了独立的调查,基于调查公布的报告对项目控制的质量提出了严厉的批评。1999 年 4 月,AT Kearny 开展了一次外部审计,提出该项目难以在现有的预算和原定计划进度下完成。审计报告指出,主要风险来自交通运输部的掌控能力及其与荷兰铁路公司的合作。基于该报告,作出将该项目拆分成两部分的决策,其中,"政策部分(Policy Part)"对交通运输部下属的客运总务办公室(The Directorate General Passengers,DGP)负责;"执行部分"(Execution Part)对荷兰交通运输部负责。此外,设立了管控委员会,监控大型基础设施项目的执行。上部结构和运输系统合同交由客运总务办公室管理,基础结构合同则由公共工程及水管理局负责管理。

在此期间,新上任的交通运输大臣采用固定预算模式来开展工作,项目潜在的 PKB3 超支问题引起了关注和重视。超出的 4 500 万欧元并没有计入原有的项目总投资估算,但项目预算并没有相应调整。事实上,在 1997—1999 年项目前期准备过程中,荷兰高铁南线项目进展报告(Progress Report,PR)显示,除了每年的物价指数波动外,并没有出现项目总预算超支的情况。PR5 报告提出预算紧张,但没有进一步提出项目成本估算和批复预算的差异。但在 PR6 的报告中,大臣表明资金缺口约为 9 100 万欧元。

1997 年,项目进入实施准备和制订合同策略阶段。合同策略中一个非常重要的目标是最大程度地获得私有资金。为了实现此目标,项目实施团队从英国私人融资计划(Private Finance Initiatives,PFI)中汲取经验,并开始启动高铁运输系统需求定义。大臣和项目实施团队的首要目标是将项目运输系统整体招标,以便吸引私有资金。通过咨询方式,市场意愿得以论证。通过对市场主体咨询表明,因为可预期风险太高,市场主体对投资整个运输项目并没有很大兴趣,反而对拆分成若干标段的合同模式更感兴趣。而且认为,中央政府应当承担各项目的负责人角色,同时,政府需要负责不同合同之间的界面。

1999年1月,项目实施方对市场主体参与问题提出了一个雄心勃勃的策略呈报给众议院。策略是采用可以将责任和风险转移给市场主体的创新型合同模式:

(1) 上部结构的设计、建造、融资以及维护(DBFM)合同;

(2) 运输特许协议;

(3) 基础结构的设计和建造(Design and Build,简称DB)的合同。

采用单一PFI合同,将整个运输系统委托是不切实际的。所有合同招标程序始于1999年2月,这是当时荷兰最大的项目招标。利益相关方的舞台再次转移,一方面体现在交通运输部和项目实施方的关系,另外一方面体现在交通运输部和承包商的关系。

7. 第七轮 超大型项目合同专题(2000—2004年)

2000年,项目进入建造阶段,其中最棘手的问题是对合同和招标的管理,以及对不同合同之间进行有效的界面管理,涉及的主要利益相关方包括交通运输部、项目业主、承包商以及众议院。以下讨论将聚焦于涉及基础结构、上部结构和运输系统3个方面的"超大型"合同。

在3个主要的合同中,基础结构是最先进行准备和招标的,其次是上部结构,最后是运输系统合同。为了更好地展示整体视角,我们将每一类型的合同分开描述。

(1) 基础结构

2000年年初,基础结构招标的条件不太有利,主要体现在以下方面:该时间段的经济增长提升了物价水平(劳动力短缺);若干大型项目同期开工(如荷兰Betuweroute项目)。此外,由于合同标的巨大,导致只有非常有限的投标人参与竞争。以上因素导致在1999年9月的竞标上,投标价高出预算43%。针对这样一个令人沮丧的结果,特别专责小组成立,负责提出行动计划。专责小组研究了终止招标并重启这一过程的可能性,并分析了采用更加传统的发包模式的可能性。

对投标价格展开分析表明,有关直接建筑成本的成本估算是准确的,造成投标价格超出预算的主要原因在于间接费用。投标价中的间接费用百分比综合考虑了间接成本、风险费用、物价上涨以及利润等因素,承包商表示价格比正常情况高的原因主要是为了转移风险。

高投标报价并没有直接报告给众议院,进展报告只表明了在招标过程中投标单位因出价不被接受而被终止，而超支问题并没有被提及。

接着，合同双方之间展开了多轮非正式讨论。与此同时，业主方研究了通过仲裁来解决分歧的可能性。接着，业主方要求所有投标单位重新报价，各家投标单位的报价进一步降低，业主方重新看到了达成协议的可能性。原定于 1999 年 11 月举行的仲裁会议取消，相反，承包商和业主方高级代表开展了为期 2 天的会议磋商，讨论进一步降低投标报价的可能性。该会议并没有满足业主方的要求，因为在主要的削减项上双方仍然无法达成妥协。非正式协商就此停止，分歧还需要通过仲裁来解决。

仲裁结果要求业主方对"北荷兰"项目合同重新展开谈判，先前该项目由于承包商出价过高而被暂停。经进一步协商，承包方于 2000 年 2 月重新提交投标文件，但总价仍比预算高出 3.63 亿元欧元。虽然在部分内容上双方还有不同意见，但合同双方都希望能尽快达成最终协议。双方同意通过引入激励机制，以便优化建设流程和实现最佳结果。双方共同设立特别工作委员会，该委员会的工作对最终达成协议起了关键性作用，最终双方达成总价为 18.8 亿欧元的协议。荷兰政府和承包商最终于 2000 年 3 月签订了意向协议。项目最终估算费用仍比预算高出 2.5 亿欧元，不包括将合同范围从基础结构调整至上部结构合同的"范围变动"。

紧接着，需要把总的合作协议转化为更细化的合同。事实证明，这一步非常困难，承包商不愿实现满足协议目标所需的优化。最终，总成本高达 20 亿欧元，双方于 2000 年 7 月 16 日签署合同。由于达成协议的时间和价格压力巨大，业主方并不能完全理解合同所包括的详细范围、成本和风险分配。

在建造阶段，是否能如期完工的压力不断增加。进度压力是由于资金流、招标延缓等诸多因素叠加所导致的。鉴于与比利时政府签订的严格协议，项目延迟完工可能会带来极大的财政问题。最终，这个项目并没有实现 2005 年 12 月 31 日完工的进度目标。项目进展报告（PR8）显示，由于基础结构进度的延误，导致上部结构合同履约滞后，最终交付日期延后了 6 个月。

预算增加在施工准备阶段较为平缓，而在建造阶段变得极其迅速。2000 年 10 月 10 日发布的项目进展报告（PR7）报告显示，预算增加了 12.4 亿欧元，这是由于造价 6 亿欧元的上部结构超支，以及高速公路范围增加共同引起的。然而，很难理解为什么这么晚范围增加才得以暴露，以及范围增加到底涉及哪些内容也不清晰。为了应对成本超支，众议院就预算编制的水平以及项目控制的水平提出了质询。

3　项目——与复杂性的斗争

（2）上部结构

荷兰高铁南线项目上部结构合同采用设计、建造、融资以及维护（DBFM）合同模式，采用该合同模式的主要出发点是将大部分活动和风险转移给承包商。在荷兰，该合同是当时最大的设计、建造、融资以及维护（DBFM）合同。合同模式较传统模式相比，也很新颖。1999年底，财政部和交通运输部对公私合营（PPP）合作模式抱有巨大的信心，并在这个超大项目中得到了体现。该合同模式的基本理念是：投资方投资项目，并通过设施运营按年获得收益。这意味着履约方需要对项目在设计、建造、维护过程承担大部分风险。为了计算该合同的潜在附加值，进行了公共部门比较（Public Sector Comparative，PSC）研究。

1999年11月，采用该合同模式，业主方向5个联合体发出投标邀请，最终有3个联合体参与投标，但这些投标在最初分析时就显示出了令人失望的公共部门比较（PSC）结果。通过一些用来降低竞标价格的重大修改之后，招标程序得以继续。后续分析显示，这些令人失望的结果源自承包商需要承担过高风险，以及公共部门比较（PSC）方法本身存在的缺陷。

2000年6月，邀请两个最有竞争力的投标单位与政府开展合同谈判。协商的结果是，部分政府认为可控的风险，交由政府承担。最终竞标在2001年3月完成，但总价仍然高于公共部门比较（PSC）的估值。通过后续持续谈判，努力降低投标价格，Infraspeed联合体被确定为最终中标者，并且价格与公共部门比较（PSC）估价基本一致。Infraspeed联合体与政府签订了谅解备忘录，并最终签订了合同。协议中约定，Infraspeed联合体每年获得1.17亿欧元的收入，但要保证项目99％以上的运营可靠性。

审计署后来的分析结果表明，与传统合同模式相比，新合同存在值得商榷的一些地方。另一个客观事实是，管理该类创新型合同，过程中需要引入大量的外部专家。

尽管在设计、建造、融资以及维护（DBFM）合同模式中，风险大部分由Infraspeed联合体承担，但政府仍然存有巨大风险，尤其是关于本合同与基础结构合同和运输合同之间界面相关的风险，这些风险后来被证实为业主方带来了很大的问题。此外，ERTMS信号系统调试过程中也出现了比较棘手的问题。

（3）运输系统

运输系统合同是实现项目目标中最重要的合同。该合同一方面为项目建设筹集部分资金，另一方面对实现运输目标至关重要。

交通运输部处于一个进退两难的境地。如将合同委托给荷兰铁路公司,一方面将导致巨大的政治压力,另一方面将引起有关利益最大化、非公平竞争的争议。关于运输系统合同的最大争议存在于荷兰铁路公司和交通运输部之间。荷兰铁路公司认为,高铁项目只有在考虑长周期运营的前提下,才能为未来私有化提供安全保障。交通运输部却把高铁项目的授权协议当作一种检验其与荷兰铁路公司新型的业主—承包方关系的机会。交通运输部和荷兰铁路公司双方的紧张关系,是导致两年来招标工作推进缓慢的主要原因。

招标过程的基础是项目初期资金总预算减去8.16亿欧元的基础设施费用。最初设想是对运输系统合同进行公开招标,荷兰铁路公司可对国内铁路独家运营部分进行排他性选择。但是国际运输系统部分必须采用公开招投标程序,荷兰铁路公司将处于特殊地位。荷兰铁路公司对该招标程序表示拒绝,因为这被认为使它们处于竞争劣势。尽管双方存在矛盾,交通运输部在确定由荷兰铁路公司运营国内运输系统的前提下,要求荷兰铁路公司在国际运输系统招投标中同意与国际投标单位合作,荷兰铁路公司选择了与政府对抗的策略,导致其1999年7月国内运输系统投标不符合规定要求。荷兰铁路公司提出了将国际和国内运输系统打包成为一个整体的方案,因为仅仅运营国内运输系统是无法盈利的,但该方案在1999年被政府拒绝。政府重新开始组织招标。出于政治妥协的考虑,交通运输部最终给予荷兰铁路公司一个更改其意愿的机会,并提供了三种选择:

① 接受国内运输系统服务部分的合同,同时继续原有的计划。

② 从完整的一揽子计划中退出公开招标,但有权与中标人以公平的条件(50%)加入将要成立的运营公司。

③ 取消其特殊优势地位,全面参加公开招标。

但是,荷兰铁路公司还是拒绝了以上3个选项。众议院对该招标过程非常不满意,并要求交通运输大臣与荷兰铁路公司继续进行协商,并且停止目前的招标进程。但是交通运输大臣认为这是极其糟糕的建议,这将导致更高的法务风险,并且带来的收入远低于预期。

经过激烈讨论,决定通过调查潜在投标人之间分级竞争的可能性,重新启动招标过程。这使得其与荷兰铁路公司的关系在接下来几个月得以改善。新的研究认为,公开招标和与荷兰铁路公司、史基浦机场联合体、KLM(荷兰皇家航空公司)的持续沟通与讨论是可以并行的。但是,选择以上方案都存在一些重大的缺陷和涉及招标法律的风险。因此,大臣决定开始与"橙色组合"进行单独谈判,但是被财政部反对。经过在法务方面反复研究,最终决定将运输系统项目进行公开招标。最终,在2000年12月,有四家联合体受邀参与竞标,次年5月,三家联合体递交了投标文件。经评审,有一家联合体的投标文件因不符合要求被拒绝。荷兰铁路公司和 KLM(High Speed Alliance,高铁联盟 HSA)的投标文件被认为在项目融资方面具有非常大的优势。随后展开了与 HSA 的合同磋商,并于 2001 年达成协议。根据协议约定,每年 HAS 将支付 1.48 亿欧元。该协议得到了议会的广泛支持。

合同签订后,着手讨论票价限制问题。众议院希望评估票价对出行的影响,但是这与 HSA 的利润密切相关。因此,关于政府对票价限制的条款被写入合同。众议院中有部分人支持,但是交通运输大臣并不这样认为。2002 年 4 月,众议院决定不再施加票价限制的压力,但有关该议题的讨论仍在继续。新一轮协商在 2002 年 12 月开始,大部分人都支持票价限制,甚至 HSA 也由于自身利益原因公开表示支持票价限制,但交通运输大臣仍不同意票价限制。2003 年 2 月,众议院做出了取消票价限制的最终决定,该议题不再继续进行公开探讨。

3.3 荷兰 A73 高速公路南线项目

以下介绍的第三个项目是所选择项目案例中规模相对较小的基础设施项目。荷兰 A73 高速公路南线项目也在某些方面独具特色,相比于前两个项目,该项目有更多的本土化特点。尽管其有一定的地区化特征,但是它同样具有和荷兰 Betuweroute 项目与荷兰高铁南线项目类似的复杂性特点。

在前两个案例中,我们关注于定义复杂性的元素。在本案例中,我们将进行补充,并着重从管理视角进一步认识复杂性。

3.3.1 项目概况和利益相关方

1. 项目目标与定义

荷兰 A73 高速公路南线项目是一条启用于 1997 年的高速线路,全长 42 公里,位于荷兰东南部的林堡省。它与荷兰 A73 高速公路北线项目相连接,途径奈梅亨市、至芬洛市,位于 Echt-Susteren 的 A2 高速公路的南侧。荷兰 A73 高速公路南线项目的建成后,将会缓解马斯河西岸 N271 以及东岸 N273 省道的压力,其目的是改善道路安全、增强出行可达性及提高市民生活品质和宜居性。经过多年的讨论,议会于 1995 年以多出 1 票的优势,决定将荷兰 A73 高速公路南线项目建在河东岸。

荷兰 A73 高速公路南线项目是通过"Via 林堡"项目的一部分。"Via 林堡"项目由荷兰交通运输部公共工程与水管理局和林堡省共同运营。公共工程与水管理局作为交通运输部下属的项目执行方,计划在林堡省新建 5 条线路，包括 A73 高速公路南线、A74 高速公路、N280-Oost（N280-East）、N293 和 N273 Haelen。如图 3-7 所示。

A74 高速公路项目解决了芬洛市内的交通阻塞问题，因为它填补了 A67 高速公路和 A73 高速公路到德国 BAB61（去往门兴格拉德巴赫）的 4 公里高速线路连接。N280 东线则将为林堡省（从鹿特丹）到德国莱茵鲁尔地区提供 3 公里的线路连接。1.5 公里长的 N293（Oosttangent 鲁尔蒙德）则是将连接 A73 高速公路南线上的工业区"Keulsebaan 和 Heide Roerstreek"。此外，马斯河北岸的哈伦市，也将会新建 1.5 公里的高铁，缓解其中心城区的交通和安全压力。项目计划 2004 年 5 月投入使用，所有线路都是双向四车道。

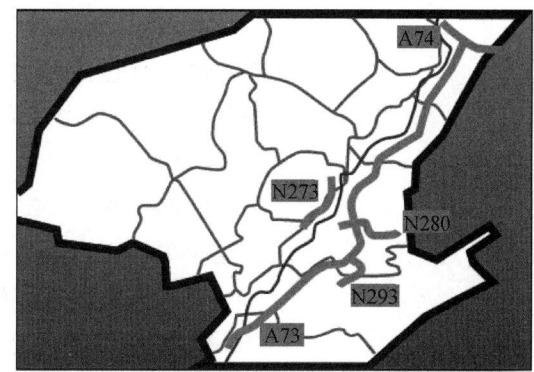

图 3-7 荷兰 A73 高速公路南线及相关项目地图

项目范围构成如下：
- 修建全程 42 公里的双向四车道高速公路，设计时速 120 公里，隧道段设计时速 100 公里；
- 鲁尔蒙德 Roerdal 隧道 2.4 公里；
- 斯瓦尔门隧道 0.4 公里（包含 1 公里匝道）；
- 泰赫伦隧道 0.8 公里；
- 41 座高架桥、桥梁和生态通道（野生动物通道）；
- 185 公顷环境补偿地区。

2. 财政状况

1999 年确定的项目预算和资金计划如表 3-2 所示。

表 3-2 预算和融资计划

项目	预算（百万欧元）
A74	57
A73-South	593
N280-East	27
N293	14
总预算	691
融资人	预算（百万欧元）
部	646
省	45

资料来源：相关政治协议；Provincie Limburg, Bestuursovereenkomst aanleg Rijksweg73-Zuid, Rijksweg74, N280-Oosten Oosttangent Roermond, 1999 年。

以上预算包含约 7 000 万欧元的环境补偿，5 500 万欧元的动物保护专项资金（包括野生动物通道建设）。截至 2007 年年底，"Via 林堡"项目的总成本支出约为 8.5 亿欧元。

3. 规划

在 2003 和 2004 年，荷兰交通运输部公共工程司开始隧道项目建设，这是项目中最耗时的部分。2006 年春隧道建设完成，2008 年 1 月 1 日 A73 高速公路南线投入运营。在当时，除 A74 高速公路以外，"Via 林堡"项目的另外 4 个项目都已经投入使用。

4. 组织架构

政治委员会（Political Borad）是正式的委托人，而市政委员会（Civil Board）是被授权的委托人。地区小组（Regional Group）是政治委员会的咨询机构，职能是交换信息和开展审议，探寻并明确合理的协议范围。其工作聚焦于项目进展、协调以及获得地区支持。如图 3-8 所示。

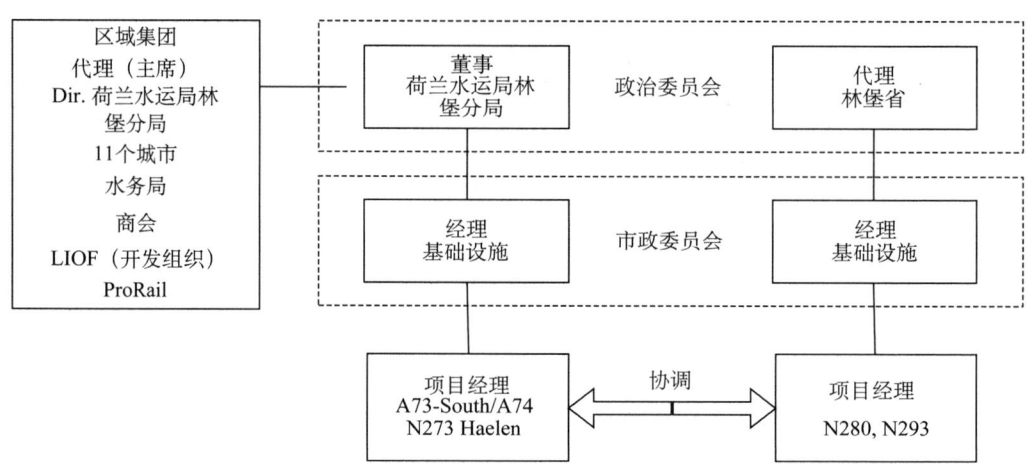

图 3-8　荷兰 A73 高速公路南线项目组织

荷兰交通运输部林堡省分局负责 A73 高速公路南线和 A74 高速公路项目的建设。荷兰 A73 高速公路南线项目组织的领导也是整个项目的总监。

5. 内部与外部利益相关方

除了公共工程及水管理局和林堡省，重要的利益相关方还有沿线城市，其中鲁尔蒙德市是其中规模最大的城市。这些城市派代表参加地区小组，该小组定期举行正式会议。地区消防部门在隧道安全方面也扮演特别重要的角色，为此专门成立了一个特别工作组。

对于在新建高速公路附近的居民，最初的设想是建立一个地方官员和"Via 林堡"项目的沟通渠道。"Via 林堡"项目在鲁尔蒙德市开设了信息中心,组织交流会,每季度公开资讯,同时建立了相关网站。

在荷兰的每一个省,生态环保组织都加入本省的生态联盟,这些组织使用联盟中的知识和网络来开展和调整其活动内容。林堡省的联盟是林堡省环保基金会,是一个重要的利益相关方。除了该联盟,獾与树基金会也是一个反对在东岸建设高速公路的组织。林堡省环保基金会虽然反对该建设决定,但是与獾与树基金会相比,他们决定与"Via 林堡"项目合作解决生态补偿问题。

3.3.2 荷兰 A73 高速公路南线项目的故事线

1. 第一轮 生态与经济效益的深入讨论(1985—1997 年)

荷兰 A73 高速公路南线项目的必要性是毫无争议的,但选址在 Mass 河东岸还是西岸确实是一个值得商榷的问题。早在 1985 年,交通运输大臣就决定了东线的高铁计划(Tracebesluit)。但是,该决定在 1992 年被取消了,其原因是不符合欧盟的环评标准。荷兰交通运输部公共工程司启动了新的项目计划,并在 1993 年完成了环境影响报告。经过该地区与议会的紧张讨论,讨论的过程中重点关注生态和经济效益。随后荷兰议会在 1995 年 3 月最终确定了东岸方案,批准了"Tracebesluit 规划",并被政府所采纳。生态保护人士为西岸方案背书,因为东岸的生态较为脆弱,如果选择西岸方案将不会对生态产生重大影响。此外,西岸已建有"Napoleonbaan"南北交通,这样会使得其比东岸线路短 15 公里。东岸方案的支持者,如荷兰商会(the Chamber of Commerce)以及省政府,主要从经济和安全上进行考量。东岸方案强调连接鲁尔蒙德市的重要性,以及多数工业活动存在于东岸的事实。另一方面,东岸现有的 N271 道路并不安全,从 1993—2001 年共有 39 例致命交通事故(每年近 5 起)。在东岸开展荷兰 A73 高速公路南线项目可以减少穿过市内的交通车辆,提升其安全性。

2. 第二轮 政治协议(1997—2000 年)

1997 年,交通运输大臣 Annemaria Jorritsma 女士,因筹集资金原因,将项目暂缓到 2000 年。1998 年,新任大臣 Tineke Netelenbos 女士提出该项目有太多的承诺和计划超出了国家能够承受的负担。她需要削减交通运输部 10 年内的运输和基建项目。她采取的一项措施就是暂停荷兰 A73 高速公路南线项目的建设,直到 2006 年,涉及预算为 5 368 亿欧元。该预算要高于 1995 年版本的预算,主要是由于受到其他项目额外成本的影响导致了成本估算的增加,特别是荷兰 Betuweroute 项目。

林堡省和公共工程及水管理局林堡省分局对项目延期非常恼火,因该项目对加强经济流通和道路安全都非常重要,因而他们达成了不允许延误的共识。在第二轮延误后,林堡省和荷兰交通运输部林堡省分局地方部门把握了主动权。地方部门希望交通运输大臣可以信守诺言。同时,他们也理解,需要向大臣提供一个合理并可被接受的项目方案。与此同时,荷兰 A73 高速公路南线项目的造价预算也在不断增加。棘手问题该如何解决?

省政府同意荷兰 A73 高速公路南线项目,但是代表们认为全长 43 公里的该条高速公路并不能解决地区范围内的交通流动性问题。省政府提议通过一个一揽子计划,借此机会改善危险道路的安全性。省政府与荷兰交通运输部公共工程司共同提出新的计划,该计划将项目范围增至荷兰 A73 高速公路南线、74 高速公路和两条省道(N280 东线和 N293)。有代表提及:"项目已快整合为一个整体。"

通过着眼于解决整个区域系统性的交通问题,尤其是 3 个交通汇集点(2 个在荷兰、1 个在德国,相互之间间距为 35~40 公里)的问题,提出可以有效避免在这 3 个交通连接点发生高昂的建设开支的合理方案(省政府提及节约 2.2 亿欧元)。地区共同出资也是计划的一部分,表明了地方政府的庄重态度和承诺。此外,该项目与德国高速路网的连接,也为从欧盟获得资助提供了条件。

林堡省对项目表现得极其投入,其代表积极协调与该地区相关城市、交通运输部以及有关部委的会谈。最终地方政府成为项目实施中非常活跃的参与方,即扮演了省内的一个新角色。传统意义上讲,政府主要负责管控,但是当时他们已经着手承担 N280 和 N293 项目的全部责任。省与地方城市共同出资,并且省政府发挥主导作用。

省政府和公共工程及水管理局林堡省分局为了让交通运输大臣接受该方案,对项目内容进行了仔细的讨论。讨论议题涉及以下内容:多少预算能被接受?大臣是否对项目整合为一揽子计划感兴趣?交通运输大臣是否接受对所有参与各方都有约束力的协议?地方政府知道交通运输部没有足够财力资助所有项目,但是项目合并会使得成本节约,以及地区出资也纳入了呈报给大臣的修正版招标方案。协议中约定的地区共同出资的条件对所有各方都具有强制性。

公共工程及水管理局林堡省分局项目总监说:

> 在沟通的过程中,复杂性增加了,但是在决策以后,项目实施变得更加简单了。

他们确定了项目的重点是"承诺将协议当作决策的最终结果,并基于此开展建设工作"。公共工程及水管理局林堡省分局的项目总监表示:

我们花了几天的时间来作决定,就金额和项目开展方式(资金筹集)来讲,什么样的方案能被大臣接受。

交通运输大臣认为该计划是可行的,内阁和议会也认为该一揽子计划可行。值得注意的是,她还有一个重要的附加原因:希望把该一揽子计划列为示范项目,并提供相应资助。通过该项目实施,能够为今后解决类似问题提供借鉴。1999年12月2日(圣尼古拉斯节前),大臣与各地区参与方签署了一揽子计划,包括4 500万欧元的固定预算和地区资金。大臣认为该计划是成功的。

在议会以1票优势通过决议的4年后,交通运输大臣签署了最终法务性决定,意味着项目可以开始实施,这对地区代表、议员和议长以及公共工程及水管理局林堡省分局的项目总监来说,都具有极其重要的意义。

该计划的主要特点如下。

(1) 系统整合项目范围:荷兰A73高速公路南线项目(包括哈伦市交通项目改道)和A74高速公路项目,由交通运输部负责。

N280东线和N293,由省负责,在后期增加了哈伦市改道项目。

(2) 固定总预算:6.91亿欧元(15.22亿法郎),物价水平参照1998年。

(3) 省财政出资4 500万欧元(1亿法郎),其中市政府出资50%,因为该项目提升了城市道路安全并刺激了本地经济。

(4) 时间表:2007年12月31日完工。

(5) 双方均同意协议是最终的决策,各方应当严格按照协议实施。关键因素是省政府与交通运输部都对最终结果做出了承诺。

以上预算对所有参与方来讲都是固定的。值得注意的是,交通运输部和地方政府协议中明确,如果子项目超支,可以在子项目之间进行预算调配,以应对赤字问题。但是,项目总的预算赤字是不可更改的,即项目预算是封顶的。

2000年2月23日,省政府和荷兰交通运输部林堡省分局在实施协议中添加了额外的承诺条款,涉及任务、责任和胜任力、融资、合作以及计划等。公共工程及水管理局和省政府有明确的责任划分,代表们称:

在该协议下,大家可以明确各自的角色。

在协议签署之后,荷兰交通运输部公共工程司和林堡省政府成立了一家名为"Via林堡"的合资公司,负责一揽子建设计划。这在保证省政府和地方利益的同时,双方的合作也得以顺利进行。举例来说,省政府想要在高速公路边引入环境安静区,公共工程及水管理局林堡省分局经计算后发现需要建立 8 米高的隔音障。公共工程及水管理局林堡省分局建议使用沥青来吸附噪声,该省同意在计划许可范围内对其进行调整,从而解决了该问题。

3. 第三轮 新高速公路建设(2000—2007 年)

协议签订标志着项目设计和实施阶段的开始,该结果令人振奋。高速公路的通车日期确定为 2007 年 1 月 1 日,这与早期设定的进度目标一致。招标过程的成功组织给项目资金管理带来积极影响,市场所发生情况给项目的参与者起到正面作用。在设计和实施阶段,仍有一些重要的事宜需要解决。前面提到的东岸和西岸线路选择问题,直至 2002 年 11 月才由国会最终确定,环境补偿措施(如环境补偿和动物通道等)也被最终确定。但是,有关鲁尔蒙德和斯瓦尔门市的隧道安全问题(见 4.2 节)也在紧锣密鼓加紧讨论。生态问题被大家广泛关注。

最终,确定了前面所述的东岸方案。但是,这并未结束对于生态问题的讨论。由于环境的脆弱性,A73 高速公路南线需要足够的生态补偿,并需要从荷兰农业、自然及食品质量部(Ministry of Agriculture, Nature and Food Quality,LNV)在"Natuurbeschermingswet"自然保护法框架内获得"优先物种条例"的豁免。荷兰交通运输部林堡省分局根据独立顾问对实际生态价值以及高速公路对环境造成损害的调查,制订了补偿计划(包括缓和措施)。中心议题是豁免问题,即是否有更好的替代方案,如果有的话,是否有压倒性的社会利益来证明在东部河岸上建设的合理性。

自然保护法的豁免是针对动物(如螺纹蜗牛)的,以实际调查为前提,于 2000 年被提出应用在东岸和西岸项目上。豁免申请于 2001 年 6 月准备就绪。LNV 通过对缓解程度和补偿措施的综合分析,来比较东岸和西岸项目。

最终,LNV 决定需要提供采用更多手段用来保护区域生态,成本约为 2 300 万~3 600 万欧元,这是一笔很大的开支。荷兰 A73 高速公路南线项目的生态补偿区域占地 185 公顷,而"Via 林堡"一揽子计划包含的四个项目总占地面积只有 250 公顷。

环境组织(如林堡省环保基金会、獾与树基金会)反对国会的提议,但是国会并未对他们的意见予以理睬,于 2002 年 12 月决定采用斯瓦尔门市城市分区规划的东岸解决方案。至此,西岸修建高铁的方案彻底退出历史舞台。

3.4 瑞士圣哥达隧道项目和勒奇山隧道项目

前3个项目所在地为荷兰,接下来两个项目位于瑞士。所述的事实和数据来自2002—2005年期间,与苏黎世联邦理工学院和瑞士联邦环境、交通、能源与通信部(UVEK)合作进行的调查研究。为了调查这些项目,我们共开展了15次访谈。此外,我们还使用了NETLIPSE关于瑞士圣哥达基线隧道项目和勒奇山基线隧道的案例报告作为基本参考(Schalcher et al.,2008),以及在瑞士交通领域(2003—2004年)由Friederike Schlumbom撰写的非常有影响力的文章。

3.4.1 项目概况和利益相关方

瑞士圣哥达基线隧道项目和勒奇山基线隧道项目是穿越阿尔卑斯山的"NEAT"新铁路线的组成部分。除了以上两条大型隧道以外,NEAT铁路线还包括切内里基线隧道项目和齐默尔贝格隧道项目,它们与圣哥达基线隧道项目均属于圣哥达轴线,并进一步连接瑞士东部。

NEAT概念在联邦政府关于修建穿越阿尔卑斯山脉的瑞士铁路决议中提出,强调以下两点:

(1)使瑞士成为欧洲高速客运铁路网的枢纽;

(2)将多式联运货物运输纳入欧洲铁路走廊。

NEAT实现了互操作,相较于老铁路线节省了时间。圣哥达基线隧道项目将为客运和货运建立一条更短和更快的南北铁路。通过该高铁线路建设,瑞士将融入不断发展的欧洲高铁网,通过列车旅行的时间将大大减少。圣哥达基线隧道项目的建设也将提升铁路建设的水平,其最高点所在海拔为550米。

NEAT不仅提高了瑞士交通的竞争力,同时促进了瑞士交通从公路到铁路的转变,未来将会有大量跨阿尔卑斯货运从公路运输转移到铁路运输。NEAT将提供实际所需容量,从而提高铁路货运的竞争地位。这符合《阿尔卑斯山倡议》的要求,该倡议在1994年的全民公投中被接受。在描述圣哥达和勒奇山两个案例的亮点之前,在本节中我们将概述组织结构(图3-9),因为这两个项目在组织顶层设计方面是相同的。

瑞士有联邦级别的两院制议会——瑞士联邦议院,共同组成联邦议会。全国委员会代表国家,州议会代表各州。联邦议会的决策为NEAT的融资和实施奠定法律基础。1991年10月4日,议会决策支持NEAT计划。1992年9月29日,通过全民公投的方式将这一决定权提交给公众投票,并被民众接受。

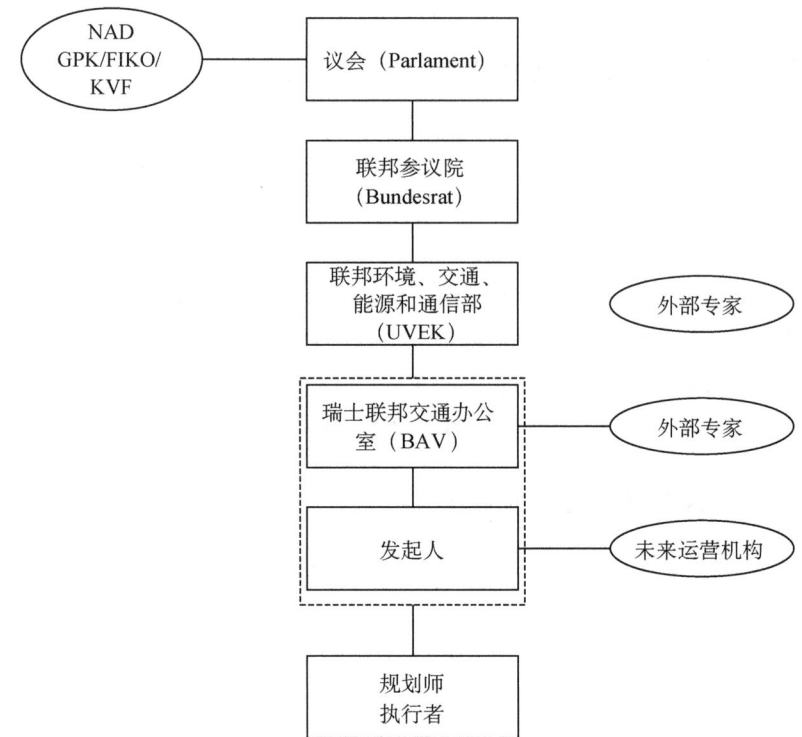

图 3-9 瑞士圣哥达和勒奇山基线隧道项目组织结构图

瑞士联邦议会的职能是对项目进行策略控制。瑞士联邦议会可以发放信用和免费储备金；可以决定信用增级，以补贴价格、增值税和建筑要素的上涨。

瑞士联邦环境、交通、能源与通信部（UVEK）是 NEAT 的责任部门，制订的《NEAT 控制条例》明确了项目报告、监督和控制程序。此外，瑞士联邦环境、交通、能源与通信部（UVEK）与阿尔卑斯枢纽圣哥达有限公司一起准备有关包含明确的绩效和履约日期的合同。

瑞士联邦交通局承担了联邦政府最大的职责，其与 NEAT 实现关系主要体现在以下方面：

（1）公共当局层面的业务监督是其职责所在，职责范围从计划的控制开始，到运营的批准结束；

（2）控制和协调建造者的各项工作，基于未来用户实施原则进行合作开发；

（3）监测招标程序；

（4）当局的控制和报告：为瑞士联邦环境、交通、能源与通信部（UVEK）、联邦理事会和议会编制文档资料；

（5）协助 NEAT 项目指导委员会代表了解项目进展状态，每半年发布一次进展报告；

（6）管理资金。

1. 融资

瑞士勒奇山和圣哥达基线隧道项目的全部资金都来自石油税、载重汽车税和增值税。1998 年 11 月 29 日,瑞士公民批准了公共交通基础设施建设和融资计划。资金来源和使用情况如图 3-10 所示。

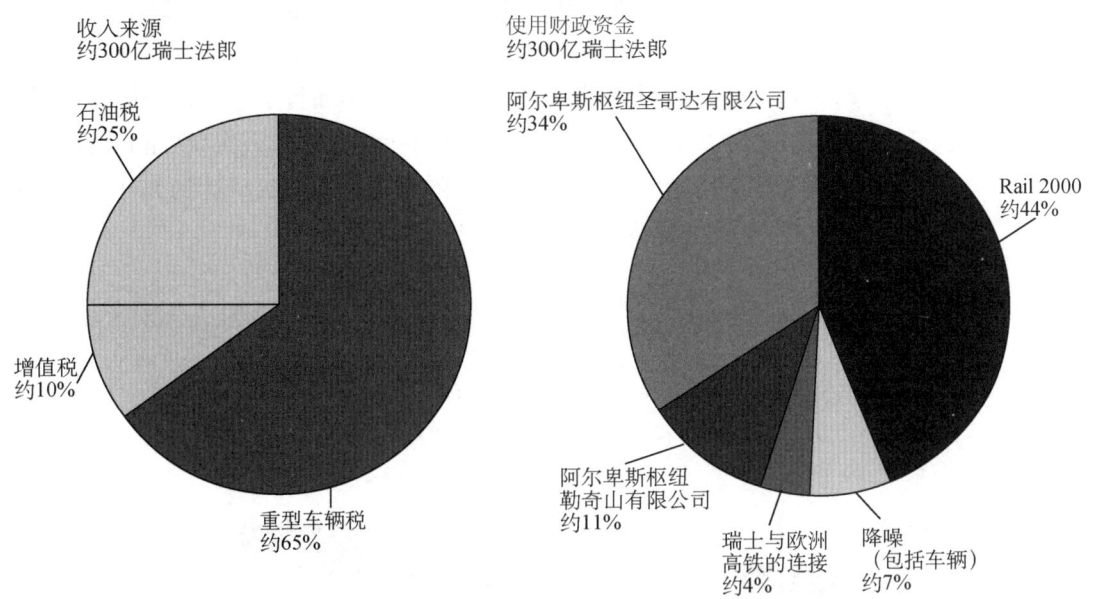

图 3-10　资金来源和使用(©阿尔卑斯枢纽圣哥达有限公司)

2. 瑞士圣哥达基线隧道项目

瑞士圣哥达基线隧道项目是一条总长 57 公里的铁路隧道,位于乌里州的埃斯特费尔德和提契诺州的博迪奥之间。它由两条单轨隧道组成,通过相互连通的通道连接。瑞士圣哥达基线隧道项目建设造就了一条相对水平的铁路线路,其最高点海拔为 550 米。

(1) 通用项目范围

瑞士圣哥达基线隧道项目的项目范围在 1999 年 3 月 15 日的通用规划中已经确定,由两条单轨隧道组成,北入口位于乌里州的埃斯特费尔德,南入口位于提契诺州的博迪奥。阿姆施泰克、图耶奇和法伊多的中间矿山将圣哥达基线隧道项目分成五个部分,分别为埃斯特费尔德、阿姆施泰克、图耶奇、法伊多和博迪奥。与瑞士联邦铁路主干线连接的双轨道将在 ltdorf/Rhynächt 和 Giustizia 地区建造。此外,Altdorf/Rynächt 和 Biasca 地区的两个超车段也在特定范围内。路线图如图 3-11 所示。

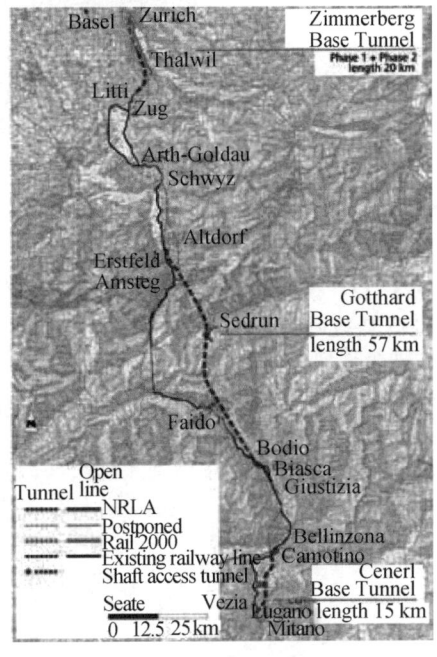

图 3-11　圣哥达基线隧道项目地图
(©阿尔卑斯枢纽圣哥达有限公司)

（2）运力

瑞士圣哥达基线隧道项目的客运列车设计最高时速为 250 公里，而货运列车最高时速为 160 公里。基线让货运列车更多时间在平坦路线上行驶，并且承重量是先前的 2 倍（为 4 000 吨而不是 2 000 吨）。到 2020 年，预计每年通过阿尔卑斯山脉的货运量（铁路和公路）将达到 1.4 亿吨，通过圣哥达基线隧道运输的货运量将达到 4 000 万吨（占比 29%）。这意味着每天将有 210 列货运列车通行于圣哥达基线隧道，是目前运力的 2 倍。到 2020 年，预计每年将有 1 亿人次（铁路和公路）穿越阿尔卑斯山脉，通过圣哥达基线隧道通行的人次将达到 800 万，或每天高达 60 列客运列车。如图 3-12 所示。

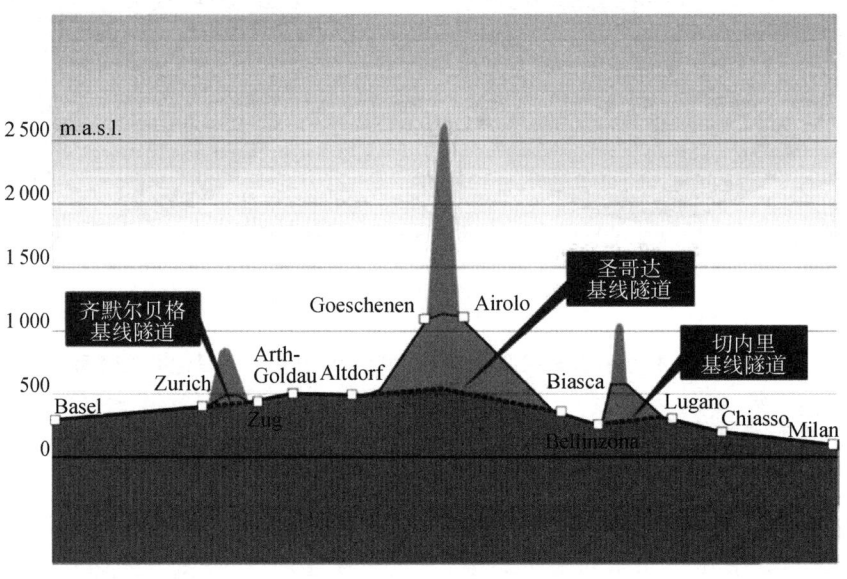

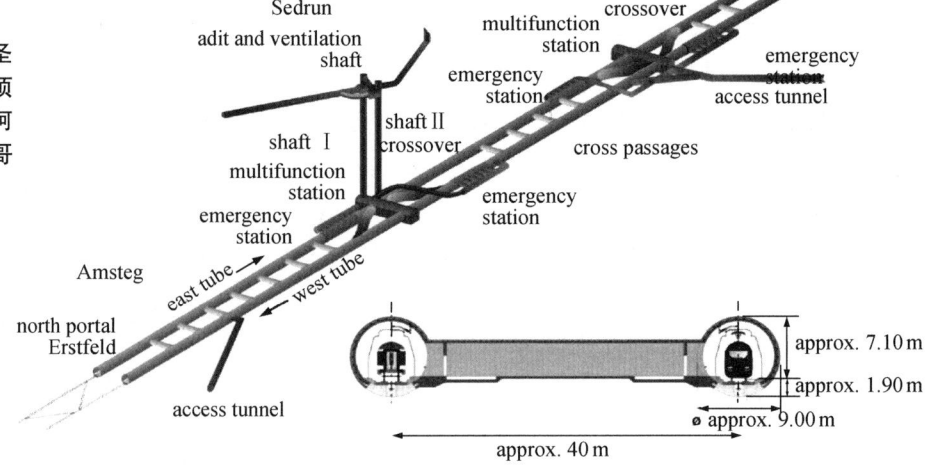

图 3-12 瑞士圣哥达基线隧道项目两个截面（© 阿尔卑斯枢纽圣哥达有限公司）

(3) 建设理念

瑞士圣哥达基线隧道项目的建设理念为同时开凿五个不同长度的独立部分。项目建设采用两种施工方法，其一为隧道掘进机，其二为钻孔和爆破。在全长 153.5 公里的隧道、坑道和通道施工中，近 2/3 的路段采用隧道掘进机施工。

阿尔卑斯枢纽圣哥达隧道项目将配备新的标准化 2 级欧洲列车控制系统（European Train Control System，ETCS），与此同时，欧洲其他铁路网也将引入该系统。

(4) 成本

根据 2001 年 6 月 30 日进展报告，预计项目最终费用为 65.792 亿瑞士法郎，较原项目预算增加了 24%。到 2006 年 6 月 30 日，预计项目最终费用为 81.391 亿瑞士法郎，较 2001 年 6 月的预计项目最终费用又增加了 29%。如图 3-13 所示。

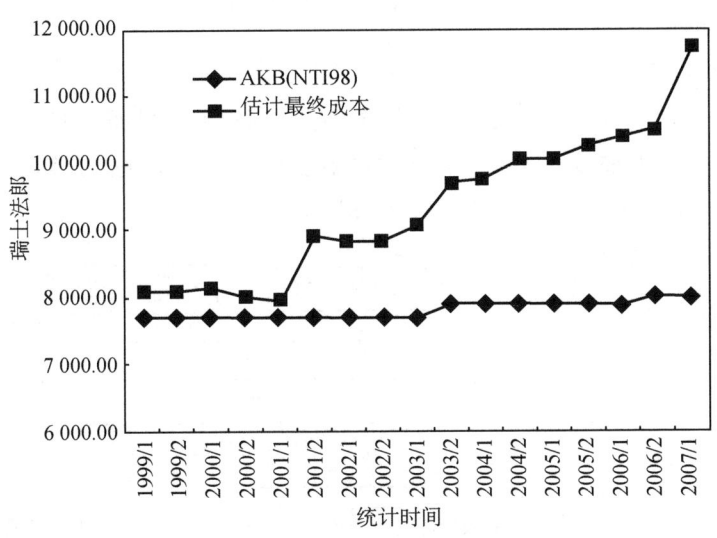

图 3-13 瑞士圣哥达基线隧道项目估算成本（AKB＝原始成本基准）

(5) 合同

虽然整个项目规划由建造商阿尔卑斯枢纽圣哥达有限公司（AlpTransit Gotthard Ltd.，简称 ATG）单独完成，但项目施工划分了若干标段，由不同的总承包商负责。标段基于新圣哥达线每个分段不同建设项目内容确定的。合同基础是工作分解结构，其在《NEAT 控制条例（NCW）》中已被确定。虽然阿尔卑斯枢纽圣哥达有限公司在法律上是一家完全遵循企业法的股份公司，但在招标过程中，它却扮演着委托方的角色。

(6) 状态和时间进度

根据 2006 年 6 月 30 日的进展报告，该项目计划在 2016 年年底前完成。在1996年6月30日的第一份管理报告中,该项目计划在2009年完成,如图3-14所示(Wadenpohl,2008)。

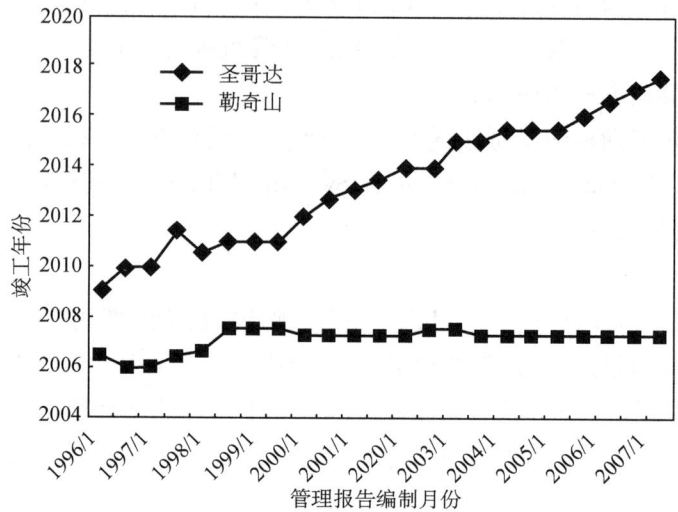

图3-14 瑞士圣哥达基线隧道项目和勒奇山基线隧道项目预计竣工日期(Wadenpohl,2008)

(7)组织

阿尔卑斯枢纽圣哥达有限公司是这条穿越阿尔卑斯山的新铁路线中的圣哥达轴线的建设方,其基线隧道穿越圣哥达、齐默尔贝格(Zimmerberg)和切内里(Ceneri),如图3-15所示。

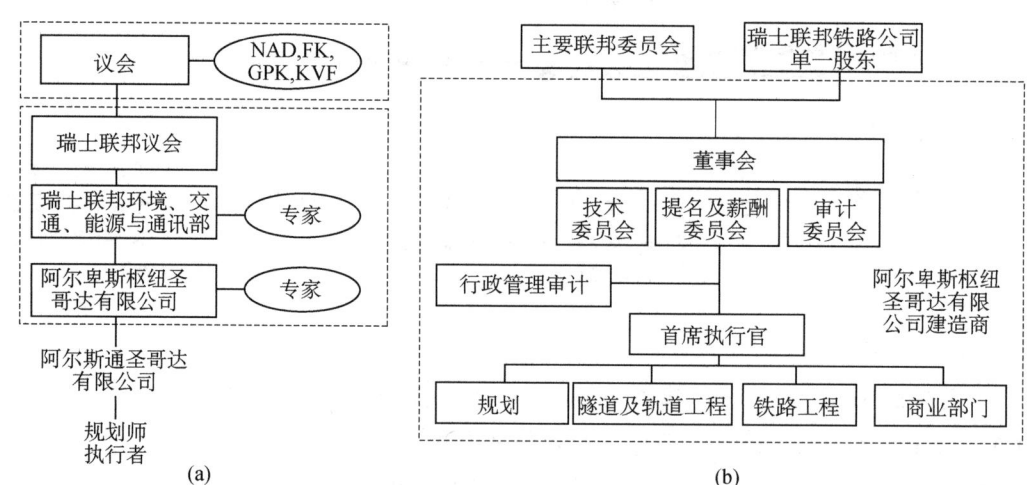

图3-15 总体组织结构图

阿尔卑斯枢纽圣哥达有限公司成立于1998年5月12日,是瑞士联邦铁路公司的全资子公司,总部设在卢塞恩(Lucerne),在阿尔特多夫(Altdorf)、塞德伦(Sedrun)、法伊多(Faido)和贝林佐纳(Bellinzona)均设有分支机构。

瑞士圣哥达基线隧道项目的地方利益相关方体现在州、社区和街道

3个层面。与项目直接相关的州有乌里州、格劳宾登州和提契诺州。格劳宾登州和提契诺州一直支持这个项目,并没有给项目任何阻力,但乌里州成为阿尔卑斯枢纽圣哥达有限公司最大的反对者,他们对线路选择和开放轨道设计持强烈反对意见,成立了类似于"NEAT in den Berg"这样的市民行动委员会。乌里州地区的建筑许可直到2004年3月5日才最终获批,成为圣哥达基线隧道项目开工建设5年后最后一个政府许可。

2006年11月8日,联邦委员会决定由瑞士联邦铁路公司担任圣哥达基线隧道项目的运营商,随后进行了执行安排。

(8) 非政府组织

目前,瑞士全国有25个国家环保组织。

为了有利于工作开展和集中不同意见,8个较大的国家环保组织组建了一个联盟,并任命专门人员作为他们的代表(图3-16)。在访谈中,我们注意到阿尔卑斯枢纽圣哥达有限公司和利益相关方代表双方都认为合作是富有成效的。

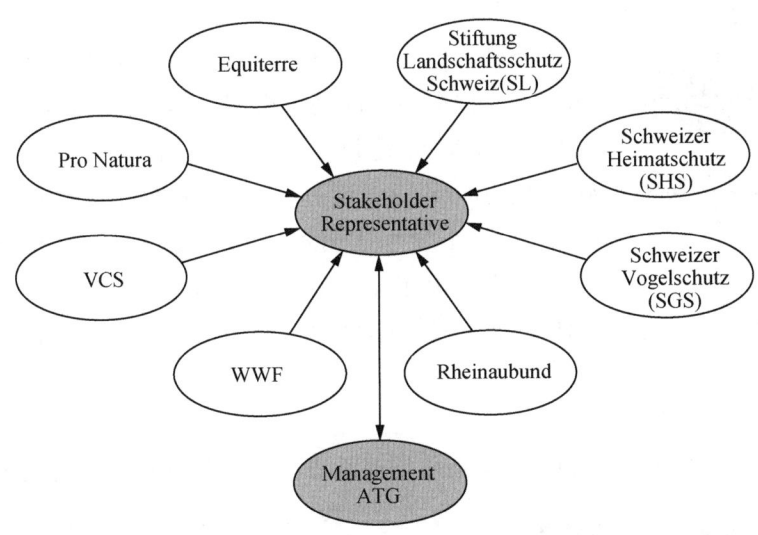

图3-16 8个国家环保组织的利益相关方代表

2. 瑞士勒奇山基线隧道项目

(1) 项目事实、数据

勒奇山基线隧道项目是一条长34.6公里的铁路隧道,从Kandertal的弗鲁蒂根到Valais的Raron,南边与Simplon线路相连,于2007年6月15日正式开放。

勒奇山基线隧道项目的规划自1988年以来一直在进行。现在的线路是不断优化的结果,包括若干初步研究、主要和细节的变化与调整。市政当局、规划局和州的早期参与,确保了规划过程的公开。评价主要标准基于技术可行性、环境兼容性、施工周期、建造及运营成本。

(2) 总体项目范围

勒奇山基线隧道项目被设计成两个独立的单向单轨的隧道系统。第一阶段，在弗鲁蒂根的北入口和米霍兹(Mitholz)的项目服务站之间只建造一条隧道。在这里，坎德塔尔(Kandertal)勘探隧道与勒奇山线路平行，发挥着救援和应急隧道的功能。在米霍兹(Mitholz)的南面，一直到罗伦(Raron)的南面入口设计了两个隧道口（图 3-17）。初期，铁路轨道仅在费登(Ferden)和罗伦(Raron)之间安装。这意味着，在 2007 年设施投入运营时，只有三分之一的线路有两个运行管道。由于资金原因，联邦理事会于 1996 年 4 月 24 日决定，对阿尔卑斯枢纽勒奇山段项目采取分阶段实施方案。基于成本，后续开发将取决于联邦委员会或议会的政策决定。

(3) 运力

瑞士勒奇山基线隧道项目将同时承载客运列车和货运列车。根据不同的列车类型，货运列车将以 100～160 公里/小时的速度通过隧道，而客运列车将以 200 公里/小时的速度通过隧道（摆式列车甚至可以达到 250 公里/小时），从伯尔尼到上瓦莱州的旅程时间将缩短一半。预计每天在基线上总共有 110 列列车经过，分为 30 列客运列车和 80 列货运列车，包含长货运列车（载重达 4 000 吨，长达 1 500 米）。

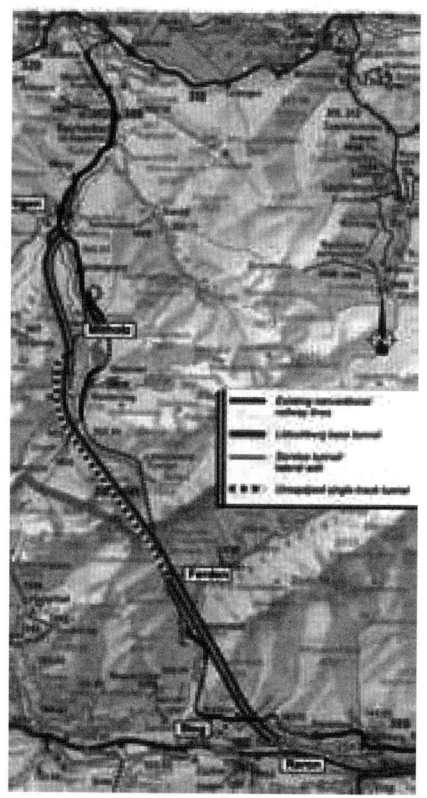

图 3-17　瑞士勒奇山基线隧道项目地图
（© 阿尔卑斯枢纽圣哥达有限公司）

(4) 建设理念

勒奇山基地线和基线隧道将同时从五个不同场址建造。隧道被细分为多个标段，由于 3 个横向入口作为中间工作点，隧道可在 2007 年开通（建设时间 8 年）。20% 的基线隧道将由隧道掘进机驱动，剩下的 80% 将使用传统的爆破技术，特别是在地质或岩石多变地区，使用隧道掘进机并不合适。如图 3-18 所示。

瑞士勒奇山基线隧道项目将配备新的标准化 2 级欧洲列车控制系统，与此同时，欧洲其他铁路网也将引入该系统。

(5) 成本

1998 年，项目成本为 32 亿瑞士法郎。

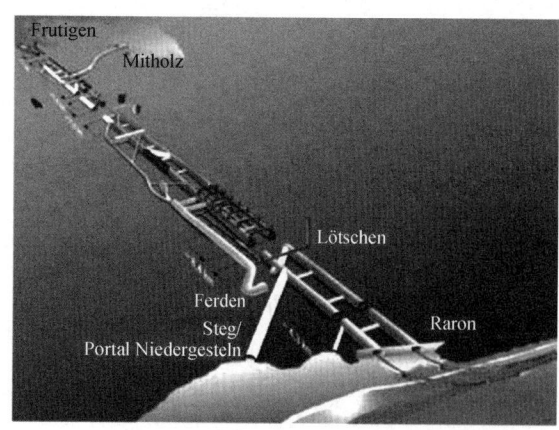

图 3-18　勒奇山的横断面

瑞士联邦委员会在2007年的报告显示成本超支34%,项目总成本为43亿瑞士法郎,其中67%的超支成本是由于计划的变化和地质风险造成的。随着通货膨胀和建造期间利息的累积,这条隧道总共花费了53亿瑞士法郎。如图3-19所示。

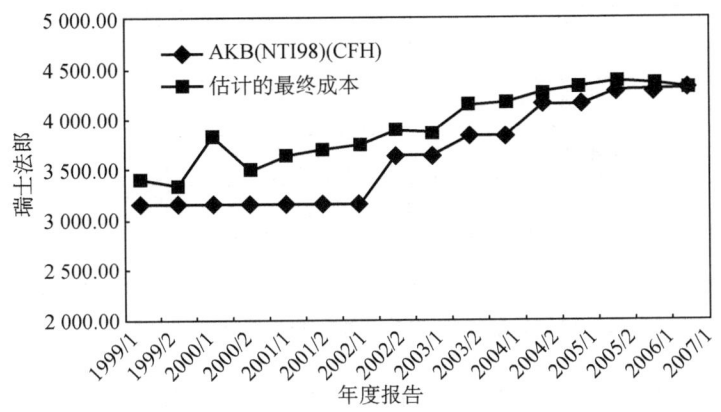

图3-19 瑞士勒奇山基线隧道项目的估算成本(AKB=原始成本基础)

(6) 状态和时间进度

基线隧道于1999年7月动工。在2007年,第一个新的跨阿尔卑斯铁路轴线的隧道开始通车。经过8年建设,隧道于2007年6月15日通车,当年12月进入全面运营阶段。

(7) 组织

阿尔卑斯枢纽圣哥达有限公司全权负责勒奇山基线的设计和施工,业主是瑞士联邦。在项目建设阶段,BLS勒奇山铁路公司(BLS Lotschbergbahn AG)作为联邦政府的代理人(图3-20),代表运营商的利益。阿尔卑斯枢纽BLS分公司(BLS AlpTransit AG)最关心的是在预算范围内按时实施项目,并充分考虑未来需求。

3.4.2 瑞士圣哥达隧道项目和勒奇山隧道项目的故事线

1. 第一轮:NEAT的决定和1987年、1992年、1994年的全民公投

第二次世界大战后,跨越阿尔卑斯地区的交通急剧增加,公路和铁路的运力亟需提升。特别是1960年后,随着私人汽车的普及,民众流动性显著增加。20世纪70年代初期,铁路和公路上设置了交通枢纽。80年代,日益增长的跨越阿尔卑斯山交通带来越来越多的问题,穿过瑞士阿尔卑斯山的铁路走廊接近满负荷运行,而在人口稠密的瑞士中部地区,也基本接近或达到满负荷运行。瑞士的道路变得更加拥挤。Rail 2000(Bahn 2000)的设计是为了重振在过去的100多年里几乎没有改变的铁路网,其目标是提供更快和更便捷的服务,以满足21世纪旅行者的需求。Rail 2000的目标是在主要线路上实现至少半小时一

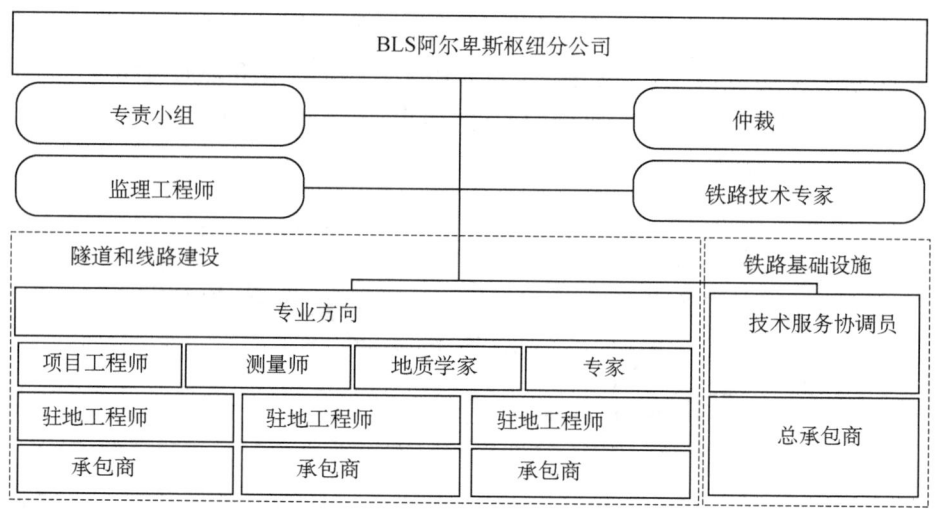

图 3-20　阿尔卑斯枢纽 BLS 圣哥达有限公司组织结构

班的频率,在主要城市之间、使用新型列车或引进车站设施等情况下,使得路程行驶时间减少 15%。Rail 2000 的概念在 1987 年的投票中获得批准(表 3-3)。

表 3-3　就公共交通拨款进行投票的结果(1)

时间	主题	投票率	是	否
1987.12.06	Rail 2000	48%	57.0%	43.0%

　　作为自 20 世纪 60 年代以来铁路复兴的组成部分,在南北方向上穿越阿尔卑斯山的隧道方案被认真研究。该隧道被视为整个复兴计划中最昂贵的部分。1963 年,瑞士联邦议会成立了穿越阿尔卑斯山铁路隧道委员会。1970 年,委员会建议修建一条圣哥达基线隧道项目,并将老的勒奇山隧道改为双线隧道。接下来十年,瑞士联邦铁路公司对该问题的研究仍在继续。但在当时,政府似乎更关心道路设施建设。

　　1988 年,瑞士新任交通与能源大臣 Adolf Ogi 主张扩建铁路,包括圣哥达和勒奇山-Simplon 两条穿越阿尔卑斯山的新基线隧道。1990 年 5 月,联邦参议院向议会提交了修建贯穿阿尔卑斯山的新铁路线的 NEAT 计划,议会在 1991 年决定支持该计划。需要注意的是,NEAT 计划并不是 Rail 2000 的组成部分。NEAT 计划包括圣哥达隧道项目(57 公里)、勒奇山隧道项目(34 公里)、切内里基线隧道项目和齐默尔贝格隧道项目,以及整合瑞士东部的项目。议会优先支持该计划的主要原因包括:欧洲交通量的增加、将瑞士的交通整合到现代欧洲交通系统、实现国家和经济效益、铁路基础设施现代化和保护阿尔卑斯山环境。议会的这项决定可能会遭到反对。

事实正是如此,有一个委员会不同意议会1991年的决定,并试图针对NEAT计划举行全民公投。该委员会的成员是绿党,一个来自Urn的委员会和一个来自巴塞尔的汽车记者。该委员会认为,减少公路货运和减少环境破坏等好处无法实现,实际上该委员会担心对环境的影响,同时对项目融资也有疑问。该委员会需要征得至少5万人签名才能举行全民公投,重新计票后,他们成功获得50 051个有效签名。

全民公投在1992年9月29日举行。瑞士人民在公开投票中决定接受NEAT方案,其中包括关于修建圣哥达和勒奇山线的阿尔卑斯枢纽公司方案,以及价值140亿瑞士法郎的全球信贷方案和联邦政府关于东瑞士一体化的决定(8.5亿瑞士法郎)(表3-4)。这为圣哥达和勒奇山线路的规划和建设,以及东瑞士到高速网络的连接奠定了基础(图3-21),金融框架也有了基础。融资方案中,用指定燃料税支付25%的项目成本,剩余75%通过资本市场贷款承担债务的方式来支付,这些债务必须在60年内连本带息偿还。

表3-4 就公共交通拨款进行投票的结果(2)

时间	主题	投票率	是	否
1992.09.27	阿尔卑斯山交通决定	46%	63.6%	36.4%

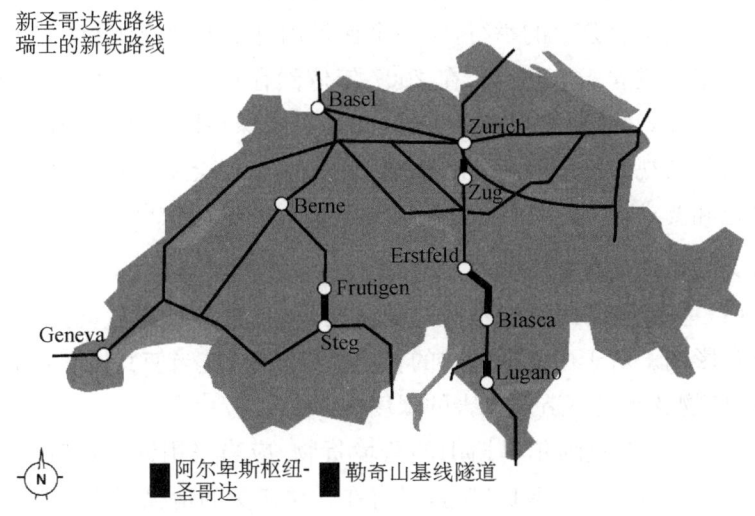

图3-21 圣哥达和勒奇山概览

与此同时,欧盟希望提高铁路部门的效率和竞争力,以改变铁路旅客越来越多向公路运输转移所带来的流失趋势。为达到以上目的,政府于1991年签署了第91/440号准则。准则明确铁路公司的商业独立性和各成员国相互进入其他国家铁路网的机会。1992年制定的《马斯特里赫特条约》(Maastricht Treaty)约定,欧盟宣布开放边境,允许人员和货物的自由流通。这些事件的发展表明,欧洲需要更加一体化的交通运输系统。瑞士执政人员注意到自己面临的难题,表示不想成为欧洲的一个孤岛。其原因主要在于,虽然该线路是货物运输距离最短的路线,但这条路线速度不够快,且有太多管理困难,因此会选择绕过瑞士的路线,这对瑞士发展是不利的。

欧盟选择跨越阿尔卑斯山的公路运输方案,这不仅让人怀疑是否真的需要 NEAT,而且项目实施也会对当地环境造成负面影响。交通与能源大臣 Adolf Ogi 向欧洲各国的交通运输大臣展示了乌里州狭窄的山谷,以及跨阿尔卑斯山铁路运输取代公路的必要性,试图说服他们改变方案。一个重要的问题是,在瑞士卡车载重限制为 28 吨,而欧洲委员会希望过境卡车载重限制为 40 吨。1992 年,瑞士签署协议,承诺在勒奇山修建一条货车通道,并修建两条 NEAT 基线隧道。作为回报,欧盟接受了卡车载重限制为 28 吨的条件。

1993 年 1 月,议会公布了对圣哥达线的项目清理和建设准备的资金扶持方案。1993 年 9 月 22 日,交通与能源大臣 Adolf Ogi 在圣哥达隧道现场调查仪式上宣布了开工。法伊多的岩石条件被认为是影响项目建设的最关键因素之一。

《阿尔卑斯山倡议》1994

1994 年 2 月 20 日,又举行了一次关于《阿尔卑斯山倡议》的全民公投。这次全民公投的举行,与一个保护山脉的非政府组织(NGO)有关。该组织成立于 1989 年,在 2007 年依然存在。全民公投的议项不是针对 NEAT 计划是否需要实施,而是关于保护阿尔卑斯山的条款。这些条款被视为一个目标,由瑞士内阁和瑞士议会基于在网站上发布的规定和要求,采取措施来实施相关条例。关于阿尔卑斯山保护与交通有关的条款约定如下[①]:

(1) 联盟应保护阿尔卑斯山地区的环境,使其远离过境交通带来的不利影响。对于由交通造成的各类负面影响,应当使其控制在对人、动物、植物及环境不造成危害的限度内。

(2) 需要穿过阿尔卑斯山的跨境货物,应当采用铁路运输。联邦理事会应采取必要的保护措施,只有在无法避免的情况下才允许例外。这些保护措施必须写入相关法律规定。

(3) 不得增加阿尔卑斯山地区过境道路通行能力,为减轻城镇和

---

① 1994 年条令中的第 36.6 条于 1998 年在瑞士联邦新宪法中重新编号,成为第 84 条。以法令的形式颁布具有法律约束力的条款现在已在瑞士宪法第 182 条第 1 款中由联邦理事会的所有立法决定做出规定,因此在关于保护阿尔卑斯山的条款中已不再提及。

村庄的过境交通压力而设的旁道不包括在这一条款内。

瑞士人民以 954 433 票(52%)通过了《阿尔卑斯山倡议》(表 3-5)。26 个州中有 19 个州支持第一个有关阿尔卑斯地区的倡议。

表 3-5　就公共交通拨款进行投票的结果(3)

时间	主题	投票率	是	否
1994.02.20	阿尔卑斯山地区保护倡议	41%	51.9%	48.1%
1994.02.20	继续收取重型车辆费用	41%	72.8%	27.2%
1994.02.20	引入重型车辆收费	41%	67.1%	32.9%

阿尔卑斯倡议虽然不会导致 NEAT 计划的夭折,但该倡议对设计和建造 NEAT 计划具有重要作用,可被视为 NEAT 计划环境影响的监督者。该条款发起人之一 Andrea Hämmerle 是议会成员和议会监督委员会成员,也是 NEAT 项目指导委员会前主席。

瑞士环境、交通、能源和通信部(UVEK)大臣 Moritz Leuenberger 在网站上提到了《阿尔卑斯山倡议》(2007):

> 它不知疲倦地激励着我们所有人前进,没有人会忘记把交通方式从公路转移到铁路的任务,因此 1994 年的绿色荣誉永远不会枯萎。但在 2004 年,铁路货运的增长速度超过了公路货运的增长速度,这证明至少它已经开始走向成熟。而且,为了让我们能尽快接受它,协会将继续不懈努力,让人们感受到它的存在。这是绝对必要的,因为没有这种痛苦的折磨,我们可能永远无法品尝到从公路到铁路这一交通方式转变的甜美果实。

在这期间,负责任的官员们越来越意识到 NEAT 计划实施过程中环境的重要性,以及它在重塑目的过程中的重要性。为了表达这一思想,从那时起,"瑞士最大的环境工程"这一口号就被开发和使用。

2. 第二轮:财政讨论、1998 年的两次全民公决以及与欧盟的谈判

1992 年全民公投的积极结果表明,民众广泛支持 NEAT 计划后又出现了新的障碍。尽管联邦委员会在 1992 年的全民公投中提到 NEAT 计划在财政上是有吸引力的,但还是引起了怀疑。1992 年夏天,财政部大臣 Otto Stich 的讲话使公众对该项目的融资和盈利能力产生了怀疑,特别是针对是否需要同时修建圣哥达和勒奇山隧道两条隧道。很明显,财政部大臣希望砍掉勒奇山隧道项目。交通与能源部大臣 Adolf Ogi 强调,NEAT 计划是与瑞士所有地区相关的一项大规模投资。他也不会考虑以后再建勒奇山隧道项目,因为这不会带来任何成本的节省,而且意味着建设周期更长,成本更高。NEAT 计划迎

来非常关键的时刻。1994年,联邦委员会投票赞成1992年全民公投通过的方案,并拒绝采取分割的方法。

1994年秋,永道咨询公司(Coopers & Lybrand)被要求开展相关的经济研究。1995年2月,研究报告得出 NEAT 计划无利可图的结论,需要相关的支持措施。当时,瑞士人民党的一名官员感觉他的领导时代已经来临,他重申了对修建两条隧道的疑虑,并再次提议只修建圣哥达隧道。新一轮讨论重新开始,该讨论比前一年更为激烈。然而,联邦参议院决定坚持同时修建两条隧道的做法,并开始着手一项关于轨道融资和优化的研究。还建议征收额外的税项(燃料税、道路税和重型车辆税),同时对于隧道设计做出16个方面的改进。虽然一些协会和州提出希望改变路线,但联邦参议院没有同意这些建议,因为这与个人利益相互冲突。

在1995年大臣们和议会之间的激烈讨论中,形成了采用特别基金的融资方案。基于该方案,使得在一个单一的议会法案中涵盖所有大型基础设施项目成为可能,且该法案可以在一个决定中被采纳。为此,必须设立一个称为"FinöV-Fund"的特别基金,为项目建设筹措资金。这些项目包括 NEAT 计划、瑞士西部和东部的高速连接、噪声保护措施和 Bahn 2000 等。新任大臣 Moritz Leuenberger 对该基金的设立表示支持。

1996年4月24日,联邦委员会作出关于资助和建造 NEAT 计划的决定。根据1992年全民公投结果,在圣哥达线只修建了齐默尔贝格、圣哥达和切内里的基线隧道,施维茨、乌里和提契诺三州的连接轨道被放弃。然而,在土地利用规划中,这些路线得以保留。瑞士国家铁路局的任务是为连接主干线的隧道项目建设做准备。对于勒奇山基线隧道项目,这个决定意味着,在第一阶段(2007年开放)由于成本原因,只有三分之一的勒奇山基线隧道开通了双线运营。

阿尔卑斯枢纽 BLS 主管谈到:

> 在成本效益分析中,我们注意到这是不可能的。对于圣哥达和勒奇山的联合建设,最大支出为300亿欧元。这意味着我们必须修改勒奇山隧道的建设计划,否则就没有机会完成两个项目。

1996年9月26日,联邦理事会通过了《公共交通基础设施建设和融资法案》,供议会审议。该计划投资总额约300亿瑞士法郎(190亿欧元),除了 NEAT 计划外,同时包括另外3个大型公共交通项目。

最后,在1998年3月20日,议会通过了包含修改后的工作计划和经费安排的 FinöV 基金,使之成为法律。国家委员会和国务院批准的项目总投资金额约 190 亿欧元,适用于所有大型项目,包括圣哥达隧道项目、勒奇山隧道项目、切内里隧道项目、齐默尔贝格隧道项目以及连接苏黎世湖地区的隧道项目。具体的资金来源为:55% 来自重型车辆税(LSVA)(表 3-6),20% 来自增值税的增加,10% 来自矿物油税,其余来自资本市场的有息偿还贷款(最高限额为项目成本的 25%)。

表 3-6 就公共交通拨款进行投票的结果(4)

时间	主题	投票率	是	否
1998.09.27	对重型车辆收费的联邦法律规定	52%	67.1%	32.9%

伯尔尼的一位官员评论道:

> FinöV 是一个融资计划,它可以确保项目到 2020 年仍有足够的资金。但是希望世界不会在 2020 年戛然停止,届时很可能会设立一个新的项目,这样一来,NEAT 计划就可以完全实现。

瑞士不得不决定征收重型车辆税。瑞士交通运输部门协会反对对重型车辆征税,他们认为已有的运输负担已够沉重。两个月后,瑞士举行了关于 FinöV 基金的第二次全民公投。1998 年 11 月 29 日,瑞士选民以 1 104 235 赞成票(63.5%)、634 711 反对票(36.5%),明确接受了 FinöV 基金提案。此外,国务委员会成员以赞成 20.5∶反对 1.5 的比例支持该提案(表 3-7)。因此,在未来 20 年里,305 亿瑞士法郎(大约 190 亿欧元)将用于圣哥达和勒奇山修建新的阿尔卑斯基线隧道、完成 Rail 2000(Bahn,2000)计划、连接瑞士和欧洲高速网以及噪声保护。

表 3-7 就公共交通拨款进行投票的结果

时间	主题	投票率	是	否
1998.11.29	公共交通资金投票	38%		
	选民		63.5%	36.5%
	国务委员会成员		20.5	1.5

最后确定的融资方式与 1992 年提出的融资方式(25% 来自燃油税,75% 来自资本市场贷款)完全不同。FinöV 基金的新融资结构意味着国家不直接资助,而是为该项目指定税收项目。

通过以上全民公投,NEAT 计划获得了财政保障。NEAT 计划概念集中于以下两点:

- 使瑞士成为欧洲高速客运铁路网的枢纽;
- 将多式联运货物运输纳入欧洲铁路走廊。

瑞士不得不就欧盟载重汽车征收重型车辆税相关问题与欧盟展开商议。双方重新讨论了载重汽车的载重限额问题,到底设为28吨还是40吨?经过谈判,瑞士接受了40吨作为载重限额,欧盟也接受引进重型车辆税。设置过渡期,从巴塞尔到基亚索的过境运输通行量增加之后考虑收取重型车辆税。该过渡期将在第一个NEAT计划的基线隧道(勒奇山隧道)开通后结束。实际上,这为勒奇山基线隧道项目的按时完工提供了重要的驱动力,因为该项目投入使用后,税收水平会大幅提高。

NEAT项目指导委员会代表的前主席指出:

> 欧盟国家努力使成员国之间的货物流通畅通无阻,这也意味着在作为过境国的瑞士能实现通行无阻。另一方面,瑞士对环境友好的交通运输很感兴趣,因此,制定了实现从公路运输到铁路运输模式转变的政策。为了把欧洲共同体和瑞士的利益联系在一起,人们展开了激烈的辩论,例如,是否可以征收重型车辆税,如果可以,最大的接受程度是多少。然而,在我看来,很聪明的想法是,对卡车等重型车辆征税,为新的基础设施建设提供资金。这一概念成为欧洲共同体和瑞士之间的国际协定基础。

3. 第三轮 1998年全民公投后的重要讨论

1998年之后,尽管人们对于成本增加超出项目预算展开了激烈争论,但是"通过"圣哥达基线隧道项目和勒奇山基线隧道项目的决定并没有受到质疑。基于1998年的全民公决,增加预算有可能吗?人们认为,如果议会同意增加预算,这是可能的。但总有组织或个人可能会发起全民公投,以反对成本或预算的上涨。

在这里,我们想讨论自1998年以来的其他3个重要项目:
- 齐默尔贝格隧道项目和切内里隧道项目;
- 乌里州,圣哥达的"NEAT im Berg";
- 勒奇山的弗鲁蒂根。

(1) 齐默尔贝格隧道项目和切内里基线隧道项目

在当时,考虑修建两个基线隧道。工程从圣哥达开始,齐默尔贝格和切内里将在不同阶段建设,这有可能会因为延期而最终被取消。

切内里基线隧道项目总监谈道:

> 这是一种与乌里州完全不同的情况,因为修建这条隧道并不会缓解该地区的交通拥堵,而是意味着瑞士与其他国家有更好的联系。此外,州政府希望该项目的建设对劳动力市场产生积极影响。因此,州政府和社区积极支持该项目的建设决定。这是其与

乌里州情况的最主要区别。

切内里基线隧道项目是 2004 年争论的主题。在世纪之交时，发生了阿尔卑斯山隧道灾害，我们还提到了荷兰 Betuweroute 项目和荷兰 A73 高速公路南线项目，开始讨论切内里隧道项目的安全，因为切内里基线隧道项目设计为单洞双轨。圣哥达基线隧道项目原本计划为双洞单轨，因为这条基线隧道长度是切内里基线隧道长度的 4 倍（前者为 57 公里，后者为 15.4 公里）。建造这条额外的隧道，意味着切内里隧道项目的成本将大幅上升。提契诺州和城市都支持切内里基线隧道项目，因为这可以使该地区的连接更好，并且对劳动力市场有积极影响。

NEAT 项目指导委员会代表的前主席评论道：

> 重要的讨论内容是决定切内里隧道建设采用双洞单轨而不是单洞双轨隧道，这也导致了成本的大幅增加。在发生隧道灾难后，最初在一个隧道中建造两条轨道的决定不再被支持，而是调整为两条轨道分别在单独的隧道中，这导致该项目多花费了几亿瑞士法郎。关于成本增加的讨论仍在进行中：一方面，我们看到了对安全的关注；另一方面，我们看到了降低成本的兴趣。

最后决定为切内里项目建造双洞单轨隧道。2007 年，隧道工程开始施工。

齐默尔贝格隧道项目分为两个阶段实施。齐默尔贝格隧道项目实施的第一阶段是在 Nidelbad 处的连接，它是 Rail 2000 的一部分，已经由瑞士联邦铁路公司在 2003 年完成。齐默尔贝格隧道项目实施的第二阶段是一条穿越山区的近路，是 NEAT 计划的一部分。该项目原计划于 2006 年开工，2013 年完工，但齐默尔贝格二期工程的推迟导致其可能延期很久。

2007 年，瑞士联邦委员会宣布，在 2007 年至 2008 年期间，将对 FinöV 基金资助的公共交通项目进行全面审查，包括齐默尔贝格基线隧道项目。

在 1992 年和 1998 年的全民公投中，仍存在这样一个问题，是否修建齐默尔贝格隧道项目和切内里隧道项目？不，事实并非如此。1992 年的全民公决确保了 NEAT 计划目标的实现，但并不是由全民公决决定或者说是强制完成的。1998 年，关于经费筹措的问题再次进行了全民公投。

（2）乌里州，圣哥达的"NEAT im Berg"

瑞士圣哥达基线隧道项目的北部入口位于乌里州。由于该州山脉较多且平地较少，隧道起始位置的选址与主要发展地区一致。由于发达地区非常少，连接圣哥达基线隧道项目的线路对当地居民的生活影响巨大。这在利益相关方之间引起了激烈的讨论，最引人注目的利益相关方是当地公众、州、阿尔卑斯枢纽圣哥达有限公司和瑞士联邦交通局。

在项目早期阶段，即20世纪80年代，乌里州的市民已经有强烈的抵制情绪，这些担忧很快被当时负责该项目的瑞士联邦铁路公司发现。瑞士联邦铁路公司开始着手制订一个双方都能接受的方案，以便在州内穿越山谷。这一联合解决方案由该州工程师开发，采用封闭轨道方案，以减少干扰。但是，该方案在1994年被否决，主要原因是资金问题。因此，提交到空间规划审批程序的方案中，包括未封闭的开放轨道和部分地面以上轨道，该方案并没有受到乌里州居民和州政府的欢迎。

受到新提出的轨道方案影响，乌里州和瑞士联邦铁路公司之间的关系严重受损。由于NEAT委员会成员由公民组成，委员会要求进行一项研究，将隧道从山谷移到山脉中。大约1万名乌里州的居民也有同样的担忧，并在请愿书上签名。乌里州法律机构准备向联邦委员会提出有关山脉替代方案。市民的抗议促使乌里州政府利用自身资源进行了一项研究，开发一个可以与山谷方案对比的替代方案。

1995年，议会开始进行关于如何跨越谷地的新研究。这项研究由乌里州承担，由阿尔卑斯枢纽圣哥达有限公司委托。研究内容包括，开发山脉替代方案，优化山谷替代方案，同时，进一步调查公民意见。研究结果表明，市民支持山脉替代方案，但在随后几年的议会讨论中，并没有达成最终决定。阿尔卑斯枢纽圣哥达有限公司和瑞士联邦交通局仍然支持山谷替代方案，而乌里州只想批准山脉替代方案。阿尔卑斯枢纽圣哥达有限公司和瑞士联邦交通局也坚持最初的解决方案，因为整个NEAT计划的开支已经非常高昂。

为了加快进度，阿尔卑斯枢纽圣哥达有限公司决定在2000年的空间规划审批程序中再次提出一个山谷替代方案。此外，还将进一步研究山脉替代办法的可能性。乌里州的人们愤怒地回应说，他们的要求并没有得到阿尔卑斯枢纽圣哥达有限公司和瑞士联邦交通局的重视，并威胁要使用一切法律手段来阻挠被提议的各种替代方案。

由于州内的抗议，关于山脉替代方案的可行性再次由相关部门展开研究。2002年，瑞士联邦交通局决定采用山脉替代方案。因此，所建造的轨道应该建成使得未来的山脉替代方案成为可能的样式，这意味着山脉替代方案的一部分将以地下枢纽的形式建成，这个新计划在2003年被提出。目前，山谷替代方案以及对先前提议计划的修改将会实施。山脉替代方案已纳入空间规划程序，但什么时候建设、以什么样的方式建设的最终决定尚未做出,同时这部分项目的资金也没有得到落实。

部分原因来自乌里州的讨论,因为这些不断的讨论而导致项目实施被严重延误。

这些讨论导致的延误,如图 3-22 所示。

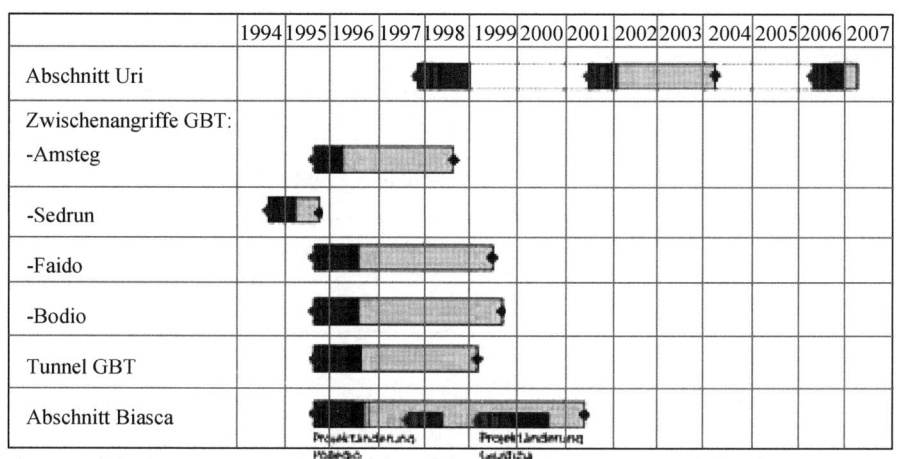

图 3-22 瑞士圣哥达项目的计划进度

(3) 弗鲁蒂根和勒奇山

弗鲁蒂根是勒奇山隧道北部入口的一个村庄。最初计划是通过一条隧道绕过该村庄,然而这条隧道在 20 世纪 90 年代中期由于成本原因并未建设。开放轨道将穿越弗鲁蒂根,将把这个村庄分成两部分。

执政当局讨论了在弗鲁蒂根地区连接基线隧道的可能方案。所有人都提出应该对该方案进行优化,但并没有达成普遍共识。伯尔尼州有一条旁路,所有各方都同意通过弗鲁蒂根站将两条轨道与基线隧道直接连接。

最后提出的解决方案是,包括有两个隧道覆盖的封闭轨道连接到弗鲁蒂根站。然而,瑞士联邦交通局修改了这一提议,决定先修建第一条隧道,然后再修建第二条隧道。该提议在小镇里引起了抗议,因为这意味着将会因为前后两次建设活动而给村庄居民带来长时期生活的不便。

瑞士联邦交通局、瑞士 BLS 铁路公司、弗鲁蒂根和伯尔尼州进行新一轮谈判之后,达成了一个新的解决方案。该方案决定将两条隧道同时建造,但只有一条隧道在技术上达到运行标准,这意味着市民只会经历一次建设期间带来的不便。此外,还对项目实施范围进行了调整以造福当地社区,如建造桥梁等新的基础设施,所有这些措施都增加了民众对该项目的支持。

3.4.3 瑞士和荷兰的对比

在表 3-8 中,详细阐述了瑞士和荷兰在大型基础设施项目实施上的一些主要区别。

表 3-8 瑞士、荷兰在大型基础设施项目实施上的主要区别

瑞士	荷兰
通过全民公投决定大型基础设施项目是否实施。大型基础设施项目通过决策需要得到各州和民众的支持	众议院决定大型基础设施项目是否实施
瑞士联邦交通局的官员可以直接与 NEAT 项目指导委员会代表进行交流。这是一个由众议院成员组成的常设委员会,负责监督圣哥达隧道项目和勒奇山项目	交通运输部的官员没有机会与众议院直接对话
大部分不可预见成本预算由联邦委员会控制	不可预见成本预算一般由项目业主控制
从项目一开始就特别关注项目管理的方方面面,包括风险管理、目标控制和质量体系等	在项目实施期间,项目监管的重要性增加。荷兰人从项目实施中学习项目控制

需要注意的是,所有这些差异都会对大型基础设施项目的复杂性管理产生影响,这使得从这些实践中学习成为一个有趣的挑战。在下一节中,我们将把注意力转移到英国西海岸干线项目,继续探究国际大型基础设施项目的复杂性管理。

3.5 英国西海岸干线项目

在本节中,我们将描述另一个大型基础设施项目:英国西海岸干线项目。该项目将把我们带入不同的制度情境,因为项目所在地为英国。本节提供的信息部分来自欧盟资助的 NETLIPSE 访谈和报告。资料和分析内容同时基于 *Managing Complex Governance Systems* (Teisman,2009)一书中的第四章,章名为"过程动力学的表现和来源:英国和荷兰的基础设施发展案例"(Appearances and Sources of Process Dynamics:the Case of Infrastructure Development in the UK and The Netherlands)。

在本章选取的荷兰项目案例中,我们将重点集中在复杂性因素上。在瑞士项目案例中,我们增加了一些有关复杂性管理的初步思考。对于英国西海岸干线项目,我们将继续这样做,通过展示制度环境的重大变化以及管理上的重大差异,分析导致完全不同结果背后的原因。我们将首先介绍该动态性非常强的项目的事实和数据。

3.5.1 项目概况和利益相关方

1. 项目目的和项目定义

此部分展示 2007 年年初项目的状态。

英国西海岸干线是欧洲最繁忙的多功能铁路（图3-23），用来连接伦敦与西北部的主要城市和地区。每天有超过 2 000 列列车在该线路运营，运送乘客和货物。铁路服务包括长途、区域和本地（短距离）通勤列车，以及大量的货运，其中货运量约占英国铁路货运总量的 40%。英国西海岸干线涉及伦敦、尤斯顿和格拉斯哥之间 650 公里的线路，同时服务于西米德兰兹郡（伯明翰），西北（包括曼彻斯特和利物浦）和北威尔士（与爱尔兰有联系）。目前，每年客运列车总里程数约为 2 200 万公里，货运列车总里程数约为 600 万公里。

图 3-23 英国西海岸干线

英国西海岸干线项目的目标调整过若干次。在 2003 年 6 月发布的西海岸干线策略报告基础上，2007 年又对项目目标进行了再次更新：

（1）升级不仅要解决线路维护和更新的主要问题，同时要确保物有所值。

（2）升级过程中应建立可持续的、符合成本效益的维护制度。

（3）升级将为未来 20～30 年的客运和货运业务的预期增长提供附加容量，使西海岸线路服务的主要城市之间的旅程时间大大缩短，以更具竞争力。

（4）升级应将铁路的性能、安全性和可靠性提高到更高的层次，助力铁路重新获得失去的市场份额，并提高其在国家和地区经济发展中的作用。

（5）最后，铁路升级应在"不间断铁路持续运营"的条件下实现上述目标，这意味着在重建和改造期间，铁路需要继续提供货运和客运服务。

为达成以上目标，要求项目最终交付的是现代化的、同时具备可持续发展特点的西海岸铁路。评价项目是否成功还将取决于关键产出结果的实现，例如，伦敦到西米德兰兹郡、曼彻斯特、利物浦、西北、北威尔士和苏格兰之间时速为 125 英里的线路，利用摆式列车优势，使乘客能享受到更快捷的旅行交通（表 3-9）。长途客运列车的运力将比现在提高 80%，货运线路将比现在提高 60%～70%。

表 3-9 项目实施前后的行程时间对比

往返伦敦尤斯顿站最快的旅程时间	项目实施之前	2006年5月	项目实施之后（预计2008年12月）	缩短行程时间（实施前/实施后）
伯明翰新街车站	1小时39分	1小时21分	1小时18分	−21.2%
曼彻斯特	—	2小时05分	1小时59分	—
利物浦	—	2小时09分	2小时06分	—
普雷斯顿	2小时25分	2小时10分	2小时07分	−12.4%
格拉斯哥	5小时06分	4小时24分	4小时15分	−16.7%
每小时往返伦敦的快速列车班次				
高峰时段	7	11	13	
非高峰时段	5	6.5	11	

2. 事实和数据

改造升级的项目构成包括：

(1) 轨道工程：780英里轨道（轨道总里程1660英里）；

(2) 桥梁：30座；

(3) 车站数量：20个城际车站、30个地区和当地车站。

3. 融资

由英国铁路公司编制的第一版本升级成本不超过30亿欧元。在2000年年初，基于更加现实的估计表明，铁路改造和现代化成本将超过130亿欧元。作为协议的组成部分，政府根据2003年6月英国西海岸干线策略报告，批准了项目预算。预算设定为99亿欧元（按照2002年3月价格水平）。项目实施进展顺利，成本也一直保持在该限值以内，实现了成本控制目标。通过对降低成本机会研究、价值最大化和项目范围控制的联合评估，目前的成本基准为83亿欧元（按照2005年6月价格水平）。

尽管英国铁路行业自1994年以来一直推行私有化进程，但在资金投入和持续收入支持方面，仍依赖大量公共补贴。

资金流如图3-24所示。

4. 规划

项目计划如表3-10所示。

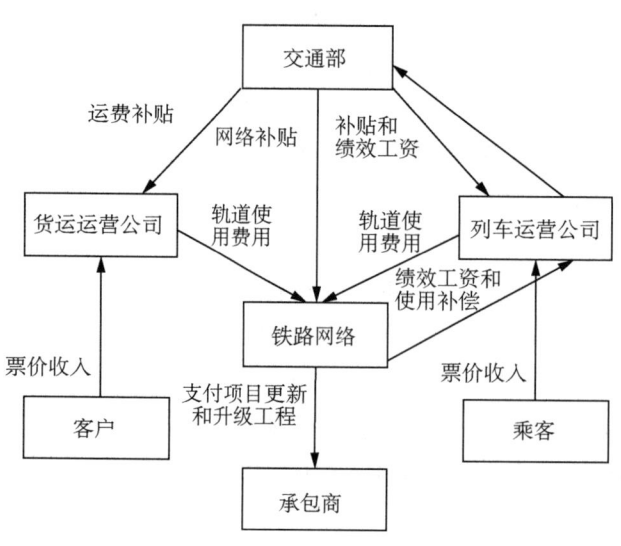

图 3-24 西海岸项目资金流

表 3-10　项目计划

2007 年 1 月 1 日	约 2/3 完成（最后 1/3 于 2008 年底完成）
制订决策时间（通过/不通过决策）	2002 年春季（当前项目）
开工时间	2002 年（早期工程始于 1998 年）
交付时间	2008 年 12 月（项目完工）
投入运营时间	2004—2008 年阶段： 2004 年 9 月：伦敦尤斯顿—克鲁 2005 年 12 月：伦敦尤斯顿—格拉斯哥 2008 年 12 月：所有的完工

5. 合同

英国铁路网络公司（Network Rail）有正式的采购和合同策略：

（1）以欧盟和英国的法规为基础；

（2）首选的发包模式是与若干承包商签订一系列按专业划分的合同，而不是将合同委托给主承包商，主承包商然后再将大部分工作分包给分包商，主承包商实质上扮演着施工管理经理（Construction Managers）的角色；

（3）优选的合同计价模式为固定价格（Fixed Price）合同、总价（Lump Sum）合同或单价（Bids of Quantity with Re-measure）合同；

（4）由于不同情境和进度要求，每一份合同都需要进行独立审查，以确定其合同模式。

6. 组织

鉴于项目备受关注、线路意义重大及投资规模巨大等原因，政府于 2001 年 10 月决定由其在全过程负责策略性领导，由英国铁路网络公司（Network Rail）负责基础设施交付。

项目治理通过项目委员会实现。2002 年 12 月确定的项目治理结构如图 3-25 所示。项目委员会由英国铁路网络公司（Network Rail，简称 NWR）成员、铁路战略管理局（the Strategic Railway Authority，简称 SRA）成员、英国铁路管理办公室（Office of Rail Regulation，简称 ORR）委员会成员、铁路网络公司（NWR）和铁路战略管理局（SRA）的西海岸董事组成，负责战略决策。项目开发小组由英国铁路网络公司（NWR）、铁路战略管理局（SRA）和英国铁路管理办公室（ORR）联合组建，负责有关项目交付、成本、资源和运营等事宜的详细决策。项目开发小组向项目委员会报告。列车和货运运营商组成的西海岸干线联合委员会关注运营绩效和维护等问题。由英国铁路网络公司和英国铁路战略管理局联合组建的西海岸干线项目团队向项目开发小组报告。

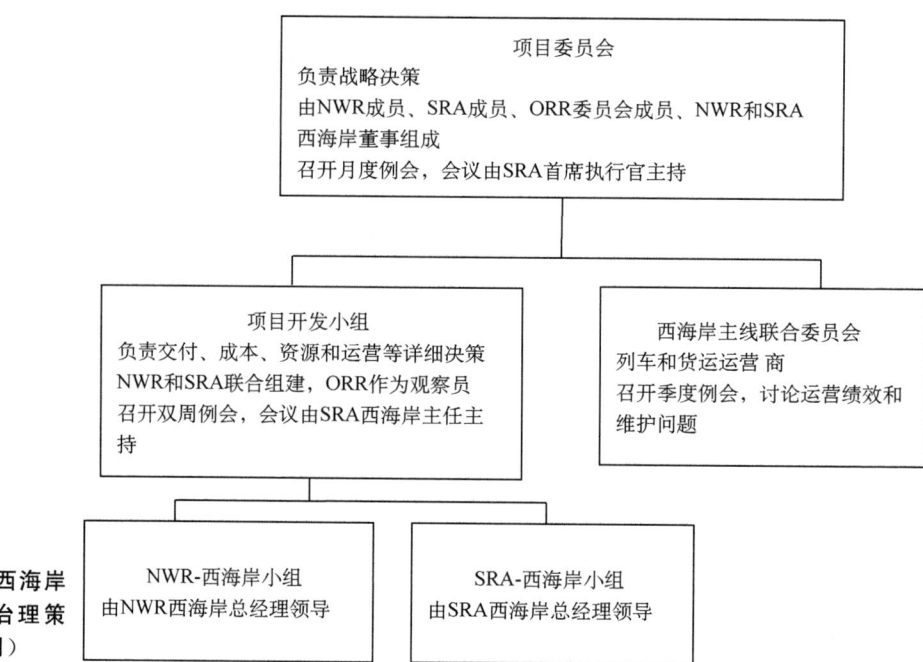

图 3-25 英国西海岸干线项目组织治理策略（2002 年 12 月）

7. 内部和外部利益相关方

第一类内部利益相关方是铁路行业有关方或直接相关方，他们在项目交付过程中发挥直接作用，并直接影响项目结果。这些利益相关方如表 3-11 所示。

表 3-11 利益相关方及各自责任

内部利益相关方	责任
政府（在 2005 年夏季前，英国铁路战略管理局代表政府，在 2005 年夏季后，交通运输部代表政府））	负责定义项目策略
英国铁路网络公司（非盈利组织）	负责基础设施交付
客运和货运列车运营商	负责提供列车服务（时间表），创造利润和为客户提供服务
英国铁路管理办公室（2004 年 7 月前，铁路监管机构）	保障用户利益，促进铁路服务竞争、效率和经济性

每一个利益相关方在项目中都负有主要责任。该项目被称为"英国铁路共同体"。

外部利益相关方对项目结果产生间接影响，可能对项目资金或项目支持产生影响，在某些情况下，这些机构在项目实施过程中有被征询的法定权力。本项目中该类利益相关方共超过 700 个，由交通运输部（the Department for Transport and Rail，简称 DfT）负责与各机构联络。

外部利益相关方被分为两组。第一组是西海岸团队有法定责任向其进行咨询的团队。这一组与客运管理部门和主管部门一样,负责在主要的省级城市提供地区运输服务。第二组是西海岸团队没有法定责任向其进行咨询的团队。该组的任何组织都没有权利对正在进行的工作内容或交付活动进行否决,除了少数地方规划问题。然而,对第二组成员的咨询是非常有价值的,因为这可以确保他们的本地知识与项目的总体方向相一致。许多机构代表通过改善后的服务收益领域,或将产生支持投资的业务。

为了就修订后的项目范围和形成的策略提供资讯和协议,政府于 2002 年 10 月发表了咨询文件,同时向第一组和第二组利益相关方所有各方提供。这项活动的详情及咨询工作的结果记载于 2003 年 6 月发表的西海岸干线策略报告中。

通过与外部利益相关方的持续对话,使得他们了解西海岸干线的最新进展情况,同时也可以继续向他们咨询更细节的问题。利益相关方给出的评价可能对铁路升级过程产生正面或负面的影响。为了方便与这些机构联系,成立了一个名为"西海岸铁路 250"的组织,该组织代表了沿线的许多地方当局并作为可以与议会成员进行直接对话的议会分支机构。交通运输部与英国铁路网络公司、铁路运营商定期(每 2 个月)与该组织举行会议。

3.5.2 英国西海岸干线项目的故事线

从 19 世纪 30 年代开始,西英国海岸主线项目在 30 年内分阶段建造。以下对这条线路改造的描述从 1984 年开始。

以英国西海岸干线项目为例,有许多重要事件。我们可以区分出 3 个有明确开始和结束日期的主要事件。在本节中,我们将对复杂性及复杂性管理的关键要素进行阐述。

1. 第一轮　被困在一条毫无新意的英国铁路上(1984—1990 年)

英国铁路公司成立于 1948 年,由境况不佳的私营地区铁路公司组建而成。这些公司在二战的压力下破产,英国铁路公司在很长一段时间里是西海岸干线的管理者。虽然作为主要的电气化投资计划的一部分,该线路得到了广泛的更新和升级,但更新工作进行得非常有限。尽管英国铁路公司在 20 世纪 80 年代认识到有必要进行进一步的更新工作并考虑了各种方案,但自从 20 世纪六七十年代电气化以来,该线路没有经历任何重大更新。该时期可以称为公共垄断时期。英国铁路公司负责该项目,其也拥有西海岸干线应该如何升级的隐性知识,但是其并没有能力付诸行动。英国铁路公司的主要目的似乎是防止系统崩溃。因此,在减少严重影响带来不利的前提下,将资金投入预期能产生最大效益的地方。1990年以来,这条线路就迫切需要更新。随着基础设施老化和列车服务可靠性的不断恶化,市场需求持续下降,尽管升级计划已经制订,但并没有实施。

此外,加上全球范围内的私有化和市场导向浪潮原因,导致对英国铁路国有化支持的减弱,并刺激人们寻找其他(如私有化)方法。90年代中期,英国铁路公司完成了解体和私有化,意味着西海岸干线发展停滞和技术退化的状态将得到改善。

2. 第二轮 私有化领域的混乱:梦想破碎的故事(1990—2001年)

由John Major为代表的保守党政府提出1993年铁路法案,标志着英国铁路私有化进程的开始。英国铁路公司被拆分成100多家独立公司并被出售,通过这种方式,1993年铁路法案使铁路行业形成了一个复杂的结构。

英国铁路公司接管了所有轨道、信号灯和车站的所有权,并在1997年进行私有化。1996年,铁路公司和英国客运铁路特许经营办公室达成了客运升级1(Passenger Upgrade 1,PUG1)合同,以利用现有技术实现铁路基础设施的现代化。RT拥有并负责运营、维护、更新和发展铁路基础设施。作为维珍集团和捷达集团合资企业的维珍铁路集团,获得了西海岸干线长途客运列车1997年至2012年期间的特许经营权。

维珍铁路集团想要比PUG1走得更远,与RT达成一项更新和升级计划,称为客运升级2(Passenger Upgrade 2,PUG2)。该计划实施后列车运行速度将更快,列车运行频次将更密。维珍铁路集团认为,其特许经营权需要大幅增加产能。经过英国客运铁路特许经营办公室和铁路监管机构批准,PUG 2计划于1998年签署。

RT和维珍铁路集团面对老旧的铁路线路,满怀热情地开始了高质量的升级计划。计划依赖于新技术,比如通过移动信号塔,以较低的成本提高运力和列车速度。RT制订的计划预测指出,升级将耗资20亿英镑,分为两个阶段,第一阶段将于2002年完成,并将在2005年最终完成。该计划确定了非常高的目标,举例来说,通过将线路速度提高至225公里/小时的改造升级,从伦敦到伯明翰的旅程时间将从1小时40分钟缩短至1小时。维珍铁路集团订购了一批新型的摆式列车,该列车的时速能达140英里,计划于2002年5月交付。

RT和维珍集团这两家私营企业都急于展示一个创新、敏捷和智慧的私营企业是如何解决这个被忽视的系统存在的问题。他们关注于采用创新和市场扩张的方法来实现融资回报,这是RT和维珍集团之间升级线路合同的核心,即主要目的是赚钱而不是改善交通。然而,这两个私人团体严重低估了线路目前质量糟糕状况所带来的各类限制。

该计划遇到了困难。RT 估计的预期最终成本迅速增加。1999 年 12 月,RT 决定不使用移动信号塔,因为技术还不够成熟。其他因素包括西海岸的合同债务造成 RT 的金融危机,导致在 2001 年 10 月政府把 RT 公司纳入铁路行政管理,宣告 RT 破产的事实。维珍铁路集团的新摆式列车采购也落后于计划。事后看来,这个计划从一开始就注定要失败,因为 RT 在向维珍集团和政府承诺提高速度以前,并没有评估移动信号塔的技术可行性。移动信号塔以前从未在西海岸干线这样的复杂线路上使用且实现预期目标。专家们很快就发现,这项技术还不够成熟,并不能用于该线路。2001 年 RT 的破产导致计划重新评估,而升级的初始成本继续飙升,修订后的估计数字显示,线路升级总共需要 130 亿英镑。到 2008 年,摆式列车将能以 200 公里/小时的最高速度运行。一直存在的成本超支和基础设施进度延误的幽灵开始重新出现。

我们仔细评估了客运升级 2(PUG2)合同。在访谈中,我们听到了对 RT 公司与维珍集团签订的 PUG2 合同的负面评价。以下是访谈中的两段话:

> RT 是一家银行,而不是铁路公司。
> 承包商有 RT 的支票本。
> 英国西海岸干线经理,访谈于 2006 年。

由于对铁路系统的无知和缺乏相关知识,合作双方制订了雄心勃勃但不切实际的计划和合同,希望获得巨额回报。在计划推进过程中,出现巨大的成本超支和严重的进度延误现象,导致 RT 陷入困局和公共当局对项目须重新进行定义。另一个戏剧性时刻发生在 2000 年,Hatfield 铁路事故的发生。由于缺乏称职的资产管理者,导致东海岸一列高铁脱轨。为了应对这些感知到的风险,RT 对铁路网络实施了超过 1 200 个紧急速度限制措施,给服务提供商运营造成巨大延误和严重损失。这是一个典型的黑暗时刻,RT 缺乏资产管理知识这一事实也显而易见。

英国运输大臣 John Prescott 决定,将由为英国铁路行业提供策略方向的英国铁路战略管理局负责,提出危机解决方案。这意味着通过政治干预,RT 及其资产重新回归公共部门,就像它之前被移交给私营部门一样草率和匆忙。

维珍集团重新与政府开展合同谈判,并将合作模式从高风险和高回报转变为低风险和低回报。

3. 第三轮　重塑公私合作：一个现实的途径（2001—2007 年）

2001 年秋，政府直接控制了 RT 及其资产。如前所述，英国运输大臣 John Prescott 决定，由英国铁路战略管理局提出解决方案。政府的新角色并没有促使英国铁路产权制度的回归，因为私有化在许多领域被证明是成功的。英国铁路战略管理局指出，放弃该项目是不可行的，因为 80% 的工程需要更新老旧的基础设施，以及取消已按合同约定实施的工程将带来巨额索赔。方案提出可以使用可交付的产出和明确的正面业务案例重新确定项目目标。2004 年，英国铁路战略管理局被撤消，其策略任务被移交给交通运输部，客运专营权合同也同时被移交给交通运输部。基础设施的运营仍由英国铁路网络公司负责。

2003 年 6 月发布的英国西海岸干线策略报告指出，其任务不仅是修复和更新铁路以确保其继续运行，而且还需要提高高速长距离列车的运载量和运载能力。此外，它将继续为地方和地区提供客运服务，为重要的货运市场提供服务，同时尽可能使用经过验证的技术。该项目规模庞大，与发展新技术有关的时间和费用方面的不确定使得计划无法执行。须建立商业计划，以便清晰地了解升级活动的收入，并将其作为与所有相关方沟通的工具。最后，对该项目成本的预测从 130 亿英镑下降至 90 亿英镑，在进一步削减成本后，预期成本将低于 80 亿英镑（2006 年 12 月）。

西海岸策略建立在与利益相关方广泛协商基础上，这些利益相关方既包括铁路行业直接参与机构，也包括地方当局和用户群体等其他相关机构。与这些群体建立信任并持续保持这种信任是非常重要的。通过这一阶段的出色工作，利益相关方在项目规范和交付结果等方面达成了广泛的共识。利益相关方之间的密切联系将被持续保持，作为持续推进项目，最终实现产出的重要手段。

英国西海岸干线策略报告列出了项目交付的 3 个阶段。到 2004 年 9 月，对伦敦、尤斯顿和克鲁/曼彻斯特之间的铁路进行升级（第一阶段），该方案实施可以使所有关键的城市间走廊铁路服务提升，包括列车运行频次增加和列车运行时间的缩短。列车也将实现在克鲁以南以倾斜模式把运行速度提高到 125 英里/小时。到 2005 年，将克鲁以北的线路升级为倾斜模式（第二阶段），运行速度提高到 125 英里/小时。到 2006 年 4 月，完工工程已占整个工程的四分之三。剩下的主要工作包括扩大米尔顿凯恩斯和拉格比火车站以及扩大特伦特山谷线路。

升级活动主要由英国铁路网络公司（NWR）负责实施。它们为部分线路的升级编制了方案，并宣布何时完工以投入使用。这条线路在很大程度上已经停止使用，尤其是在周末。

可以确认的是,升级活动将在 2008 年完成。第一列摆式列车于 2004 年在西海岸干线上运行,用户数量正在快速增长。在固定价格水平下,收入从 2003—2004 年到 2012—2013 年间将增长 2 倍,年收入从 3 亿多欧元增加至 10 亿欧元。此外,这条路线上的货运也将快速增长。看到这些成就,我们可以说,一切都很好,结局也很好。但在项目早期,有一些重大的浪费,这些无法控制的损失主要由私人基础设施控制者 RT 的股价损失来承担。

第三轮升级的方式与前几轮不同。此轮的实施策略是在与行业内的利益相关方以及地方当局和用户等利益相关方协商后制订的,被排除在有利于项目发展之外的客运和货运经营者也积极参与,并向英国铁路战略管理局提供了大量的实践建议和指导。这个计划不像以前那样是在孤立的环境下制订,而是与整个铁路行业和重要的利益相关方相互交互的结果。这导致了一种超越公共和私人领域界限的结果,这种结果部分基于控制,但在很大程度上是基于建立信任和维护信任。

这又一次形成了复杂的制度安排,但是这一次负责项目的管理者能够处理这种复杂性。它们关注于预期的产出、管理支持,并处理持续的制度变化(如英国铁路战略管理局的废除),并将其任务分配给交通运输部、铁路网络公司和英国铁路管理办公室。

第三个阶段仍在实施中,在过程中促进了公共部门指导与私人部门实施之间的有效结合。目前,参与方之间的网络已经形成,保证能够处理实体铁路网络的网络特征和相互依存关系以及实现未来的交付。一方面,在任务和责任方面有了明确的正式划分;另一方面,有效的非正式网络和合作计划方法已经建立,并且拥有了足够的知识和支持。

3.6 总结与结论

在本章中,我们介绍了 6 个项目,并通过使用"轮次模型"呈现了项目的历史故事主线。对故事线的分析,使我们能够对复杂性的发生及管理得出一些初步结论。现在,我们将回顾这 6 个项目案例,并根据这些初步发现进一步阐述本书的构成。

(1) 大型基础设施项目的复杂性及管理是相似且可互相比较的

尽管故事线之间存在着诸多差异,项目的特征及其实施过程中也呈现出一些显著的相似之处。例如,在非线性执行过程中可以发现相似之处,在这个过程中可以区分不同的决策,不同的参与方承担不同的责任。基于以上所述的相似的实际情况,利益相关方的繁复特点,以及历史发展特征,我们得出结论认为,欧洲范围内的大型基础设施项目是可相互比较的。其中相似点不仅存在于荷兰内部的项目,并且在瑞士的项目和英国西海岸干线项目中也存在。这是本书的一个重要发现,因为进行项目管理策略、复杂结构的比较,是有潜在的实际意义的。即使不同国家间有法律上(预见到的及其重要的)的差异,在针对复杂性管理的策略层面上,仍有很多相似之处可进行比较。就瑞士的情况来说,在大型基础设施项目的管理上,仍有很多方法值得探究。尽管因为法律或其他因素的限制,这些方法不能生搬硬套到其他国家,但这些方法提供了新的方式来考量相关事宜。

(2) 从欧洲整体的范围看,瑞士、荷兰与英国的大型基础设施项目的复杂性管理是相似的

从英国西海岸干线项目总经理提供的案例中,我们可窥见一二。在为 NETLIPSE 项目调研厄勒海峡通道、荷兰 Betuweroute 项目和斯洛伐克布拉特拉法环线之后,将这些经验应用在新项目(如购置设备车辆)招标文件中。他提道:

> 研究这些项目给我带来了远超预期的经验价值。

在对我们提出的案例进行第一次分析时,我们可以得出结论,大型基础设施项目的复杂性在以下两个方面都是显而易见的:

① 该类项目的特征
- 与情境的紧密联系;
- 多方参与;
- 独特的项目情境。

② 项目过程的演化
- 非线性实施过程;
- 独特的起始点与后续事件是至关重要的;
- 在决策的所有轮次中,复杂性都是明显的。

1. 项目的特征

(1) 与情境的紧密联系

故事线表明,大型基础设施项目中的情境因素在决策制订以及决策随着时间的推移会产生哪些影响方面起着非常重要的作用。例如,荷兰高铁南线的"Bos 替代方案"或瑞士圣哥达的"阿尔卑斯倡议"。其他重要的情境因素在英国西海岸干线和荷兰高铁南线的私有化项目中也有体现,有利的市场条件与政府内阁的偏好对推动 73 号高速公路项目的实施有重大影响。这些因素均可被视作情境因素,因为其不在项目实施方的直接管控之下,项目团队以基础设施的形式实施项目,它们或多或少反映了更广泛的利益相关方体系的特点和境况。

对大型基础设施复杂性成功的管理方法需要将项目情境考虑在内。管理策略是需要帮助项目管理者恰当地配置基础设施范围,以适应更广泛的利益相关方网络。在荷兰Betuweroute项目,该方面的管理被忽略,这不仅引起了本地利益相关方的抵制,并且导致与铁路用户之间的关系变得糟糕。在英国西海岸干线项目中,私有化浪潮对项目产生了重要影响,甚至导致了第二轮的失败。在第三轮中,管理层提出了符合铁路行业的利益优先方式,并且产生了很好的效果。

能够对项目情境产生重大影响的管理策略被称为"交互策略"(详见第8章)。

(2) 多方参与

本章中我们描述了大型基础设施项目中重要的利益相关方之间存在不同利益。交通运输部、众议院、项目管理机构、当地利益相关方、承包商和非政府组织等,都在大型基础设施项目中有不同的目标。另外,这种差异不仅体现在不同的利益相关方之间,也体现在同一方利益相关方中,尤其是涉及不同部门参与的政府项目。对大型基础设施项目的管理层来说,如何处理这些矛盾差异,并成功实施项目是极其困难的。而对于项目经理来说,协调各方利益是他们的主要任务。在第4.4节中描述大型基础设施项目的社会复杂性时,我们将进一步阐述。

(3) 独特的项目情境

如前文所述,大型基础设施项目的情境尤为独特,尽管不同项目之间会有相似之处,但每一个项目的情境绝不相同。例如,在荷兰高铁南线的合同模式确定过程中,情境特征就显得极其重要。在决策过程中,交通运输大臣与相关部委都希望能找到创新合同模式,如设计与建造(D&B)模式应用于子项目,设计、建造、融资与维护(DBFM)模式在运输系统项目中的应用。此外,蓬勃发展的建筑市场和荷兰铁路的私有化,都是特殊情境对项目实施产生影响的例子。这些独立于项目实施方之外的特殊情境,对项目进展产生重大影响。

大型基础设施项目实施过程中体现出的情境特征,意味着守旧的解决方案往往注定着失败,因为独特性很难被提前预料。这是本书提出的一个重要观点,"一刀切"的解决方案不可能适用于所有项目。更可行的方法是提供项目管理组合策略,在具体项目实施中对组合根据具体情境进行修正(详见第9章)。作为项目经理,应当有能力从组合中选出适合特定项目的组合方法,并随着项目进展调整这种组合。

2. 项目过程的演化

(1) 非线性实施过程

先前的案例均表现出项目在实施过程中的"非线性"特质。乍一看某一轮的事件都遵循线性模式,但在不同轮次之间我们发现存在许多较大的差异。这一点在英国西海岸干线项目案例中表现得最为明显,项目实施过程共涉及三种不同的制度情境。大型基础设施项目的实施过程在很大程度上需要在项目结束后才能被还原,而并非能在项目实施过程中被呈现。一些学者认为,对项目进程进行预测是非常困难的,甚至是不可能的。项目经理的工作就像水手,只有一个模糊的目的地和航行过程中很少的知识储备。在4.8节将进一步阐述非线性实施的特点。

关于非线性实施过程,我们发现项目目标在不断发展和变化。瑞士圣哥达隧道项目和勒奇山隧道项目从单一交通项目,逐渐演变成"瑞士最大的环保项目"。荷兰A73高速公路南线项目从单一高速公路项目发展成包含A73南线、A74、N280东线、N293、N273哈伦路段等5个子项目的一揽子计划。荷兰铁路货运部门(NS Cargo)的继续运营是荷兰Betuweroute项目立项的起始目标,该目标属性在项目实施过程中的重要性却越来越弱化。最终,BetuwerouteHermans委员会在投资决策中将营利性目标作为目标属性之一。项目的实施在解决某个特定问题(如增强流动性)的同时,把项目视为增强流动性的基础设施寻找合适的应用领域。

项目的非线性特质同时体现在多轮决策之间,这意味着要寻求合适的管理方法解决该问题。因此,传统的、线性的和基于控制的管理方法(详见第7章)需要与更适合处理非线性特性的方法(详见第8章至第10章)一起使用。

(2) 独特的起始点与后续事件

进一步观察发现,项目起始条件以及独特的后续事件,也会影响大型基础设施项目的实施。早期形成的项目感知和想法在后续决策制订与实施过程中很难改变。在荷兰高铁南线项目与荷兰Betuweroute项目上,初始想法保持了很好的延续性。在荷兰Betuweroute项目,交通运输部"权力游戏"的态度观点导致事与愿违的结果,并严重影响了后续项目实施的顺利进行。在荷兰高铁南线项目,建立连接阿姆斯特丹铁路连线的初始想法被一以贯之,尽管期间也有其他观点(如Bos替代方案)被提出。这表明在大型基础设施项目实施过程中会受到"历史路径依赖"的干扰(详见第5.4.1节)。

就复杂性管理而言,起点和后续事件的独特性意味着每个项目都需要定制解决方案。但这并不意味着学习先前的经验和案例没有价值,而是通过利用项目的演化与相似性特征,来更好地寻求解决方案(详见第8.3.3节的模型分析部分)。此外,对其他案例的学习特别有助于项目经理了解其所在项目的实施过程与特点。

（3）多轮决策的复杂性

根据案例材料可以得出的另一个结论，项目的所有轮次都存在复杂性。在项目实施早期阶段，往往表现出高度复杂性，但并不意味着在项目实施全过程自行消失或弱化。在实践中，经常会出现一个问题解决了，另一个问题又出现了，即所谓的"按下葫芦浮起瓢"的情况经常发生。荷兰A73高速公路项目就是一个很好的例子，在政府协议书签署后，在隧道安全、东西岸选址、环境补偿等问题上的讨论持续了很长时间。ETCS/ERTMS项目长期与复杂性的抗争、荷兰高铁南线项目中铁路车辆（运输合同）的采购都是很好的例子。无独有偶，在瑞士圣哥达项目，由于山脉替代方案难以在可预见的未来开工，与乌里州持续的讨论也显得遥遥无期。

除了项目实施过程与特点的相似性，我们的研究表明：

> 相比于简单的阶段模型，采用有故事线的轮次模型，更适合研究大型基础设施项目的复杂性问题。

不同轮次的决策与实施可以以显著方式予以区分。每一轮的决策，可以通过关注其复杂性、利益相关方与复杂性之间的关联特点进行分析。每一轮次的结果可通过实施结果来进行研究。这些结果可以通过利益相关方的满意程度以及成本、时间、范围等更具备客观性的标准来评价。那么接下来该如何进行？大型基础设施项目的复杂性体现在技术、社会、融资、组织、法律及时间等方方面面。这是复杂性经验模型的基础，也是我们下一章将阐述的实践者的视角。在第5章中，我们将会增加案例分析的理论点，即如何甄别细节复杂性与动态复杂性。

对故事线的分析可以提供给我们对复杂性的发生及管理的初步结论。值得注意的是，这些结论往往是基于通过外部观察案例的过程来获得的。或者说，是研究者对复杂性提出最初的分析，而不是由大型基础设施项目的参与方所提出的。在下一章，我们会加入"亲历者视角"，即项目经理和其他大型基础设施项目参与人员是如何看待复杂性的。

4 管理者对复杂性的认识

4.1 引言

> 项目本身具有极其多样化的特征,技术(创新)、承包商、官员和其他利益相关方对项目来说,都发挥着非常重要的作用,塑造着这个项目的独一无二性。
>
> ——荷兰铁路基础设施公司 Betuweroute 项目总监

在第 3 章中,我们结合事实、具体数据以及真实的故事线来介绍我们的案例,这为我们留下了关于为什么复杂性对于大型基础设施项目来说是重要的,以及它对大型基础设施项目的实施带来了哪些挑战的第一印象。但这些印象都是基于局外人的视角,在本章中,我们将通过项目参与方视角进一步加深对复杂性的认识。

我们应该如何定义大型基础设施项目的复杂性?这是本章的主题,或者我们可以用更详细的方式来解释:

> 为什么复杂性和复杂性管理是影响大型基础设施项目成功的一个重要问题?项目经理和其他项目参与方如何定义复杂性?

"复杂性"这个词经常被大型基础设施项目的参与方使用,但是,他们几乎都未阐明对复杂性的定义。此外,他们也不熟悉在社会学领域最新的关于复杂性的定义。"复杂性"这个词通常在运用的时候都没有解释其含义,在管理科学领域引用的关于复杂性的文献大部分是最新发表的,但没有和大型基础设施项目相关联并形成一个主导的理论基础。此外,许多做复杂性研究的学者从外部视角来描述复杂性。他们主观地把某些情况定义为简单的,把其他情况定义为复杂的,甚至有时候是混乱的。并且,在大型基础设施项目研究的实际情况中,管理者的能力和经验各不相同,对一个项目经理来说复杂的情况对另一个项目经理而言可能是简单的。复杂性是项目经理在大型基础设施项目的工作中所体验到的,这意味着它应该有一个明确的主观感受标准。因此,我们要回答:"大型基础设施项目的复杂性是什么?"这个命题需要从研究已有文献中关于复杂性的基本理论开始。接下来,我们会系统性地梳理大型基础设施项目的项目经理和其他利益相关方是如何看待项目的复杂性,也就是我们所说的关于复杂性的"实践者观点"。本章将详细阐述这一观点。

探寻大型基础设施项目实践者的观点,首先通过询问受访者:"你觉得是什么让这个项目变得复杂?"在我们的研究中,我们感兴趣的是如何从项目经理的角度来管理大型基础设施项目,以及是什么让大型基础设施项目的管理和组织变得复杂?基于访谈、自身经验和大型基础设施项目的参与方的讨论,我们将大型基础设施项目的复杂性区分为 6 种类型。从实践角度来看,管理层需要更多地关注项目的复杂性。

在本章中阐明的"实践者观点"还通过研究大型基础设施项目复杂性的学者观点(De Bruijn et al.,1996,2004;and Hertogh,1997)进行论证。我们与项目经理讨论了这 6 个复杂性维度,在此过程中我们发现,这六大维度对他们和其他参与方来说,具有可识别和实用的(敏感的)价值。大型基础设施项目的实践者关于感知到的 6 种复杂性的概述表明复杂性是一个概念,它强调了项目经理在大型基础设施项目建设过程中所面临的挑战。

大型基础设施项目的参与方识别复杂性的 6 个维度(图 4-1)包括:

(1) 技术复杂性;
(2) 社会复杂性;
(3) 融资复杂性;
(4) 法律复杂性;
(5) 组织复杂性;
(6) 时间复杂性。

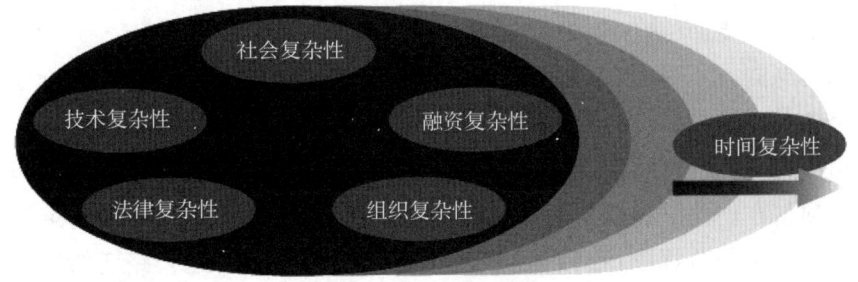

图 4-1 大型基础设施项目中复杂性的六维度模型

在第 4.2 节中,我们将通过一些实际项目的例子,特别是荷兰 Betuweroute 项目的例子来解释这 6 个维度的复杂性。为此,我们将使用荷兰交通运输部（1993年至2005年间）项目管理机构编写的文件。为了更生动地呈现一个复杂的现实情景，我们首先介绍一个子案例：荷兰A73高速公路南线项目中的隧道安全技术案例。这个子案例展现了大型基础设施项目中的复杂性的多个维度，并将其作为本章其余部分的参考。

本章引用来自2004—2006年的访谈。

4.2 隧道安全：荷兰A73高速公路南线项目

1. 阶段一：安全概念的发展

荷兰A73高速公路南线项目自西部的斯瓦尔门小镇起，至东部的鲁尔蒙德市终止。起初，为了解决市民出行不便的问题，这两个地方都规划建设隧道。斯瓦尔门隧道长1.0公里，鲁尔蒙德隧道长2.45公里（是目前荷兰最长的陆上隧道）。隧道的每个方向都有两条车道，并且它将是荷兰第一个允许运输"0"类最危险物质通过的隧道（图4-2）。

图4-2　鲁尔蒙德隧道北侧入口（www.vialimburg.nl）

为了研究隧道的安全问题，由荷兰交通运输部林堡分局、荷兰交通运输部工程部、地区消防大队和一名顾问成立了一个工作组。大约在同一时间，位于阿尔卑斯山脉地区发生了多起隧道（1999年3月，勃朗峰隧道项目；2000年11月，卡普伦项目；2001年10月，瑞士圣哥达隧道项目）的安全问题。因此，包括荷兰Betuweroute项目和荷兰高铁南线项目在内的隧道安全问题在荷兰备受争议。当时还没有一个普遍接受的安全规范标准，正因为如此，人们对荷兰A73高速公路南线项目的隧道修建展开了激烈的争论。一方面，荷兰交通运输部林堡分局想要应用一种基于概率和定量的方法。另一方面，消防部门提出了一种被定义为"宿命论(deterministic)"的情景方法。这些截然不同的观点导致了大型基础设施项目参与方之间的激烈辩论。

2. 阶段二:从硬路肩到压缩空气泡沫(CAF)技术

在最初的设计中(1995年),荷兰A73高速公路南线项目的两个隧道都计划采用硬路肩,这在环境影响评估(EIA)中得到了批准。然而,各参建方却从来没有明确讨论过这些硬路肩是否有必要。2003年,交通运输部门的总部突然决定取消修建隧道中的硬路肩。交通运输大臣Karla Peijs女士认为,在荷兰的隧道中采用硬路肩是不必要的,隧道在没有硬路肩的情况下,安全也可以保证,如果在荷兰A73高速公路南线项目隧道中设置硬路肩将为其他隧道项目创建一个先例。与此同时,大臣提到了节省预算的必要性。这一评论给地区参与方留下了这样的印象,即除去硬路肩基本上是节省费用的,虽然大臣对此予以否认。

林堡省、各城市和荷兰交通运输部林堡分局(主要的地区参与方)对大臣的决定感到不满。该地区参与方担心安全问题和由于设计改变而造成的延误问题,以及对这一决策实施的过程感到不满——取消修建硬路肩的决定并没有直接通知到该地区的所有合作伙伴,例如,鲁尔蒙德市的市议员最初是从报纸上得知此事的。此外,大臣没有与荷兰交通运输部林堡分局协商讨论,这让他们感到很尴尬。林堡省和各城市参与方强调,这是对1999年12月达成的一项政治协议的背离,并认为这是"违反合同的行为"。但是这位大臣毫不留情地威胁说,如果有必要的话,她将使用法律手段(大臣"签署决议")迫使他们合作。

在表达最初的怀疑和拒绝之后,该地区参与方表示,如果取消修建硬路肩也能达到规定的安全水平,他们将同意合作。于是,讨论的焦点从一个具体的技术方案(硬路肩)转移到隧道安全性问题上。为了使隧道达到规定的安全水平,多种解决方案被提出,如实施低速监测以及增加"喷淋系统"。但是由于之前在荷兰Betuweroute项目隧道运用"喷淋系统"在众议院引起了很大的争论,因此,要不惜一切代价避免使用"喷淋系统"。

早在大臣宣布"取消硬路肩"之前,就已经有关于如何扑灭隧道火灾的相关讨论。地区消防员倾向于采用一种叫作CAF的技术方案,一时间对压缩空气泡沫技术的应用,以及对取消硬路肩的讨论议论纷纷。压缩空气泡沫技术以用于移动灭火器而闻名,但在这种规模的隧道中,它是一项未经证实的技术。在没有硬路肩的情况下,压缩空气泡沫技术通过了首次测试,这似乎是一个很好的解决方案。压缩空气泡沫技术比传统方法更快地扑灭了火灾,这意味着隧道可以对所有车辆开放,包括含有最高类别危险物质的卡车。事实上,这种方案的安全级别被认为比最初的设计硬路肩的方案更好。项目组织、消防部门和城市政府部门一起完成了一些测试(在户外),最终同意申请运用压缩空气泡沫技术。鲁尔蒙德和斯瓦尔门的市议员支持运用压缩空气泡沫技术的方案,但目前的关键问题是,如何使这个解决办法得到中央部门的批准,更重要的是得到大臣的批准。

在交通运输部的层级结构中,项目总监和地区荷兰交通运输部部门主管很难直接与大臣对话。总的来说,海牙(中央部门所在地)的情况并不总是完全清楚,因此很难联系上大臣。"对我来说,这是一个黑箱。"荷兰交通运输部林堡分局的一名管理人员向我们这样描述其中央领导部门。林堡省代表提出了另一种办法:为了加快制订决策的速度,他直接打电话给大臣,他们安排了一次会议,除了大臣和代表外,还有荷兰交通运输部总局的一名高级官员、荷兰交通运输部林堡分局局长、荷兰交通运输部林堡分局项目总监、地区消防员(穿着消防部门制服)以及鲁尔蒙德和斯瓦尔门的市议员等人出席了会议。地区消防员的解释给大臣留下了深刻的印象,虽然有其他官员提出反对意见,认为与现有的风险相比,压缩空气泡沫技术方案成本太高,并且不想为其他项目树立先例,但最终压缩空气泡沫技术方案顺利被大臣批准通过。

大臣在会议上的决议被记录下来,并且每个人都同意了该备忘录的决议内容。市议员们答应合作改变空间规划,并给予必要的许可。

3. 阶段三:压缩空气泡沫技术方案试点项目

在大臣批准之后,压缩空气泡沫技术实施方案需要被设计出来。

需求规范和测试计划是由荷兰交通运输部林堡分局的项目组织和鲁尔蒙德的消防部门共同开发的。荷兰交通运输部林堡分局制订了压缩空气泡沫技术实施方案计划,并在内部进行了核准。2004 年年初,荷兰交通运输部林堡分局启动了试点项目。当时的费用概算显示,投资额为 1 600 万欧元。

压缩空气泡沫技术方案在挪威的一个隧道中进行了全尺寸测试。测试中发生很多问题,比如如何远距离运输泡沫?如何分段灭火?何时开启系统(立即开启还是过一会开启)?如何处理设备在使用时运输时间长的问题(运输时间最长达 2 分钟)?为了克服这些问题,对设计方案进行了调整,从而导致成本预算增加至 3 000 万欧元。

在 2005 年第三季度报告中,项目管理机构报告说,建设压缩空气泡沫系统的成本比最初预期的要高。在第四季度的报告中,提到了大约需要 3 000 万欧元的投资额。项目管理机构建议继续使用压缩空气泡沫技术,因为项目预算考虑了成本增加的问题。2006 年 2 月,荷兰交通运输部总负责人对此表示同意,并表示将与交通运输部客运管理局讨论此事。交通运输部客运总局是荷兰交通运输部的业主和预算持有者。只要项目的进度和成本在合理的预算范围内,那么项目实施就与交通运输部客运总局没有必要的联系,但在费用超支等情况下,交通运输部客运总局必须知晓项目的情况。交通运输部客运总局没有收到项目的季度报告,但是荷兰交通运输部主任告诉项目管理机构,他认为不会有任何问题。然而,交通运输部客运总局发现提议的压缩空气泡沫技术方案成本太高。最近的费用计算显示,投资费用达 4 000 万欧元,他们再一次担忧树立这样一个先例。增加的成本是由于与其他隧道额外的不同方面所产生的。

2006 年 6 月,Karla Peijs 大臣决定完全取消压缩空气泡沫技术方案,这又一次造成在支持压缩空气泡沫技术方案的地区参与方之间的混乱。在一次会议上,大臣向各有关方提供了两种选择:第一是寻找节约成本的方法,第二是寻找替代方案。一个由荷兰交通运输部林堡分局、荷兰交通运输部总部、消防部门和两名专家组成的工作组被要求在两周内提出解决方案。最终,专家组没有找到一个大量地节约成本的方法,但寻找了一个可能的替代方案——构建一个水雾系统,投资额估计为 2 500 万欧元。水雾系统被认为是一个很被看好的方案,因为它已经在意大利和瑞士的隧道中被成功运用于扑灭(较小型的)火灾。大臣批准了这个新的水雾系统,可于 2008 年 1 月实施,并要求有 2 500 万欧元的预算限制。

这是大臣第一次详细地给出隧道安全系统的预算限制。在建设水雾系统时,大臣已经给出了一个明确的目标预算,而在第一个安全系统——压缩空气泡沫技术方案制订时,却没有做出明确的预算安排。

4. 阶段四:水雾系统试点项目

至 2006 年 10 月,水雾系统设计已经得到了当地消防部门的批准,市场调查表明,大约有 5 家可能的供应商可供选择(而只有 1 家可提供压缩空气泡沫)。

分析

该子案例展现了由不同项目利益相关方参与,构成项目复杂的几类组成要素。其实所有上节中提到的六类项目复杂性要素在此案例中都是可见的。参见案例 4.1。

案例 4.1　关于隧道安全事件中的 6 种复杂性

在上面描述的关于隧道安全的案例中,我们观察到许多技术上的复杂性问题,如未经成本验算的压缩空气泡沫技术方案造成了实施预算超支问题。关于安全理念(如确定论与概率论)的讨论可以被定义为技术复杂性。当然,由于不同利益相关方之间在安全理念上存在利益冲突,这方面的讨论也涉及复杂性的社会性要素。

该地区与设在海牙的总部之间的关系在社会和组织方面都很复杂:该地区难以与总部联系,更不用说参与其决策了。我们也看到,这两个组织之间的沟通并非不无瑕疵,这一点可以从未及时告知弃用硬路肩方案以及项目管理机构的项目总监说的那句"对我来说,这是一个黑匣子"得到验证。另外,在讨论使用哪一种消防技术需要谨慎,避免使用"喷淋"一词。在这个案例中,这些都是项目社会复杂性的例证。

融资复杂性从成本计算中可以得到体现:从 1 600 万欧元上升至 3 000 万欧元,再至 4 000 万欧元(压缩空气泡沫方案),这表明很难去评估一个未经验证的技术方案的投资成本。此外,由于缺乏坚实的法律基础,在规定荷兰隧道的安全级别时,法律复杂性不言而喻。

最后,时间复杂性可以由外部事故发生导致的重要变化来体现,例如卡普伦项目和勃朗峰隧道项目的隧道事故。

关于隧道安全的案例中,最初,项目复杂性似乎是由技术复杂性主导。但是,当我们细细观察,不难发现其他类型的项目复杂性。很明显,项目复杂性的类型不是孤立存在的,而是紧密相关的。

现在,我们将从技术复杂性出发,更详细地描述这 6 种类型的复杂性以及它们在案例中是如何体现的。

4.3　技术复杂性

在瑞士圣哥达隧道项目和勒奇山隧道项目中,我们直接询问受访者"您认为项目复杂性是什么",技术方面的复杂性经常被提及。当被要求例举技术复杂性时,受访者提到了关于地质和隧道施工,以及物流运输过程中的众多问题。这并不奇怪,因为在坚硬的岩石上建造 57 公里和 28 公里的隧道极其困难。

> 即使我们采取了所有控制措施,地质也是最未知的因素。对于承包商来说,他们以前从未经历过的物流运输问题也是一个挑战。
>
> ——阿尔卑斯枢纽铁路项目圣哥达隧道项目经理

在我们研究的所有案例中,技术复杂性似乎都非常重要。通过分

析我们的案例,我们可以找出技术复杂性的两个主要问题:

(1) 技术未经证实。

(2) 使用技术带来的风险上的不确定性。

1. 技术未经证实

是什么促使了技术创新?创新的程度似乎取决于技术的具体特点。De Bruijn 和 Leijten(2004)区分了七个重要的维度来确定技术复杂性(表 4-1)。

表 4-1 技术复杂性的维度(参考 De Bruijn 和 Leijten,2004)

序号	可控情况	不可控情况
1	充足的、成熟的设计	不足的、不成熟的设计
2	技术经过验证	技术未经验证
3	可分割	不可分割
4	松耦合	紧耦合
5	存在可供替代的方案	不存在可供替代的方案
6	单功能	多功能
7	逐步实施	彻底实施

表 4.1 给出了更详细的技术复杂性的维度结构:

(1) 成熟意味着牢靠,不容易崩溃或失败。牢靠设计的目的是为了减少意外事件的发生。"设计不成熟"可能会在方案改善过程中提供更大的自由度,但通常也会导致最终方案的可靠性不足。

(2) 一项"经过验证的技术"会带来更多的确定性,相比"未经验证的技术"潜力更小,但"未经验证的技术"风险也更大。

(3) "可分割"的项目间相互依赖性低,因此更容易控制,但"不可分割性"越强,优化的机会就越多。

(4) 在"松耦合"的情况下,问题更容易被隔离,这将有助于及时解决这些问题。

(5) 可供替代的方案是一种储备,但如果备用方案成本高昂,必须要考虑是否值得冒风险。

(6) 一方面,一个项目的功能越多,它就越不可控,因为所有这些功能都需要被考虑。另一方面,功能的多样性可以给项目带来更多的生存和发展机会。

(7) 彻底的实施(一步到位)意味着产品将立即投入使用,而不是逐步实施。

当我们将创新元素应用到我们的案例项目时,我们看到所有这些元素都可以被观察到——如在荷兰 Betuweroute 项目中,各种类型的技术复杂性都可以被找到,见案例 4.2。

案例 4.2　荷兰 Betuweroute 项目中的各类技术复杂性

它包含了一些牢靠设计和设计不足的例子。设计不足的一个例子与斯利德雷赫特市和霍林赫姆市之间的保险合同中提到的子项目有关,这份合同内容涉及一段需要在松软土壤上修建的轨道。由于采用开放式合同形式(没有具体的解决方案),节省了一些成本。

未经验证的技术案例,如 ERTMS/ETCS2 信号系统。

荷兰 Betuweroute 项目本身就是一个高度不可分割的项目的例子:为了使这条线路全线贯通,需要完成整条线路上的修建工作。

隧道技术设施和隧道基础设施之间存在紧密耦合的关系。设计安装的更改导致了基础设施的更改,这使得对这些界面的配置管理变得至关重要。

荷兰 Betuweroute 项目高层签署了设计建造融资维护(DBFM)合同。当这个合同最终实施失败时,没有后备选项可用,这在时间上给项目组织带来巨大压力。

荷兰 Betuweroute 项目可以被归类为一个功能单一的项目:它仅仅被用于货物的运输。然而,如果从更广的项目视角上来看,随着时间的推移,该项目服务于多个目标,如实现从公路到铁路的模式转变,连接鹿特丹港到德国以及降低运输业的环境污染。

荷兰 Betuweroute 项目是由港口铁路线项目(从海上到鹿特丹东南部的 Kijfhoek 调车场)和"A15 高速公路"(从 Kijfhoek 调车场到德国边境)两部分组成,都需要一次性完整交付。此外,还有一个测试阶段,用来检查线路的功能。

在查看受访者的回答和我们的子案例分析时,有一个因素在技术复杂性方面表现得很明显:

> 对于项目业主和其他参建方来说,新的未经验证的技术的应用是导致项目的技术复杂性的主要因素。

在荷兰 Betuweroute 项目中,使用了包括隧道安全技术和新的欧洲铁路运输管理系统(ETCS/ERTMS)在内的很多新兴技术。通过对这些新技术简单地了解可知,实际运用还有众多的困难。第一个挑战通常是找到匹配需求的适用技术。但是通常如荷兰 Betuweroute 项目那样,即使是项目的决策者,一开始也不能弄清楚项目的实际需求情况。与此同时,我们发现引入这些技术并不能很好地达到传统的项目管理要求:在应用新技术时,很有可能出现进度和预算超支,从而导致参与方之间讨论谁应该为额外的成本买单。因此,新技术可以培育、刺激甚至触发其他形式的复杂性,比如我们接下来要讨论的社会复杂性。

同时,大型基础设施项目的技术革新被认为是必要的,大型项目通常需要重大的技术研发攻关。由于规模大,有时候创新在经济上更有

吸引力,而且由于大型基础设施项目周期长,实现创新的时间比其他项目更多。此外,人们常常为自己是创新者而感到自豪:

> ……这是多么令人兴奋和自豪的事情,我们创新应用了许多新技术。例如,在软土中钻孔隧道的新技术。
> ——荷兰铁路基础设施公司 Betuweroute 项目经理

但是,仍然有不进行创新的理由:新技术的应用给项目带来了新的风险,可能与项目的约束条件相冲突。

> 我们选择将重点放在成熟的技术上,我们应该使用模块化方法来解决主要问题:基于预算限制,你可以做什么?
> ——霍林赫姆市长(关于荷兰 Betuweroute 项目)

另一个创新的原因是项目的政治和社会敏感性:参与方的需求往往相互冲突。在谈判中,新的技术解决方案会把对先进技术感兴趣的参与者凝聚在一起,这使得大型基础设施项目的工作对技术人员来说非常具有挑战性。正因如此,最新的、未经证实的技术洞察力和创新想法都被用来解决参建方相互冲突的需求。之后,技术人员必须证明这些通常昂贵的技术将发挥作用。因此,大型项目有各种已知和未知的技术不确定性需要处理(Storm,1996),见案例 4.3。

案例 4.3　荷兰 Betuweroute 项目的主要技术创新

(1) ERTMS(欧洲铁路交通管理系统)

ERTMS/ETCS(欧洲铁路交通管理系统)检查列车是否可以进入线路段(一段 1~1.5 公里的铁路线)。如果列车暂未进入,但仍计划进入,ERTMS/ETCS 系统将接管列车控制。例如,如果已经有另一列列车在该线路段了,或者该线路段正在进行维护工作以及存在轨道工人的情况下,该系统都会工作。

(2) 25 千伏电源

"普通"荷兰铁路有一个 1 500 伏的架空线路系统,这足以让客运列车加速并正常运行。然而,这对于重型货运列车和高铁来说是不够的。大多数欧洲国家都使用 15 千伏或 25 千伏交流电,为了统一标准,欧洲各国都同意使用 25 千伏交流电。因此,使用低电压系统的国家将需要转换,所以荷兰的任何高铁线路和到最重要的货运线路,如荷兰 Betuweroute 项目,都适用这一点。

(3) 软土层钻孔隧道技术

荷兰 Betuweroute 项目包含三条隧道。Botlek 铁路隧道是荷兰第一个钻孔的铁路隧道,它采用地压平衡盾技术。Sophia 铁路隧道和潘纳登施运河下面的隧道都利用流体盾技术,此外,Sophia 铁路隧道施工中进行了连续钻孔试验。

来源:荷兰 Betuweroute 项目网站 http://en.betuweroute.nl,2007

2. 技术的不确定性

在我们对技术复杂性的分析中变得非常明显的第二个因素是我们所称的"技术不确定性"。

> 技术不确定性，所面临的不确定性条件严重影响着所采用的技术是构成大型基础设施项目复杂性的重要组成部分。

地质复杂性不同于先前提到的新技术，项目在实施过程中所面临的具体困难和未知条件都与地质有关。例如，瑞士圣哥达隧道项目跨越了各种地质障碍，需要运用特殊的建筑技术和方法。地质情况极难预测，因此常常有必要在工作中制订其他解决方案，即使可能导致额外成本。同样，土壤净化和考古方面也都可能出现很难预测的情况，对投资成本和时间都可能产生重大影响，即使传统成熟的技术可以用来解决部分问题。

当处理不确定的情况时，我们也许能预知可能出现的结果，从而实现某种形式的控制。例如，当开始隧道钻探时，我们不知道将会出现什么类型的岩石，但我们能预知可能遇到的岩石类型。此外，我们通常知道一旦出现问题，该如何去解决它。当发现特定的岩层时，可用特殊的技术来处理它。随着新技术的发展，我们经常会错过最佳时机：新的解决方案在建设之前就会变得过时，需要改变，就像我们看到的荷兰 A73 高速公路南线项目一样。应用一项新的未经证实的技术可能是我们所观察到的最具挑战性的技术复杂性形式，但我们不能忘记，即使是应用已证实的技术，也会带来挑战的不确定条件。

4.4 社会复杂性

> 我的项目不是一个技术项目，而是一个社会项目。
> ——荷兰交通运输部 A73 高速公路南线项目经理

与技术、组织、融资、法律或时间管理相比，大型基础设施项目的利益冲突和如何处理利益冲突是复杂问题的核心。这些复杂性的元素很重要，但最关键的是需要做出改变利益相关方的社会环境。在所有被研究的子案例中，以及在这些子案例中的每一轮研究中，社会复杂性都被发现是突出的。这表明了社会复杂性是如何在大型基础设施项目上占主导地位的。

对于我们的主要案例荷兰 Betuweroute 项目来说，这个结论可能并不令人惊讶，因为在项目开始的时候，荷兰 Betuweroute 项目就在公众辩论中被大量讨论。另外，这场辩论发生在十年前，但我们仍然记得这种社会紧张局势。我们可以用两种方式来解释。首先在荷兰Betuweroute项目中,社会复杂性在执行阶段仍然非常重要。

这类项目有很多涉众群众问题,并且他们在项目上不可避免地存在很多遗留下来的争端问题。我们在荷兰巴伦德雷赫特市的Betuweroute项目中就可以看到这一点。但你仍需要努力与他人合作,才能做得最好。

——荷兰铁路基础设施公司 Betuweroute 项目经理

第二种解释是"路径依赖":尽管项目管理机构的态度发生了变化,当地利益相关方也表示了赞赏,但他们似乎仍然坚持过去不变的观点。在荷兰 Betuweroute 项目中,当地的利益相关方对建设阶段与项目管理机构的合作非常满意。然而,每次提到该项目时,来自规划阶段的负面观点似乎仍然主导着公众的辩论。大型基础设施项目的负面经历可能会困扰项目很长一段时间。我们将在本书 5.4.1 节中更详细地讨论这个路径依赖关系。

瑞士隧道项目的社会复杂性经常被提到,一位项目总监回答"是什么让你觉得这个项目很复杂"时说:

它有这么多的利益相关方。有这么多的合作伙伴需要达成一致,共同管理,这样一来,在某种程度上所有的东西都会聚集在一起,这就需要一场特别的表现。

——BLS 勒奇山隧道项目总监

在谈到社会复杂性时,受访者也强调了与项目所在地利益相关方相处的困难,例如瑞士乌里州和弗鲁蒂根项目的例子。

在山谷里,我们只能住一小块地方,我们想保护这块地方。我们的城市也受到了影响,这是一个非常有特色的地区。如果我们对于铁路线如何越过山谷,不做出正确的决策,可能就意味着这块土地上的人口将会几乎完全迁移消失。

——乌里州发言人

此外,荷兰高铁南线项目的社会复杂性也是一个突出的问题,见案例 4.4。如第三章中所述,与当地利益相关方(详见 Bos 替代方案)以及比利时的关系都是紧张的。

案例 4.4　荷兰高铁南线项目内部利益相关方的重要性

在 2004 年的夏天,荷兰高铁南线项目总监感觉到了这个项目正进入了一个关键阶段,并希望与项目组织的整个管理团队在两个研讨会中调查目前存在的机会和威胁,研讨会有 14 人出席。在第一次研讨会中,项目法人说明两个研讨会都需要处理目前鸟类因飞入透明的隔音屏障而死亡的问题(这是本章研究的子案例之一)。他认为经理们可以从这个案例中学习,并将其作为讨论项目组织应该如何应对政治敏感问题的起点。

在研讨会中,管理人员被问及他们最想与哪 3 个利益相关方改善人际关系。结果是显著的:所有的获选的 3 个组织都是项目组织中的上级组织,而研讨会的协调人则期望结果是非政府组织或地方政府(如当地消防部门)。2004 年 10 月排名前三的是:

1. "HK",荷兰交通运输部的总部。荷兰交通运输部是交通运输部的执行机构。HK 是完成这条铁路线的项目组织的内部业主。
2. "DGP"是交通运输部的一部分,即客运管理局,是运输合同的业主方。
3. "荷兰铁路基础设施公司"是负责荷兰铁路运输能力、可靠性和安全性的公司。荷兰铁路基础设施公司负责维护、翻新和扩建 6 500 公里长的铁路轨道。

这给我们带来了一个关于社会复杂性的有趣的观察。当我们开始这项研究的时候,我们就意识到在与当地利益相关方和非政府组织的交互中,社会复杂性成为最需要关注的要素,这些组织中的大多数人对这个项目都存在"消极的兴趣"。而事实正是如此:

在项目管理机构和本地利益相关方之间的关系中,社会复杂性表现得非常明显。

然而,同样重要的是,我们还注意到:

在主要项目管理机构和上级组织之间的关系中,社会复杂性表现得非常明显。

在许多案例中,我们观察到这些组织在工作中的紧张关系。在项目的不同阶段,不同的参建方之间都存在反对意见。而且这不仅存在于不同参建方的讨论,但更有趣的是,在参建方内部,如"Bos 替代方案"的讨论案例(本书 3.2.2 节,第五轮)。案例中,政府方由财政部、交通运输部和住房、空间规划及环境部 3 个主要部门关于该项目提出了不一致的观点:财政部不支持该项目的任何变更,因为变更必然导致成本增加;住房、空间规划及环境部对这条铁路线如何通过"绿色心脏"地区的计划感到不满;交通运输部则重点关注该线路的运输目标。因此,每个部门的主要目标各不相同导致了冲突的发生。最后,为了建设"绿色心脏"隧道,经过争论,确定以改变范围而结束。

在荷兰高铁南线项目管理机构中可以看到另一个参建方内部存在利益冲突的例子。在项目的控制权出现一些问题之后,该组织决定让交通运输部门和基础设施承包商根据子合同承担不同的责任。另外有趣的是,这个决定后来被撤销了(在 2007 年,这超出了故事线的时间表)。

大型基础设施项目的社会复杂性可以用这样一个事实来解释:项目管理机构(和其他利益相关方)在多个竞技场——也可称为"博弈",扮演着不同的角色。荷兰 Betuweroute 项目实施的重构为我们指明了其实现的复杂性。荷兰铁路基础设施公司等机构和交通运输部等政府组织必须在高度动态的环境中执行其任务和职责,这在第 3 章的故事线的三轮中都得到了证明。一个操作性技术问题:要实现 Z 地点和 Y 地点之间的货运的低成本,需要做什么?这种解释忽略了项目在可持续运输方面的战略意义,也忽略了将路线适应现有景观的需要,这种景观已经用于多种功能。从一开始,就可以发现地方、地区、国家和欧盟四个层面的政策与政治上存在分歧(荷兰 Betuweroute 项目在 TEN-T 项目清单中)。事实证明,这种差异对项目产生了重大影响。

在荷兰 Betuweroute 项目中,可以看到各种涉及各方利益冲突的竞技场(图 4-3)。由荷兰铁路基础设施公司代表的项目管理人员必须在各种委员会中博弈。项目开始时,地方利益相关方在第一类博弈①中占据上风,项目管理人员需要在没有这些参建方额外资金的支持下慢慢掌握主权。地区和地方利益相关方将直接交互与议会的游说结合起来。先前被交通运输部和铁路公司拒绝的提议通常会经过议会进一步审议。该博弈过程对许多参建方来说都是新的。他们之间的辩论"无边无界",所以或多或少地"推动"了事件的发展。这些发展的事件最终导致范围扩大和成本提高。

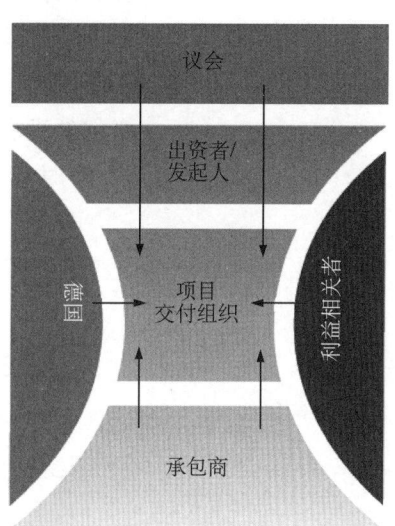

图 4-3　荷兰 Betuweroute 项目的"四类博弈"

一名项目参与方陈述了项目范围和预算变更的初始过程:

> 荷兰议会中的官员每次乘大巴去参观荷兰 Betuweroute 项目路线时,都会导致项目范围扩大,这都意味着成本增加了数百万欧元。

第二类博弈是发生在政府部门和项目管理机构(荷兰铁路基础设施公司)之间的委托-代理关系博弈。荷兰铁路基础设施公司负责建设这个项目建设,而项目由政府部门出资。两者在项目成功方面相互依赖,却又不同的管理目标:政府部门必须处理这样一个事实,即该项目一直受到政治批评,并且在每次政府更迭期间都会得到重新考虑,每次得出的结论都是,人们对该项目不能带来的收益存在怀疑,但事实是已

---

① 译者注:项目管理机构和地方利益相关方间存在第一类博弈。

经无法挽回。而荷兰铁路基础设施公司必须应对不断变化的范围所带来的成本影响,这种变化部分源于当地利益相关方的需求,也源于技术和法规的发展。

第三类博弈发生在承包协议上(项目管理机构和承包商之间)。在项目初期,建筑行业处于过热阶段。建设成本一次又一次地上涨,在大多数情况下,成本上涨并不受项目管理机构掌控,但它们却要为此被指责。在项目的第三阶段中,这一情况发生了逆转,由于较低的招标价格使得大量削减项目预算成为可能。

最后,出现了第四类博弈(来自荷兰的项目管理机构与德国之间):对于欧洲货运铁路系统的发展,荷兰和德国的规划之间的关系至关重要。两国政府签署了一项协议,德国将承诺为德国的客运轨道提供足够的货运能力。

四类不同的博弈向我们展示了荷兰 Betuweroute 项目的交付组织必须处理利益相关方网络的各个领域。各参建方的利益和管理相互干扰,有时甚至彼此冲突。

根据在荷兰 Betuweroute 项目观察到的各类博弈,我们关于社会复杂性的总体发现是:

> 大型基础设施项目的社会复杂性源于所涉利益相关方之间的利益冲突,导致他们对其业务、生活或环境有重大影响的问题产生不同的看法和态度。在大型基础设施项目的复杂性管理中,管理这些利益冲突已成为核心主题。

社会复杂性是围绕利益冲突发展的,这意味着最常见的情况是利益相关方的目标和利益发生冲突,并且导致不同的解释、观点和看法。例如,在荷兰 A73 高速公路南线项目中,一方面,消防部门希望获得最大程度的安全性,因此采用更加保险的方法。另一方面,项目管理机构希望在安全性和预算之间取得平衡,这意味着采用风险更大的新方案更为合适。当所讨论的措施对利益相关方产生重大影响时,这些利益冲突反过来会成为问题。安全的重要性是无可争议的,此外,例如,当乌里州居民得知瑞士圣哥达隧道项目建设会影响其生活之后,他们不太可能会放弃他们的要求。利益冲突的影响力本身似乎要比利益相关方数量更为重要。因此,总而言之,当我们观察到以下因素时,社会复杂性是很高的:

(1) 利益冲突;

(2) 不同的意义和感知;

(3) 巨大的影响。

1. 利益冲突

> 让官员和官员打交道。
> ——荷兰 Betuweroute 项目海尔德兰省代表

当涉及多个项目参建方时,许多利益都会受到威胁。大型基础设施项目的目标有些是明确的,也有些是更含蓄或隐藏的。1997 年的荷兰 Betuweroute 项目目标可以总结为以下八点(Hertogh,1997):

(1) 加强鹿特丹港的竞争力;

(2) 实现从公路到铁路的模式转变。一般来说,减少公路运输有利于社会可持续发展;

(3) 加强 NS 货运(当时荷兰铁路公司的货运部门)的地位;

(4) 荷兰货运铁路线整体扩建;

(5) 通过改铁路线路规划、建设和使用,刺激荷兰的国民经济;

(6) 加强海尔德兰省所在地区的经济,例如阿纳姆和奈梅亨周边地区;

(7) 实现建设投资的回报;

(8) 获得技术经验。

上述荷兰 Betuweroute 项目的八个既定目标与项目相关,但可以与所涉及的利益联合体联系在一起。基本上,它显示了人们如何使用大型基础设施项目来提升自己或组织的形象。可以想像一名官员,他通过对项目清晰而有力的描述,可以展示自己的果断性。或者是一名环保主义者,他希望通过反对一个大项目而在全国范围内受到欢迎。

到了 2008 年,一些既定的项目目标仍然有效,也有一些目标早已过时。例如,由于 2000 年 NS 货运被卖给了德国联邦铁路公司,使得与 NS 货运相关的目标(目标 3)失效。此外,海尔德兰省所在地区的经济发展变得不那么重要了。

此外,还有重要的一点是利益相关方的利益并不总是保持一致的。这会引起他们的摩擦和争论,尤其是当这些利益相关方有权影响项目决策时。在大型基础设施项目建设过程中,各参建方都试图对项目成果施加影响。且该行为由各自的利益所驱动:

> 利益相关方行为的驱动力是自身利益。

从我们的案例来看,即使涉及的利益相关方都是公共服务的一部分,例如设计大型基础设施项目发展的各个部门和层级的政府机构,我们也不会觉得以任何方式都可以满足"普遍的"和"整体的"利益。

2. 不同的意义和感知

> 这是一种宗教。每个对此项目了解一些的人要么完全支持它,要么完全反对它。其他人都疯了。在这片水域中,天地往往彼此接近,而人们充满了 Rijn-Maas 三角洲。
>
> ——引用自 Bervais,"Landschap als geheugen",1993 年

人们对世间万物都有不同的理解。Wittgenstein 在 1953 年的这句话指的是对绘画的不同诠释,以及画家和观众可能有不同的理解。锤子对于木匠的意义与对于偶尔使用锤子的人的意义完全不同。

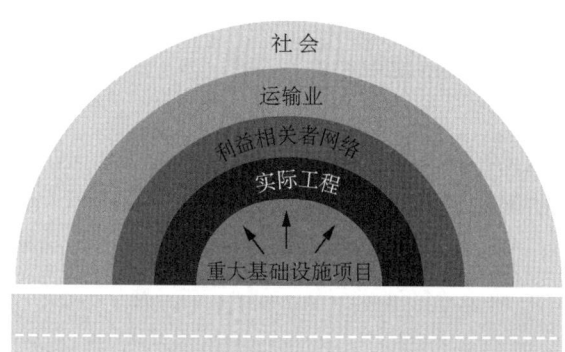

图 4-4　大型基础设施项目的不同感知和目标

就像锤子对不同的人具有不同的意义一样,大型项目(如大型基础设施项目)也是如此。不同的参建方对项目也赋予了不同的含义(图 4-4)(Hertogh,Baker,Staal,Westerveld,2008)。

工程师通常喜欢大型基础设施项目所面临的技术挑战,而其他人则特别担心项目的环境保护问题。人力资源经理将专注于项目组织内部员工的发展和满意度,并热衷于组织内部知识和经验的发展和共享。财务总监希望看到令人信服的商业计划,希望实行严格的预算控制,并可以调查私人融资的可能性。用户和承运人将项目视为运输自己和货物的新方式。总的来说,我们可以看到项目是整个社会运作的重要因素(另请参阅第 1 章开头的 Loyola de Palacio 女士之言)。作为大型基础设施项目的经理,重要的是要认识到不同的观点都与项目实施紧密相关。

在大型基础设施项目中,有一个持续的交互过程(Termeer,1993),在其中形成了感知和意义。感知和意义在很大程度上取决于利益相关方的自身利益。例如:消防官员将争取最大程度的安全,而项目经理也必须考虑预算限制。可以说,在这一过程中"创造了现实"。在这个有很多参建方合作的舞台上,我们不再只参考一个现实目标,而要考虑众多的参建方促进社会流程运转的现实和意义。在这些过程中,使用 Weick(1979)的词汇进行理解。这不是一成不变的,每个利益相关者都会有自己的感知和意义,并且他们会不断地进行重构。Kastelein(2003)引入"动态含义"一词来描述此过程。

图 4-5 的左侧部分概括了所有的项目利益相关方,包括内部环境(前两个环)和外部环境(3 个外环)(Hertogh,1997)。该图概述了各项

目利益相关方距离项目组织的距离。图 4-5 的右侧部分显示了在荷兰一个中等规模城市(约 15 万名居民),运输车间的工作人员对于"与项目管理机构的距离"的回答。该图显示,一方面主持项目管理机构的交通运输部与它们所属的部门以及参加市议会的市议员密切相关。另一方面,令人惊讶的是,它们与开发部门(组织内部的其他部门)的距离很远。这些答案表明,项目成员的感知距离可能与对正式的组织或利益相关方网络结构中的预期距离有很大差异。

利益相关者(包括内部环境和外部环境)

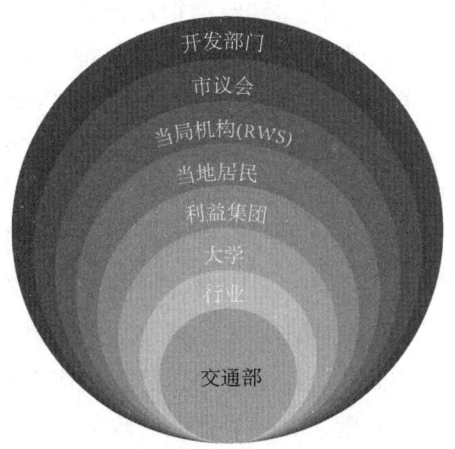
荷兰某中等规模城市交通部门所认为的距离分布图

图 4-5 大型基础设施项目利益相关方网络

3. 大型基础设施项目对环境有很大的影响

> Betuweroute 铁路有两倍于 160 公里的邻居。
> ——Theo van Bekkum,荷兰铁路基础设施公司 Betuweroute 项目控制总监

大型项目跨越大片土地或在重要位置建造。它们的影响远比项目本身特定的土地需求要广泛,项目对新建基础设施周围的整个地区的未来发展都有影响。

为了减少施工项目带来的不便,可以将它们与现有基础设施联系起来。荷兰高铁南线项目的大部分路段都沿着 A4 和 A16 高速公路在所谓的运输走廊中建造。A4 和 A16 高速公路的重建已纳入荷兰高铁南线项目的建设中。这与荷兰 Betuweroute 项目一样,其中 A15 高速公路已作为项目的一部分进行了升级。

4.5 融资复杂性

大型基础设施项目融资复杂性与货币价值(成本效益比)、成本计

算、融资控制（管理和问责制）和融资本身有关。

在实践中，我们观察到融资复杂性包括：

（1）成本和收益是很难计算的，也不是平均分配的；

（2）对成本变更的感知，可能与计算不同；

（3）对概念和协议的不同理解；

（4）战略误读、乐观偏见和悲观偏见；

（5）"级联失真"。

1. 成本和收益很难计算，而且很难收支平衡

大型基础设施项目很难收支平衡。项目虽然为使用者提供了便利，但噪声却干扰了住在高速公路旁的居民。这些问题通常易于归类，往往只是单个问题。但这些问题涉及众多的利益相关方的利益，很难权衡和解决。

项目的融资管理与项目范围紧密相关。确定大型基础设施项目的范围通常非常困难，因此很难对成本进行合理的估算。项目范围的变动以及由此带来的成本变化很难估算。例如，荷兰 Betuweroute 项目和高速公路南线项目都运用应急资金来支付计划外的超额成本，这一应急措施引起了重大的政治分歧。从基础设施的预算中保留一部分预算以支付计划外的超额成本，这是一个全新的想法，因为按照传统设定预算的方式，政府通常需要预先说明每一笔预算将要用在哪里，但是在新的情境下，预算的使用方式应在风险发生后才能确定。

在上面的案例中，估算成本和分配收益的困难显而易见。在这些案例中，都发生了重大的项目范围变更，以适应利益相关方的需求，进而导致成本大幅增加。项目范围、成本和收益以及利益相关方的需求变更，都说明了融资复杂性和社会复杂性之间的紧密关系。

另一个融资复杂性的表现是确定和管理项目收益。一方面，项目收益通常是无形的，不能分配给特定的利益相关方。另一方面，哪些利益相关方受到项目的负面影响却很容易确定，这意味着：

> 融资复杂性体现在如何估计项目的成本和收益以及如何在利益相关方间的合理分配。

这种项目成本和收益的不合理分配是一个项目法人和项目管理机构面临的困境之一。在融资控制（项目范围和预算管理）和目标管理（项目收益和其他指标）方面都可以看出项目的融资复杂性。总之，这些关键因素构成了大型基础设施项目的融资复杂性。

2. 不同的人对于项目成本的理解（并不仅仅在于简单的计算）

NAD 委员会（NEAT 项目指导委员会代表）主席 Thomas

Pfisterer 曾在 2005 年 4 月的一次访谈中提到过瑞士圣哥达隧道项目隧道成本超支问题：

> 当我们谈到瑞士圣哥达隧道项目的隧道成本超支问题的原因时，人们经常会提及地理条件原因，但其实地理条件的影响微乎其微。只有约 5%~13% 的额外成本来自地质难题。大部分原因在于项目变更，而这些项目变更也都获得了政治审批。
>
> ——NAD 委员会主席 Thomas Pfisterer

对于荷兰 Betuweroute 项目的费用超支原因，也存在相似的观点。在 1992 年，Westerveld 和 Flyvbjerg 提到，该项目的预估成本仅为 22 亿欧元，远低于该项目实际评估花费的 47 亿欧元（来源 TCI）。但是在 1996 年至 2007 年的项目建设阶段，成本超支仅为 2%，而类似项目平均成本超支达 34%（Flyvbjerg，2007）。因此，实际上在建设阶段的超支很小。但是，在 2007 年同一时间，公众舆论仍然普遍认为荷兰 Betuweroute 项目是一场财务灾难。这些案例表明，各方对于成本的理解可能存在很大差异。

3. 不同的人对合同和协议的不同理解

仅根据项目合同和协议，各方对融资信息的理解可能会非常不同。让我们假设一位项目经理告诉一位官员：这个基础设施项目将花费 1 234 亿美元。项目经理真正的意思是什么？

（1）依据什么项目范围计算的？
（2）存在多大的未计算成本？
（3）项目的风险状况如何？
（4）项目基本条件（如土壤）怎样？
（5）这些成本是建设成本还是总投资成本？
（6）这些费用包不包括增值税？
（7）价格水平是多少？
（8）可取得什么效益（例如收费）？

……

虽然这些问题都影响到成本评估结果的准确性，但是很有可能，官员根本不会问项目经理这些问题。但总的来说，对于决定一个项目是否立项时，所有这些问题却都很重要。

从理性的角度来看，各方似乎有必要对上述问题中使用的术语理解达成一致。但官员们对所有这些技术问题的答案感兴趣吗？可能他们更喜欢某种程度的不确定性，因为这给了他们谈判的灵活性，这也是下一种融资复杂性的原因。

4. 战略误解、乐观和悲观主义倾向

> 有趣的是,交通运输部的融资专家在项目开发过程中处理了两种重要的人为误判:高估收益和/或低估项目交付的成本和风险。
>
> ——英国交通运输部融资经理

大型基础设施项目的预算受到以下因素影响很难确定:项目范围的不确定性(例如,地方政府和当地居民的额外需求以及缓和措施导致的项目范围扩大),合同、市场和价格指数之间的相互依赖性,新技术出现,考古成本,电缆,受污染的土壤和土地收购等。但是,Flyvbjerg 认为,除了这些不确定因素外,还有两个重要的个人因素也很重要:心理学上的乐观主义倾向和政治上的战略误解,这两者都会导致预算不准确和收益率虚高。

(1)"乐观主义倾向":大多数人更倾向于用比实际推测更积极的态度来预判未来事件。

(2)"战略误解":预测者和规划者故意地、战略性地高估收益,低估成本,以便增加打败竞争对手,获得项目审批的可能性。

基于 COWI 和 Flyvbjerg 的研究(2004 年),英国交通运输部在商业计划中将这种不准确之处制度化,用于评估其项目。

交通运输部解决了海岸估计中三种不同的误差源,详见表 4-2。

表 4-2 英国交通运输部成本估算的误差来源

来源	描述	在评估中如何处理
风险	发生概率已知且可量化的事件	实施定量成本分析性; 计算概率加权成本
不确定性	发生概率不易量化的事件	对不确定性的来源作出说明; 对于计划之外的花费,将其作为应急花费计入成本
乐观偏差	一直以来都低估成本的趋势	加入乐观偏差调整,纠正偏差(表 4.3)

表 4-3 显示了 2006 年建议的乐观偏见的提升情况。英国交通运输部当时正在审查此问题,并将发布进一步的指导。

表 4-3 英国交通运输部的乐观偏差调整建议

	预可行性研究	项目定义	方案选择	方案深化	深化设计
资本支出	66%	50%	40%	18%	6%
运营支出	41%	每年16%	每年1%	视情况而定	视情况而定

注:根据铁路网络项目开发定义制订的项目开发定义(5级)。

除了乐观主义倾向之外,英国交通运输部的金融专家还需要应对"悲观主义倾向",也就是只考虑项目的直接影响,而忽略项目带来的间接收益。因为如果只考虑项目的直接影响,甚至可能会认为基础设施项目越少越好。项目带来的间接收益包括:非经济利益,例如可以缩短旅途时间、减少拥挤、提升货运非使用者利益(freight non-user benefits)和客运非使用者利益(passenger non-user benefits),减少道路拥堵和事故,以及保护环境等。这些益处通常很难计算,但在考虑项目可行性时很重要。

5. "级联失真"

> 有时我不认可我在提交给众议院的半年度报告中所做的项目规划。
>
> ——荷兰 Betuweroute 项目计划和风险管理经理

项目内融资信息的交流并不总是一致的。我们称其为"级联失真"。人与人之间的信息交流可能会扭曲链中的每个环节。在定期编写项目报告的过程中,信息经常流过各个管理层,可以观察到这种潜在的失真,例如:

(1)财务总监向合同经理汇报他认为的由于项目管理机构的缺陷而导致的主要成本超支。按照规定,财务总监告诉合同经理,这种巨大的成本超支需要向议会报告。

(2)合同经理向项目经理汇报工作。他会提到成本超支的问题吗?也许他认为这是一个来展示他有能力完成这个项目的机会,但由于他需要为此问题承担责任,也许他不提这个问题。此处,先假设他选择汇报。

(3)项目经理向项目总监汇报工作。项目经理可能对这个项目有不同的判断,认为它并不紧急,或者他在书面报告上提到了它,但并未突出它的重要性。此处让我们再次假设项目经理清楚地报告了成本超支的问题。

(4)项目总监向作为项目法人的部门经理汇报。也许成本超支问题让这两个组织之间的关系很紧张,项目总监想要在汇报之前找到一个解决方案。但让我们假设他汇报了成本超支的问题。

(5)部门经理向总经理汇报工作。也许部门经理还有其他问题要处理,他认为现在报告成本超支的问题不利于他和总经理的关系,或者说在和老板的一个小时的谈话中,他有更重要的事情要讨论,但让我们假设他选择了汇报成本超支的问题。

(6)总经理向大臣汇报工作。也许他考虑到如果大臣通知了议会,新闻媒体就会注意到这个问题,从而对这个项目进行负面报道。但让我们假设他还是汇报了成本超支的问题。

(7) 大臣向议会报告。但也许下个月就要进行大选,该大型基础设施项目的成本超支将不利于大臣和他所在政党的声望。但让我们假设他还是汇报了成本超支的问题。

议会将收到什么样的信息(如果有的话)? 以及什么时候会收到? 也许你还记得孩子们玩的游戏,他们站成一圈,通过耳语向下一个传递信息。第七个孩子获得的信息可能与原始信息相差甚远或者完全扭曲。

4.6　法律复杂性

> 高效的领导层需要合理地打破规则。
> ——鹿特丹伊拉斯姆斯大学 Geert Teisman 教授

法律使大型基础设施项目变得复杂,因为:
(1) 变化的、不存在的甚至相冲突的法律;
(2) 广泛的法律和规定对内容和过程有重要的影响;
(3) 相关人员需要操作灵活性。

1. 变化的、不存在的甚至相冲突的法律

> 每一个项目都会与法律相抵触。
> ——项目经理,Ruimte voor de Rivier

建造新烟囱的工厂被告知为了获得环境许可证,烟囱的高度需要超出建筑许可证所要求的高度范围。建筑许可证和环境许可证的申请程序不同。如我们的示例所示,获得许可证的要求可能是矛盾的。程序之间可能会有差异,一些程序涉及众多利益相关方,而另一些则没有。此外,详细的法律条款还反映了制定该法律期间的文化和实践。在荷兰,项目反对者通常可以在多个程序和多个时间点的多个过程中使用相同的理由来阻碍项目实施。

上级组织的内部规则可能并不总是符合大型基础设施项目的特征。例如,上级组织内部的决策和报告机制可能并不适合项目组织。由于需要特定的安排,处理大型基础设施项目的项目管理机构通常不包含在上级组织的职能层次结构中,而是处于单独的状态,直接向公司董事会报告。鉴于大量利益相关方的大量投资和政治敏感性,这是合理的。因此,为了适应项目管理机构,需要对内部规则进行更改。

法律复杂性主要是指法律的变化、不存在或相互冲突的结果。

因此，正如我们之前所看到的，当法律问题影响到利益相关方时，事情开始变得复杂，一个典型的案例就是荷兰 Betuweroute 项目隧道安全技术的隧道安全问题。由于没有隧道安全的法律基础，因此需要由利益相关方来共同制订。但是又由于消防部门、内政部、当地利益相关方和项目管理机构之间存在着利益冲突，这给项目实施带来了重大挑战。如下问题需要达成协议：什么安全级别才足够？应该使用哪种技术？如何批准建筑物和用户许可？谁负责处理事故？如何平衡安全水平和投资成本以实现质量达标？

有趣的是，我们再次观察到，所需许可证的绝对数量和需要遵循的规则似乎并不是造成复杂性的主要原因。虽然项目管理机构可以依靠建立跟踪系统或多或少地控制项目发展，但是当规则缺失或分散时，情况就不一样了。在那时，法律的复杂性会影响利益相关方网络，并导致重大混乱。

2. 广泛的法律和规定对内容和过程有重要的影响

> 我们从交通运输部监督新的和变化的法律，尽管不能100%保证每一个相关的变化都会及时被追踪。
>
> ——荷兰 Betuweroute 项目计划和风险管理经理
>
> 最困难的是耗时制定决策和程序的过程。你完成得越快，你就能得到越好的结果。
>
> ——海尔德兰省副省长

大型基础设施项目从想法到落地的方方面面，我们都要制定规则和法律，如：

（1）利益保护——适时在项目规划和其他阶段提出反对意见或上诉决定的权利。

（2）内容——施工安全、动植物保护、土壤清洁等要求。

（3）时间和过程——程序的持续时间和顺序（说明，条款，咨询）。

（4）承发包——例如欧洲招标法规和由上级组织制订的附加投标规则。

（5）成本——程序将影响预算（范围）。运行程序需要项目管理机构的能力。

（6）信息——何时、哪些信息、发给谁，例如制订定期向议会报告的规则。

法律对大型基础设施项目的规划有着重要的影响，需要遵循一系列的规则和过程，如图4-6所示。

国家间层次是最高层次，例如欧盟。每个国家都有自己的具体规

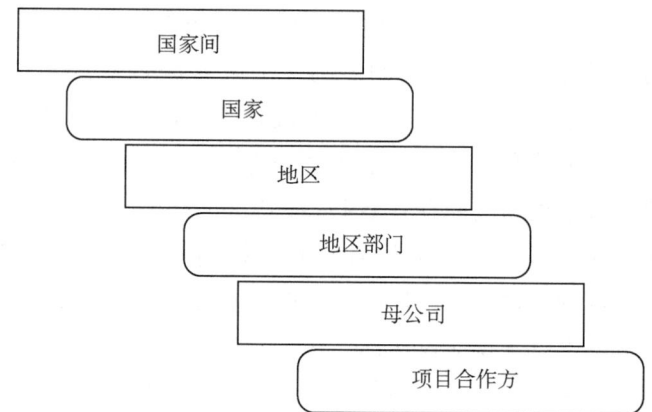

图 4-6 规定和法律的主要层次

定,地区政府(地区、省、县、市)也不例外。地区部门机构有自己的规章制度。每个上级组织都有自己的规则,比如合同和采购管理。项目合作方对合同、契约等补充规则进行安排,其结果是一系列的法律、规则、合同和程序。

针对大型基础设施项目,通常会制定特定的法律,例如在荷兰为道路基础设施和邻避设施(Nimby：Not-in-my-backyard)制定了路径决策法。每个国家都有针对空间规划和购买房地产的特定程序。例如,在丹麦,针对大型基础设施项目颁布了特定的项目法。在德国,我们看到所有必要的许可和计划都被设计在了一个大型的总体程序中。当然,国家之间的这些制度差异也非常重要。

项目组织需要及时了解新的和不断变化的法律规定。在荷兰 Betuweroute 项目组织中,这项任务是在其上级组织(荷兰铁路基础设施公司)中的一个特殊部门的密切合作下完成的。

3. 相关人员需要操作灵活性

> 有时你必须自己决定。
>
> ——重大基础设施项目经理

那些参与空间项目开发的人不得不承认,他们经常需要灵活地制定法律和制度(Hertogh et.al,2004)。例如,一个项目经理需要马上做出一个决策,按照规定需要得到上级组织正式批准,但为了加速这个过程,他可能会稍后再完成审批流程。因此,有时你不得不自己决定。

或者就像荷兰著名官员 Vonhoff 所说的：规则越多,越容易忽视它们。结果是每个人对规则都有自己的解释。在实践中,人们会为他们遇到的问题寻找解决方案。一方面,这是保持项目运行的必要条件,但另一方面,它会导致行为的完全随机性。这就是为什么我们需要简化的规则(Hertogh et.al,2004)。但很明显,没有规则也是不行的。

4.7　组织复杂性

> 人总是比系统更聪明。
> ——蒂尔堡大学和乌特勒支大学的 Arie de Ruijter 教授

大型基础设施项目的组织必须应对 5 种复杂性：技术复杂性、社会复杂性、融资复杂性、法律复杂性和时间复杂性。在如此复杂的环境中完成项目目标是一项有趣的挑战。为了应对如此复杂的项目环境，大型基础设施项目的组织也变得复杂。这遵循了源于控制论和控制与系统理论领域的"必要变化律"（Ashby，1956）。一个组织的内部多样性必须与环境的多样性和复杂性相匹配，以应对环境带来的挑战（详见 9.2.1 权变理论）。如果组织成员拥有所需的各种技能，那么这个组织才能应付许多意外事件（Nonaka，1995）。

事实上，在许多访谈中，我们都听说了人们在组织参与这一过程中遇到的困难。外部利益相关方当然也是如此。与参与大型基础设施项目的其他利益相关方一样，非政府组织和地方政府在组织自身方面也遇到类似的困难。参与大型基础设施项目的组织有时会任命专门的员工作为与项目相关的所有事务的协调员。在巴伦德雷赫特市（荷兰 Betuweroute 项目）的一次访谈中，这被认为是一个关键的成功因素，协调员与市长和市议员一起密切合作。这种方法也被应用在鲁尔蒙德市的 A73 高速公路南线项目上。除了非政府组织外，荷兰 Betuweroute 项目的地方压力团体协调员也提到了这一点：

> 作为压力团体，这对我们来说很复杂，因为我们必须依赖自己完成所有的事情。我们没有官员。这些都必须在我们的业余时间完成。
> ——荷兰 Betuweroute 项目当地压力团体协调员

所以总的来说：

> 组织的复杂性不仅与项目管理机构相关，也与其他利益相关方相关，如非政府组织和地方政府。

前面提到的另一个重要结论是，组织复杂性通常与观察到的社会复杂性密切相关，一方面与项目管理机构有关，另一方面与项目法人和上级组织间的关系相关。许多被研究的项目正在或者已经就谁应该管理项目管理机构、谁应该是项目法人以及谁应该负责项目的各个部分进行了激烈的讨论。所以一般来说：

组织的复杂性不仅与构建项目管理机构的内部组织有关,更重要的是与项目管理机构对项目法人和上级组织的责任划分和定位有关。

当我们仔细观察大型基础设施项目的组织复杂性时,需要注意:
(1) 发现并保持员工主动适应挑战的积极性。
(2) 许多决策没有明确的"最佳解决方案"。
(3) 项目组织有许多相互干扰的过程。
(4) 顾问、承包商和供应商需要签署大量的合同。

1. 发现并保持员工主动适应挑战的积极性

> 你以在荷兰 Betuweroute 项目上工作而引以为傲。
> ——荷兰 Betuweroute 项目建筑委员会委员(福利委员会)

通常来说,人是项目成功的关键因素,这一点得到了各种试图确定项目关键成功因素的研究的支持(Westerveld,2001)。一方面,项目管理机构需要为特定的临时工作招聘有能力的人。另一方面,在项目的整个生命周期中,更需要关键人员履行好自己的职责(Boddeke et.al, 2002)。这在项目快结束时尤其困难,因为这时人们倾向于花费精力去寻找新的机会。

当担任了 10 年的项目总监 Patrick Buck 在荷兰 Betuweroute 项目竣工后光荣退休,他向他的继任者 Peter Dijk 提出了 3 个重要的建议,让他在最后的一年半里完成这项工作:

(1) 试着从你的下属那里获得权威,这是你从"老板"那里得不到的。

(2) 与那些完成工作的关键人物建立良好的关系,这些人尤其需要被激励。

(3) 确保人们很了解你,你不应该成为他们眼中的神秘人物。人们必须知道你在想什么以及为什么,这样他们才能预见你的反应。

值得注意的是,这 3 个都涉及项目经理如何培养团队成员的动力以及与他们间的融洽相处,都强调了在大型基础设施项目中有动力和能力的项目团队成员的重要性。

一名前阿姆斯特丹南北地铁线项目总监强调了在设计和实施阶段项目所需人才的能力差异。这意味着在实施阶段更换一个新的项目经理是必要的,尽管原来的项目经理在设计阶段表现很出色(Hertogh,1997)。

2. 许多决策没有明确的"最佳解决方案"

> 一个错误的决策总比没有决策好。
> ——荷兰铁路基础设施公司 Betuweroute 项目经理

在没有单一最佳解决方案可用的情况下,项目经理必须采取的一些决策示例:

(1) 我们会选择未经验证的技术吗?后果是什么?成功的机会有多大?我们能估计这些成功的机会吗?在成本超支的情况下,我们可以预先与其他机构安排什么?应用这项技术时,我们需要预备后备选项吗?

(2) 一个环境压力团体突然反对这个项目组织。出现这种意想不到的对立的原因是什么?这样做的后果是什么?其他政党会效仿他们吗?我们应该试着说服他们改变对这个项目的态度吗?进行一次开诚布公的谈话是最好的解决方式吗?还是什么都不做才是最好的策略?

(3) 经济正处于顶峰时期,建筑业处在兴盛时期。我的投标价格水平会受到什么影响?万一中标价高于我们的预期,谁来出这笔钱?

(4) 在设计过程中,国家政府决定实施更严格的法律规范。这些新条例适用于我们的项目吗?针对我们的项目,我们需要如何理解这些规则?结果是什么,例如我们与地方政府达成共识的意义。对我们的时间节点有什么影响?我们能准确估算成本吗?额外的费用由谁来承担?

(5) 在未来的 20 年里,流动性存在哪些需求?我们要不要预先修建一条通往城市的高速公路出口呢?

(6) 选择 PPP 融资还是传统的方式融资有何准则?我们会有足够的竞争力吗?对价格有什么影响?什么给了我们最大的灵活性,我们需要这个吗?

项目经理不得不面对上述所有决策的不确定性。不确定性和模糊性将在下一章进行更详细的讨论。

3. 项目组织有许多相互干扰的工作流程

> 你不能错过任何东西;每一块土地都需要提前收购,每一张许可证都必须及时获取,更重要的是,由于你处于项目组织的核心位置,每一个缺陷可能会造成严重的后果。
>
> ——荷兰铁路基础设施公司 Betuweroute 项目经理

举个例子,2000 年的荷兰 Betuweroute 项目质量手册由 62 个不同的过程组成,可分为主要过程和辅助过程(表 4-4)。此外,还有关于铁路的详细控制标准以及与工程顾问、承包商和供应商的合同和质量手册。这些系统通常是不兼容的。例如,签署合同需要提前准备好报告,这需要合作伙伴双方的协作。并且合同和质量管理系统需要互相调整以确保两者的兼容性。

表 4-4　荷兰 Betuweroute 项目管理机构质量手册(2000)

主要过程	辅助过程
1.1 项目管理	2.1 质量保障
1.2 规划	2.2 人力资源管理
1.3 融资控制	2.3 设施管理
1.4 风险管理	2.4 文档管理
1.5 方案选择	
1.6 设计和实现	
1.7 外部沟通	

　　质量手册的每一段都由几个过程组成。例如 2.1 质量保障有 5 个过程构成：质量体系的维护、内部偏差、内部审计、改进建议和管理评审。一些过程被分成子过程。每个流程都有一名员工负责。困难之处在于同时管理所有独立的流程和流程之间的相互关系。一个额外的压力是所有这些荷兰 Betuweroute 项目过程必须在一个低容错的环境中进行管理，当出现问题时，媒体急于将问题公诸于众。

　　每个过程都需要持续改进。例如，应用在荷兰高铁上的配置管理和变更控制系统，这需要全面了解众多对象（如对象树中所描述的）和界面。

　　项目组织有能力为其自身提供人员，但地方利益联合体经常在组织自身方面遇到困难。当我们问"对你来说，是什么让这个项目变得如此复杂"时，作为 20 世纪 90 年代初荷兰 Betuweroute 项目的几个地方利益联合体的发言人，Carla Fenijn 是这样回应的（2004 年）：

　　　　作为一个压力团体，你需要自己管理好一切。而往往这些都需要在你的休息时间完成。我们就像卡通英雄 Calimero。我们没有任何行政支持。

　　　　　　　　　　——荷兰 Betuweroute 项目当地压力团体协调员

4. 咨询承包商及供应商需要签署大量合约

　　在项目实施阶段，数以万计的人参与了这个项目，项目组织需要协调施工方、供应商、顾问等组织的工作。所有的协议和行动都必须协调一致。

　　最好的合同类型是什么？在传统的承包方式中，项目管理机构的工程部门或顾问准备初步及详细的设计方案，然后建立详细的合同，不同的总承包商必须与分包商协作就物流和价格协议进行竞争。新的承包方式使承包商在招标早期就承担更大的责任，例如设计建造合同可能还会延伸到维护合同。最终的合同还加入了融资(F)，变成 DBFM 合同，甚至还加入了运营(O)，变成 DBFMO 合同。因为它们的规模、需求、持续时间和需要管理的界面数量不同，这些合同通常是高度复杂的。

在荷兰高铁南线项目中，管理层选择采用创新的一体化合同。为子结构签署大型设计施工合同；对于总体结构，基础设施提供商签署了 DBFM 合同，运营商有特许权。管理所有这些单独的合同本身就是一个巨大的挑战，而管理这些合同之间的所有界面将会是更大的挑战。

4.8 时间复杂性

> 单单一个较长的工期，就使大型基础设施项目变得复杂。
> ——苏黎世联邦理工学院 Hans Rudolph Schalcher 教授
> 官员们的记性不好。
> ——荷兰铁路基础设施公司 Betuweroute 项目控制总监

对于项目参与方来说，时间复杂性比其他类型的复杂性更抽象，它还与前面讨论的 5 种其他类型的变化密切相关。特别是在荷兰 Betuweroute 项目、瑞士圣哥达隧道项目和勒奇山隧道项目中，许多人提到了项目的发展，他们似乎非常了解其历史，因此这方面经常被明确提及。例如：

> 当地人花了 5 年时间才知道荷兰 Betuweroute 项目将会建成。这段时间太长了。
> ——荷兰铁路基础设施公司 Betuweroute 项目团队通讯部主任

在荷兰 A73 高速公路南线项目中，我们听到了关于项目交付期的有趣评论。这也是一个很好的例子：

> 注意这条路的附带利益！它将吸引有意向投资的公司，并会增加交通和娱乐活动。对于这种强化使用，有必要考虑环境补偿，但这并没有发生。这将意味着非政府组织应改变其观点，使其包含运营阶段。如今，仍然缺乏这种观点。
> ——Toine Wuts，荷兰 A73 高速公路南线项目的协调员，
> Stichting eufederatie Limburg

大型基础设施项目的长期影响是一股不可忽视的力量，是当地利益相关方和非政府组织难以认识到的一个因素：

> 时间复杂性——规划和建设的长期性——意味着市民很难意识到一个项目会对他们的生活环境产生什么样的影响。

例如,在乌里州,与圣哥达隧道的连接威胁到整个州居民的生活结构。在这里,我们的受访者提到,项目的持续时间尤其会影响项目的形象。由于时间的延长,人们倾向于认为该项目永远不会实现,当项目完成并对他们的环境产生巨大影响时,他们会感到惊讶。大型基础设施项目就像一个蒸汽压路机,移动速度不快但无法停止,一旦到达目的地就会产生巨大的影响。大型基础设施项目的这一特征不容忽视:大型基础设施项目对个人生活的巨大影响应该被项目组织和所有参加方所重视。

我们将举例说明时间复杂性对大型基础设施项目的影响的两个主要问题:

(1) 一个持续发展的长时间框架;

(2) 没有连续的实施过程。

1. 一个持续发展的长时间框架

> 大型基础设施项目是动态环境中的静态设施。
>
> ——Diederick van den Wall Bake 先生,Berenschot

大型基础设施项目的实施需要很长时间。荷兰 Betuweroute 项目是一个执行得相对较快的项目的例子。1989 年,荷兰 Betuweroute 项目首次在政府的规划方案中被提及,该项目预计将在 2007 年投入运营,总工期为 18 年。相对来说,荷兰高铁南线项目周期更长。在这段时间里,社会在发展,许多相关方面将发生变化:出现新的技术创新;组织上的变更;由于选举而导致的议会和行政当局的改变;人们意识上的转变,例如对环境问题的认识;需要、兴趣和观点的改变;法律的发展;新的财务见解等。不仅环境会改变,项目管理机构本身也会改变。人们来来往往,随之而来的是新的信念和方法。

这意味着之前提到的所有的大型基础设施项目复杂性都发生了改变。

举个例子:1989 年风险管理还不普遍,考古遗产的管理还不为人知,承包工程还是按照传统的线路进行,信息革命还在进行,隧道的安全管理也不像现在这样严格。但在荷兰 Betuweroute 项目的规划和实现过程中,所有这些变化都发生了,在运营阶段还会有更多的变化。

所有提到的复杂性都会改变。这本身是困难的,但基础设施项目具有相对静态的特点,固定轨道、混凝土或钢桥、隧道等无法轻易满足变化的需求,这一事实加剧了这种影响。这可能会与项目所处的更动态的环境产生紧张关系,因为需求、观点和见解都在迅速变化。基础设施的技术寿命通常超过 100 年。在过去 15 年的 830 亿欧元投资计划

(2006年)之后,现在西海岸的轨道路线(英国西海岸干线项目)仍然遵循着19世纪中期建造的旧路线。

问题是,不仅是在建设期间,而且更重要的是在运营期间,基础设施必须具有多大的灵活性。建设完成后的相对不灵活性,很大程度上取决于准备和初始决策时的性质。

2. 没有连续的实施过程

> 英国铁路公司Railtrack想要交付新的创新系统,而现在的英国铁路网络公司Network Rail却坚持使用成熟的技术。
> ——英国铁路网络公司Network Rail项目投资WCML主管

在大型基础设施项目中,我们需要处理大量的并行进程,而这些并行进程往往很少是连续的、一步接一步的。许多项目倾向于详细设计,而关于效益和必要性的讨论仍然没有得到解决。例如Westerschelde隧道(一条全长6.6公里的钻孔隧道),由于财政原因还没有达成是否立项的决议,而承包商已经做了大量的设计工作,并就合同价格达成了协议。我们经常看到一个连续的迭代过程,在大型基础设施项目的所有阶段都有频繁的反馈和前馈循环(Hertogh,1997)。这意味着你很少能确定一个"无回报点"或"执行/不执行决定"。在做出每个决定之后,集体主义推动过程继续,新的一轮谈判带来新的机会(Teisman,1992,2005)。

大型基础设施通常会经历我们所说的"非线性实现过程"。根据传统的项目管理观点,项目经理可以期望项目有一个线性/直接的计划。这表明,每个阶段需要完成一个稳定的任务,实现一个固定的预算进度。但正如在英国西海岸干线项目所观察到的,没有什么比这更不真实的。在实践中,项目经理将不断地经历事件和发展,这些事件和发展在他们的计划中产生了重要的影响。

非线性适用于大型基础设施项目的环境,如英国西海岸干线项目。英国西海岸干线项目情境的巨大变化提供了"非线性"的理想例子(表4-5)。首先,英国西海岸干线项目具有纯粹的公共和垄断情境。业主和投资回报几乎没有关系。但在第二轮谈判中,英国西海岸干线项目性质转变成私立,利润占据中心地位。铁路系统被视为一个市场,英国铁路公司和维珍集团两家公司存在竞争关系。在第一轮谈判中具有项目控制权的铁路工程师们从主舞台上消失了。具有竞争性和创造性的融资计划被视为发展的主要动力,而且这些计划往往是存在高风险的,这意味着组织可能会破产。这一市场原则在英国西海岸干线项目中也发挥了作用。在随后的发展中,人们渐渐意识到铁路行业并不能完全私有化。在第三轮谈判中,一个相当奇怪的混合了公私两方面性质的复杂系统出现了。

项目焦点的动态变化反复无常。在英国西海岸干线项目的第一轮中,英国铁路的重点是维护,而在第二轮中,情况发生了变化,英国铁路公司和维珍集团公司都把重点放在了项目的短期利润上。第三轮谈判的重点又转变成在长期内为更多的利益相关方创造共同利益,实现一个联合商业计划成为项目的主要目标。估算成本的过程近乎异想天开:英国西海岸干线项目从20亿英镑开始,上升到130多亿英镑,然后又下降到不到90亿英镑。

英国西海岸干线项目在施工工艺方法上出现"非线性"——管理层多次改变其技术方法。首先是不使用任何创新工艺,然后是进行大规模甚至激进的技术创新,似乎不受过去任何条件的限制,最后到第三阶段,放弃大规模创新技术,只使用在其他地方进行过测试且成功的少数创新技术。

表4-5　英国西海岸干线的"非线性"实施过程

变动因素	第一轮	第二轮	第三轮
1. 情境	公共投资	私营投资	公私合作
2. 焦点方案	维护方案	追求利润的方案	为各种组织提供的联合商业方案
3. 成本花费	20亿英镑	不超过130亿英镑	不超过90亿英镑
4. 技术创新水平	无创新	极力推崇创新	多使用经过验证的创新技术

大型基础设施项目的长期可行性和规划的一个重要缺点是:参与方将不确定该项目对其状况的最终影响。由于不知道这个项目是否可以完成,以及何时完成或以何种形式完成,在他们的土地上规划了一条新的高铁的农民会问他们自己是否应该投资他们的企业。

这给我们带来了一个新的困境:由于公开要求的开放性,项目管理机构将在不知道对所有特定参与方的确切影响的情况下交流可能的路线。

根据荷兰Betuweroute项目,在项目组织中分为3个主要项目阶段。

(1) 初始阶段:确定项目可行性和项目范围。

(2) 调整阶段:确定设计方案和进行项目规划。

(3) 建设阶段。

荷兰Betuweroute项目从初始阶段到设计阶段或从设计阶段到建设阶段并没有一个确切的时刻。对于项目的不同部分,在不同的时间有很多的交付过程(图4-7)。此外,交付是分开的。荷兰Betuweroute

项目主要分两部分交付:第一个是鹿特丹市内部分(2002年完成),第二个是鹿特丹市到德国边境的部分(2007年交付)。

图 4-7 荷兰 Betuweroute 项目的 3 个阶段

制订大型基础设施项目计划必须考虑许多过程,这些过程的持续时间是估计值,且过程间的关系并不总是很清楚,可能是不确定的和模糊的。自始至终,规划者必须根据计划"创建"报告和指导的信息。

> 当你最终可以开启项目的建设阶段时,许多流程已经发生了变化。这意味着你需要不断地适应。
> ——海尔德兰省代表

在访谈中我们听到规划者提道:"在你的计划中要现实一些。"但是管理者和决策者有时会做出不同的决定,这可以从 Flyvbjerg 的研究中得到证明(详见第 1 章)。规划者可能会发现自己处于一个困难的境地,当他们听到不可信的预测时,项目控制者也会面临一个问题。

这些关于时间复杂性的想法与动态复杂性理论密切相关,我们将在后面进行讨论(第 5 章)。在我们的许多案例中,我们观察到了大型基础设施项目的非线性实施过程的要素,例如在第 3 章中可以看到的,英国西海岸干线项目(3.5 节)。

4.9 复杂性扫描:6 种复杂性的相对重要性

在前一节中,我们概述了实践者对复杂性的看法。现在需要思考一个问题:复杂性及其管理是否真的是完成大型基础设施项目的主要问题。我们在本书前言中提出了这个问题。这个问题可以通过查看本章中描述的关于"复杂性"的相关内容来解决。首先,我们可以从我们的访谈中得出结论,复杂性这个术语在实践中是由那些负责或参与实施大型基础设施项目的人来识别的。因此,复杂性的概念被真正地敏感化了,因为它在描述实践者的工作和挑战时具有独特的价值。其次,我们已经表明,大型基础设施项目的复杂性对实践者意味着什么,已经产生了许多看法。在对这一系列定义的描述中,我们认为管理者所面临的关键问题已经得到了强调。因此,总的来说,我们可以得出这样的结论:复杂性及其管理确实是实现大型基础设施项目的主要问题。

我们根据实践者的详细观点,概述了6种类型的项目复杂性。但是它们的相对重要性是什么呢?项目经理认为这些复杂性中的每一个都同样重要吗?我们在这6种复杂性之间看到了什么关系?为了回答这些问题,我们分析了受访者对我们问题的回答:

> 是什么让你的项目如此复杂?

并将受访者的回答划分成以上6类来进行"复杂性扫描"。对于每个复杂性维度,受访者都被要求对其打分(满分为10分),并统计出了每个复杂性的平均得分,结果如图4-8所示。该图显示了每种复杂性的相对重要性:受访者对每个项目进行打分,6个复杂性打分的总和为100%①。得分越高说明该类复杂性越重要。

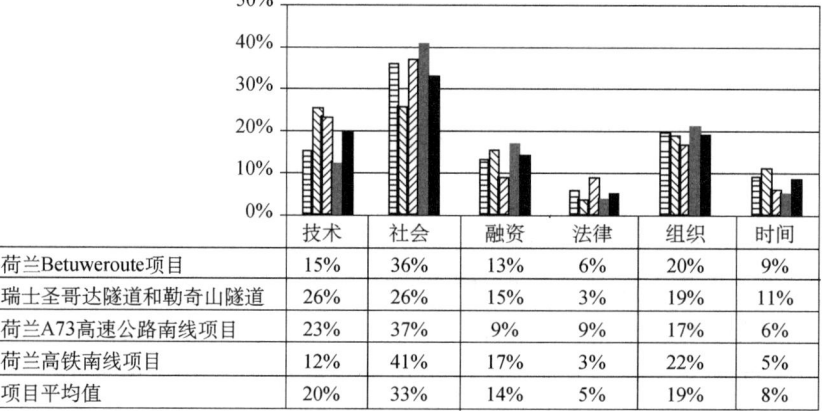

图4-8 荷兰Betuweroute项目、瑞士圣哥达隧道项目和勒奇山隧道项目、荷兰A73高速公路南线项目和荷兰高铁南线项目的复杂性视图

	技术	社会	融资	法律	组织	时间
荷兰Betuweroute项目	15%	36%	13%	6%	20%	9%
瑞士圣哥达隧道和勒奇山隧道	26%	26%	15%	3%	19%	11%
荷兰A73高速公路南线项目	23%	37%	9%	9%	17%	6%
荷兰高铁南线项目	12%	41%	17%	3%	22%	5%
项目平均值	20%	33%	14%	5%	19%	8%

当查看受访结果时,我们发现所有6种复杂性都得到了受访者的认可。但在对每一类复杂性的提及频率和重要性打分上存在巨大差异。相对来说,社会复杂性得分最高,法律复杂性和时间复杂性得分较低。不同的项目间也存在差异。在瑞士的项目中,技术复杂性和社会复杂性得到了相同的分数;而在荷兰的项目中,社会复杂性似乎占了主导地位。

一种研究项目复杂性的间接方法——关键事件分析法,也被用于此项调研。我们在不同的文章中深入分析了14个关键事件(详见6.3节)。对于每个事件和其决策过程,我们分析是否只能观察到6种复杂性中的其中一种,然后我们计算它们的相对重要性(总分还是100%)。

采用关键事件分析法的分析结果如图4-9所示。

---

① 取平均值:瑞士圣哥达隧道项目和勒奇山隧道项目的数据被使用了两次。

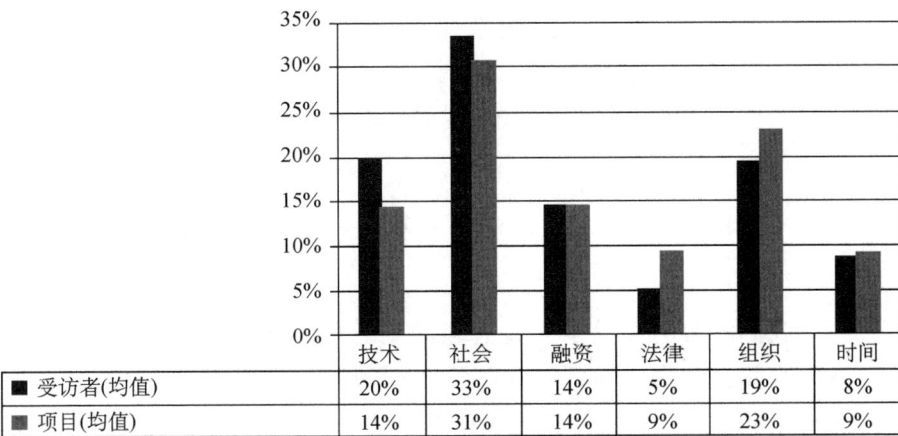

图4-9 14个关键事件的不同种复杂性分析

由图可知,采用关键事件分析法的结果依旧是社会复杂性被观察到的次数最多。当项目的挑战越大,社会复杂性也越大,这个与图4-9的分析结果相一致。一般来说,关键事件反映了访谈中报道的趋势。整体来说,图4-9显示的结果回答了如下问题:"对您来说是什么让这个项目变得如此复杂?"社会复杂性仍然是最主要的,而法律复杂性和时间复杂性则不那么突出。技术复杂性、融资复杂性和组织复杂性也很重要,但不如社会复杂性重要。

根据这个分析,我们可以得出结论:

> 大型基础设施项目复杂性维度中社会复杂性是最重要的。
> 法律复杂性似乎并不那么突出。

令人惊讶的是,法律复杂性在访谈中最少被提及。显然,大型基础设施项目实施过程中,法律复杂性并不是一个关键问题。这可能会让法学家们感到惊讶,法律最终并不会造成真正不同的结果,但这并不意味着法律复杂性不重要:它仍然对大型基础设施项目实施有很大的影响,只是没有其他复杂性因素那么直接。这一发现在一定程度上与官员们通常认为法律的复杂性会导致重大延误的论断相冲突[WRR[①]1994,Elverding委员会2008]。他们问自己:有可能通过优化法律体系来加快大型基础设施项目的进程吗?尽管法律体系的优化肯定是有益的,但我们的研究结果表明,处理社会复杂性的好处更大。

实践者的观点表明,大型基础设施项目的复杂性的核心是社会复杂性。这种社会复杂性源于利益相关方的不同利益偏好。当项目对利益相关方利益的影响较大时,利益的差异会导致感知和观点的冲突,从而严重影响项目的进展。从实践者的角度来看,社会复杂性似乎也由

---

① WRR:the Dutch Wetenschappelijke Raad voor Regeringsbeleid' (Scientific council for government policy).

另外四种复杂性引发:技术复杂性、组织复杂性、融资复杂性和法律复杂性。时间复杂性本身也带来了其他的观点:它体现了"变化"作为一种复杂性因素的重要性和影响,我们将在第 5 章详细讨论。基于此,我们得出结论:

> 技术、组织、融资或法律方面的变化都会导致项目的社会复杂性。

我们的案例提供了一些有趣的动态的例子。例如,在关于荷兰 A73 高速公路南线项目隧道安全的案例中,由于采用未经证实的新技术带来的技术复杂性导致成本预算上升,这反过来又引起了利益相关方之间的利益冲突,从而引发了一场关于谁将为增加的成本买单的辩论。同时,我们看到技术复杂性使得新的 CAF 技术如何满足安全要求变得不明朗。我们再次看到了技术复杂性和社会复杂性之间的关系。这似乎很容易解释:当利益相关方按照原计划执行时,问题就不会出现。因此,复杂性的类型只有在影响利益相关方的利益时才会造成麻烦。

社会性复杂性是大型基础设施项目的主要复杂性的结论也意味着:

> 复杂性与项目利益相关方从事的领域有关。

为了说明复杂性是如何相关的,我们使用了荷兰 A73 高速公路南线项目隧道安全的案例,在该案例中,融资和技术上的问题带来了关于项目法人和项目管理机构间的社会复杂性。项目管理机构必须评审技术上先进却带来不断上升的成本估算的方案,这些估算不满足审批的项目预算要求,并造成社会复杂性。同时,地方当局、消防部门和项目管理机构需要讨论,在法律上规定的最低安全水平是什么?新技术是否达到了预期的安全水平?这再次引发了一场利益冲突,因为当局对安全的看法与必须控制预算的项目管理机构不同。因此,我们在利益相关方的领域看到了工作的复杂性:项目管理机构无法顾及到消防部门和地方当局,因为它将在潜在的预算超支上与其项目的法人产生冲突。因此,迁就一个利益相关方,将意味着与另一个利益相关方发生冲突。这让我们陷入了一个最基本的两难境地:

> 支持利益相关方、项目法人、上级组织和得不到预期收益的利益相关方之间的紧张关系是社会复杂性的关键。这种紧张关系在项目管理机构的层次上变得明显。这涉及处理与有既得利益却不投资项目的利益相关方的利益,以及支持新建基础设施的项目法人和上级组织提出的限制。

项目管理机构经常需要权衡如何既满足项目收益,又达到基本的项目质量等方面的要求。这是由于外部需求和内部约束之间的平衡是动态的,不能随着项目进展而冻结。我们在隧道安全技术案例(荷兰 Betuweroute 项目和荷兰 A73 高速公路南线项目)以及涉及当地利益相关方的案例中都看到了这种动态的例子,详见表 4-6 所示。

表 4-6　由于外部需求和约束之间的紧张关系而产生的社会复杂性

序号	子案例	冲突
1	荷兰 Betuweroute 项目,组织	存在于项目法人(合同经理)和当地利益相关方(利益相关方经理)之间
2	荷兰 Betuweroute 项目,运营准备	存在于轨道这一基础设施的主要用户和未来用户之间:鹿特丹的运输公司,运营公司和港口
3	荷兰 Betuweroute 项目,项目范围和成本	存在于项目的预算限制与额外的需求之间,尤其是在海尔德兰省的预算中
4	荷兰 Betuweroute 项目,隧道安全技术	存在于当地利益相关方的安全需求与消防支出的有限预算之间
5	荷兰 Betuweroute 项目,潘纳登施运河	对于修建隧道而不是桥梁的预算,存在于财政部和海尔德兰省的预算限制之间
6	荷兰高铁南线项目,鸟类保护	存在于环保组织和政府部门的计划和预算约束之间
7	荷兰 A73 高速公路南线项目,隧道安全	存在于当地利益相关方的安全需求与消防预算约束之间
8	荷兰 A73 高速公路南线项目,政治协议	存在于省市和海牙交通运输部提出的地区要求之间
9	荷兰 A73 高速公路南线项目,环境补偿	存在于环保组织和交通运输部的要求之间
10	英国西海岸干线项目,历史	存在于交通运输部与私营公司(如英国铁路公司和维珍集团)之间
11	瑞士圣哥达隧道项目和勒奇山隧道项目,全民公投	存在于各州和公民的要求与政府部门预算的限制之间
12	瑞士圣哥达隧道项目和勒奇山隧道项目,乌里州	存在于本地需求和瑞士联邦交通局和阿尔卑斯枢纽圣哥达有限公司提出的预算约束之间
13	瑞士圣哥达隧道项目和勒奇山隧道项目,弗鲁蒂根	存在于瑞士联邦交通局和瑞士 BLS 铁路公司提出的本地需求和预算约束之间

从表 4-6 中可以看出,在所有的案例中,这种紧张关系都是可见的。所有的案例都支持我们关于大型基础设施项目的社会复杂性这一重要本质的结论。

内部利益相关方和外部利益相关方

现在我们已经从实践者的角度详细了解了复杂性的 6 种类型。我们已经证明,社会复杂性占主导地位。使我们特别感兴趣的是,不同项目利益相关者对复杂性的理解是否存在差异。当我们仔细查看数据时,也可以将复杂性与所代表的组织人员联系起来。我们已经尝试运用 Betuweroute 项目和两个瑞士项目做了分析。在我们的分析中,将所有的项目利益相关方分为两类。

(1) 内部利益相关方:项目管理机构、民众和上级组织。
(2) 外部利益相关方:非政府组织和地方政府。

荷兰 A73 高速公路南线项目和荷兰高铁南线项目的访谈数量不足以根据上面的分组绘制统计图(结果可能类似),结果如图 4-10 所示。

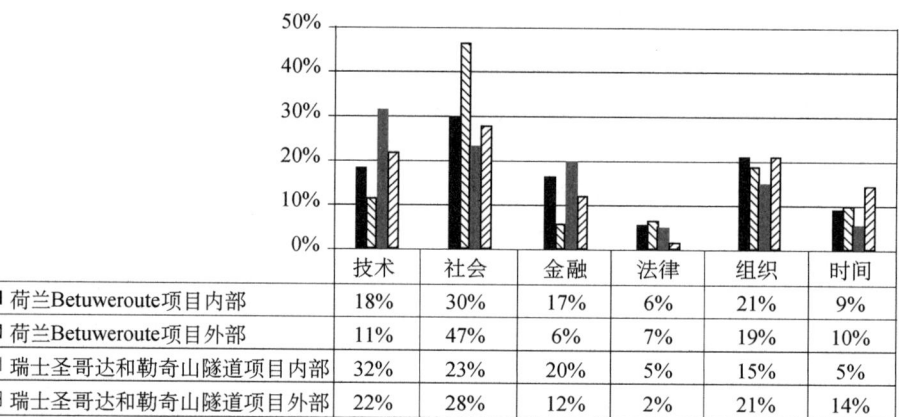

图 4-10 内部利益相关方和外部利益相关方对荷兰 Betuweroute 项目和瑞士圣哥达隧道和勒奇山隧道项目的复杂性评分

	技术	社会	金融	法律	组织	时间
荷兰Betuweroute项目内部	18%	30%	17%	6%	21%	9%
荷兰Betuweroute项目外部	11%	47%	6%	7%	19%	10%
瑞士圣哥达和勒奇山隧道项目内部	32%	23%	20%	5%	15%	5%
瑞士圣哥达和勒奇山隧道项目外部	22%	28%	12%	2%	21%	14%

在所有项目中,外部利益相关方,包括非政府组织和地方政府提到的社会复杂性最多。他们试图影响决策,但往往并不成功。外部利益相关方在所有项目中对社会复杂性的感受都高于内部利益相关方,这并不奇怪,因为外部利益相关方主要是在保护他们在项目中的利益。

为了产生影响力,必须认真对待政府和项目组织。
——荷兰 Betuweroute 项目协调者,福利委员会(建筑委员会)委员

所以根据我们的访谈,可以得出这样的结论:

并不仅仅是内部利益相关方才能体会项目的复杂性,外部利益相关方也深有体会。对他们来说,社会复杂性的影响力更大,甚至高于内部利益相关方对社会复杂性的打分。

4.10 总结与结论

在本章中,我们从一个基于实践的局内人的观点出发,开始了对复杂性的研究。我们已经证明,复杂性作为一个敏感的概念,被实践者认

为是项目成功实现的关键因素。根据对实践者的访谈，我们得到了一个由 6 种类型构成的复杂性模型：技术复杂性、社会复杂性、融资复杂性、法律复杂性、组织复杂性和时间复杂性。所有的复杂性对参与大型基础设施项目实施的实践者来说都很重要。这些是他们在项目执行过程中所要关心的，需要引起管理者的关注。

通过观察受访者的回答并分析我们的案例，我们得出结论：实践者经历的最主要的复杂性形式是社会复杂性。相反，法律复杂性被证明不那么重要。这很有趣，因为最近许多尝试鼓励大型基础设施项目的成功实施的倡议，都集中在法律方面。

在我们的案例中，组织复杂性主要体现在项目管理机构及其上级组织之间的关系上。项目管理机构在处理这些方面的挑战似乎与它们在处理非政府组织和当地利益相关方等方面的挑战一样多。因此，在这个意义上，组织复杂性与社会复杂性密切相关，但更关注在实施过程中集体活跃的利益相关方和承包商。组织复杂性的其他问题包括：如何寻找和激励有能力的人；许多决策没有明确的最佳解决方案；项目管理机构内部存在众多的相互干扰过程；以及需要签订大量合同（包括处理界面的挑战）。

技术和融资复杂性被证明与社会复杂性密切相关。当技术和融资复杂性影响到大型基础设施项目的利益相关方时，它们确实会带来很多麻烦。技术和融资复杂性触发了社会的复杂性。技术复杂性主要体现在：新的创新技术带来的成本变动以及技术的不确定性。融资复杂性与项目成本和利益相关方利益分配的矛盾有关，此外还有对合同和协议的不同理解，战略误读、乐观主义偏见和悲观主义偏见以及级联失真。

在第 3 章中我们已经总结出，基于故事线，复杂性产生的原因是由于大型基础设施项目涉及众多参与方。这一结论与我们在分析社会复杂性是主要复杂性这一章节中实践者的看法不谋而合。社会复杂性的核心在于涉及利益相关方的不同利益，包括非政府组织和当地利益相关方之间，以及项目法人、用户和上级组织之间。项目法人、用户和上级组织是对项目进行投资并需要其最终产品的人。为了控制项目投资成本，在范围、进度和预算限制方面，项目所用的资源往往都有严格的规定。但外部利益相关方，如非政府组织和当地利益相关方，不需要关心资源限制，他们主要是保护自己在项目中的利益，时间和预算限制基本上不是他们所关心的问题。项目管理机构充当这两组利益之间的中介，这使得利益冲突很可能在这里发生。正是在这个层次上，不同的利益导致了不同的看法和观点。大型基础设施项目的社会复杂性通常就是在这里产生的。很明显,处理这种社会复杂性是从事复杂项目的管理人员面临的主要挑战之一。

在我们的分析中,时间复杂性被证明是一个例外的维度,因为它与"变化"息息相关,而"变化"又影响了其他 5 个维度的项目复杂性。在前一章中,我们已经得出结论,每个项目都有一个独特的历史,并受到独特事件的强烈影响。这意味着,大型基础设施项目的特点是一个"非线性"的实施过程,在本章进一步概述。对于管理人员来说,这种复杂性意味着需要开发一种独特的、量身定制的方法来应对特定部门面临的挑战。在下一章中,我们将给这种复杂性贴上动态复杂性的标签,并说明它在实践中的可见性。在第 8 章至第 10 章中,我们将提供管理策略来处理这种复杂性。

本章在比较 6 种项目复杂性的重要性时,受访者对社会复杂性和组织复杂性评分最高。然而,这并不意味着大型基础设施建设技术挑战不重要,只是社会复杂性和组织复杂性似乎需要花费更大精力,这可能是因为它们更无形,而且随着时间的推移在发生着变化。随着新的利益相关方的参与,在项目实施的不同阶段,他们的利益可能会发生变化,正如我们在本章中所展示的那样,并将在下一章中作详细说明。

最后,我们已经证明,不仅只有项目管理机构和政府方能体验到项目的复杂性,参与大型基础设施项目的其他涉众也可以感受到。这些其他利益相关方(非政府组织和当地利益相关方)不仅会经历社会复杂性,也会遇到其他关于组织复杂性的问题:例如,如何在没有专门资源的情况下自我组织?

本章从实践角度研究了项目的复杂性,我们现在通过引入一个更理论化的观点来继续探索大型基础设施项目的复杂性。深入挖掘复杂性的概念,以增加我们的理解,并提供更多和新的见解,可以帮助那些正奋斗在大型基础设施项目一线员工处理面临的挑战。

5　复杂性的科学认识

在第 4 章中，我们概述了实践者对复杂性的看法。在其他案例中，该观点向我们证明了在实施大型基础设施项目时，社会复杂性是主要因素。还证明复杂性是实践者可以识别的术语，这非常有利于描述和讨论大型基础设施项目在成功实施中出现的挑战。在本章中，我们将通过添加有关复杂性的理论来尝试建立此基础。我们将回答以下研究问题："理论上如何定义复杂性？""如何与实践进行比较？"因此，我们提出了一个基于理论和实践相结合的概念框架来描述大型基础设施项目的复杂性。此外，这个框架将为我们提供将复杂性与几种不同的管理策略联系起来的基本要素，这将在本章的最后进行展示。

同时我们建立实践者的方法和理论方法，主要是因为我们认为提出一个以上的观点来提高研究质量是有效的（所谓的"三角验证"，详见第 2 章），这在我们已经采用的以定性为主导的研究方法中尤其富有成果。另一方面，我们发现以统一的方式定义复杂性是困难的，因为复杂性一词在实践和文献中都有多种解释。对于复杂性现象根本没有公认的定义。这就是我们提出两种方法的原因，一种基于实践（第 4 章），另一种基于理论，专门为处理复杂性可用的管理方法提供见解（第 5 章）。

在本章中，我们将深入研究复杂性理论。我们的框架中区分了两种关于复杂性的观点：细节和动态。细节复杂性侧重于众多组成部分和高度的关联性，动态复杂性侧重于大型基础设施项目中的不确定性决策和非线性发展。两种方法来自不同学者的观点，并且以不同的方式定义复杂性，但是这两者都是有效的。在前两节中，我们将描述关于现存的两种不同观点（5.1 节），然后介绍源自这两种观点的两种形式复杂性：细节和动态（5.2 节）。在此之后，我们将继续关注细节复杂性（5.3 节）和动态复杂性（5.4 节），然后我们将对大型基础设施项目复杂性进行综合（5.5 节）。综合之后，我们进一步确定了大型基础设施项目复杂性管理的关键含义（5.6 节）。最后，在 5.7 节中，我们引入一个管理策略框架来解决大型基础设施项目中的各种复杂性,该框架也是第 6 至第 10 章有关复杂性管理的基本框架。

5.1 现存的两个观点

> 你在使用理性原则进行管理时会发现,事件是按照复杂性理论展开的。
>
> ——Gerhard Jacobs,项目经理,对表 5-1 的回应

在我们搜索与大型基础设施项目管理相关的现存观点的文献时,发现一个有趣的差异。我们将其中一种标记为"确定性",另一个标记为"复杂性"。这种差异是该领域中许多学者提出的,尽管有些人使用不同的短语来描述这两种观点,但他们为如何看待大型基础设施项目的复杂性提供了有价值的见解。传统方法代表简化主义、因果思维和秩序,关系可阐述、基本模式可发现。我们将其称为"确定性方法"。与传统方法相反,复杂性科学家一直在开发一种新方法,这种相反的方法包括整体论,相互关系和承认巧合。我们将其称为"复杂性方法"。

从 18 世纪至今,牛顿科学一直是文明的基础(图 5-1)。牛顿的思想,特别是他的 3 个运动定律和重力定律被证明是非常成功的。它们象征着人类思想对物质的胜利(S. Bais,2005),并为其他科学树立了榜样。按照这种观点,世界是一个行为举止良好的机器,其过程清晰而确定(J. Polkinghorne,2002)。

在 19 世纪末,许多物理学家认为世界已被很好地描述。诺贝尔奖获得者阿尔伯特·米歇尔森(Albert Michelson)在 1894 年说:"自然科学唯一剩下的就是定义小数点后的第六位数字。"(J.P. McEvoy, O. Zarate,1997)然而,在几十年中(1900—1930 年),相对论和量子力学理论掀起了一场革命,证明了这些思想是错误的。

在传统观点中,因果之间的影响是简单、清晰和线性的(Tetenbaum in Brukx and Wackers,2001)。可以发现问题,找到解决方案并加以实施,从而一切都得到控制(Flood,1999)。世界是可知的,秩序是可控的。但是,不仅物理学家,而且其他领域的科学家都对确定性观点产生怀疑,尤其是那些研究复杂性的科学家。Teisman(2005)认为,几乎不可能知道所有初始条件:人、动机、人际关系、这些条件的发展过程、法律的可变因素、举止及国际关系等。按照现在的技术条件,我们仍不可能很好地预报一周后西欧的天气,况且诸如大型基础设施项目中所能找到的社会系统比天气系统更为复杂,不可能对初始条件及其影响有足够的认识,也就是说,不可能完全解开因果关系链。复

图 5-1 牛顿

杂性科学家认为，牛顿传统的有序和可控的方法不适用于描述复杂性。也不适用于全面处理复杂性，他们在20世纪的最后几十年提出了一种关于复杂性的新的思维方式，这种新的思维方式也已被应用在大型基础设施项目的研究中。

Teisman 描述了他在"威廉地铁隧道"（Willemsspoortunnel）中的发现，"威廉地铁隧道"是鹿特丹中心马斯河下方的铁路隧道项目。他试图确定建造隧道的"决定"，这是确定性方法所必需的，但他找不到这个决定（Teisman，1992），似乎该决定从未正式做出过。他发现所记录的只是许多小决定，但并非所有相关的小决定都可以检索到。例如，您如何考虑交通运输大臣与承包商在乘船旅行期间进行重要（非正式）的双边讨论？如果由于天气恶劣而取消这次乘船旅行会发生什么？

在表5-1中，我们总结了上述两种观点之间的主要差异（基于Stacey，2001；Flood，1999；Axelrod and Cohen，1999；Flood and Carson，1988；Teisman，2005；Tetenbaum，1998）。

在表5-1中，我们可以发现现实的类别与不同的管理原则是息息相关的。尽管我们将在本书后面描述复杂性的管理，但对此提出一些初步想法是有用的。

表5-1 确定性方法与复杂性观点

观点	确定性观点	复杂性观点
基本假设		
可知性	世界是可知、可控、可预测和可管理的	世界的复杂性在某种程度上是不可知的、不可控制的、不可预测的和不可管理的
理性	客观理性与可判断	有限理性与判断边界
巧合	巧合的重要性不大	巧合比任何单个决定都重要
特征	稳定	不稳定
视角	研究人员是世界独立的外部观察者	研究者是系统的一部分
开放性	封闭系统，可以与系统外部环境分开描述	开放系统，对环境的反应有所变化，反之亦然；复杂的情况会随着时间而发展。兴起：系统是特征的来源。变化率取决于情境
因果	A 导致 B 合理。解决方案是根据因果因素定义的。因果之间的影响是简单，清晰和线性的	行为是循环的结果，变量相互关联
管理策略		
分解	还原主义。整个过程可分为几部分，而不会丢失任何信息	整体主义。世界包括许多相互关系，需要作为整体理解。整体大于部分之和

续表

观点	确定性观点	复杂性观点
成功组织关键点	命令与控制。动态性是由中央机构指导的,是正式规则和实践的结果	通过建立连接形成关键网络,通过"合理性"进行管理
问题解决	可以识别问题,可以找到解决方案并实施,从而使所有事情都得到控制	解决问题必须通过许多内部联系与应急行为,这些行为自己本身可能并不了解
目标设定	专注于长期计划和固定的实施方案	我们最能做的就是管好当前事务,不断回顾可能发生的事情
自组织	没有。重点是从一个独立的位置开始组织	动态行为能够通过自发的自组织产生意想不到的变化和新颖的结果
理论主体	系统管理(项目管理)	流程管理(荷兰式) 复杂性管理

Stacey(Rosenhead,1993)提到需要两种管理方式。这两种管理方式在很大程度上与下文的两种观点相对应:

(1)日常管理,聚焦管理中心并通过日常管理解决问题,以实现组织的既定目标。该类型的管理被用来提供具有成本效益的行为。

(2)非凡管理,相反,是在开放式变化的情况下需要的管理,这需要来自不同业务部门、不同职能和级别的成员建立非正式结构。

Teisman(2005)指出,在当今复杂的环境中,这两种方法(表5-1)都是必要的,他将这些方法与管理者的核心能力联系起来(图5-2)。

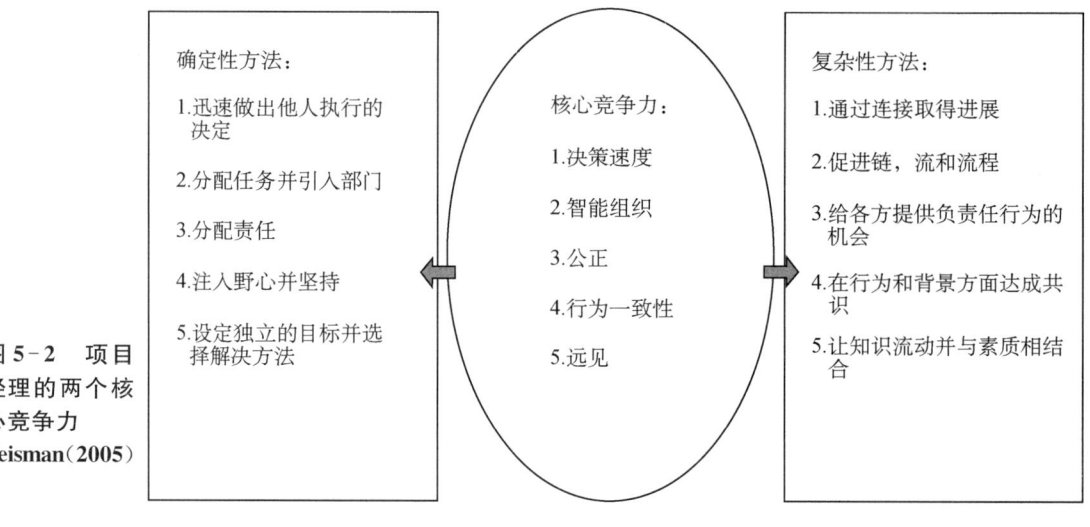

图5-2 项目经理的两个核心竞争力
Teisman(2005)

本节中的两种方法让我们有大型基础设施项目复杂性及其管理中通常有多种方法可以被应用的第一印象。我们将从5.6节更详细地阐述管理方法。这些差异可能源于观察和研究现状的基本差异。然后,我们继续展示如何将这两种现存的相反观点转化为"复杂性"一词的定义,这使我们能够区分细节复杂性和动态复杂性。

5.2 复杂性的两个视角

> 世界起源于无尽的巧合,随着时间的流逝而发展。
> ——Harry Mulisch,作家,NRC Handelsblad,18—19 November 2006

现在我们看一下复杂性概念本身。复杂性管理领域的作者认为复杂性是什么意思?它与第 5.1 节中提出的关于现存的两种观点相比有什么区别呢?

关于复杂性的文献是最近一段时间发表的且本质上是理论性的。即使许多作者都没有定义复杂性本身的概念,但他们谈到了复杂性及其处理方法。即使许多标题中都带有"复杂性"一词,但这些文献都没有明确复杂性的定义。幸运的是,一些前沿的作者确实定义了复杂性,而且部分作者对复杂性进行了概述(例如 J.M. Sussman,2002)。

我们不会详细讨论所有作者的定义,而是研究他们成果中发现的共同要素。当我们分析复杂性的各种定义并结合实践者定义的复杂性时,发现复杂性方面存在两种类别。

(1) 细节复杂性
- 许多拥有高度相关的组成部分。

(2) 动态复杂性
- 随着时间的推移不断发展的潜力:自我组织和共同演化。
- 理解和可预测性有限。

我们选择了两种类型之间的区别作为描述和解释大型基础设施项目复杂性的主要依据。这样做的原因如下:

(1) 细节和动态复杂性在理论上存在一定的差异。
(2) 细节和动态复杂性在实践中存在显著差异。
(3) 细节与动态复杂性之间的差异为在复杂性与管理策略之间建立联系提供了卓有成效的基础。

1. 细节和动态复杂性在理论上存在一定的差异

为了定义复杂性,我们研究了 13 位作者[①]。每个作者都提到我们在细节复杂性定义中提出的特征,其中大约一半提到动态复杂性。细节复杂性与上一节中介绍的传统视角相关,它以元素的数量和关系为要素。另外,在复杂性观点中,因果之间的关系是分散的,巧合起着重要的作用,该观点中动态复杂性与复杂性观点存在联系。复杂性的首

---

① 对复杂性界定的作者:Robert Axelrod, Michael D. Cohen; Peter Coveney, Roger Highfield; Robert L. Flood, Ewart R. Carson; Murray Gell-Mann; Joel Moses; Charles Perrow; Eberhardt Rechtin, Mark Maier; Peter Senge; Ralph Stacey; John Sterman; Joseph Sussman; Geert Teisman; Edward O. Wilson

要特征("具有高度关联性的许多组成部分")非常明显。第二点打破了传统的观点,即系统是可知和可预测的。Peter Senge(1994)指出了这两种复杂性。细节复杂性是指存在许多变量的系统,动态复杂性是指因果关系微妙且干预措施随时间变化影响不明显的情况。

根据 Senge(1994),动态复杂性发生在:

(1)当相同的动作在短期和长期内具有显著不同的效果时;

(2)当一项操作产生一组效果,而在系统的另一部分产生不同的效果时;

(3)当明显的干预没有产生明显的效果时。

在议会对荷兰主要基础设施项目进行质询时,可以找到"明显的干预没有产生明显的效果"的例子(TCI 报告)。这些分析可为改善大型基础设施项目的执行提供建议。但是,这些建议仅针对大型基础设施项目所涉及的利益相关方系统的一部分,即负责项目执行的政治方面(众议院)和项目法人(交通运输部)之间的关系。尽管这些建议对系统的这一特定部分有意义,但它们可能会使参与交付大型基础设施项目的整个利益相关方系统产生完全不同的结果,甚至可能产生不想要的结果。

其他作者使用与 Senge 所介绍的相似的区别,概述详见表 5-2。

表 5-2 理论中关于复杂性的不同描述

作者	复杂性种类的描述	
Senge(1994)	细节复杂性	动态复杂性
Teisman(2005)	繁	综合
Whitty & Maylor(2007)	结构	动态
Williams(2002)	结构	不确定
Many Authors(i.e: Kurtz,Snowden)	繁杂	复杂

如表 5-2 所示,对于不同类型的复杂性,尽管名称可能存在一些差异,但其界限的划分可能非常相似。在本书中,我们选择使用 Senge 提出的区分"细节"和"动态"复杂性。我们认为,这两个术语最能描述这两种类型的复杂性的本质。

2. 细节和动态复杂性在实践中存在显著差异

在第 4 章中,介绍了实践者对大型基础设施项目复杂性的观点。从他们的描述中,我们发现了细节和动态复杂性概念之间的许多联系。关于瑞士两个隧道访谈中的例子表明,大型基础设施项目的实践者认识到了细节和动态复杂性。

瑞士联邦交通局阿尔卑斯枢纽部的一名聚焦于地质学的经理,为我们提供了一个细节复杂性的例子:

(项目对)地质要求很复杂,并伴有较大的技术风险,例如建筑材料的运输。但总的来说,我们能够处理好,这一切都是可控的。

瑞士乌里州一名官员回答有关瑞士圣哥达隧道项目问题时,他质疑关系到动态复杂性后说道:

对于什么将成为现实,什么将不会成为现实,没有一般性的概述,对此我们也负有部分责任。

如果我们看一下实践者的观点,我们可以清楚地看到某些特征是细节复杂性的形式,而另一些特征则与动态复杂性有更多的联系。在表5-3中,我们概述了一些普遍的示例。

如表5-3所示,实践者可以观察到细节和动态复杂性的每个元素。与早期的实践者的观点相比,细节和动态复杂性之间的差异为观察复杂性提供了不同的视角,这在实践中是显而易见的。

表5-3 实践者视角的细节复杂性与动态复杂性

复杂性	细节复杂性	动态复杂性
技术	• 巨型产品(范围) • 产品之间的许多联系	• 未证实的技术 • 技术不确定性
社会	• 利益相关方众多 • 关系繁杂	• 不同的含义和认知 • 利益随时间变化 • 合作随时间变化
融资	• 难以为项目的每个部分都计算出成本	• 不断变化的市场状况 • 对定义和协议的不同看法 • 战略性误解
法律	• 经常需要大量的许可	• 变化,不存在和冲突的法律 • 许多决定没有明确的最佳解决方案 • 影响项目管理机构的未来发展
组织	• 大量参与的组织 • 众多干扰工作的进程 • 大量具有过多交互的合同	• 研究者是系统的一部分
时间	• 计划单独的活动及其关系	• 长期持续发展 • 没有顺序的实施过程 • 规划必须处理许多不确定和模棱两可的过程

在第3章介绍的案例概述中,也可以看到细节和动态复杂性的区别。在这里,我们描述了每个选定案例的事实和数据(与细节复杂性紧密相关)与历史发展(与动态复杂性紧密相关)。结合这两个概述,可以对这些项目进行有意义的描述,使得两类复杂性互相补充,同时被作为描述大型基础设施项目复杂性的基础。

3. 细节与动态复杂性之间的差异为在复杂性与管理策略之间建立联系提供了卓有成效的基础

事实证明,复杂性的6个要素是确定复杂性的有效框架。那么,为什么我们不将这6个要素作为研究其的主要视角呢？有两方面的原因。首先，实践者观点的6个要素在有关复杂性的文献中不是显然易见的。其次，更重要的是，细节与动态复杂性之间的差异使我们能够在可用的管理策略之间建立联系。而且，我们的主要研究问题是寻找大型基础设施项目中成功管理复杂性的关键要素，因此这一点也至关重要。两者间的联系将在5.5节和5.6节中给出。

5.3 细节复杂性

关于复杂性的文献中提到的最主要的因素是，当系统具有许多高度关联的组成部分时，该系统就是复杂的，我们将其称为"细节复杂性"或"繁杂系统"。当一个系统由许多以复杂的方式相互连接的部分组成时，它是复杂的（Sussman，2002）。根据 Perrow（1984），复杂性取决于系统中组成部分的数量及其相互作用。

> "许多具有高度关联性的组成部分"形成了以下复杂性的概念：
> （1）关系错综复杂。
> （2）描述系统的话语长度决定了复杂性。
> （3）更多的关系并不一定会导致更多的复杂性。

组成部分之间的更多交互并不总会导致更复杂的系统，我们将以诺贝尔奖获得者 Murray Gell-Mann 的例子进行说明。根据 Murray Gell-Mann（Axelrod，Cohen，1999），当系统难以被预测时，该系统是复杂的，这并非因为随机性，而是由于不能对其规律性进行简短说明。换句话说：复杂性取决于描述系统的话语长度（Gell-Man 1994）。

图 5-3 八个点的连接方式（Gell-Man，1994）

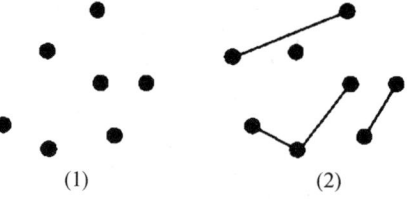
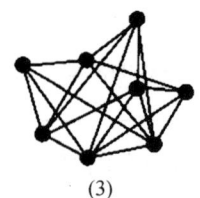
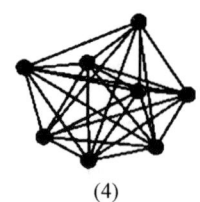

(1)　　　　(2)　　　　(3)　　　　(4)

为了解释这一点，Gell-Man（1994）绘制了8个点，见图5-3中的图(1)。在图(2)中，某些点被连接；在图(3)中，连接数比在图(2)中多；并且图(4)显示所有可能的连接。图(1)很简单，图(2)（包括一些连接）比图(1)更复杂（或没那么简单），最有趣的是图(4)。最初的结论可能为图(4)是所有连接中最复杂的，因为它包含的连接最多。"但这有意义吗？将所有点连接起来难道不是和没有点连接一样简单吗？"Gell-Man

认为,图(4)和图(1)一样,可能属于最不具有复杂性的。描述图(4)所需的描述话语长度短于图(2)或图(3)。

盖尔曼(Gell-Man)在《夸克与美洲虎》(*The Quark and Jaguar*,1994)中总结到,对复杂性的任何定义都必须取决于情境,甚至是主观的:"……描述系统的详细程度已经有些主观了,它还取决于观察者与观察设备。……描述话语的长度取决于受访者所拥有的知识和理解能力。"

实践中,我们观察到了许多大型基础设施项目中细节复杂性的示例。可以在这些项目的以下的 3 个子系统中发现细节复杂性:

(1) 利益相关方。
(2) 产品(基础设施)。
(3) 活动。

这种区别源于我们对细节复杂性组成部分的搜索。当我们进行事件的聚类分析时,出现了大型基础设施项目中的这 3 个子系统。这 3 个系统的高细节复杂性与第 3 章中提供的事实和数据有关。

在大型基础设施项目中,我们识别出一个由许多具有不同关系的参与方(直接参与方或代理)组成的网络。在所有调查项目中,所考虑到的外部利益相关方的数量众多。例如,英国西海岸干线项目有 700 多个组织参与其中。

图 3-5 展示了荷兰高铁南线项目及其众多利益相关方组织的利益相关方网络。这些利益相关方之间有许多正式和非正式的关系。

荷兰 Betuweroute 项目的当地利益相关方的回复也是如此。案例 5.1 对此进行了说明。不难发现,大型基础设施项目的参与方的数量众多且关系复杂。

图 5-4 Gerd Leers 照片
(Werry Crone 拍摄)

案例 5.1

在 1992 年 4 月 16 日至 7 月 27 日,荷兰 Betuweroute 项目的咨询期间可以看到一个利益相关方数量惊人的例子(TCI,Reconstructie Betuweroute,2004 年)。在 1992 年 5 月,共组织了 25 次新闻之夜(information evenings)。公民和组织的答复总数为 1 879 个。从 1992 年 8 月至 1992 年 10 月,已邀请 450 人在 18 场听证会中表达他们的意见。因为数量远远超出了最初预期,负责此轮协商的组织(荷兰的"Overlegorgaan Verkeersinfrastructuur")需要更多时间来处理所有的意见。

在图 5-4 中,1993 年议员 Gerd Leers 和荷兰 Betuweroute 项目的报告一起拍的照片,显示了此项目产生的大量文书工作。

因此，在研究大型基础设施项目过程中，在考虑"许多具有高度关联性的组成部分"时很容易看出它们是复杂的。如前所述，当考虑系统中涉及的参与方及其之间的许多关系时，该观点是正确的。但对于要建造的基础设施（第二个系统：产品）也是如此：观察研究项目中的事实和数据，就可以清楚地知道存在大量不同的组成部分和关系。大型基础设施项目意味着数千米的铁路和公路设施，它们之间的错综复杂的关系也存在于下部结构、上部结构、通信系统、桥梁和隧道中。因此，不仅利益相关方系统显示出细节复杂性，产品（大型基础设施项目中的基础设施）也显示出类似的细节复杂性。

最后，细节复杂性也可以在需要执行的活动中找到。在荷兰高铁南线项目的合同模型中发现了多组成部分和高度相关性的例子（详见3.2.1节）。在大型基础设施项目中很大一部分工作是由承包商完成的，项目管理机构是他们的业主。在荷兰高铁南线项目内部，各种合同之间有许多界面，分别为部分下部结构、上部结构和运输提供单独的合同。管理这些合同之间的界面是项目管理机构的关键活动之一。这些例子表明，在项目管理机构以及可能的其他利益相关方需要执行的活动中也存在着细节复杂性。

因此，当看到"具有高度关联性的许多组成部分"时，我们得出如下结论：通常可以在大型基础设施项目中轻松观察到这种类型的复杂性。但是，在对子案例的分析中我们发现，在考虑大型基础设施项目中的重要事件时，这种类型的复杂性本身并未发挥主要作用！

> 大型基础设施项目显示了利益相关方系统、基础设施产品以及实现该产品所需的活动的细节复杂性的特征。但是，这本身并不会对其实施过程产生最主要的影响，因为它大部分不会影响利益相关方领域。

因此显然易见的是，细节复杂性目前并不一定会产生关键影响。实际上，在分析选定的子案例时，我们仅发现一个细节复杂性起着决定性作用的例子：在大型基础设施项目的成本和范围讨论中。荷兰Betuweroute项目的产品范围和所附的成本估算包括许多要素。这些要素是高度相关的，因为范围内一个要素的更改可能导致其他部分的更改。例如，隧道技术设施的变更可能会影响隧道使用的混凝土结构以及混凝土的运输。范围中要素之间的关系很难定义，这使得预算（对于单独的要素和整个项目）难以计算。因此，我们可以从中看出范围和预算之间错综复杂的关系。这种关系是细节复杂性影响实施过程的一种形式，因为它使得难以就范围变更的决定进行讨论（尤其是在项目法人和项目管理机构之间）。

隧道安全技术例子还揭示了成本与范围之间的复杂关系如何对大型基础设施项目涉及的利益相关方领域产生重大影响。在这里，我们可以初步了解为什么细节复杂性不是大型基础设施项目中的主要问题——因为它通常在利益相关方网络中不发挥重要作用。因此，尽管庞大的参与方数量及其各种关系可能很显著，但是数量本身并没有对大型基础设施项目的管理构成主要挑战。当成员和人际关系清楚且稳定时，管理任务看似很困难，但并不是那么棘手。我们将在下一节中看到，其他与动态复杂性有关的问题被证明更为重要。但是必须强调的是，尽管细节复杂性并不是主要因素，但这绝对也是需要解决的。

5.4 动态复杂性

> 创造信息之多以至于无人能完全吸收，产生关系之多以至于无人能管理，刺激变化速度之快以至于无人能跟上，也许这是人类有史以来第一次。
>
> ——Peter Senge，1994 年

复杂性的第二种方法源自生物学和数学领域。最近源自这些研究领域的关于复杂性理论的观点已被转化为管理领域的理论。

正如我们之前介绍的，动态复杂性具有以下特征。

（1）随着时间不断发展的潜力：自组织和共同演化。

（2）有限的理解和可预测性。

第一个特征来自系统的观点。动态复杂系统具有随时间推移发展的能力，它们是自组织并且具有共同演化的特征。第一个特征与大型基础设施项目中活跃的利益相关方系统密切相关。因此，"模糊"概念与相对的不确定性概念通常存在部分联系。模糊可以定义为缺乏利益相关方经历的一般解释。这些观点将在第 5.4.1 节中讨论。

第二个特征来自决策者的观点。对于动态复杂系统，决策者必须在有限的理解和可预测性下工作。这与本节归纳的"不确定性"概念紧密相关。在复杂性环境中进行决策，能让我们就如何处理复杂性提出一些初步见解。在 5.4.2 节中，我们尝试在复杂性及其管理之间建立第一个联系。

5.4.1 随时间演化的潜力：自组织和共同演化

> 事实就是事实，但现实是可感知的。
>
> ——爱因斯坦

大型基础设施项目中的系统是如何随着时间演化的？正如我们在第 4 章中看到的，这一演化的主要动力在于大型基础设施项目内部活跃的利益相关方系统。在本节中，我们将更深入地研究此利益相关方系统中的变化是如何发生的，以及如何从这方面理解大型基础设施项目的复杂性。

随着时间推移，发展的潜力产生了以下大型基础设施项目复杂性观点：

(1) 突发事件可能非常重要——巧合的重要性。
(2) 初始条件中最小变化的敏感性——历史路径依赖性。
(3) 复杂自适应系统（大型基础设施项目中发现的）不断发展并具有改进的能力。
(4) 就模糊性而言，复杂性与利益相关方偏好的冲突有联系。
(5) 引起利益相关方系统变化的利益相关方的偏好变化通常源于不满。
(6) 利益相关方的偏好变化与外部因素和内部发展有关。
(7) 系统状态的变化在大型基础设施项目中的所有三个主要子系统中均可见，即利益相关方网络、最终产品（基础设施）和活动。

1. 突发事件可能非常重要：巧合的重要性

> 令人意外的是，那些认为对流程无关紧要的人通常具有阻止此流程的最强大力量。
>
> ——Frans Evers，前自然保护协会首席执行官

许多科学家都提到次要的因素可能会产生重大的影响，初始条件的微小变化将被放大而不是被减小。巴西蝴蝶翅膀的扇动能否在得克萨斯州引发龙卷风？但是，如果蝴蝶在不同的时间或以不同的方式扇动翅膀，那是否还会导致德克萨斯龙卷风（Flood，1999）。实际上，我们认为的"细节"可能会产生很大的影响。March（1994）强调了巧合的重要性，并指出巧合和特定时刻比任何单个决策都重要。在荷兰 Betuweroute 项目的隧道安全技术中发现了一个小事件产生大影响的例子。在专门制订的隧道安全指南（"绿皮书"）中，前文提到应使用自动喷淋灭火装置。这个确切的表达引起了项目中的大量讨论，因为后来人们对自动喷淋灭火装置是否为隧道安全技术最合适的解决方案产生了重大疑问，准则中的一句话可能会被讨论多年。

我们所观察到的细节可能变得非常重要的子案例不止一个。在瑞士，我们发现了另一个例子。瑞士的民主进程程序意味着重要的决定需要各州投票，由于建造瑞士圣哥达隧道项目和勒奇山隧道项目没有

足够的州支持,因此政府必须提议同时实施这两个项目以获得必要的州支持。简而言之,显然有人会认为是瑞士的投票机制造成了这一事件的发生,因为只修一个隧道就可能满足需求了,但是修建了两个。

最后一个例子是荷兰高铁南线项目,我们发现由于希望建造一条设计速度为300公里/小时的新线路,1994年成立的政府在其政府声明中发出了非常重要的信号。尽管该信号只是宣言中的一句话,但在政治辩论中却显得尤为重要。这句话是:"政府确定了完成荷兰高铁南线项目的计划,包括首选的替代路线。"因此,即使在重要的一轮公开辩论和众议院的决定之前,该决定似乎已经确定了!基础设施委员会(Technical Committee Infrastructure, TCI)尤其注意措辞及其情境以突出这句话的重要性。时任首相 Wim Kok 也引用了这句话。

> 我们将首选替代线路视为起点。尽管这可能总是脱离政府的声明,但只有在重大事件或变更需要改变观点的情况下才可以改变。
>
> ——TCI 报告荷兰高铁南线项目

看来,这个小事件在政府声明中只占一句话,对项目的决策产生了重大影响。这使我们对大型基础设施项目的复杂性引入以下概念:

> 在大型基础设施项目中,看似联系较小且不重要的事件也可能会产生重大后果。

除了次要因素和细节的重要性,所谓的"突发事件"在大型基础设施项目中也起着重要作用。我们要重点介绍的荷兰高铁南线项目的一项特殊发展是"Bos 替代方案",这项替代方案是由一个平民(W. Bos)独立制订的。他满腔热情地支持和捍卫自己的替代计划,付出极大的努力以引起关注。最后,该计划受到关注主要是因为它遭到了一些利益相关方的抱怨,例如荷兰住房、空间规划及环境部和环境影响评价委员会。这使得该替代方案在政府内部的讨论中发挥了重要作用。显然它对"绿色心脏"隧道建设的主要范围变化产生了重大影响,项目管理机构无法预测该替代方案的发展及其在前期讨论中将发挥的作用。这是"突发事件"的最好例子。

我们的案例中另一个突发事件是:由于缺乏财政资源,交通运输大臣决定推迟 A73/74 项目。这种意外或突发事件是大型基础设施项目复杂性的典型表现。在该案例中,我们看到这一决定激励了当地各方制订一种新的替代方案,新方案扩大了范围并最终导致对该项目进行大修。

我们的案例中还发现了许多其他有影响的突发事件。一个很好的例证是在瑞士圣哥达和勒奇山隧道项目中与欧盟就重型车辆税的使用进行的讨论，逐步增加重型车辆税的实施为按时完成勒奇山隧道项目提供了巨大的动力，因为这将带来很大一部分资金而得以完成其他项目。瑞士项目还提供了更多"突发事件"的有趣示例，最有影响力的活动之一是《阿尔卑斯倡议》，该倡议导致了 1994 年的全民公投。由于该公投获得批准，项目组织 BLS 和阿尔卑斯枢纽圣哥达隧道提出的范围持续受到有关保护阿尔卑斯山要求的压力。另一个示例在切内里隧道讨论中可以找到。由于其他地区的隧道灾难，迫切需要将原来的单孔隧道设计改为双孔隧道。

> 在项目管理机构的管理控制范围之外的突发事件，可能会对项目的决策和结果产生重大影响。

需要注意的是，这些突发事件中有许多不在项目管理机构管理层的控制范围之内。在研究可能的成功管理策略时，此发现具有重大意义：没有明显控制权的事物如何管理？这将在 5.6 节中解决。

2. 初始条件中最小变化的敏感性-历史路径依赖性

初始条件极其重要的见解并不新鲜。法国数学家亨利·庞加莱（Henri Poincaré）早在 19 世纪末就证明，初始条件的极小变化会导致完全不同的运动和结果（S. Bais，2005 年）。这种对初始条件的极端敏感性具有重要意义，显然它导致了"混乱行为"。反之，我们只能在一定程度上重现初始条件。这意味着对于我们大多数不简单的问题，确切的解决方案将是未知的。这种观点与牛顿理论背道而驰。

在第 3 章中描述的案例项目中也发现了初始条件的重要性。主要的例子是荷兰 Betuweroute 项目，尽管项目情况发生了很大变化，但最初对项目的反对却持续了很多年。在荷兰高铁南线项目也发现了类似的例子，荷兰高铁南线项目的初步考虑是欧洲实现高铁网的雄心壮志，这些野心得到了交通运输部和当时大臣的大力支持。在极早的阶段，似乎已经完成了一些主要的项目决策。第一个主要决定是关于 300 公里/小时的设计速度，第二个决定（当然与设计速度有关）是建造一条全新的线路，而不是使用现有轨道。尽管这些决定后来在计划程序中受到诸如国民、当地社区和众议院之类的利益相关方的挑战，但它们在项目过程中一直没变。各个管理者和交通运输部甚至显示出一些表示愿意以很高的代价捍卫自己的选择的迹象。这在有关"Bos 替代方案"的讨论中最为明显，在该讨论中，政府利用巨大的政治压力说服众议院支持政府首选的 A1 替代方案，该替代方案包括"绿色心脏"隧道的另一种穿越方式。因此，尽管进行了各种磋商，但利益相关方似乎很难改变一些基本想法和假设。这使我们得出以下有关大型基础设施项目复杂

性的子结论:

> 大型基础设施项目具有历史路径依赖性的特点,项目的初始条件在整个项目的时间范围内都起着非常重要的作用。项目管理机构倾向于坚持以前制订的解决方案,在它的行为中也尤其明显。

3. 复杂的自适应系统不断发展并具有改进的能力

为了描述复杂系统,建立了复杂的自适应系统的概念(例如 Axelrod & Cohen 1999 & Stacey,2001)。大型基础设施项目中的利益相关方网络具有复杂的自适应系统的特征。该框架始于代理(代理可以是一个人、一个组织、一个家庭和一个国家等),参与方拥有策略,代理对环境做出反应并努力实现自己的目标,具有相互一致特征的代理形成群体,这些大量的代理或群体在局部相互影响。唯一的规则是参与方的级别。这些"复杂的自适应系统"的基本要素是系统要素之间的局部交互作用。这些局部交互不关注整个系统的行为,却将确定整个系统的行为和顺序。代理不断地重复他们的交互,相互适应,适应不断变化的环境并实现他们的目标,导致行为、规则和适应性的变化。一个重要的概念产生了,即系统本身在演化。在达尔文(1859)的进化论中可以找到例证:进化是通过选择性繁殖和变异而发生的。

简而言之:复杂的系统在可以学习和发展时具有适应性;当系统的复杂性超过临界极限时,该系统将是自适应的,并通过自发的、不可预测的自组织产生意想不到的多样性和新颖性(Brukx and Wackers, 2001;Flood,1999)。驱动力是参与方之间不断反馈的相互关系,因此这些驱动力与所涉利益相关方的偏好密切相关。

在传统理论中,利益相关方的偏好在选择过程中通常是一致的、稳定的或外生的,但是对组织的观察表明,选择过程中的偏好通常并不是一致的、稳定的和外生的。正如我们将在本节中讨论的,参与方的偏好发生变化,部分是由于外部压力所致,部分是由于对其所执行的行为进行的评估。

系统本身就是系统特征的来源,这意味着系统是"涌现的"(Goodwin in Brukx & Wackers, 2001)。为了解释涌现,Flood 和 Carson 参考了生物学,人类的细胞形成器官,例如肝脏、心脏和肺。这些器官形成的整体即细胞的总和,大于简单部分,这使得器官拥有自己的功能和作用。他们还指出,一项业务(在我们的案例中是一个项目)不是(管理)功能的集合,社会也不是社会群体的集合,各部分性质不同的事物聚在一起形成整体。涌现得出的结论是"整体大于部分之和"(Flood & Carson,1988 年)。在这些涌现系统中,新事件或事态发展无法通过先前的事件预测,因为它们是由我们无法完全了解和理解的相互作用产生的(Teisman,2005;Flood,1999)。

4. 就模糊性而言,复杂性与利益相关方偏好的冲突有联系

因此,大型基础设施项目内的利益相关方系统是一个随时间变化的复杂的自适应系统。这在我们研究的项目中如何体现?为了研究不断发展的大型基础设施项目利益相关方系统,我们使用"模糊性"的概念来分析我们的(子)案例。模糊性是指在需要和应该做什么、何时何地需要做什么缺乏一致的解释(Noordegraaf,1999,2000;Pauly,2001)。高模糊性可以看作是大型基础设施项目复杂性的一个组成部分。模糊性在现实、因果关系与意向性中不明确且缺乏一致性(March,1994),它是模糊的,是模糊不清的元素的集合,而不是"干脆的"(Lerner and Wanat,1983)。换句话说,不知道自己想要什么,或者不知道正在发生什么,并且通过收集更多信息也无法解决这些模糊。

考虑模糊性时,至关重要的是几乎没有价值观、目标和偏好,这些(完全)不为人所知,对此缺乏主要解释或解释是自相矛盾的(Noordegraaf,1999)。根据Pauly(2001)的观点,当一个人想与其他人合作时,模糊性,即问题的定义,解决方案的方向以及政治关注的分歧和冲突成为一个问题。为了分析在我们的案例中模糊是如何存在的,我们使用了March(1988)所使用的区分。

March在决策方面有4个模糊。

(1) 关于偏好的模糊

在传统理论中,偏好对于选择过程通常是一致的、稳定的或外生的,但是对组织的观察表明,偏好在选择过程中通常不一致、不稳定且非外生的。选择过程中组织偏好发生变化,部分是由于外在压力造成的,部分是由于他们所采取的行动引起的。

(2) 关于相关性(或因果关系)的模糊

与传统的决策理论相比,政策和活动、手段和目标、问题的解决方案以及组织某个部分的行动与另一部分的行动之间的因果关系没有那么紧密地耦合。

(3) 关于历史的模糊

这关于历史是否作为对未来的预测的基础。根据March的历史视角,历史显然是模糊的。

(4) 关于解释(意义)的模糊

决策过程围绕决策制订而展开,并且在决策和结果方面是可以理解的,这一假设是存疑的。

在所有子案例描述中,我们都分析了是否可以观察到模糊,以及可

以观察到哪种类型的模糊。查看结果时,我们发现在所有子案例中都明显地出现了一种模糊:

> 大型基础设施项目中的模糊主要存在于偏好和解释的形式中。实际上,这意味着解释与不同利益相关方的偏好或"利益"相关。

总的来说,也许并不奇怪,利益相关方倾向于根据自己的偏好来解释情况。因此,消防部门只对能够提供最安全的解决方案感兴趣,而不受项目管理机构可能具有的预算约束所困扰。当利益相关方的解释差异太大而无法达成共识时,这可能会阻碍项目的进展。在荷兰 A73 高速公路南线项目(4.2 节)的隧道安全子案例中,关于安全性和概率性观点发生冲突时,就可以观察到这一点。除了在转移偏好方面存在明显的歧义外,我们还观察到,对可用信息的解释始终与利益相关方的偏好保持一致。即使项目管理机构可以在独立分析中表明隧道和桥梁对居住环境的影响相同,但这并不意味着当地利益相关方会支持这种观点。另一个相关因素是,利益相关方的文化和情境差异会产生误解。例如,在荷兰高铁南线项目内部,在建设阶段就决定由专门的专家来协助解决荷兰和比利时边界的建设的两国委员会内部的文化和语言差异。因此,即使利益似乎是一致的,也可能存在歧义。

对模糊性的分析突出了与社会复杂性的联系(4.4 节所述)。在此我们得出结论:"社会复杂性的核心在于所涉利益相关方的不同利益。"模糊亦同理,这与先前的模糊理论稍有不同,在模糊理论中,关注点似乎更多地集中在"缺乏共同的解释"上。我们的研究表明:

> 由于缺乏共同的解释,模糊本身并不是问题。模糊会引起摩擦,因为共同的解释与所涉利益相关方的不同利益相关。

如果利益相关方之间的所有交互中缺乏共同的解释——模糊,这也意味着利益相关方在每个主题上都会发生冲突,我们找不到支持该陈述的证据。在很多情况下,利益相关方会迅速形成共识。当赌注很高、不确定性很高且利益差异很大时,模糊最容易发生:就像我们在 4.4 节中看到的那样具有社会复杂性。因此在这些情况下模糊会很高。此外,我们注意到利益相关方之间的差异很重要。一些利益相关方具有完全不同的文化,并雇用具有不同能力的人。当文化差异很大时,可能会产生歧义,这可以在荷兰高铁南线项目的噪声屏得到证实:环境保护机构的代表抗议噪声屏,他们与项目管理机构的代表有着完全不同的文化和情境,结果由于利益分歧,要对问题和解决方案达成共识可能比现在更加困难。

当赌注很高时,不确定性很高,利益差异很大,组织具有不同的文化和人们具有不同的能力时,模糊性往往会很高。

引起模糊的另一个问题是通过收集数据形成共同的解释可能非常困难。在一些机场,使用非常复杂且昂贵的系统来测量飞机的噪声。在周围地区的许多点都测量到了噪声,每次测量均不得超过特定的噪声水平,机场使用的策略主要集中在确保测量点不超过某个噪声级别。然而,尽管噪声不会超过这个级别,但这并不一定意味着所有的噪声干扰是可以接受的,因为并非测量每个可能的位置的噪声。利益相关方可以根据自己的观点和位置轻松质疑测量结果。行为向我们表明,此时测量系统本身成为目标,而不是测量系统试图服务的目标。

在我们的案例中,我们还发现了与"相关性"和"历史"相关的模糊例子,但事实证明这些案例远不是那么突出。然而有趣的是,我们发现了一种有趣的模糊类型,它不属于我们的理论框架:

> 在参与项目交付的利益相关方的角色中也可以观测到大型基础设施项目中的模糊,这意味着上级组织、项目法人和项目管理机构的角色可能是分散的、不清楚的并且会随着时间而变化。

大型基础设施项目需要相关组织的大量关注。在实施过程中,利益相关方的角色不明确且会发生变化。对于那些有特定利益的利益相关方(例如本地利益相关方和非政府组织)而言情况并非如此,而对于参与项目交付的那些利益相关方(例如主要组织和上级组织)情况则更加突出。通常这些主要组织和上级组织具有许多其他利益,在大型基础设施项目中许多不同的"政策驱动"部门需要合作,这种组织结构不能适应大型基础设施项目的组织。我们经常看到关于特定利益相关方应该扮演什么角色的讨论和模糊性。在荷兰 Betuweroute 项目中我们看到,早期阶段荷兰铁路(Dutch Railways-NS)几乎将项目管理机构和项目法人结合在一起,后来当主要角色移交给交通运输部时,情况才发生了变化。在乌里州的案例中,还讨论了谁该对某项任务负责。在尚不清楚瑞士联邦交通局(作为项目法人)还是阿尔卑斯枢纽圣哥达隧道(作为项目管理机构)负责提出当地计划程序可以接受的项目范围时,阿尔卑斯枢纽圣哥达隧道认为瑞士联邦交通局应该为获得当地利益相关方批准所需的任何计划变更提供资金,而瑞士联邦交通局则要求阿尔卑斯枢纽圣哥达隧道负责在预算范围内批准计划。这些观点的相互矛盾,是圣哥达隧道项目延误的原因之一。

项目法人的职责可能不清楚,但哪个组织应担任项目法人并不明确。以荷兰高铁南线项目为例,在项目的各个阶段,项目的下部结构、项目上部结构和交通运输部门的项目法人各不相同。但在项目实施过程中,这种关系进行了许多变更。

5. 引起利益相关方系统变化的利益相关方的偏好变化通常源于不满

那么在我们选择的案例中,利益相关方系统(一个复杂的自适应系统)是如何发展的？在每个(子)案例中,我们都分出了几轮决策。为了查明如何将一轮决策与下一轮决策区分,我们研究了改变的主要诱因。通过查看所有选定的回合我们得出结论:有一个主要的改变原因,即利益相关方的不满。这与本节前面介绍的复杂自适应系统理论是一致的。表 5-4 中显示了荷兰 Betuweroute 项目各回合之间切换的例子(有关回合的更详细概述,详见 3.2 节)。

表 5-4　触发荷兰 Betuweroute 项目各回合之间的变化

转变	改变的诱因	结果
Ⅰ-Ⅱ 1996	• 众议院严重怀疑该项目的可行性。成本估算上升导致不满 • 最初的方法导致了极大的阻力。众议院、政府部门和荷兰铁路基础设施公司对这种抵抗都不满 • 交通运输部发现与荷兰铁路基础设施公司的关系是不透明的且不可控制的 • 荷兰铁路基础设施公司中的项目管理机构正在迅速发展,这需要新的组织结构	• 设立 Hermans 委员会建议该项目是否应继续进行。该项目的目标变为"战略投资",而非侧重于经济回报的投资。经过调整范围以更好地适应外部需求 • 新的管理方法更加注重与利益相关方的交互(而不只是利益相关方) • 交通运输部是正式的项目法人,荷兰铁路基础设施公司是项目管理机构 • 与之前的非正式组织相比,新的组织是正式的"层次"组织结构 • 从项目管理机构和当地利益相关方之间的讨论转移到项目管理机构和交通运输部作为项目法人的讨论
Ⅱ-Ⅲ 2000	• 范围的发展("范围蔓延")来自外部压力和不成熟的项目控制,这导致了额外的预算要求,引起众议院的不满 • 交通运输部和项目管理机构之间的高度不信任和缺乏合作导致层次结构中的超载,从而减缓了项目进度并导致交通运输部和项目管理机构的不满 • 项目从条件制订到执行,项目管理机构逐渐成长,需要适应新阶段	• 建立协议处理主体—项目管理机构关系,一名更高级别的官员被任命为项目总监 • 项目管理机构项目控制专业化 • 引入"同事模式"以促进项目管理机构和政府部门之间的合作 • 项目管理机构扩大并引入更加分散的组织结构

如表 5-4 所示,各回合之间的变化是由所涉及的关键利益相关方之一发起的。在我们的每个子案例中都可以观察到相同的趋势。我们再次使用荷兰 Betuweroute 项目中的一个子案例:图 5-5 中显示了荷兰铁路基础设施公司内的项目法人(交通运输部)与项目管理机构之间的关系变化(请注意,这些变化与表 5-4 中的 3 个不同回合不完全吻合)。

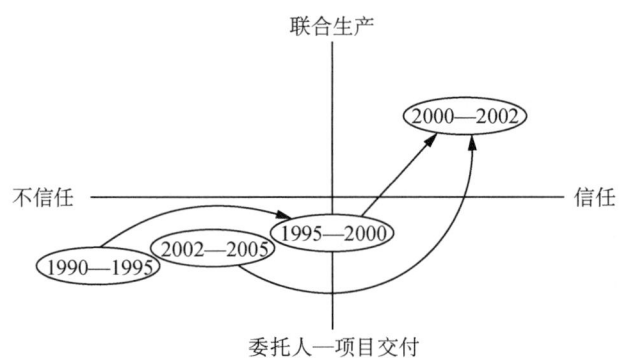

图 5-5　荷兰 Betuweroute 项目法人与项目管理机构之间的关系

图 5-5 说明了这种关系如何从正式关系(项目法人和项目管理机构的角色有严格的区分)转变为非正式关系(项目法人和项目管理机构共同承担责任)。在表 5-5 中,我们列出了子案例回合转变诱因,并列出了变化的结果。

表 5-5　荷兰 Betuweroute 项目子案例变化的诱因和结果

子案例	转变	改变的诱因	结果
荷兰 Betuweroute 项目的组织	Ⅰ-Ⅱ	• 交通运输部发现与荷兰铁路基础设施公司的关系是不透明且不可控制的。 • 最初的方法导致了极大的阻力。交通运输部和荷兰铁路基础设施公司对这种抵抗都不满。 • 项目管理机构迅速增长,要求建立新的组织结构	• 交通运输部是正式的项目法人,荷兰铁路基础设施公司是项目管理机构。 • 新的管理方法更加注重与利益相关方的交互。 • 与之前的非正式组织相比,新的组织是正式的"科层制"组织结构
	Ⅱ-Ⅲ	• 众议院的预算紧张导致需要更多控制。 • 交通运输部和项目管理机构之间高度的正式关系和不信任导致科层制结构过载,从而减缓了项目进度	• 在项目管理机构和政府部门增加新的项目总监。 • 引入了"同事模式"。 • 新的组织结构:"矛盾弧"。 • 运营阶段与项目建设分开
	Ⅲ-Ⅳ	• 交通运输部内的货运部门没有足够能力担任项目法人。 • 交通运输部认为项目管理机构和项目法人之间的责任尚不清楚,讨论过多集中在细节上。这被认为是项目融资控制的风险	• 项目法人从交通运输部内的货运部门转移到荷兰交通运输部。 • 建立协议以处理项目法人—项目管理机构的关系,一名更高级别的官员被任命为项目总监

当我们注意驱动这些变化的共同特征时,我们可以得出以下结论:

变更事件会导致利益相关方之间的不满,从而导致他们做出不同的决定或采取不同的行动。

结论中使用"不满"一词可能引起一些争论。有人可能说这也许可以由新的机会来驱动,但这在我们的案例中显然没有发现。但是,有人可能说当通过不同的方式更好地满足利益相关方的利益时,主要的利益相关方认为应该改变现状,此时变化通常会在大型基础设施项目内部发生。

我们再次看到与模糊性非常相似的结论,也注意到了利益相关方的偏好在项目过程中是如何变化的。在这里,我们补充了这一概念,即利益相关方的"不满"是大型基础设施项目改变的主要驱动力。简而言之:利益相关方不喜欢令人不快的意外!在表5-6中,我们列出了导致子案例发生变化的不满驱动因素的(各种)选择。

表 5-6 不满导致大型基础设施项目变更的示例

案例	驱动	结果
荷兰 Betuweroute 项目	交通运输部对隧道安全技术喷水灭火装置的费用估算不断上升感到不满	隧道安全技术的新设计采用了模块化方法,而不是追求最大的安全级别
荷兰高铁南线项目	在启动期间,交通运输部和当地利益相关方对计划过程的结果不满	再次遵循计划过程(关键计划决策),以适应当地利益相关方的需求
荷兰 A73 高速公路南线项目	荷兰 A73 高速公路南线项目地区合作伙伴对交通运输大臣的决定不满	地区在共享资金的基础上向交通运输部提出新范围的提议
瑞士圣哥达隧道项目和勒奇山隧道项目	对议会和瑞士联邦交通局内部项目成本上涨的不满	增加一个特殊的新基金"FinöV"来资助该项目
英国西海岸干线项目	议会和政府部门对英国铁路公司的破产和英国西海岸干线项目的停止不满	英国铁路战略管理局与铁路网络公司和维珍集团进行新合同的谈判,开始一个新的起点

最后用一句引用说明了不满如何驱动变化:

> 为了获得维护美国基础设施的投资增长,很不幸的是,我认为我们需要首先发生重大灾难。
> ——苏格兰皇家银行北美基础设施和咨询业务董事总经理 Dana Levenson 于 2008 年巴塞罗那 Transfin 会议上

6. 利益相关方的偏好变化与外部因素和内部发展有关

现在我们已经知道了利益相关方的不满是大型基础设施项目变更的主要驱动力,下一个问题变为:这种不满如何发生?荷兰 Betuweroute 项目的示例可以帮助进一步了解大型基础设施项目中偏好的变化。在这个项目中,利益相关方就修桥还是隧道以穿过潘纳登施运河进行了激烈的辩论。最初的想法是建造一座桥,但经过大量讨论后改为建造一条隧道。在表5-7中,我们说明了该过程开始时和项目完成后相关利益相关方的偏好。如果有改变,我们也会标记偏好更改的原因。

表5-7 通过潘纳登施运河的偏好变化

利益相关方	开始时的偏好	结束后的偏好	偏好变化的原因
交通运输部	桥	桥	桥梁对市民和环境的影响是相似的,额外的费用被视为浪费
项目管理结构（荷兰铁路基础设施公司）	桥	隧道	偏好桥梁是因为在原项目范围内与交通运输部商定一致,在预算可以建设隧道之后情况发生了变化。现在隧道被认为是更可持续的解决方案。讨论已经完成,这让项目可以顺利进行
海尔德兰省	隧道	桥	最初,隧道被认为是市民的首选,该省还向交通运输部表明,这将会在很大程度上阻碍修桥决策。完工后(10年后),情况发生了变化,因为有了修隧道的先例,荷兰Betuweroute项目旁的新高铁A15也应该建造一条隧道(而不是增加一座桥梁),但这将导致该省的项目成本增加
建筑委员会	未考虑	桥	委员会是在确定修隧道后成立的。但是委员会希望修桥梁,因为这将为项目中建立"建筑地标"提供一个极好的机会
市民	隧道	隧道	认为隧道是解决居住环境的最佳方案,即使环境分析表明隧道和桥梁对生活环境的影响几乎没有差异

表格揭示了大型基础设施项目中偏好变化的一些有趣示例。一些最初支持隧道解决方案的利益相关方后来变得更加支持桥梁,这当然不是例外,因为我们的分析表明：

各种外部因素和内部发展都会触发利益相关方的偏好变化。外部因素可以是事件或环境中的独立变化。内部因素来自对过去决策影响的评估。

因此可以通过下面两种方式触发更改：
（1）外部因素：事件或环境中的独立变化。
（2）内部发展：来自过程中过去决策影响的评估。

大型基础设施项目利益相关方的偏好变化中同时存在外部因素和内部因素。例如,外部因素是省内偏好的转变,因为荷兰Betuweroute项目的隧道决策直接影响了荷兰Betuweroute项目旁边仍待完成的重要公路项目的成本(A15)。见案例5.2。

案例5.2 荷兰A73高速公路南线项目偏好的改变

在荷兰A73高速公路南线项目中发现了另一个偏好改变的例子。地区利益相关方试图使他们的项目得到荷兰交通运输部的批准和资助。但是由于缺乏资金,他们的项目被推迟了两次,最终,该项目因为该地区可以向交通运输部提供一揽子交易而被接受。这项一揽子交易意味着各项目部分的实施费用将降低,而地区合作伙伴将成为共同出资者。而更重要的是,它是作为一项地区倡议提出的。交通运输部利用该项目展示了他们支持"地区性举措"的新政策,并迅速批准了该项目！这说明了外部发展（新的支持地区计划）如何改变利益相关方的偏好,从而导致荷兰A73高速公路南线项目的批准和资助。

在子案例中可以看到更多有趣的关于外部发展影响利益相关方偏好的例子(案例5.3)。

案例5.3　影响利益相关方偏好的外部因素示例

- 隧道灾难影响了消防部门和当地利益相关方在瑞士圣哥达和勒奇山基线隧道、荷兰A73高速公路南线项目、荷兰高铁南线项目和荷兰Betuweroute项目要求的安全级别上的偏好。
- 铁路行业对私有化的关注改变了英国西海岸干线的新技术偏好。尽管在第一阶段新技术不是问题,但私有化后新技术已成为生产线升级的关键要素。
- 铁路行业对私有化的关注改变了对荷兰Betuweroute项目运营招标的偏爱,公开招标成为该项目的重要目标。
- 荷兰Betuweroute项目于1995年开始执行时,成本估算与预算之间存在差距,但这不是主要问题。随后在众议院施加更大压力以及媒体开始报道该项目的"令人难以置信的成本超支"时,这种情况很快就发生改变。
- 由于20世纪90年代末建筑市场过热,荷兰Betuweroute项目的成本估算开始上升,这是交通运输部与荷兰铁路基础设施公司中的项目管理机构之间发生冲突的原因之一。
- 因为导致了许多鸟类伤亡,利益相关方最初倾向于在荷兰高铁南线项目安装透明噪声屏的偏好改变了。

外部因素被归类为"外部"是因为它们不受项目法人和项目管理机构项目经理的控制。这些外部因素的巨大影响表明,在大型基础设施项目中环境本身也是研究对象,并且环境是变化的。我们再次发现与物理学领域的相似之处,爱因斯坦在时空理论也做了类似的工作,他将环境从被观察角色释放为主动参与方。复杂性理论也是如此:环境不是固定的,而是系统及其发展的一部分。

在分析所有外部变化因素时,我们尝试将它们进行分组:

(1) 政治变化。
(2) 政策变化。
(3) 经济变化。
(4) 事件和事故。

第一类是政治变化的影响。每个新政府都重新调查了建造荷兰Betuweroute项目的决定。最著名的是在1994年成立的新政府(以前反对该项目的人成为新成立的政府的成员),成立了一个专门委员会调查该项目开展的必要性,即所谓的"Hermans委员会"。在这种情况下,经过紧张的调查过程,委员会建议政府继续开展该项目。但是有很多例子(例如荷兰的南海线铁路)中政治变化是放弃项目的主要原因。

第二类涉及政策变化,我们指的是参与大型基础设施项目的利益相关方组织内的政策变化。这些变化可能部分源于政治决策,但不一定如此。在子案例中,我们注意到了一些政策变化的例子,包括对新合同形式(PPP)的偏好、对铁路公司的私有化(这对英国西海岸干线项目产生了巨大影响)以及最近对可持续性的关注。

第三类因素是经济环境的变化。人员的充足与否会严重影响项目的进程,可以说招标市场上价格的发展也是如此。例如,经济环境的变化对荷兰高铁南线项目子结构合同的招标价格水平就产生了负面影响。

最后是事件和事故清单。之前我们将这些描述为"突发事件"。诸如哈特菲尔德(Hatfield)坠机事故等事故对英国西海岸干线实施的影响、隧道灾难对利益相关方系统的影响。同样的情况也适用于类似的事件,例如发现荷兰高铁南线项目的透明噪声屏障导致鸟类死亡等。

项目法人和项目管理机构的项目经理控制范围主要与先前决策的经验有关。过去决定产生的初步结果可能导致内部变化。最初的决定可能不是最初追求的结果,在评估之后可能会导致偏好发生变化。在案例5.4中列出了一些例子。

案例5.4 影响利益相关方偏好的内部发展实例

- 建造荷兰Betuweroute项目的最初决定涉及投资的经济回报目标和实现模式转变以刺激可持续性的目标。由于事实证明经济回报是不可能的,而实现模式转变也存疑,因此这些观点在以后的讨论中没有使用。相反目标的重点转移到了"战略投资"上——将鹿特丹港口与其腹地相连。

- 在某些情况下,例如荷兰A73高速公路南线项目和荷兰Betuweroute项目隧道建设,我们看到原始解决方案的成本估算在做出决定后开始上升。这通常会导致主要决策方观点发生变化:要求提供较低成本的替代解决方案。成本发展是利益相关方偏好变化的主要驱动力之一。

- 由于在英国西海岸干线项目的第二阶段创新被证明是失败的主要驱动力,因此在项目的第三阶段创新被视为不利因素。主管当局选择了更为技术保守的方法(经过验证的技术)。

- 由于荷兰Betuweroute项目的运营最终无利可图,这使得初选组织和招标模型已过时。而初选的运营模式似乎遵循了从预先招标到建设完成后的路径。第二个趋势是从完全外包到私有公司再到运营该轨道的公共公司的变化。至少这些趋势部分由对早期初选组织模型的失望而导致。

- 在瑞士圣哥达基线隧道中,我们看到由于成本估算的增加,建造两个完整轴线(勒奇山和圣哥达)的支持减少了。最终建议分阶段执行,推迟了几个最初的计划。

> • 在荷兰 Betuweroute 项目中,项目管理机构内的新项目总监及交通运输部内部新的项目法人的增加,意味着在项目法人与项目管理机构间出现了一种新的工作方式。人员的变化标志着从更疏远的控制方法向紧密合作的方法(通常在项目中称为"同事模式")的转变。双方都感到交通运输部和荷兰铁路基础设施公司之间的关系太疏远和正式,相互没有太多了解,而对于这个敏感项目中的重要决策(例如融资)需要一种更能相互协作的方法。

我们将以下集群加以区分:
(1) 未能达到目标和期望。
(2) 关键人员变动。

由于决策环境的不确定性条件(见 5.4.2 节),很多时候实际结果无法满足最初的期望,从而引发变化。解决方案可能会变得太昂贵,导致预算纷争,或不能满足利益相关方的要求,而引起反对。同样,这方面的主要驱动力是"不满"。当关键利益相关方(即既有高影响力又有浓厚兴趣的利益相关方)对决定的结果不满时可能导致系统转移,在这方面最常看到的例子之一是预计预算会超支。例如,在瑞士圣哥达隧道项目和勒奇山隧道项目中,预算变得过于昂贵,需要结合融资计划("FinöV")的分阶段建设计划。

另一个可以被视为项目内部因素的是关键人员的更换。诸如项目管理机构的项目总监之类的新人员在如何处理主题方面可能有不同的看法,这可能会引起变化。我们之前以荷兰 Betuweroute 项目为例,其中人员变动标志着项目法人与项目管理机构之间的协作发生了关键的变化。但是在 2003 年的英国西海岸干线中,关键人员也发生了变化,他们增加了专注于和交通运输部、英国铁路网络公司、铁路行业和当地利益相关方之间合作的人员,以及明确了这些组织之间的安排。

变更事件和类别列表显示了原因划分中的一系列可能性,实际上列表可能更长且类别之间可能存在重叠。此外事件可能是相关的,例如政治变化导致的政策变化。但是这种差异使我们能够看到事件的性质和产生的结果。

7. 系统状态的变化在大型基础设施项目中发现的所有 3 个主要子系统中均可见:利益相关方网络,最终产品(基础设施)和活动

现在我们知道了大型基础设施项目改变的性质,最后一个问题是:到底发生了什么变化?如果我们再次以荷兰 A73 高速公路南线项目的隧道安全技术为例,可以观察到各种变化事件,诸如隧道灾难之类的事件完全发生在项目经理的控制范围之外。其他的涉及一些消除困难的决定,例如交通运输大臣的决定。这些事件触发了一系列的变化使

系统(即利益相关方的网络)朝着新的平衡迈进。系统的这些不同状态通常是"一轮进程和回合"的结束,并标志着新一轮进程的开始。

此处我们还将与"新系统状态"建立连接。那么这些变化事件导致利益相关方不满的后果是什么?当我们查看系统状态的变化时可能会有各种有趣的概念:

> 系统状态的变化最主要反映在利益相关方群体。但是,系统状态的更改在产品(基础设施)和活动中也可以看到。

在5.3节中,我们介绍了在大型基础设施项目中找到的3个子系统:利益相关方系统、产品系统和(工作)活动系统。在我们看来这三者一起反映了整个系统的状态,大型基础设施项目中的新系统状态通常是这3个子系统组成的新"范围"。

系统状态的第一个变化是利益相关方的进入和退出。在准备荷兰 Betuweroute 项目的运营阶段时,我们看到各种利益相关方进入了舞台,例如所罗门兄弟银行和后来的私人公司 Towrail 公司,这些团体的加入是利益相关方偏好变化的结果。以所罗门兄弟银行为例,他们受财政部邀请,从投资角度调查项目运营阶段。在此之前上一阶段以"建设视角"为主导,在该视角中投资回报的重要性不高。众议院敦促交通运输部在新路线运营的招标过程中必须包括一个私人团体,即 Towrail 公司。然而在各种事件发生之后,Towrail 公司后来被排除在招标过程之外,这表明利益相关方也可能退出决策过程。

一些已是系统一部分的利益相关方会突然成为关注的焦点,一个很好的例子是在荷兰高铁南线项目开发"Bos 替代方案"。由私人开发的替代方案很快得到了发展,因为它符合荷兰住房、空间规划及环境部的利益。结果公民而不是局外人成为系统的主要利益相关方,因此利益相关方在网络中的位置完全可以改变。这些网络变化可能发生得很快,这也是为什么当 Teisman 看到利益相关方分析时会有"他正在看一个星期前的天气预报"的感觉(Teisman,2005)。

利益相关方之间的不同关系也意味着他们之间的权力分配将会发展。在准备荷兰 Betuweroute 项目的运营阶段时,我们注意到了这一点。在该阶段中,首先专注于线路建设的铁路基础设施私有化指导小组委员会是主要参与方,在随后的几轮谈判中,当财政部对项目更看重融资时(在所罗门兄弟银行的支持下)这种情况发生了改变。最后交通运输部再次得到控制权,再次将重点放在项目建设上。因此利益相关方的相对地位和权力会随时间而变化。

作为(一系列)变化事件的结果,利益相关方(网络)的系统随着利益相关方进入和离开以及关系不断发展而发生变化。朋友可以成为敌人，反之，敌人也可以成为朋友。这也意味着那些看似次要的利益相关方可能突然成为一股主要力量。

变化的第二个要素可以是放弃先前的解决方案而引入新的解决方案。这些可以是技术解决方案，即范围变更，例如在荷兰 A73 高速公路南线项目的隧道安全技术案例中所调查的每个项目都经历了各种主要范围变更（如第 3 章所示）。

第三个也是最后一个体现在利益相关方的活动中差异，这些活动体现了他们的"管理方法"。通常利益相关方在其自己组织内的行为以及与其他利益相关方的交互中都可以看到系统的变化。新引进一种管理方法的例子：在对先前关于超支和预算逐渐增加的讨论不满之后，为荷兰高铁南线项目和荷兰 Betuweroute 项目引入风险保留以应对项目风险升高所产生的融资后果，交通运输部将其视为更合适的解决方案。新的系统状态在实物和/或管理解决方案范围都有变化。

找到了新的管理方法和解决方案的不仅有项目管理机构（我们研究的重点），而且有利益相关方。例如，我们在荷兰 Betuweroute 项目上看到的，局部的利益相关方可以从协作变为敌对；反之，也可使敌对变为协作。如我们在瑞士勒奇山隧道的弗鲁蒂根案例中所见的，利益相关方之间最初存在敌意。增加了新的主要利益相关方后，情况发生了变化。在伯尔尼州获得了新的支持下，该市能够将最初的决定即分为两个阶段建设通过整个城市的两条隧道，改为一次建成的建设过程。从敌对到合作的转变，意味着该城市能够减少建设项目对其居民的负面影响。

5.4.2　有限理性和可预测性

> 缺少一块铺路石会比严重的预算超支造成更多的麻烦。
> ——多个重大项目的项目经理 Gerard Scheffrahn

在第 5.4.1 节我们概述了大型基础设施项目的动态复杂性。这如何反映在决策上？很明显，大型基础设施项目的决策者必须在有限理性和可预测性下采取行动，这是有关不确定性的理论发挥作用的时候。

在当今世界中，确定和描述组成部分与数量的相互关系并非易事。科学家们很快就争辩道：人类不可能知道所有细节及其含义。Perrow 提到复杂的系统是由许多复杂的、循环的和意想不到的相互作用交织在一起的（Geldof，2001）。与此相符，Axelrod 和 Cohen 2001 提出了一个广义的定义："一个系统是复杂的：当组成部分之间存在牢固的关系时,当前事件会严重影响各种未来事件的可能性。"仅考虑许多组成部分的单一性质是不够的(正如我们在上一部分中对细节复杂性的总结的那样)。这些作者认为对动态复杂性的理解和预测是有限的。

"有限理性和可预测性"的概念导致以下关于复杂性的概念:
(1) A 导致 B 的逻辑关系是模糊的,人们对长远计划持怀疑态度。
(2) 决策的不确定性和有限理性。

1. A 导致 B 的逻辑关系是模糊的,人们对长远计划持怀疑态度

复杂性科学家最引人注目的概念之一是他们对因果关系概念的重新定义。传统的"A 导致 B 逻辑"假设因果之间的影响是简单、清晰和线性的,根据因果关系提出解决方案。另外,Senge 的畅销书《第五项修炼》(1990 年)以以下内容开头:

> 从很小的时候开始我们就被教导如何分解问题、解构世界,显然这使复杂的任务和事务更容易处理,但是我们付出了巨大的隐性代价:我们再也看不到我们行动的后果,失去了与大整体的内在联系感。

当我们几乎无法理解当前情况并且因果关系难以得出时,复杂性科学家对长期计划持怀疑态度就不足为奇了。"我们思考越全面而非局部,越容易经历复杂性的阻力。"(Flood,1999)

2. 决策的不确定性和有限理性

Hellriegel 和 Slocum(1989)将自然状态(确定或不确定)与需要采取的决策类型联系在一起(图 5-6)。

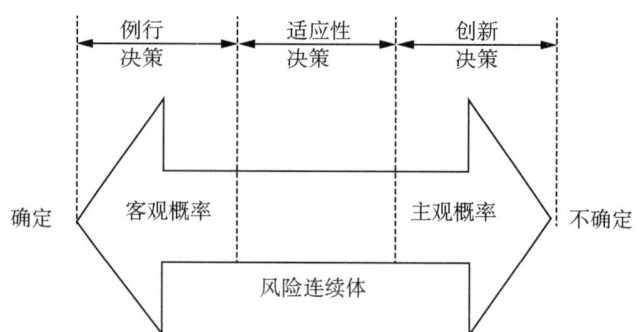

图 5-6 自然状态和决策类型
(Hellriegel and Slocum,1989)

在确定的状态下,管理人员可以充分了解问题、替代解决方案以及这些替代解决方案的可能结果。客观概率是自然状态发生的可能性(如果确实发生,则何时发生)。基于过去的经验对预测未来是可靠的信念,客观概率基于过去的数据。主观概率基于管理者自己的判断和信念,不确定性是指管理者不能将主观概率用在自然状态上。

不确定性这一概念没有得到广泛接受和适当的解释（Weening，2003）。在本节中我们将讨论管理学和社会研究（例如 Noordegraaf 的出版物）中的不确定性，将这些不确定性与模糊进行比较。大型基础设施项目内部不确定性的概念与风险、机会和概率密切相关。在大型基础设施项目中需要做出很多决策，如我们的子案例所示。这些决定反映了图 5-6 中呈现的"确定性—不确定性"连续体。但是当我们将子案例选为"关键"或"关键时刻"和事件时，就会看到在这些案例中与不确定状态有关的决策。

不确定性的概念与决策时人思维的局限性有关，西蒙（著名的"有限理性"概念）描述了这些局限，而 Hellriegel 和 Slocum（1989）提出了"有限理性决策模型"，这反映了管理者倾向于：

（1）"相对满意"。选择比最佳目标或替代方案更差的方案，这样可以更轻松地识别和得到目标，产生较少的争议或其他安全性问题。

（2）有限搜索。当找到合适的替代解决方案时，搜索就会停止。

（3）问题的信息没法充分获取，本质也不会被他们掌握。

在荷兰 Betuweroute 项目和荷兰 A73 高速公路南线项目的 2 个隧道建设案例的技术问题中，技术解决方案快速出现。但是这些新技术的性能在很大程度上未知且未经证实。由于解决方案的影响是未知的，而且新技术可能在将来出现，这可能会使他们已经选择的技术过时，这给项目管理机构的决策带来麻烦。另外，对于项目管理机构来说，不可能知道所有可用的技术解决方案，因为大型基础设施项目运行的时间压力不允许有冗长的搜索过程和研究。这显示了有限理性对决策的影响：人的思维无法理解所有内容，同时必须做出决定以保持流程运行。案例 5.5 对此进行了说明。

案例 5.5 "荷兰 Betuweroute 项目行为"的有限理性和可预测性

荷兰 Betuweroute 项目运营阶段准备工作的子案例显示了许多理解和预测有限性的示例。当建设荷兰 Betuweroute 项目的想法出现时，荷兰几乎没有私人经营铁路轨道的经验，这意味着缺少关于替代模式以及对首选运营模式做出决定之后会发生的情况的信息，这使得很难预测所做出决策的长期影响。根据现有的信息，组织结构和私人公司可能的投资出资额都无法知道，这也可以说是对私人团体的特许权招标的让步。所有这些因素凸显了该子案例的局限性和可预测性。

提供的例子说明了有限的理解如何影响大型基础设施项目实施中的决策过程，在我们所有的案例和子案例中都可以观察到这一点。简而言之，我们可以得出以下结论：

大型基础设施项目的不确定性意味着必须在围绕其影响的有限理性和有限可预测性（不确定性）的基础上做出重要决策，这是管理人员在大型基础设施项目管理中的关键挑战之一。

用 Axelrod 和 Cohen(Axelrod & Cohen,2001)的话来说："我们认为选择可以产生很大的影响,但我们不知道会产生什么影响。""争论的核心是人不知道世界的复杂本质。"(Flood,1999)

可行解决方案的不确定条件及其可能产生的影响意味着决策者需要在有限理性和可预测性的情况下进行。在我们研究的子案例中,长期计划似乎不可能是乌托邦。但是这并不意味着大型基础设施项目中所有决策都是不确定的,确定性仍然存在许多情况中,这使我们可以进行某种形式的计划。

在各种情况下的研究案例中都存在不确定性（案例 5.6）。在研究中,我们注意到不确定性不仅是项目管理机构的主要问题,而且对于所涉利益相关方也可能极为重要。在荷兰 Betuweroute 项目案例中,当地利益集团在收集信息方面遇到困难。基本不确定性包括:我们的联系人是谁？我们可以问什么？以及向谁询问？

> 我们甚至组织了抗议活动来促进规定发布。我们放火烧列车是因为我们想让当地政府和消防部门通过安全规定,那起事件意味着该规定应立即发布。
>
> ——荷兰 Betuweroute 当地利益集团的协调员 Carla Fenijn

案例 5.6　乌里州的不确定性

不确定性最极端的例子之一是乌里州。瑞士圣哥达隧道项目的北门位于乌里州,由于山区性质只有一小部分土地可用于建设定居点,这片合适的土地大部分位于圣哥达线将穿越的山谷中。自项目开始,项目组织（阿尔卑斯枢纽圣哥达）、州政府、相关社区和联邦运输办公室之间一直进行讨论。州政府强烈反对圣哥达轨道的早期提议。关于在乌里州应该选择哪种解决方案的争论很激烈,开放的轨道、较低的轨道、甚至是最终的解决方案仍不完全清楚地通过加长基线隧道完全绕过山谷方案:决定首先建造一条适应性强的轨道,在后期通过隧道绕过山谷。关于在短期和长期内如何建造仍然存在很大的不确定性,这种不确定性影响了当地居民:他们不得不生活在不确定中。

不确定性与"信息不足"有关。一些作者甚至将不确定性定义为"缺乏信息"(Noordegraaf,1999)。这在我们的隧道安全技术例子中得到了说明:技术对隧道安全等级的影响在很大程度上是未知的,并且不可能预先收集到所有相关信息。但是除了缺乏信息外,我们还注意到决策的影响是不确定的——因为未来的事件和发展也会影响结果。因为它引入了外部因素的影响，为 Noordegraaf 的定义增加了新元素。

5.5 大型基础设施项目的复杂性综合

在前面部分中，我们描述了如何通过使用两种关于现状的观点来观察案例中的复杂性：传统的确定性视角和复杂性视角。这两种观点已被转换为关于复杂性的两种补充观点：细节复杂性和动态复杂性，对于这两种观点，我们都概述了有关复杂性的结论。在第 4 章的前面部分，我们介绍了实践者的观点。但是这些观点和结论具有怎样的关联？至少每个观点的许多结论似乎是相互联系的。现在我们将尝试将某些结论与行为联系起来，以努力探究大型基础设施项目中复杂性的"核心"——尝试将理论与我们案例中的发现结合以实现复杂性不同观点之间的综合。这并不是争取一个整体的概念或框架，整体的概念或框架意味着不同的观点会混杂在一起，这种混合视角有利于消除其独有的特质，并以此调整本章和上一章中过于强调某一方面的见解。

在关于复杂性的综合中，我们强调以下概念：

（1）大型基础设施项目中的 3 个相连子系统具有细节复杂性的特征：

① 利益相关方系统。

② 产品系统。

③ 活动系统。

（2）利益相关方网络作为一个复杂的自适应系统，具有动态复杂性的特点。这种动态复杂性的关键点可以在以下两个方面找到：

① 利益相关方的不同利益激发了模糊性。

② 利益相关方的动态利益。

（3）利益相关方偏好的变化是由不满引起的，这种不满可能是由于以下两种原因引起的：

① 外部因素：外部事件或环境中的独立变化；

② 内部发展：评估过程中过去决策的影响。

（4）动态复杂的利益相关方系统推动大型基础设施项目的变化，这使动态复杂性成为大型基础设施项目复杂性的核心。一系列变化的事件可能改变系统状态。

（5）不确定性中的决策与以下的不确定性有关：

① 利益相关方网络。

② 产品。

③ 活动。

(6) 实践者对复杂性的认识和对复杂性科学的认识,提供了关于大型基础设施项目复杂性有用但差异化的见解。

1. 大型基础设施项目中的 3 个相连子系统具有细节复杂性的特征

细节复杂性是将复杂性定义为"许多具有高度关联性的组成部分"。这种复杂性显然存在于我们的案例中,从第 3 章中介绍的研究案例的大量事实和数据中可以看出,该观点也使我们能够区分在大型基础设施项目中存在的 3 个子系统:

(1) 利益相关方系统。

(2) 产品系统(基础设施)。

(3) 活动系统(实施过程)。

大型基础设施项目中所有这 3 个(关联的)子系统都显示出细节复杂性的迹象,它们包含许多具有高度相关性的元素。

2. 利益相关方网络作为一个复杂的自适应系统,具有动态复杂性的特点

从大型基础设施项目的 3 个子系统中,我们已经表明利益相关方系统具有动态复杂性。动态复杂性是指因果关系微妙且干预措施随时间的变化影响不明显的情况。利益相关方系统随着时间发展,并产生多样性、新颖性且可以不断改进。它具有复杂的自适应系统的特征。

在第 4 章中我们证明了大型基础设施项目复杂性的核心是社会性。利益相关方之间的利益分散中可以发现社会复杂性,最显著的是地方利益相关方和在项目管理机构层级遇到的利益相关方。本章我们通过引入模糊的概念继续研究。在大型基础设施项目中,当利益相关方之间发生利益冲突时就会出现模糊(定义为缺乏共同的意愿)。这与有关模糊的文献解释略有不同,后者对利益相关方之间的利益冲突的强调较少。在大型基础设施项目中,我们看到利益相关方倾向于按照自己的利益来解释现实,尤其是当利益攸关时。

行为者的利益和偏好不仅存在差异,我们的分析还表明它们会发生变化,利益相关方不断变化的利益和偏好导致利益相关方系统随着时间的推移而发展。通过我们的案例研究,我们展示了利益相关方的利益和偏好是如何随时间演变的。

在大型基础设施项目中,我们假设其中的 3 个相关子系统既烦琐又复杂。

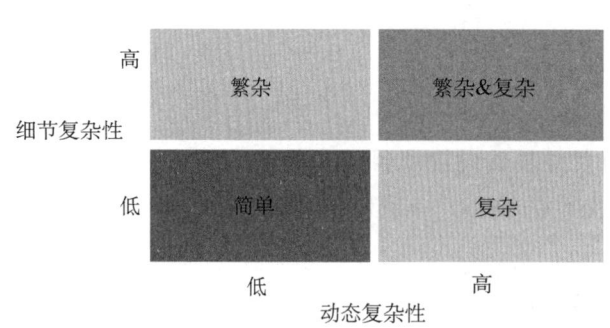

图 5-7 大型基础设施项目中的复杂性

图 5-7 为我们在大型基础设施项目中的项目经理了解复杂性及

其管理提供了基础。在下文中,我们将以此为基础来区分管理策略。

3. 利益相关方偏好的变化是由不满引起的

利益相关方的偏好变化是由不满驱动的,这些偏好的变化源于外部因素和内部发展。外部因素可以是外部事件,也可以是环境中的独立变化,例如政策变化或社会经济变化。外部因素的重要性表明项目经理无法控制的许多因素都会影响决策和流程的结果。在内部,事态发展主要是对过去决定的影响评估的结果。

4. 动态复杂的利益相关方系统推动大型基础设施项目的变化

大型基础设施项目的变化可根据系统状态的变化来描述。行为者开始采取行动以更好的方式改变系统状态来满足其利益,这是大型基础设施项目复杂性的核心。与其他利益相关方交互的结果是,一系列变化事件可能导致形成新的平衡。这种新的平衡或系统状态由新的利益相关方群体定义,并通常伴随着产品系统和活动系统的变化,因此利益相关方系统的变化会产生可能导致产品和活动系统变化的行为。这意味着大型基础设施项目中的3个子系统是动态关联的。

利益相关方在受到不满的充分刺激时会尝试发挥影响力,以实现目标系统与其偏好之间的最佳匹配,如图5-8所示。

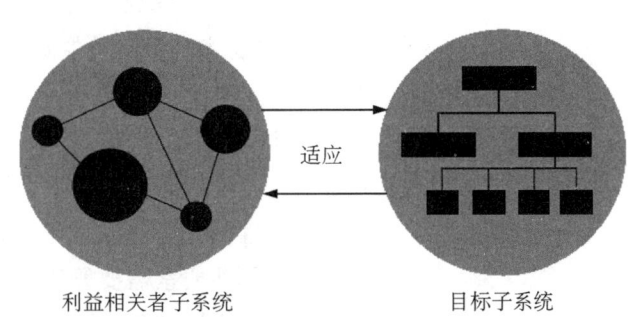

图5-8 大型基础设施项目中的利益相关方子系统和目标子系统

该系统很复杂,因为它具有多个结构要素(利益相关方),它们随着项目的进行交互并改变行为和偏好。如前所述,这些行为变化既是对过去决策的评估,也是由于项目经理无法控制的变化事件而导致的偏好变化。这使我们对大型基础设施项目的复杂性有了整体的了解:

> 大型基础设施项目的关键要素既烦琐又复杂。大型基础设施项目内部的复杂性主要是社会性的,这意味着它与利益相关方系统的动态变化密切相关:不断变化的利益相关方的偏好和行为。这种社会复杂性的关键是利益相关方的利益与正在建设的新基础设施之间的动态平衡。大型基础设施项目内的决策通常是在不确定的情况下(与新见解相关)做出的,这些情况基于对过去决策的评估以及改变利益相关方偏好的外部变更事件。偏好的改变可能导致利益相关方行为的改变以更好地维护他们在项目中的利益。一个利益相关方行为的改变反过来又可以触发其他利益相关方的回应,最终形成新的系统平衡。这些动态变化使利益相关方系统、

产品系统和活动系统以非线性方式随时间而变化。

5. 在不确定性中决策

动态复杂性意味着大型基础设施项目内的决策者必须在"有限理性和可预测性"的情况下做出决定,这些决策者必须应对不确定性。由于存在这种不确定性,因此无法预测决策和行动的结果。我们还注意到,不确定性与利益相关方网络、所需的最终产品和实施过程有关。在部署大型基础设施项目的过程中,我们获得了更多有关所需最终产品和实施过程的知识。这些新见解可以触发变化,例如我们发现一种新技术可以实现预期的结果,且它还具有其他无法预料的好处。或者我们可以发现以前开发的合同模型不再适用,决策者不仅受到"信息匮乏"的困扰,还受到自身"有限理性"的阻碍。决策的不确定性还与以下因素有关:次要因素、巧合和初始条件(历史路径依赖)。这些因素都会极大地影响最终结果。这些不确定的条件(通常在大型基础设施项目中会观察到)意味着决策者必须在不知道最终的基础架构产品或不知道最终实现的确切路径的情况下做出决定。

6. 实践者对复杂性的认识和对复杂性科学的认识提供了关于大型基础设施项目复杂性有用但差异化的见解

在本书中我们提出了关于大型基础设施项目复杂性的两种互补观点。首先是实践者对 6 个要素的看法(第 4 章),这些要素与确定项目经理的复杂性的大型基础设施项目要素直接相关。实践者的观点向管理者显示了哪些要素需要管理层关注,例如未经证实的技术和/或利益冲突。这些要素还使我们能够对大型基础设施项目进行"复杂性扫描",通过这种扫描可以为一个特定项目确定构成项目经理复杂性的主要要素。第二种观点是我们在本章概述的细节和动态复杂性的科学方法,这些观点之间的区别是选择适当的管理策略来应对这种复杂性的基础。图 5-9 概述了关于大型基础设施项目复杂性的两种补充观点。

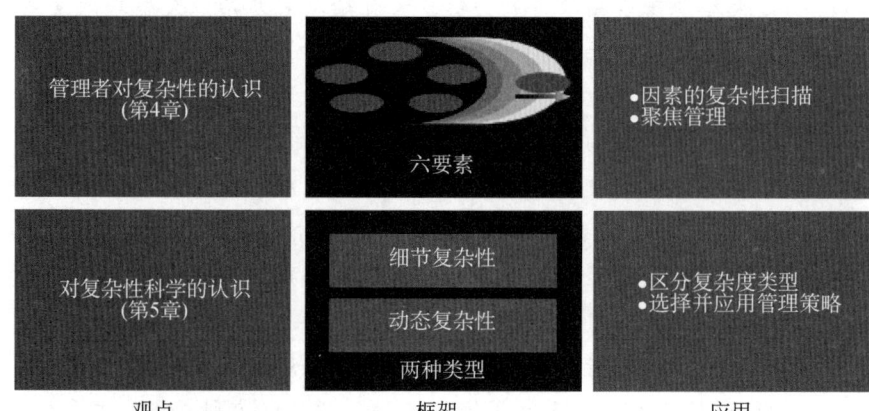

图 5-9 关于大型基础设施项目复杂性的 2 个互补观点

5.6 复杂性的管理意义

在本章和前几章中我们认为,大型基础设施项目是一项复杂的工作。首先我们介绍了实践者关于复杂性的框架(第 4 章),然后介绍了基于理论和实践的大型基础设施项目复杂性的概念(或科学)框架(第 5 章)。在第 5.5 节我们制订了有关大型基础设施项目复杂性的综合说明,但是复杂性的出现对管理者意味着什么呢?现在是时候将我们的注意力转移到复杂性的管理方面。

在从实践者角度和科学的角度得出的关于大型基础设施项目复杂性的结论中,我们已经制订了一套管理策略的基本要求以便管理该复杂性。总体上,我们在本节中回答的问题是:

哪些管理需要源自大型基础设施项目实施中观察到的复杂性?

在第 4 章中我们基于以下特征概述了复杂性的核心。

(1) 细节复杂性:许多具有高度相关性的组成部分。

① 在利益相关方网络中。

② 在产品中。

③ 在活动中。

(2) 动态复杂性。

① 随着时间的推移发展的潜力:自组织和共同演化。

② 有限性理性和可预测性。

那么,涉及的利益相关方将如何处理这种复杂性?基于复杂性的特征我们可以归纳出管理方法的需求以应对该复杂性。对于细节和动态要素都需要恰当的管理策略,这些基于:

(1) 细节复杂性——控制需求。

(2) 动态复杂性——交互需求。

1. 控制需求

在利益相关方网络、要交付的基础架构产品以及能够交付该产品的活动中,可以发现细节复杂性。大量的活动和大量的关系意味着我们不能仅仅依靠自己的想法来进行安排:需要一种更有条理的方法来协调我们。为了管理大量的数据,我们需要分散任务并密切监视进度,如果不这样做,我们将很快失去对要交付的项目的控制。我们将该需求(主要来自细节复杂性)称为"控制需求"。尽管许多其他术语(例如规划、设计、监控等)都接近描述此要求,但我们认为"控制"一词最能说明所需的管理方法。该术语是在与实践者和科学家们讨论后选定的。

2. 交互需求

关于大型基础设施项目管理复杂性的一个重要发现是项目经理无法控制的因素的重要性。如本章和前一章所述,可能的因素包括政治变化、政策变化、经济变化、事件和事故。这些因素会对项目管理机构内的项目经理是否可以实现项目的既定目标并完成自己的任务产生影响。

有趣的是,项目有了对"外部世界"的依赖。不能脱离情境观察项目,因为情境对大型基础设施项目的实施过程具有重要的持续影响。换句话说:项目不是封闭的系统,正如我们在 3.6 节中演示的那样。

> 大型基础设施项目具有非线性实现过程,其中环境对大型基础设施项目的实现过程具有重要影响。

用伦敦大学学院 Harry Dimitriou 教授的话说:

> 情境是问题的一部分。

通常会要求项目经理在预算、进度和质量(范围)的约束下交付项目。这些严格的约束条件在评估项目管理绩效中的应用,并不完全符合项目经理无法控制的许多因素可能影响项目结果的结论。如何对(至少部分)无法控制的事情负责?这使我们得出以下结论:

> 项目经理无法控制的因素对项目结果的影响与预算、进度和质量方面传统的项目经理绩效衡量指标产生冲突。

外部因素影响的第二个含义是项目经理需要应对这些外部性。由于这些因素会影响项目绩效,因此项目经理需要意识到变更事件的影响并做出响应以保持项目目标的实现:

> 项目经理需要应对外部影响以保持项目目标的实现。

复杂性管理的另一个重要含义与本章前面提到的大型基础设施项目决策的不确定条件有关。项目经理在处理大型基础设施项目的复杂性时需要意识到这种不确定条件及有限理性,这意味着决策可能会在短期内和长期内产生不同的影响,这就有必要评估过去的决策对未来行动方面的影响。

> 大型基础设施项目的复杂性意味着项目经理的决策可能会产生与预期结果不同的后果,因此除了使能力适应不断变化的条件之外,对替代方案的评估也可以是富有成效的策略。

控制策略已假定该项目以线性方式从固定的问题演变为明确的目

标。该项目的执行是通过"工作分解"方面进行控制,并在稳定的环境中严格管理进度、成本、质量和风险。但是在上一章中我们证明了影响大型基础设施项目成果的许多因素不在项目经理的控制范围之内。此外,利益相关方网络的动态发展意味着项目需要控制策略,但这还不足以解决大型基础设施项目中观察到的所有类型的复杂性。我们可以使用复杂性管理中的第二个需求,尤其是在处理决策过程中外部影响和不确定性的影响时。我们将此需求标记为:交互需求。

因此,我们需要基于细节复杂性进行控制,基于动态复杂性进行交互。现在我们将研究如何将这些需求与合适的管理方法结合起来。

5.7 管理方法

鉴于现在对管理策略的需求已经越来越明确,我们要解决的下一个问题是:"负责实施大型基础设施项目的管理人员如何管理这些项目固有的复杂性?"在对该问题的回答中,我们引入了一种管理方法框架来处理复杂性。基于对控制和交互的需求,此框架区分了大型基础设施项目中的4种管理方法(请参考详细介绍策略的章节):

(1) 内部和内容聚焦法(第6章)。
(2) 系统管理(第7章)专注于控制策略。
(3) 交互管理(第8章)专注于交互策略。
(4) 动态管理(第9章、第10章)进行控制与交互的平衡。

在第6章至第10章中,我们从理论和实证角度对这4种方法进行了详细描述。在每章我们都描述了所使用的策略及其有效性——我们还提供了有关这些策略在实践中应用的结论。在本节中我们将介绍一个通用框架,并演示这4种方法如何与细节复杂性和动态复杂性联系在一起。

基于系统管理和交互管理的区别,我们有了使管理策略适合细节和动态复杂性的模块。图5-10显示了复杂性管理的4种方法。

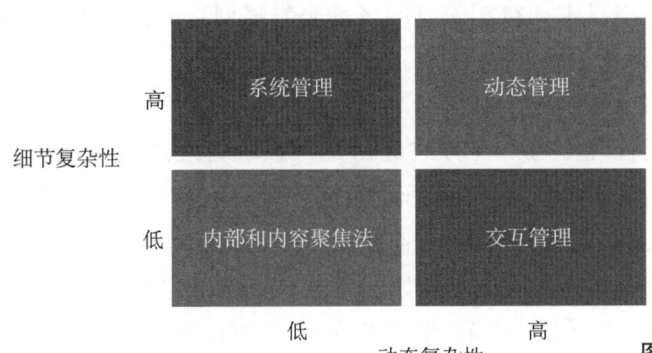

图5-10 复杂性管理的4种方法

根据我们的案例研究结果,由于理论与实践的结合,所以需要将管理策略区分为 4 种不同的管理方法。

1. 内部和内容聚焦法

在我们的案例分析中很快就发现存在一种常用的方法,而该方法并不是我们理论框架的一部分。我们之所以称其为"内部和内容聚焦法",是因为它缺乏明确的管理策略,且在寻找技术解决方案以解决发现问题时完全依赖于一个焦点,而未过多地关注控制和交互策略。该方法是高度内部的:参与的利益相关方的满意度不被视为主要关注点。我们在内部和内容聚焦法中的发现将在第 6 章中介绍。

正如我们所看到的,20 世纪 90 年代初期的荷兰 Betuweroute 项目是该内部和内容聚焦法的"示例"。在 90 年代中期的荷兰项目,尤其是荷兰 Betuweroute 项目中以及其他一些项目中,也引发了人们的一种信念,即需要一种新的方法——该方法应更加关注当地居民、(地方)政府、私人公司和利益团体(非政府组织),这导致了"交互管理"理论的发展。

2. 系统管理

第二种方法是系统管理。这里的策略集中在控制上,我们观察到的许多情况中成功使用了分解和控制策略。这些策略在管理细节复杂性方面尤其成功:许多组成部分具有高度的相互关联性。控制策略源自系统管理领域,而后者又可以与组织设计领域联系在一起,这将在第 7 章中进行概述。

如本章前面所述,系统管理可以归纳为基于"确定性"观点的一种方法。项目控制基本上是严格监控和控制成本、时间和范围,这是为了确保按照设置的规范、成本和时间范围内交付项目。目前已经开发了工具和技术来构建信息收集的结构以最大程度地减少令人不愉快的意外的发生。

实践证明,这些控制策略不太适合处理动态复杂性,尤其是当大型基础设施项目中利益相关方网络动态发展时,而这时我们的第三种方法"交互管理"开始发挥作用。

3. 交互管理

交互管理作为一种方法最初是为系统管理的替代或补充而开发的。事实证明,传统的系统管理策略不足以应对大型基础设施项目中经常出现的(主要是本地)利益相关方的动态性特征。交互管理本质上关注所有利益相关方的利益以改善他们对项目的支持。但是交互管理比"支持已经做出的决策"要走得更远:它还涵盖了联合倡议、联合生产和联合融资。

交互管理的策略具有外部关注点——关注利益相关方的满意度——并关注处理大型基础设施项目内部许多更改所需的灵活性,这使得这些策略能够更好地应对动态复杂性。交互管理解决了利益相关方网络和利益相关方偏好随时间动态变化的社会复杂性。我们使用的交互管理理论起源于荷兰的"流程管理"和复杂性管理。

根据对荷兰现有的"流程管理"理论的分析,可以使用两种策略来帮助管理人员应对大型基础设施项目的复杂性:问题的重新定义和相关参与方的协调。利益相关方对信息的共同解释很重要,复杂性管理着眼于如何有效处理现有的复杂性。关于复杂性的文献是理论性的和最新的,但是可以在实践中使用的策略包括:使用短期可预测性和应用变化。交互管理的策略和发现会在第 8 章中进行描述。

4. 动态管理

我们的第四个也是最后一个方法称为"动态管理",该方法基于成功管理复杂性研究结果的综合。这是我们对此问题的答案:"如何管理大型基础设施项目中的复杂性"。

动态管理基于:①控制与交互的平衡;②追求卓越。

(1) 控制与交互的平衡

平衡意味着项目管理机构的策略和结构与项目环境之间需要保持平衡,这需要组合使用控制和交互策略。有时常规结构更有可能获得成功,而在其他情况下拥有更大自由度的组织则更适合。大型基础设施项目同时显示高细节和高动态复杂性的特征,这意味着控制策略和交互策略需要取得平衡才能成功。

控制策略和交互策略并不总是能很好地融合在一起,建立新一轮的交互可能会与项目时间表发生严重冲突。基于源自系统管理和交互管理的策略,我们对源自控制和交互的动态管理策略进行了概述,此概述包含来自系统管理和交互管理的策略(表 5-8)。

表 5-8　控制和交互策略

策略	控制	交互
示例		
基础		
适用于	细节复杂性	动态复杂性
问题是	不模糊的、固定的、利益相关方相互独立	模糊的、变化的、由利益相关方决定

续 表

策略	控制	交互
问题解决	线性	迭代式
理论基础	组织设计、系统管理	交互管理、复杂管理
管理策略		
	1. 按以下方式细分 • 时间 • 最终产品 • 组织	1. 校准
		2. 重新定义 • 问题和范围的变化
	2. 管理程序 • 进度 • 成本 • 质量 • 风险	3. 使用短期预测 • 系统评估 • 选择成功策略
		4. 变化 • 策略 • 情景构建与模式分析

De Bruijn 等在 2004 年得出的结论是控制和交互是相辅相成的（De Bruijn,Hertogh,Kastelein,2005），两者都不可或缺。挑战在于如何平衡两种方法：何时使用一种方法，何时使用另一种方法？两种方法如何切换？见案例 5.7。

案例 5.7 希尔弗瑟姆（Hilversum）案例：从控制到交互

荷兰中型城市希尔弗瑟姆的交通状况是一个大问题。2005 年，该市的项目组织提出了针对这些问题的解决方案，并与利益相关方开始了"磋商之夜"以推广他们提出的解决方案。在磋商之夜，项目组织成员与城市居民之间进行了交互。通过讨论，项目组织的成员可以更好地解决问题，居民也提出了改善解决方案的建议。从推广城市规划开始，由于使用了"本地情报"，项目产生了比原先的解决方案更好的、得到居民更多支持的规划。

（2）追求卓越

显然，大型基础设施项目中成功管理的关键之一是控制策略和交互策略的有效结合。但这就是所有的关键因素吗？在查看案例材料时我们发现，该问题的答案显然是否定的。为了在复杂性管理方面取得真正的成功，我们需要"超凡的努力"。这是我们在第 10 章介绍的动态管理方法的第二个要素。

这些非凡的努力可以包括以下 5 个方面：

① 利益相关方系统——实现更高程度的合作。

② "成员"或"参与方"的水平——更加努力，项目管理机构按项目

引领者的标准行事。

③ 个人水平——有能力的人有所作为。

除了这些水平我们还需要：

④ 非凡的新的管理解决方案。

⑤ 大型基础设施项目的参与方可以识别和利用项目中的动力。他们需要使用在大型基础设施项目生命周期内出现的明显机会窗口，很多时候被视为威胁的事件可能会产生"黄金机会"。

现在我们将研究的案例转向复杂性的管理。对此，我们可以提出什么教训和建议呢？在下一章中，我们将更详细地描述4种管理策略。

6 内部和内容聚焦法

6.1 引言

前面各章节概述了大型基础设施项目建设过程中有关复杂性管理的 4 种管理方法。本章将从"内部和内容聚焦法"开始,详细介绍这 4 种方法。

在研究初期,我们就尝试对若干种管理方法进行划分。经过分析,我们将其分为控制策略(系统管理)和交互策略(交互式管理)。但通过对许多项目案例的进一步剖析,我们发现理论框架中缺少一种方法:内容聚焦法。

在本书中,我们将其归纳为具有低细节和低动态复杂性的方法,即本身并不涉及太多纷繁复杂的细节,同时也不容易随环境变化而变得难以捉摸。然而,本书的研究对象是具有高复杂性的项目,专门剖析内部和内容聚焦法似乎有些怪异,即此方法并不适合我们所研究的项目。我们的研究结果也同时印证了该观点。但出乎意料的是,现实生活中内部和内容聚焦法在高细节和高动态复杂性的项目中也经常得到运用,但因该方法处理复杂性问题的能力十分有限,也带来了诸多破坏性的影响。

通过对许多子项目的分析,我们发现处理很多复杂项目问题时存在一种所谓的"条件反射",即过于关注技术细节(有时是资金问题),而并不是从系统管理或交互式管理的视角深入研究。内部和内容聚焦法的核心是着眼于解决眼前的技术或资金问题,很大程度上忽视了与利益相关方的互动或项目整体管控。

内部和内容聚焦法的重要影响不可忽视,因为相较于系统管理和交互式管理,该方法的应用更为普遍。尽管内部和内容聚焦法并未囊括经典的管理策略,但是该方法经常在大型基础设施项目的复杂性管理中得到应用,因而其很难被忽略。所以,针对上述重要现象的观察我们提出了需要研讨的新问题。通过对若干子项目的分析,我们探讨了内部和内容聚焦法的本质、起源和结果,并得出相应的结论。

我们将继续概述内部和内容聚焦法(见 6.2 节)的基本内容。在本章中,我们将略去"内部"两字,使用精炼的短语"内容聚焦法"。我们还将引入一个有趣的例子,说明在荷兰 Betuweroute 项目的隧道安全技术工程中(见 6.3 节)是如何使用内容聚焦法的,并总结我们对该方法使用的主要发现和结论(见 6.4 节)。最后,我们将以一个内容总结和结论概述的方式结束本章(见 6.5 节)。

6.2 内部和内容聚焦法

图 6-1 展示的是内容聚焦法(Hertogh,1997)。

图 6-1 中横轴(T)表示时间,纵轴(D)表示细节水平。上方的线代表专家,下方的线代表业主。

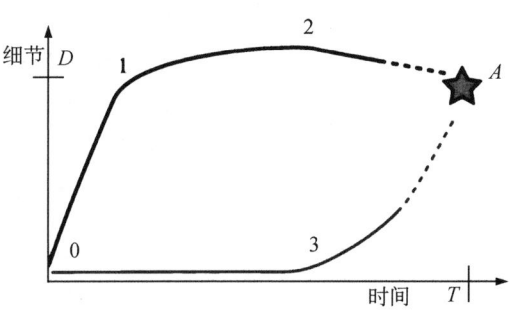

图 6-1 内容聚焦法

在项目初期,业主要求专家团队在时间 T 之前制订一个细节水平达到 D 的计划。通常这些专家具有不同的专业背景,加之其热情的工作态度,很快就完成了基本设计(1 点)。当业主询问专家团队的进展时,专家们可能会回应项目计划正在朝前推进,但需要进一步细化并综合考虑各专业。结果,专家组在制订更详细的计划(2 点)时,往往以高于现实需求的计划来满足业主的初步要求。此时,专家们自豪地向业主展示他们的设计成果。业主不仅需要很快地理解专家的设计思路(3 点),还必须确保专家合理地解决了问题,并且检验设计是否满足自己的需求。尽管有时业主会对设计感到满意(达到 A 点),但多数情况下业主会因设计方案、需求与期望并不匹配,与专家产生冲突。在这种情况下,业主会感到不满,对该不满情绪的一种可能解释是,在这个过程中(图中 0 点和 2 点之间),业主和专家之间缺乏互动。

在研究管理理论时,已经有一些关于管理策略的描述,从表面上看这些策略似乎与内容聚焦法相似。我们很快联想到 1959 年 Lindblom 研究政策制定领域时提出的"分离渐进法"。我们发现该方法和"内容聚焦法"相似,缺乏"控制式策略"的理性管理原则。然而,Lindblom 认为"分离渐进法"[①]有一个鲜明特征,即具有精细化的、渐进式的步骤,

---

① Muddling through approach,源于公共管理领域,它将决策过程设定为政策主体的妥协、调整、良性互动进而实现动态均衡的过程。

非常注重各参与方之间的商讨和互动。而内容聚焦法则缺乏这种渐进式的互动,问题解决者(示例中是技术人员)独立工作而不与业主进行沟通,之后才发现他们的提案并不符合利益相关方的要求。

内容聚焦法可以通过 1990 年前后在荷兰发生的一个遭到反对的项目来阐释。当时需要在海尔德兰省修建莱茵河和马斯河防护堤,以减少发生洪水灾害的可能性。项目需求的确立和设计过程是全封闭的,工程师们忙于手头的工作,很少与当地居民交流。当工程师们从技术角度提出他们基于安全考虑的计划时,人们注意到许多传统的防护堤房屋都将被拆除,该地区独特的环境、自然和文化价值将受到严重破坏,这导致了公众大规模的游行反对(Hertogh,1997)。

另一个例子发生在 2006 年,由于环境和经济问题,意大利 Val di Susa 地区爆发了大规模的抗议和罢工,强烈反对修建都灵—里昂高铁连接线和隧道。市民们质疑该项目带来的效益,并且对穿越他们所居住山谷的设计方案强烈不满。

我们在早前的工作中也已经注意到内容聚焦法,尤其是在 20 世纪 90 年代初期,荷兰 Betuweroute 项目成为内容聚焦法的象征。许多当地党派、个人、利益联合体、环保组织和地方政府的需求并没有被否决,但是被轻易地忽略了。这导致在项目后期,荷兰 Betuweroute 项目引发了强烈的反对(见 3.1.2 节)。我们将在 6.4 节中对此进行更为详细的讨论。

还有一个例子是英国西海岸干线项目所运用的方法,其单纯地从财务视角看待该项目(3.5.2 节,第二轮)。此外,还有荷兰 A73 高速公路南线项目的隧道安全项目(4.2 节),当荷兰交通运输部决定取消硬路肩规定时并没有征询当地参与方的意见。

在以下 10 个子项目中,我们观察到了内容聚焦法的应用(表 6-1)。

表 6-1　观察和分析内容聚焦法的子案例

序号	项目	子项目
1	荷兰 Betuweroute 项目	1990—1995 年间的组织
2	荷兰 Betuweroute 项目	运营准备
3	荷兰 Betuweroute 项目	隧道安全技术工程
4	荷兰 Betuweroute 项目	霍林赫姆
5	荷兰 A73 高速公路南线项目	隧道安全
6	荷兰 A73 高速公路南线项目	环境补偿
7	瑞士圣哥达隧道项目	乌里州
8	荷兰高铁南线项目	隔音屏(鸟类问题)
9	荷兰高铁南线项目	Bos 替代方案
10	英国西海岸干线项目	第二轮,英国铁路公司

本书用来分析和得出结论的基础示例是荷兰 Betuweroute 项目的隧道安全技术工程。我们将首先在 6.3 节中介绍该子项目,然后在 6.4 节中展示研究内容聚焦法的主要发现。此外,我们将在 6.4 节中再举两个例子:荷兰 Betuweroute 项目运营前的准备工作和乌里州圣哥达隧道项目。

6.3 荷兰 Betuweroute 项目隧道安全技术案例

1. 隧道安全技术工程的复杂性

正如我们在第 5 章中所讨论的:社会复杂性在大型基础设施项目中起主导作用。并且,社会复杂性是由其他类型的复杂性所推动的,隧道安全技术工程也支持该观点。在荷兰 Betuweroute 项目初期,隧道安全技术的问题相对罕见。当时既没有适用的法律,也没有相关标准(法律复杂性)。隧道安全技术工程尚处于早期阶段,基本上还未得到验证,具体方案所对应的安全级别也是不确定的。另外,隧道安全技术工程解决方案的选择将直接影响沉管隧道的结构工程,该工程也是项目中独立设计的一部分。因此,隧道安全技术工程可以被视作"紧密耦合性"问题,从而增加了复杂性(见 4.3 节)。由于技术的不确定性,隧道安全技术工程的成本很难估计——这可以视为"融资复杂性"。

除此之外,还有一些突发事件——Kaprun 项目和勃朗峰隧道项目的隧道灾难——很大程度上影响了隧道安全的讨论工作。

上述复杂性共同(法律、技术、融资和突发事件)增强了社会复杂性,涉及的利益相关方包括消防部门、荷兰铁路基础设施公司在内的荷兰 Betuweroute 项目管理机构、荷兰交通运输部和沿线社区。一方面,社区和消防部门应当最大限度地保护公民,这是他们的基本职责;另一方面,荷兰交通运输部和项目管理机构也应将费用控制在预算范围内,并及时就解决办法达成一致。在讨论的各个阶段,这些利益往往是存在矛盾的。讨论的一个主要议题就是应该使用确定性还是概率性方法(类似于荷兰 A73 高速公路南线项目的隧道安全技术工程,见 4.2 节)。社区和消防部门希望采用一种确切的方法,在这种方法中,可能发生的最坏事件——装满燃料的货车发生燃烧——这是采取安全措施的切入点。荷兰交通运输部和项目管理机构主张采用一种概率性方法,这种方法将基于几种可能的事故发生的概率及其影响来制订措施。

图 6-2 是在隧道安全技术工程中不同复杂性的概述。

后文将在图 6-2 中阐释不同的复杂性是如何由项目管理机构及其他利益相关方来应对的。

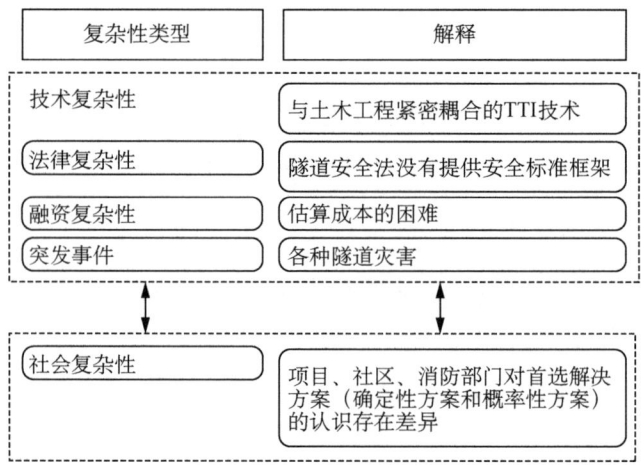

图 6-2 隧道安全技术工程在荷兰 Betuweroute 项目中的复杂性

2. 隧道安全技术工程的管理

荷兰铁路基础设施公司中的 Betuweroute 项目管理机构通过设立一个独立的项目团队来负责第一阶段（1995—1999 年）中出现的较为明确的复杂性，该团队的专家负责确立第一套隧道安全技术工程规范。当时该项目小团队在整个项目管理机构中的地位尚不明确，最后决定让该项目团队向负责隧道下部结构的经理汇报。

项目管理机构内的项目经理评论道：

> 很难看出隧道安全技术在项目组织中应该处于什么位置，它既不是下部结构（土建部分）的一部分，也不是上部结构（轨道和电力）的一部分。

隧道安全技术项目团队由两名顾问组成，他们受雇于一家专门从事隧道安全技术工程领域的公司，从项目经理和项目管理机构的其他成员角度看，他们是隧道安全技术工程业务的主要从事者。

专家们与政府部门、社区和消防部门等利益相关方进行了交流，并依据此制定荷兰隧道安全标准。一个被称为"绿皮书"的标准诞生了。"绿皮书"中阐明了一项有关安全的规定，即任何采取的措施都应该基于"最坏的情况"考虑。此外，对采用的技术进行详细说明是"绿皮书"的重要特点：它不是一组功能要求，而是对首选技术解决方案的详细说明。书中的部分细节展示了该标准的细致程度，如使用喷淋装置是达到安全水平的强制性要求。

隧道安全技术工程专家利用"绿皮书"来指导荷兰 Betuweroute 项目隧道安全技术工程的设计。"绿皮书"完成后，与利益相关方的交流明显减少。项目控制似乎并不起作用，专家们更关注项目中的技术设计过程。此时，隧道安全技术工程的成本估算上涨并不是令人担忧的主要原因。初始阶段,管理层普遍缺乏对隧道安全技术工程的关注。荷兰 Betuweroute 项目管理机构的重点似乎更多地放在下部结构的设计上,隧道安全技术工程受到管理层的关注相对较少。另一个表明隧道安全技术工程没有得到足够重视的事件是,荷兰 Betuweroute 项目管理机构决定对沿线社区展开问询,以确认"绿皮书"是否被作为建筑许可的依据。这封正式的问询函后来在推广过程中产生了重大影响,因为它强制性地规定了荷兰 Betuweroute 项目隧道安全技术工程中喷淋装置的使用。

来自荷兰 Betuweroute 项目管理机构的隧道安全技术工程初始阶段的一名项目经理曾说:

> 我们普遍缺乏隧道安全技术工程的项目管理经验,这是一个技术和科学的问题。

实际上,荷兰 Betuweroute 项目隧道安全技术工程在初始阶段几乎没有从系统管理或交互管理中定义策略的迹象。该方法最好描述为内容聚焦法:一个为隧道安全技术装置寻找的技术方案。

3. 隧道安全技术的过早趋同

从研究的角度来看,2003 年 2 月发生了一件很有趣的事情。议会的一项讨论促使荷兰交通运输大臣展开调查,削减荷兰 Betuweroute 项目建设成本的事宜。隧道安全技术是被调查的话题之一。荷兰交通运输部负责建筑项目服务的 Bouwdienst 对隧道安全技术工程潜在的可节省成本进行了调查。Bouwdienst 提出了一种更便宜的替代方案,即使用通风设备而不是喷淋装置。值得注意的是,Bouwdienst 使用了概率性方法,而没有采用早期的确定性方法,并且该方法没有预测喷淋技术的未来。

Bouwdienst 可以将强通风达到与喷淋装置相同的安全水平。然而,强通风的方案并未达到详细的设计深度。荷兰 Betuweroute 项目管理机构不同意上述做法,并表示替代方案无法达到所需的安全水平。然而,交通运输部还是决定向大臣提出强通风的解决方案。如前文所述,新的解决方案不包含最初提议的喷淋装置,但该新方案被荷兰交通运输部称为"一个符合'绿皮书'要求的新路径"。强通风设备的使用可以使成本降低 6 500 万欧元。然而,在后期的讨论中,这些提议并没有被社区负责人所接受,因为只有使用喷淋装置才能获取建筑许可证。此外,还有一个原因是,社区寻找的一家专业公司对 Bouwdienst 所提出的新措施进一步研究,证明了待议的替代方案不符合商定的安全水平。交通运输大臣的结论是,由于需要新的建筑许可证,这一"强通风"的解决方案将导致获得许可证的时间严重延误,因此该方案是站不住脚的。此外，这项工作所需的额外时间也将导致成本超支。而在众议院的辩论中，方案的选取也引起了一些争议。众议院成员支持强通风替代方案，并敦促大臣重启与社区负责人的会谈。大臣在一封信中介绍了这些结果，信中显示，与社区负责人的会谈并未就荷兰Betuweroute隧道中使用喷淋装置达成任何协议。地方政府部门不接受强通风的解决方案，认为该解决方案不够安全。

在随后的各种讨论中，大臣提醒议会，所有利益相关方（包括社区）都同意了"绿皮书"中规定的首选安全等级。最后，当大臣表明由于建筑许可证延误而产生的额外费用将超过可能节省的费用时，众议院批准了安装喷淋装置所需的额外预算，讨论以此结束。

6.4 内容聚焦法的关键发现

6.4.1 过早趋同

在前面描述的隧道安全技术工程中，内容聚焦法在早期阶段占据主导地位，在荷兰Betuweroute项目的准备工作中亦是如此（案例6.1）。在这两个子项目案例中，内容聚焦法则导致了"过早趋同"的出现。这意味着在项目早期项目组织就选择了特定的解决方案，从而"否决"了当时出现的许多其他选择。而问题就在于，所选解决方案在选择时看起来是合乎逻辑的，但之后会因为利益相关方的偏好变化而导致问题的产生。这些偏好的变化是新技术的引进带来的，在上述案例中也同时是由于隧道灾难造成的。在这些具有高动态复杂性的情况下，最好延迟选择最终的解决方案，并提供更长的选择时间，以避免行驶在"错误的轨道上"。

在所研究的内容聚焦法的10个子项目中，我们都发现了过早趋同的倾向，见表6-2，因此我们得出了以下的结论：

表6-2 使用内容聚焦法的10个子案例中出现的过早趋同

序号	项目	子项目	过早选择的解决措施
1	荷兰Betuweroute项目	1990—1995年间的组织	固定路线
2	荷兰Betuweroute项目	运营准备	SPRI[①]模式
3	荷兰Betuweroute项目	隧道安全技术工程	技术措施
4	荷兰Betuweroute项目	霍林赫姆	隧道
5	荷兰A73高速公路南线项目	隧道安全性	移除硬路肩

---

① 荷兰语缩写，铁路基础设施私有化指导委员会。

续 表

	项目	子项目	过早选择的解决措施
6	荷兰 A73 高速公路南线项目	环境补偿	西海岸的解决措施
7	瑞士圣哥达隧道项目	瑞士乌里州	节省费用的替代方案
8	荷兰高铁南线项目	噪声屏（鸟类问题）	透明隔音屏
9	荷兰高铁南线项目	Bos 替代方案	基于关键规划决策（PKB）的路线
10	英国西海岸干线项目	第二轮，铁路轨道	经济和技术创新的一揽子解决方案（如改变闭塞信号）

在荷兰 Betuweroute 项目的隧道安全技术工程中，随着"绿皮书"的制订，我们发现了"过早趋同"现象。"绿皮书"不仅包含隧道安全的一系列功能性需求，还涵盖了应用喷淋装置的详细规定。项目组织在不了解如何解决隧道安全技术工程中的安全问题时采用了喷淋装置。然而，虽然"绿皮书"包含尚未成熟的方案，但是它不仅是获得建筑许可的基础，也是设计的起点，这使得其他可能的技术解决方案几乎无法与之抗衡（或实施过程极其昂贵）。随后出现的"强力通风"方案揭示了过早趋同的影响：由于无法偏离先前做出的安排，项目组织不可能对"强力通风"的替代方案进行有效的讨论。"强力通风"能否达到安全水平的要求也是一个问题。我们只能得出这样的结论：由于所选方案的过早趋同现象，如果考虑新的、更有希望的替代方案，项目会在规划或与利益相关方互动方面出现重大问题。

在运营准备的案例［TCI，2004］中也观察到了过早趋同，详见案例 6.1。

案例 6.1 荷兰 Betuweroute 运营准备案例中的过早趋同

在 20 世纪 80 年代末，针对基础设施项目的私人融资受到了日益广泛的关注。荷兰交通运输部已经开始采取若干项行动，研究私营主体参与基础设施项目的可能性。其中一项举措是，大臣 Maij-Weggen 于 1990 年 4 月任命了一个指导委员会（SPRI）来探究 Betuweroute 和高铁南线两个项目中私人资金参与的可能性。在 1992 年 6 月，SPRI 开始着手运营准备工作，计划与 17 个不同的机构进行面谈。这些访谈被用来探究预先开发的 SPRI 私有化模式的可行性，调查的结论是该模式并不可行。没有一个可能的合作方对隧道的建设提供直接的资金援助。

在一定程度上基于对访谈的分析，交通运输部内部决定将运营准备工作从建设项目中分离出来。SPRI 模式基本保持不变，这意味着政府拥有的公司将承担建设项目的风险。运营将通过向市场提供 20 年的特许经营合同来进行。SPRI 还根据访谈向交通运输大臣提出了积极的建议，说明为荷兰 Betuweroute 项目的建造募集 15 亿荷兰盾（6.8 亿欧元）私人资金的可能性。然而，这一建议并未提及围绕铁路货运市场的许多不确定性，而这些不确定性将对预期的资金收益产生负面影响。

诸多部门对 SPRI 所提及的专业知识日益关注,因此聘请了所罗门兄弟银行提供协助。1993 年 9 月,所罗门兄弟银行向交通运输部递交信件,就 SPRI 模式提出评论。信中说,募集 6.8 亿欧元的私人资金可能性不大,具体有两个原因。首先,市场上没有自然竞标者对长达 20 年的特许经营权感兴趣。其次,提前 5~10 年对未来现金流的预测存在高度的不确定性,这将导致竞标者预期的任何回报都会大打折扣。解决这些问题的方法就是将项目视作一个整体——不把建设和运营分开——并从一开始就认真定义。交通运输部不同意所罗门兄弟银行的提议,而是坚持先前开发的 SPRI 模式。

1993 年 5 月发布的《项目关键决议 3》(PKB3)指出,募集多达 15 亿~20 亿荷兰盾的私人资金是有可能的。考虑到 SPRI 的报告和访谈的结果,交通运输大臣相信募集私人基金是有可能的。在与众议院的一次讨论中,大臣甚至表示,荷兰 Betuweroute 项目的建设"在私人资金得不到保障的情况下不会启动"。

在众议院讨论《项目关键决议 3》期间,财政部的担忧加剧。官员们向财政部大臣致信,希望能注意对荷兰 Betuweroute 项目未来经济回报的质疑。但是,这些质疑并未呈递到众议院。

在市场咨询中,SPRI 展示了一种"交互式管理"的方法。但是,这种方法的交互式作用是有限的,因为市场主体面对的是一种固定的、预开发运营模式。像鹿特丹港这样的未来使用者在运营准备阶段并没有发挥积极的作用。此外,政府并未建立协调市场各方和政府利益的机制。恰恰相反:在从市场咨询中得出结论时,项目团队忽视了一项基本事实,那就是市场各方普遍缺乏参与项目的兴趣。我们此时再次看到内容聚焦法的影子导致了过早趋同。财政部和所罗门兄弟银行批评 SPRI 模式的言论很快被驳回。由于过早趋同,其他各种可能的模式没有被讨论,这意味着形成了一种不鼓励质疑当前方案的氛围。

在荷兰 Betuweroute 项目运营准备工作中,我们观察到了一个关于项目历史模糊性的有趣情况。在项目初期阶段,根据 SPRI 的计算,该项目的私人融资可以达到 6.8 亿欧元。该数据是基于各种假设得出的,在项目实施期间内也没有定期更新。然而,在荷兰众议院和交通运输大臣的讨论中,大臣一再强调仍有信心募集到 6.8 亿欧元的私人资金。似乎一些主要的政治利益相关方对该数据及其计算方式有着不同的理解。后来的复审表明,私人资金可以达到 6.8 亿欧元所依据的许多假设都是过时且过于乐观的。该案例表明了一项数据所带来的重要影响,如果不去核实数据的来源会带来巨大的偏差,特别是在应用内容聚焦法时,此类偏差会愈加凸显。

6.4.2 导致内容聚焦法出现的因素

内容聚焦法的主要特点是聚焦于解决方案,尤其是技术方面,但也包括融资方面的——参见英国西海岸干线项目。内容聚焦法将项目视为技术或融资上的问题,因此可以专注于技术或融资方面来构建解决方案。项目组织较少将注意力和精力放在了解利益相关方的利益和建立伙伴关系上,形成一个完善的解决方案才是合作信任的基础。

> 导致内容聚焦法出现的主要原因是,负责的组织将项目视为一个技术或融资挑战,而很少关注利益相关方的利益或项目控制。

荷兰 Betuweroute 项目的隧道安全技术工程就是一个例子,荷兰 Betuweroute 的项目组织在项目的第一阶段与当地利益相关方的互动方式也很好地诠释了这一点。我们已经在 3.1.2 节中的第一部分对此进行了阐述。荷兰交通运输部和荷兰铁路公司所采用的内容聚焦法不仅体现在与当地利益相关方的互动中,也体现在子项目的成本控制和项目推进过程中。内容聚焦法也可以从项目组织发展与业主和总公司的关系以及前文所述的运营准备中找到。因此,在这 4 个子项目中,我们发现荷兰 Betuweroute 项目最初几年的整体管理是聚焦于内容的。为了探究内容聚焦法的结果,我们将以荷兰 Betuweroute 项目的第一阶段为主要示例,以此说明内容聚焦法在复杂性管理方面作用的有限性。

荷兰 Betuweroute 项目的第一阶段(Boom,1997)和[TCI,2004]项目中迅速启动空间规划程序。在与当地利益相关方的沟通中,荷兰铁路公司并不怀疑该项目的顺利建成和负责人的组织能力,其目的是让项目管理机构只向当地利益相关方提供信息,而不是与他们商讨项目建设工作。在 1991 年的信息发布会上,荷兰铁路公司向与会者展示了一部关于荷兰 Betuweroute 项目为整个社会,尤其是为鹿特丹港所带来价值的影像资料,然而与会者只是想听项目对他们个人的影响。路线决策法("Tracéwet")和邻避法这样的新法律向当地利益相关方表明,抵抗终将是徒劳的。

在项目的第一阶段观察到了一个有趣的现象——荷兰交通运输部缺乏预见性。荷兰交通运输部参与了荷兰 Betuweroute 项目的指导委员会,但该委员会却是由荷兰铁路公司主导。当荷兰交通运输大臣 Maij-Weggen 收到来自 Gelderland 对于项目呈现形式的严重负面反馈时,她决定在沟通过程中发挥更加积极的作用。然而,这种更积极的作用并不意味着采取另一种不同的工作方式:工作方式依然是向当地利益相关方通报进展情况，而没有选择另外讨论可能的替代方案。而且，这种方式在很大程度上已经对利益相关方造成损害，因为最初的方法已经引起了强烈的反对。

内容聚焦法引起了强烈反对和政治动荡，部分原因是该项目本身的方案给沿线居民带来了难以克服的不便，同时也与荷兰铁路公司和荷兰交通运输部的态度有关。内容聚焦法极大地影响了当地利益相关方对项目的态度。

在规划阶段，荷兰 Betuweroute 项目造价变得越来越昂贵。实现该项目的预算从 1992 年的 23.35 亿欧元增加到 1995 年的 37.44 亿欧元——主要是为满足当地利益相关方需求所导致的范围变化。此外，由于对项目控制中的设计和缺陷的新见解，预算也有所上升。审计署后来指出，荷兰 Betuweroute 项目的控制和管理在范围和成本控制报告方面存在各种缺陷。更加注重项目控制和交互作用的方法可能会产生更好的结果。

基于这些观点，似乎有理由认为所观察到的内容聚焦法导致了成本增加和利益相关方的强烈反对。来自项目管理机构的工作人员和当地利益相关方的评论支持这种观点，即荷兰 Betuweroute 项目已经变得代价巨大——部分原因是内容聚焦法的采用。

> 如果交通运输大臣早点与我们进行交谈，以更加认真负责的态度对待我们，特别是在一开始的时候，她就会更容易地处理这件事了。例如，这可能意味着潘纳登施运河的地下将不会建设隧道。
>
> 海尔德兰省副省长

6.4.3 涉及复杂性的内容聚焦法

正如前文所述，内容聚焦法处理复杂性的能力极为有限。再来回顾我们对复杂性的看法（参见第 4 章和第 5 章）。业界人员的观点提到了 6 种复杂性：技术、社会、融资、法律、组织和时间。内容聚焦法将复杂性简化为技术（或融资）挑战。社会复杂性的关键因素被视为不相关，甚至被直接忽略，因为项目管理机构没有意识到其重要性。内容聚焦法的重点是通过集中收集有关设计和融资结构的内容和策划的信息来减少细节复杂性。互动的重点是向考虑到的利益相关方提供信息，而这些信息只与项目管理机构相关，而与此类利益相关方的实际利益和需求无关。内容聚焦法可能适合低细节和低动态复杂性的情况，但是当这两种复杂性都很高时，内容聚焦法就会存在严重的局限性，这一点在我们介绍的子案例中也得到了体现。

在内容聚焦法中,确定性观点占据主导地位,项目管理机构对工作似乎是运筹帷幄的状态。巧合、次要因素或适应能力对项目成功并不重要。因此,使用内容聚焦法的组织不会对关于问题和挑战的其他观点、解决方案的"丰富性"以及与利益相关方的新合作保持开放态度。在复杂性管理方面,它属于一种作用有限的方法。

内容聚焦法忽视了更高层次的复杂性。就复杂性管理而言,它的作用是有限的。

6.4.4 内容聚焦法的刺激因素

我们在子项目(表6-1)中观察到的特点证明内容聚焦法的刺激因素有:

(1) 缺乏关注,因为管理部门缺乏特定领域的知识,如荷兰 Betuweroute 项目的隧道安全技术工程子项目中所示。

(2) 低优先级,如荷兰 Betuweroute 项目运营准备的子项目中所示。

(3) 担任项目经理的专家对内容有深层的关注。

(4) 融资紧张和"必要条件",如预算和成本超支,可能导致决策难以得到(主要)利益相关方的支持,从而与他们缺少(充分的)互动。

(5) 一些组织不熟悉彼此的特征,导致决策没有充分关注其他组织的未知利益。

(6) 由一个有限的内部聚焦小组负责从而导致了"群体思维"。

我们总结如下:

> 内容聚焦法的刺激因素:缺乏管理部门的关注;专业型管理人;融资紧张;互不熟识的组织;表现出"群体思维"的项目组织。

在荷兰 Betuweroute 项目的隧道安全技术工程子项目中,我们注意到内容聚焦法是在缺乏高层项目经理关注的情境下使用的,这种关注的缺乏与不恰当的强调有关。在项目的第一阶段,项目管理机构的管理更关注下部结构。该组织主要由具有土木工程情境的经理和成员主导。这种基础专业知识的缺乏使得对专业问题的判断工作更加困难,在运营准备阶段也可得出类似的结论。荷兰交通运输部内部几乎没有任何该方面的相关经验,并且最高管理层也没有将其视为关键问题。

由于隧道安全技术工程子项目中新颖而复杂的技术,项目组织聘请了特定的专家来管理该项目。虽然这些专家在处理技术复杂性方面是项目所必需的,但他们的行为却很难判断,并且他们倾向于聚焦一个具体的技术解决方案。在荷兰 Betuweroute 项目运营准备阶段的子项目("融资与范围"专题的项目之一)中也观察到了聘用专家的情况。在该子项目中项目组织聘用了许多外部专家来制订该阶段的组织模式,而该模式的工作很大程度上是在未咨询市场主体和其他利益相关方的情况下完成的。

另一个有趣的案例是瑞士乌里州的圣哥达基线隧道项目(案例6.2)。在该项目中我们注意到,预算限制或明显的成本节约触发了内容聚焦法。

案例6.2 瑞士乌里州

在该子项目刚开始时,乌里州和瑞士铁路公司(SBB)合作,制订了一个双方都同意的解决方案,即让铁路穿越山谷。两个组织都接受了该合作方式。1994年后期,由于节约成本的需要,瑞士铁路公司单方面放弃了该联合解决方案,为了节省费用,他们也提出了一个新的解决方案。这一行为是乌里州及其居民不能接受的,因此引发了激烈的讨论。

最初的联合解决方案是铁路穿越开阔的山谷,但是之后做了一些调整以满足当地居民的需求,调整中包括一段隧道和轨道高度的降低。但是所有的调整后来都被项目管理机构摒弃了,因为他们认为这些调整过于昂贵。结果,山谷的居民开始抗议,并提出了一个解决方案——将轨道置于隧道里,即山体内部,而不是主要暴露在山体外。

在一个局限的、意见一致的、专注于内部的组织负责管理一个问题时,群体思维(Janis,1982)一般会出现。该组织能够认真工作,也对工作具有奉献精神。然而,结果通常是在没有充分交互的情况下,项目工作逐渐向一个方向(内容)趋同(Hertogh,1997)。在荷兰 Betuweroute 项目的运营准备阶段我们注意到,尽管有新的信息显示某一解决办法不太可能成功,但项目组织依然快速地选择了该办法,随后为此辩护。显然,随着时间的推移,第一个制订的解决方案在发展过程中占据主导地位,并且组织无法转变看问题的角度并改变他们的态度。

当第一次讨论"Bos 替代方案"时,我们在荷兰高铁南线项目中看到了一个类似的例子(见3.3.2节,第四轮和第五轮),该替代方案包含了许多关于荷兰高铁南线项目可能路线的有趣见解。此外,该替代方案比荷兰交通运输部的替代方案更好地满足了部分利益相关方的需求。但是,荷兰交通运输部最初没有能力或不愿意认真对待该替代方案。

6.4.5 内容聚焦法的结果

荷兰 Betuweroute 项目表明了内容聚焦法可能会对项目产生负面影响,在荷兰 Betuweroute 项目和荷兰 A73 高速公路南线项目的隧道安全技术工程子项目中也可以找到类似的依据。部分原因是在选择解决方案时的过早趋同，这两个子项目都显示了应用内容聚焦法时不如人意的结果。

荷兰 Betuweroute 项目的隧道安全技术工程子项目将在案例 6.3 中进一步说明。

案例 6.3　内容聚焦法的结果：Betuweroute 的隧道安全技术工程

在荷兰 Betuweroute 隧道安全技术工程项目的案例中，根据"绿皮书"中的规范设计的成本估算开始急剧上升。为了解决额外的隧道安全技术工程成本，有人建议对范围和预算进行更改。经过讨论，当这个变更被批准后，项目管理机构决定对隧道安全技术工程控制和电信系统招标。投标过程的结果是，标价比预估的高出 3 至 4 倍，这在项目管理机构和交通运输部都引起了恐慌，投标过程因此被废弃。回头来看，聚焦于内容的策略导致了成本估算不可控制地增长，并由于投标失败而推迟了项目的规划。这种方法引起了各方对交通运输部和项目管理机构的强烈不满，包括消防部门和社区。

荷兰 A73 高速公路南线项目的隧道安全技术工程（见 4.2 节）为负面结果提供了更多的证据。A73 高速公路南线包括斯瓦尔门市（1 公里）和鲁尔蒙德市（2.45 公里）的隧道。第二条隧道是荷兰目前最长的陆地隧道，隧道每个方向都有两条车道。该子项目详见案例 6.4。

案例 6.4　内容聚焦法的结果：荷兰 A73 高速公路南线项目的隧道安全技术工程

在最初的设计（1995 年）中，荷兰 A73 高速公路南线项目的两节隧道都计划采用硬路肩，这项计划是通过了环境影响分析的。在 2003 年，荷兰交通运输部、公共工程及水管理局的总部突然决定移除隧道中的硬路肩。对荷兰交通运输部干预的分析表明，项目有显露出内容聚焦法的迹象。在没有与该地区谈判的情况下，荷兰交通运输部决定移除硬路肩。内容聚焦法的另一个标志是对于解决方案的迅速趋同：移除路肩。该决定对该地区来说是一个令人不快的意外。项目事先没有进行任何磋商，也没有将该决定直接传达给该地区的所有相关方。该决定是在荷兰交通运输部需要节省开支时做出的，这进一步加剧了人们的不满。正如我们在访谈中多次提到的那样，这一行为被认为是"固化和专横的"。荷兰交通运输部林堡省分局和该地区的官员强调，项目需要更多的互动，特别是在涉及政治敏感的话题"安全"时。

荷兰 A73 高速公路南线项目所使用的方法和交互式管理的基本建议自相矛盾，从这一点上就可以预测到结果：地区的骚乱和强烈的不满。该情况的发生是令人惊讶的，因为更好的行动方法显而易见——交通运输部门可以"利用"公共工程及水管理局林堡省分局（因为他们与地区伙伴有着良好的工作关系），与他们讨论该决策的情境以及如何与该地区进行最佳互动。特别敏感的是降低成本的需求,而且该决定意味着要改变先前与地区伙伴达成的1999年的政治协定。显然,在这件事情上,荷兰交通运输部关注的是自己的融资问题,并且过快地"趋同"于一个解决方案。

为了对荷兰A73高速公路南线项目中内容聚焦法结果的分析做一个总结,我们考虑了一位荷兰交通运输部主管的意见,该主管没有直接参与2006年夏天荷兰A73高速公路南线项目的过程。回顾过去,他认为2003年移除硬路肩的决定是"一个有局限性的考虑"。隧道通常被设计得过于狭窄,但是移除硬路肩将未来建造额外(第三条)车道的可能性切断,降低了设施的"可持续性"。他提到,对于鹿特丹附近的海涅诺德隧道来说,硬路肩提供了额外的车道。该决定对融资的影响是什么?几乎没有,因为移除硬路肩节省的成本与水雾系统的额外成本大致相同,因此保留硬路肩是有必要的(根据2006年10月的财务数据得出的结论)。

在我们对复杂性管理的研究中,我们要求受访者在他们参与的项目中确定"重要的关键事件"或"重要的主题"。大多数受访者提到了其中的两三个事件。显而易见,这些事件都是给他们带来巨大挑战的严重事件。我们总共详细研究了14个子案例。令人惊讶的是,在许多子项目中,使用内容聚焦法似乎是被受访者解决"关键"的"重要主题"的初始方法。

在10个子案例中,我们观察到了内容聚焦法(表6-1)。在大多数项目中,业主和项目管理机构都承认该方法是不正确的。在这些子案例中,利益相关方毫无例外地感到不满。从我们的分析来看,这些子项目均未表现出积极的结果。

> 内容聚焦法在低复杂性的情况下可能是成功的。在细节复杂性和动态复杂性较高的情况下,它往往不会产生积极的结果,反而会引起所有利益相关方的不满。

6.4.6 内容聚焦法的持续性及其改变形式

在本书讨论的子项目中,我们发现内容聚焦法的应用可以持续很长一段时间——它是"反复出现的"。在荷兰Betuweroute项目运营准备阶段的例子中,我们观察到其存续时间已经超过了五年。

> 内容聚焦法是反复出现的。

解释如下:通常没有刺激因素推动改变该方法,没有"紧迫感"来推动变革。在荷兰Betuweroute项目的隧道安全技术工程中,只有当第一阶段工程的投标惨遭失败后,策略才改变。本书在第 5 章中提出,不满会推动大型基础设施项目的变革,当我们观察到内容聚焦法被摒弃后发生变化时,该观点也得到了印证。过高的投标报价导致荷兰铁路基础设施公司和荷兰交通运输部的项目管理机构间出现了由于财政压力过大引起的慌乱。项目管理机构内的项目总监和高管团队的重视表明,需要运用交互式管理和系统管理领域的不同措施来处理面临的问题。在荷兰 Betuweroute 项目中,正是强烈的地区抵抗促使人们转变态度。因此,与本书在第 5 章中得出的结论相一致,关键利益相关方必须持有强烈不满的态度才能促使内容聚焦法的改变。

然而,面对令人失望的结果,我们研究的所有子项目迟早都会放弃内容聚焦法。这意味着,除了低复杂性的项目,在利益相关方不满情绪的压力下,运用该方法的组织最终将被迫做出改变。

> 由于利益相关方日益不满的情绪,使用内容聚焦法的组织被迫改变自己的态度。这种不满情绪可能是由争议引起的,也可能是由预算和项目进度限制造成的。

用更加注重交互或控制的管理策略替代内容聚焦法后,在很长一段时间内,利益相关方仍然会对项目法人和项目管理机构持怀疑态度。荷兰 Betuweroute 项目经历了该情形。在荷兰 Betuweroute 的项目管理机构的态度改变很久之后,管理层经历了关系疏远和缺乏信任的情况,正如下面一位项目经理所说的。

> 从这个项目中,我认识到不要低估这样一项工作的社会影响。利益相关方的支持是非常重要的。荷兰 Betuweroute 项目一开始就是错误的,这个项目与荷兰高铁南线项目是不同的。错误的开始对我们的项目产生了巨大的影响。你真的应该尽量避免一个项目在这种不好的情况下诞生,因为它意味着你总是被迫处于提防的位置。如果你再次启动这样的项目,请确保有利益相关方和议会的支持。
>
> 项目经理,于 Betuweroute

我们在第 5 章中以瑞士乌里州项目为例提到了"启动条件的重要性"。这对于内容聚焦法同样适用,因为启动条件会对项目起到长远的影响,影响项目目标的实现。

> 利益相关方对项目法人和项目管理机构使用内容聚焦法有不满情绪,这使得他们在已经摒弃内容聚焦法很长一段时间内,仍然一直保持消极的态度。

6.4.7 利益相关方使用的内容聚焦法

除了项目法人和项目管理机构,其他当地的利益相关方如社区也采用了内容聚焦法。

在细节复杂性和动态复杂性很高的情况下,其他利益相关方使用内容聚焦法的成功率依然很低。

在使用内容聚焦法时,地方政府实施项目的预期成功率同样很低。一个有趣例子是荷兰 Betuweroute 地区的霍林赫姆社区。本书前文提到,在荷兰 Betuweroute 项目的初始阶段,荷兰交通运输部和荷兰铁路公司在与当地利益相关方的互动中采用了内容聚焦法。因此,海尔德兰省和南荷兰省的利益相关方产生了强烈的抵制,我们将在霍林赫姆社区案例(案例 6.5)中进行说明。

案例 6.5 霍林赫姆社区案例中内容聚焦法

霍林赫姆是一个中等规模的社区,位于南荷兰省,荷兰 Betuweroute 项目的施工路径贯穿社区北侧。在荷兰 Betuweroute 项目的第一阶段,考虑到该项目将产生巨大的负面影响,社区内出现了许多阻力。此外,当地居民对荷兰铁路公司和荷兰交通运输部命令式的态度感到非常愤怒。在此情形下,该社区选择了聚焦于内容的抵抗策略,即社区提出了另一条更为合适的路线,该路线不会经过霍林赫姆社区。这些研究由社区资助并执行,致力于使国家政府相信该替代方案是更加合适的。与此同时,社区拒绝与项目管理机构对话。霍林赫姆社区提议的替代路线没有被采纳;最终方案依然包含一条穿过城市的路线。在众议院决定规划穿越霍林赫姆社区的路线后,该社区选择保持其抵抗态度,接下来要求修建一条穿越德林格河的隧道。社区仍然拒绝与荷兰交通运输部合作,例如阻挠空间规划进程。然而,荷兰交通运输部认为修建隧道的要求是不合理的,因为线路的其他部分可能会给市民带来更多不便,例如在巴伦德雷赫特市出现的问题。最后的结果是,在为荷兰 Betuweroute 项目采取缓和措施的谈判中,霍林赫姆仍未能实现其隧道愿望。

在该案例中,我们观察到霍林赫姆社区采用内容聚焦法来制订解决方案,但社区与关键利益相关方(荷兰 Betuweroute 的项目管理机构)的沟通却极其有限。此外,我们还观察到过早趋同的现象:社区将所有精力投入改变荷兰 Betuweroute 项目的路线中,却没有为路线更改提议的失败拟订备选计划。正如我们所看到的:穿越霍林赫姆社区边界的路线方案最终被批准,这使得社区需要重新审视其策略。然而社区的反思并没有带来较多改变,因为在第二阶段,该社区又选择了一个与其之前强烈要求建设隧道相矛盾的方案。最终,社区获得的补偿十分有限,部分是因为内容聚焦法并没有起到作用。

6.5 总结与结论

本章说明了内容聚焦法经常被用于管理大型基础设施项目中的复杂性问题，并且在我们研究的子案例中管理起到的制约作用也是显著的。我们已经说明了内容聚焦法如何导致过早趋同，使得其他更有希望的替代方案几乎不可能被选择，这证明项目启动条件是极其重要的。此外，由于内容聚焦法带来的负面影响，即使采用更为关注控制和交互的策略，冲突依然可能持续很长一段时间。

虽然内容聚焦法可能在低复杂性的情况下被成功运用，但是在细节复杂性和动态复杂性很高的情况下，该方法成功的可能性相当低。总体而言，该方法处理细节复杂性和动态复杂性的能力十分有限，并且会导致利益相关方产生不满的情绪。

我们将在下一章讨论似乎能够带来更大价值的管理策略：系统管理。

7 系统管理——管理细节复杂性

上一章提到，内容聚焦法经常应用于大型基础设施项目的复杂性管理。该方法在本书关注的复杂项目管理中非常重要。前文已经讲述了内容聚焦法导致过早趋同的方式，例如"群体思维"就可以触发该方法的使用，但这降低了寻找其他潜在方法的可能性。这是其中的一个方面，但内容聚焦法所带来的负面影响远不止如此。管理大型基础设施项目的细节复杂性和动态复杂性时，这种方法的优势就会显得非常局限，所以我们必须寻找更有前景的方法。现在我们需要研究另一种具有更多优势的管理策略，尤其是对细节复杂性的管理方面，即系统管理。然而，系统管理并不能有效解决动态复杂性问题，尤其是大型基础设施项目中与利益相关方系统有关的问题。

因为系统管理理论与组织设计理论相关，本章首先结合研究主体——大型基础设施项目介绍组织设计理论（见 7.1 节）。其次，介绍系统管理的概念及其在项目管理领域中的普遍性（见 7.2 节）。再次，在 7.3 节介绍基于系统管理理论的控制式策略，在 7.4 节展示系统管理在大型基础设施项目领域的复杂性管理方面的成功应用。本章的最后对主要结论进行了简要概述。

7.1 组织设计理论

如果把现有全部介绍组织管理的文献和书籍列成清单，似乎是无穷无尽的。其中一些书籍是管理领域理论发展的综述，例如 Hafritz 等（1992），Hellriege 等（1989），Stoner 等（1992）的书都介绍了组织管理理论的发展过程。

现代管理理论诞生于 19 世纪末组织理论革命时期。在这一时期，很多组织（更具体地说是工业组织）想要扩大其规模，因此它们需要更多管理理论的支持，而在这段时期以前存在的小规模组织很少应用该理论。因此,一种结构化的、科学的方法(泰勒;法约尔;韦伯)得以发展,越来越多人相信个人的工作动机将对生产力产生强烈的影响。过去的 50 年间,一些重要的运动或观念有:权变法(明茨伯格)、最佳实践(彼得斯和沃特曼)、品质管理(戴明)、核心能力和领导力(Covey,2009)。当然,也存在其他流派。我们并不想对所有理论做一个综述,我们更关注于大型基础设施项目的组织和复杂性管理中能够给我们带来相关见解的原理。其中一些原理来自"组织设计"理论。

应对大型基础设施项目的项目管理机构经常需要雇佣数百人。例如荷兰 Betuweroute 项目的项目管理机构,它规模最大的时期总共有 600 人,这些人分别负责经营管理、人员配置和制订计划。这其中不包括设计工作,设计工作将分包给工程公司。大型基础设施项目的建设就像运营一个具有管理团队、成员部门和分散(子项目)组织的公司。年度计划和控制周期都是大型基础设施项目管理的重要内容。Robbins(2001)提到组织结构设计的 6 个关键因素:工作专业化、部门化、指挥链、控制幅度、集中管理、权力下放和正式化。这 6 个设计因素同样可以被应用到大型基础设施项目的项目管理机构,例如荷兰 Betuweroute 项目的项目管理机构,如表 7-1 所示。

表 7-1　6 个重要因素在荷兰 Betuweroute 项目组织中的应用

荷兰 Betuweroute 项目组织:		
1	工作专业化	1997 年在荷兰 Betuweroute 项目的项目管理机构工作的 600 人中,有不同专业的工程师、合同法律顾问、财务总监、P6 工程师①和秘书等,他们均受过专门的教育和训练
2	部门化	荷兰 Betuweroute 项目多次采用部门化架构:下部结构的计划合约团队按地区划分。在早期,项目计划和工作人员职能(进度、成本、质量、人员、信息和通信技术)还没有被部分转移到地区合约团队,这些工作都是集中进行的。上部结构的合同按照功能划分:例如噪声屏障、电力和隧道技术设施等
3	指挥链	组织是按照指挥单位的要求设计的,项目组织的结构采用了科层制、职能和运营负责人的概念,质量手册中对此进行了明确说明
4	控制幅度	控制幅度为组织建设明确了设计标准
5	集中管理和权力下放	根据主导原则,集中管理和权力下放的讨论形式在组织设计中占主导地位。尤其是在项目实现阶段,除非是特殊情况,否则都需要权力下放
6	正式化	每个职位都有清晰的职业描述。每种职位都涉及 1 人(项目总监)到近 20 人(管理者)

Strikwerda(2000)提出了 10 个典型的组织管理原则,并认为它们是适用于每个组织的"标配"因素。这些因素相比其他因素的"可操作性""科学性"更具"道义"。但根据他所说,有一点必须清楚:"当一个组织没有应用这 10 条原则时,就会导致公司内部机能失调。"本书再次以

---

① Primavera 项目管理软件

荷兰 Betuweroute 项目的项目管理机构为例对这 10 条原则进行明确描述（表 7-2）。实际的策略、组织和过程在项目质量手册中有所描述。

表 7-2　10 个经典组织原则

10 个典型组织原则(Strikwerda, 2000, p. 45)	
1	组织以规定的目标或分配的任务为框架 这说明项目组织要在规定的时间和成本限制内，根据所确定的范围开展荷兰 Betuweroute 项目。这些目标已与荷兰交通运输部达成一致，构成了组织结构的基础：以里程碑的形式划分目标实现的每一个阶段，并将各个工作分包给组织的各个部分
2	需要有目的的协调活动 项目组织协调的重点是实现项目目标文件化，通过科层制结构、会议、标准、通信系统和程序等措施实现协调
3	总工作量按专业划分 已分包的工作将由特定的项目团队以一致的方式承包和管理，承包团队是按地区（下部结构）或按职能（上部结构和整体活动）组织划分的
4	统一计划 项目组织的年度计划包含承包计划和人员管理，（执行）过程也是如此，制订总承包策略能够给具体接洽过程提供参考
5	明确问责制 将单独的预算委托给合约经理，再根据年度计划将管理费用预算（工时、工程）委托给成员经理，直到项目完成。项目、合约、成员经理负责控制其预算。此外，每年项目组织的预算都需要荷兰交通运输部财务司批准
6	平衡权利、任务和能力 在荷兰 Betuweroute 项目里，组建合约团队时维持这种平衡尤为重要。为了更顺利地完成任务，每个团队都有自己的任务、职权和能力范围的清单
7	每个决策都必须委派给最基层的主管级别，这是一个可以理解所有"设计相关"方面的级别，这种方式有利于监督所有后果，并根据决策后果进行判断 该准则用于建立项目管理机构，质量手册中有明确说明
8	尽量减少强制协调，协调形式的科层制结构（强制协调）需要最小限度 该准则的目的是在内部整体协调中给予管理者更大的自主权。但是由于下部结构合约数量巨大，须设立地区主管作为项目总监和合约经理之间的一个次级职位
9	组织从上到下的指挥链必须清晰简短 项目组织只有 3 个指挥层：项目总监、地区主管和合约经理（有一段时期没有地区主管）。每一层的责任和任务都已明确规定，成员职能支持着管理层
10	组织的每一个部分必须均衡发展 在建设阶段，两个处理下部结构的地区必须具有相同的规模，其规模也要与处理上部结构的地区相似，这确保了项目管理机构的均衡发展。另外，结构决策要使用"四眼原则"，这意味着合约经理需要按照成员的建议做出决策。如果出现分歧，合约经理将被调到下一级别（地区主管或项目总监）

这两个例子说明，与大型基础设施项目有关的项目管理机构（例如荷兰 Betuweroute 项目的项目管理机构），都可以运用经典组织原则设计其组织结构。然而，"组织设计"理论并不是专门针对一个临时设置的、被用于大型基础设施项目的项目管理机构而制订的。总的来说，大

型基础设施项目具有不同于其他项目的特点,这导致该类项目对组织和管理的要求比较特殊。为解决项目管理机构需处理的具体问题,项目管理理论得以发展。

项目管理机构与传统常设的功能组织性机构有根本性的不同(Turner,1997;Wijnen et al.,1984;Andersen et al.,1995;Koolma et al.,1974)。表7-3列出了项目管理机构和与常设机构相比的一些显著特点。

表7-3 项目管理机构与常设机构的区别

项目管理机构	常设组织机构
新颖独特	常规
有限时间内运营	持续经营
(项目)有效性	高效运作
分阶段实施(依情况需要)	(处于)发展时期
灵活、富于变化	稳定于现状
人员不断变动	人员相对固定

项目管理机构是新颖独特的,并且有明确的截止日期。而常设机构更多着眼于持续性和长远发展。这导致项目管理机构更具体地专门针对(完成特定项目目标的)有效性,而常设组织在日常运营中就把效率当作首要考虑因素。项目管理机构通常没有重复性的流程,这种区别使其更加重视"一次做对"的理念,因为往往没有第二次机会。

项目管理机构有着既定的流程:启动、可行性研究、设计、执行和运营。常设机构在执行过程没有明显的阶段性,但其通常以形成和发展的一般阶段为特征(Hardjono et al.,1997;以及著名的Mintzberg,1997)。项目不同阶段的差别非常显著,项目管理机构的运营需要灵活性。项目组织在建立初期规模较小,后来慢慢壮大,然后在发展过程中又慢慢地削减人员。由于每个项目阶段具有不同的性质与目标,项目组织的成员职能也有所变化。而常设机构则稳定得多,这类机构有着长期固定的功能和作用。

项目管理机构和常设机构可以被视为一个连续体的两个极端,这两类组织会产生一定的引力和张力。项目执行快速灵活,而常规工作则基于效率和协调。就像本章开始所提到的,这意味着像大型基础设施项目,该类项目常常同时具有项目管理机构和常设机构的特性。

项目可以被定义为(Turner,1997):

> 在时间和成本的限制下,尝试以一种新的方式组织人力、物力

和财力,来承担一份具有独特范围和给定规范的工作,从而实现定量目标和定性目标的有益变化。

大型基础设施项目符合该定义的所有特征。比如荷兰 Betuweroute 项目:定义中,"人力"就是项目管理机构的人员,"物力"是施工所需物质,"财力"是指荷兰交通运输部提供的基本资金,它们构成了项目管理机构;"新的方式"是指为项目组织和项目进程而量身定制的方式;荷兰 Betuweroute 项目在给定的规范(例如长度、最大速度等)下,具有独特的工作范围(荷兰 Betuweroute 项目是独一无二的),在成本(议会预算)和时间(2002 年鹿特丹部分和 2007 年从鹿特丹到德国边境)的限制范围内,实现定量(如在一定时间内的列车数量)和定性目标(即鹿特丹的腹地连接)。

7.2 系统管理理论

由于项目管理机构与常设机构有不同的特点,因此项目的完成需要特殊的管理策略。多年来,项目管理已经成为组织管理理论的重要部分。在本节中,我们对项目管理领域做了一个简短的介绍,主要关注项目管理的一个重要领域——系统管理。之所以选择该领域,是因为该部分的项目管理理论似乎更适合管理细节复杂性。

项目管理多年来的发展综述可以参考 Morris(1994)的相关文献。在本节中,将依据此综述介绍系统管理。

当项目管理领域的理论出现时,人们认识到控制的必要性。项目管理实践理论诞生于 20 世纪 50 年代之前,但在此之后,管理类相关文献中又引入了在项目管理中运用的工具和技术。当时,美国国防工业出现了许多重大项目,如阿特拉斯导弹计划和北极星计划,以此作为对苏联威胁的回应,该类项目的出现刺激了这一进程。于是出现了一种新的方法,将这些复杂项目的最终成果视为"集成系统"。这些最终成果必须从一个集成的角度进行说明、设计和调度,最终使得最初的项目管理方法演变成"系统管理"。迄今为止,这仍然是项目管理的核心理论,也是用来确定大型基础设施项目中细节复杂性的管理策略的起点。这与前面描述的控制需求是契合的。

系统管理方法基于这样一个概念:在每个项目中,都需要定义项目最终产品的需求。当需求制订以后,可以建立一个详细的计划来实现所需的最终成果。因此,进度成为项目管理的重点。同时也引入了一些网络进度工具,例如关键路径法(CPM)和计划评审技术(PERT)。

从 20 世纪 60 年代后期到现在,系统管理领域日渐发展壮大,现在已经发展成为一个完全成熟的理论体系，并且也是一个主要的实践体系。随着时间的推移，系统管理的重点不断扩大，并从规划转向更广泛的主题——控制。

控制是指严格管理成本、进度、范围（质量）、信息、组织和风险等方面。Turner（1997）在图 7-1 中形象地表现了该过程。

尽管我们充分意识到项目管理领域包含的理论远远多于仅关于系统管理的理论，但本书仍特意选用了该部分，主要是因为它满足了控制的需要。此外，它也被证明是处理管理细节复杂性问题的一个合适的管理理论体系。

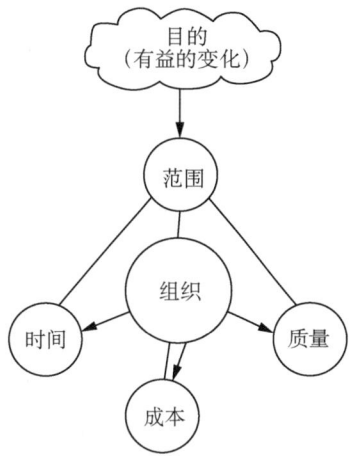

图 7-1　项目中的控制方面
（Turner，1997）

20 世纪 70 年代末，项目管理理论是"进度和成本控制工具的集合"（Morris，1994），其中增加了一些关于组织的主题。在那时，项目管理理论并没有反映出环境对立、经济情境与社会因素在实践中开始发挥更突出作用的情况（同样出自 Morris）。先前的章节表明，越来越多人认同动态复杂性对项目是非常重要的。虽然该理论仍然呈现一种"控制式视角"，但在实践中，项目管理机构正在寻找一种更开放的"交互式视角"，以在动态环境（有时甚至是恶劣环境）中管理项目。这将在下一章进行讨论，并解决动态复杂性的管理问题。现在我们将讨论细节复杂性管理中的控制式策略。

7.3　控制策略——管理细节复杂性

> 项目管理中，业主所支付的是确保项目在商定的进度、成本、质量、安全范围内交付。项目最终能否交付取决于不同的业主。比如，如果一个项目在进度、成本和质量等方面都具有高水平的管理，但在工程施工期间有人死亡，那么该项目最终的结果也是糟糕的。
>
> ——英国西海岸干线项目经理，Bechtel，2006

阐述了系统管理理论以后，我们已经确定了以下可以用于管理复杂性的策略。这些策略关注于控制。

（1）分解

① 时间

- 分阶段交付项目。
- 决策。

② 最终成果

- 对象分解。

③ 组织
- 任务分解，任务细目。
- 组织结构。

(2) 管理过程

① 进度。
② 成本。
③ 质量。
④ 风险。

综上所述，控制策略适用于大型基础设施项目的复杂性管理。控制策略是系统管理的核心，在管理项目的细节复杂性方面尤其适用。

我们分别对系统管理中的每一种管理策略进行概述。

1. 分解

如上节所述，系统管理是一种传统的项目管理方法，它依赖于控制的手段来实现预期的最终目标（"系统"），其中的主要策略就是分解。时间（进度）、最终成果和组织管理方面分解都起着作用。

分解可以应用于进度安排，即按照项目实施的步骤进行阶段划分，这是实现项目目标的必要条件（Wijnen et al., 1988）。该项目可被视为从项目的倡议到交付的连续项目阶段。如图7-2中，整个项目可以按照从倡议到交付的角度，分为倡议、定义、设计、准备、实现和运营这6个顺序项目阶段。

想法	是什么	怎样	如何实施	行动	维持
倡议	定义	设计	准备	实现	运营

图 7-2 项目阶段

在本书选取作为案例的项目中也观察到了项目实施过程中的不同阶段。对 Betuweroute 项目而言，项目的全过程及项目的各个阶段都有明确的计划。比如，港口铁路线项目可能已经处于施工阶段，而 A15 高铁项目很大程度上仍处于规划阶段。因此，虽然一般来说项目的各个阶段之间的界限比较模糊，但事实上每个项目都可以被划分阶段。这也为项目分阶段实施的该方法在项目管理领域的应用奠定了基础。同时，一些决策部门也采纳了该方法，它们可以通过观察每一阶段项目的完成情况来追踪项目进展。

分解也能应用于最终产品的交付。一般来说最终产品被描述为基础设施，该设施可以通过多种元素及其子元素来描述。

如 Betuweroute 地区使用了"对象列表"，列表包含在项目中需要构建的所有项目基础设施的元素。列表中包含铁路线、上部结构、噪声屏幕、桥梁和隧道等对象。这些清单作为确定建造范围的一般性参考依据,并以此作为发送给投标人的招标文件的基础。

除了分解对象清单以外,还可以分解任务,这就是分解方法应用的第三种形式。基于此,许多工具被开发出来,例如工程分解结构(WBS)。WBS 是一项基于流程管理和控制策略而进行项目工程阶段划分的工具(Turner,1997)。

Turner 提出了工程分解的 4 个优势(Turner,1997):
(1) 它能更好地控制工程范围。
(2) 它使工程能以极具条理的方式开展。
(3) 它使我们能在适当的层级上明确工程任务,以便对当前阶段的任务进行估计和控制。
(4) 在工作分解结构中可以考虑风险因素。

正如 Turner 的观点,任务分解与目标分解相结合,有助于项目管理机构体系的形成,并依据项目的最终目标和不同任务的具体内容,将不同任务分配到不同的单位。

组织体系构建的方法与表 7-2 中所述的组织设计原则有很多相似之处。

工作分解可作为项目内部决策的基础。该方法中,项目管理始于业主(项目法人)要求项目经理着手于该项目。因此,项目经理会与业主签订一份全面的合同,即"基础文件"。在每一阶段结束后,项目经理都会签订一份"基础文件",其中包含上一阶段的成果和下一阶段的计划。"裁定"是指业主在接受当前成果和下一阶段的计划的基础上签署阶段性文件。项目经理将加强与业主的沟通,以防出现工程施工进度与预期进度不符的情况,该情况在项目经理的自由决定权范围内无法处理(这意味着项目发生了重大的变化)。

因此,在大多数项目里,分解的方法允许项目管理机构的成员控制项目的交付过程。下文描述了流程管理中需要进行控制的要素,这些要素一般是根据项目产出制订的。

2. 流程管理

控制项目管理的多个方面都会出现:进度、成本、质量、组织和信息。进度、成本和质量是决定项目产出的 3 个要素,它们可以依赖于专业的组织和信息控制来实现。流程管理的目的是在商定的进度、成本和质量的条件下完成项目。项目管理机构的行为应侧重于项目因素的控制,使该项目能在这些条件下交付。

系统管理方法以交付项目为目标,如图 7-3 所示。项目分解以项目不同阶段为基础划分,每个阶段都需要严格控制。进度在一定程度上是复杂的,它反映了一种思维方式:"我们项目的不同阶段是可以被预期的,这些阶段组合起来就是整个项目的全寿命周期"。

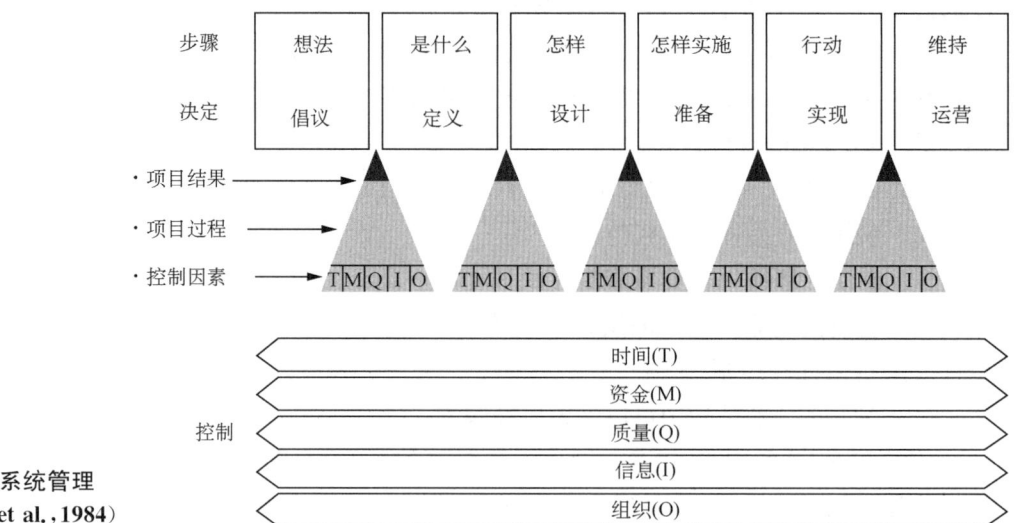

图 7-3 系统管理
(Wijnen et al., 1984)

很多情况下,在 5 个传统变量中会增加第 6 个控制变量:风险。其基本意图是通过风险管控,使得项目管理机构确保项目在预期时间内交付。风险的界定方式反映了风险如何以及多大程度上影响项目的交付。

图 7-3 还表明了流程管理和任务分解之间的关系。任务分解通常在设定工作范围和最终目标时被应用,然后通过落实流程管理来加强对项目的控制,这有助于确保项目每一个阶段的推进都有利于项目的最终交付。

在本书的结构框架中,我们把进度、成本、质量和风险作为在流程管理中应该控制的要素,而"组织"和"信息"两个要素被排除在外。我们认为这两个要素的定义不够明确,因此也不足以作为控制要素。此外,组织和信息这两个要素过于笼统,难以被定义,它们在大型基础设施项目的管理中所指代的内容可能不一致,因此也难以被有意义地运用。

系统管理的基本管理策略如图 7-4 所示。

系统管理的核心是控制策略的应用。控制包含工程分解和流程管理。控制在工程分解方面的应用有流程管理,具体包括:进度、项目最终需要交付的产品以及为实现目标而成立的组织。在流程管理方面,进度、成本、质量和风险等要素经常需要被控制。由于项目是在特定的进度、成

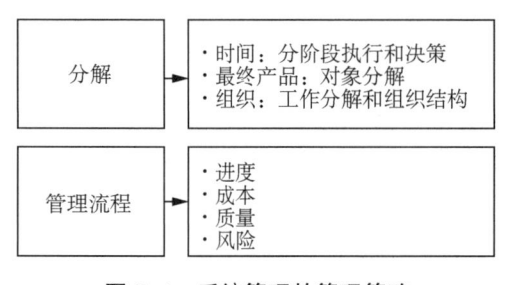

图 7-4 系统管理的管理策略

本和质量的条件下交付的,因此这些因素在流程管理中都需要被严格控制。为了更好地控制这些条件,风险管理也是不可或缺的。这就是本书将风险管理作为系统管理中流程管理方面第四个要素的原因。

显然,将系统管理策略应用于复杂性管理的主要目的是降低复杂性,更具体地说,是管理项目中的细节复杂性。随着项目各个阶段的推进以及项目决策的制订,项目的不确定性会逐渐减少。如果通过严格的控制措施来监控项目的进度、成本和质量,项目交付将面临更少的不确定性。事实上,控制策略可能与项目目标有关,包括进度、成本和最终产品(质量)等条件的限制。如果最终产品的交付脱离了这些条件,项目会被认为是"失败的",这使得严格的控制成为项目管理的关键。

系统管理是一套严格的方法论。它认为项目有明确的目标和有限的利益相关方,并且在目标、利益和立场方面较为稳定。然而,正如本书在第3至第5章中所介绍的,这种变化和复杂性是大型基础设施项目的重要特征。这意味着源于系统管理中的控制策略是有用并且是必要的,但其可能不足以管理复杂性,特别是对于大型基础设施项目内部的动态复杂性,因此我们也需要考虑其他策略。下一章将基于交互管理的策略进行讨论,并将介绍我们关于大型基础设施项目复杂性管理中有关管理策略的新发现。

7.4 控制策略的主要发现

在前一章中,我们了解到内容聚焦法是最常见的复杂性管理方法。从工程实践来看,系统管理是第二常见的管理方法。系统管理似乎是项目管理机构管理大型基础设施项目的传统管理方法,其比本书后文所述的交互式和动态管理的策略更常见。

在调查中我们发现,系统管理对于复杂性管理非常有效,但单独使用这种方法也有一些致命的缺陷,本章将对此详细描述。

我们在系统管理方面的主要发现是:

> 系统管理可用于管理"社会"和"技术"两个维度上的细节复杂性,但是当其用于动态复杂性的管理时,也会出现一些致命缺陷。

系统管理是一种管理方法,通过工程分包和权责分配,同时明确工程行为和基础设施设备来推进大型基础设施项目的建设,这些特点使得系统管理的方法对项目经理非常有价值。由于庞大的规模和较长的持续时间,大型基础设施项目是一项巨大的工程,需要对其进行分解和控制,否则这些项目不可能交付。因此,系统管理在管理细节复杂性方面具有重要作用。这就是复杂性,我们也称之为繁杂性,并且这些要素之间具有高度关联性。

与人们通常的认知相反的是,系统管理不仅有助于管理即将交付的最终产品的技术复杂性,而且还能有效地管理利益相关方之间的细节复杂性。因此,系统管理不仅是一种"内部"方法,而且能成功应用于外部的利益相关方网络,这一点在后文会说明。

7.4.1 系统管理不是"给定"的

在研究中我们注意到,管理细节复杂性的重要性有两层含义。首先,当项目里的细节没有被正确组织管理时,会产生大量工作。一个典型的例子是文件系统(包括硬拷贝和电子信息)的管理。在荷兰 Betuweroute 项目中,项目组织发现在项目初期就专业地组织管理细节是至关重要的。其次,当细节复杂性没有得到较好地管理时,它会对利益相关方之间的关系产生消极影响。从这一点来说,细节复杂性管理是项目管理过程中的"标配":它决定了工程实施的情境。如果项目缺乏系统管理的策略,项目管理机构将会得到较差的评价,即使项目进展顺利,并且运用了系统管理的策略,项目管理机构的评价也不会有较大的改善(Hellriegel and Slocum, 1989)。

在初期研究中,我们认为系统管理的原则是被广泛认同的,并且其已经应用于大型基础设施项目中。然而,虽然系统管理有时会被视作项目管理的基本工具,但它并不总是"给定"的,正如我们观察的那样,内容聚焦法在许多实例中并没有得到应用:

> 尽管系统管理常被视为大型基础设施项目管理中的"标配",但是它的应用一定不是"给定"的。大型基础设施项目内部的系统管理是一项费时的工作,它往往需要复杂的工具,并且在建立和使用正确的项目控制工具时需要给予持续的关注。

近年来,系统管理理论在大型基础设施项目中的应用已经得到了发展,并且系统管理技术的应用似乎逐渐变成管理该类项目的一种"标配",我们用荷兰 Betuweroute 项目来说明这一点。

在该案例中我们观察到,多年来,系统管理在处理细节复杂性的专业水平有显著提高,这一点在向众议院提交的进度报告也被证实。该报告汇报了项目的费用、规划和实施情况。在 1997 年年初发表的第一篇进度报告中,只提供了关于预算、计划和一些非常有限的关于项目控制的信息。10 年后,2007 年 3 月发表的第 21 期进度报告在项目控制方面提供了更加详尽的信息,其中还包括成本预测和风险。在表 7-4

中,我们比较了两份报告中的信息以表明其差异。

表 7-4 项目控制信息对比

信息	第1期进度报告(1997年)	第21期进度报告(2007年)
范围	· 所需经费概览 · 需求的(可能)变化	· 独特的技术和功能要求 · 所有范围变化概览(包括成本) · 可能的范围变化
财务	· 储备预算 · 现金流量(每年) · 资金筹措 · 支出	· 储备预算 · 资金筹措 · 支出和分配 · 每年物价指数 · 意外费用的预算状况 · 财务风险 · 最终成本估算
计划	· 总体规划	· 总体规划 · 最大规划风险
质量和知识	—	· 质量体系 · 学习和知识管理 · 研究成果

表 7-4 中的比较表明,从 1997 年到 2007 年,有关项目控制的信息变得更加详细清晰。这 10 年的发展中,项目管理机构系统管理能力似乎得到了较大的提升,风险管理领域的引入就是一个很好的例子。

> 如今,风险管理成为一种"炒作"。在过去,它是一个未知的,且从未被使用过的策略。而现在,你却需要在一次会议上分享你在风险管理方面的经验。
>
> ——风险管理部门负责人 于 Betuweroute

基于此,我们可以得出结论,在荷兰 Betuweroute 项目中,随着时间推移,各种系统管理措施被越来越多地应用,项目控制整体水平也因此得到提高,这使得涉及的利益相关方(例如荷兰铁路基础设施公司和荷兰交通运输部)也非常满意。此外,1997—2007 年间,荷兰 Betuweroute 项目的预算超支很少(低于 3%),这也是控制改善的另一个表现。

虽然系统管理的专业水平有所提高,仍有一些项目因初期缺乏系统管理而陷入困境的例子。荷兰 Betuweroute 项目在 1995 年至 2001 间的成本及其发展情况就是一个主要的例子。在此期间,荷兰交通运输部与荷兰铁路基础设施公司的 Betuweroute 项目管理机构之间在项目的成本控制方面产生了严重的分歧,见案例 7.1。

案例 7.1　荷兰 Betuweroute 项目控制（1995—2000 年）

第 3 章介绍了荷兰 Betuweroute 项目的历史。在这里，我们发现作为项目法人的荷兰交通运输部与荷兰铁路基础设施公司的荷兰 Betuweroute 项目管理机构之间进行了激烈的辩论，核心问题是项目预算和新出现的成本估算之间差异的反复出现。在项目执行初期，项目管理机构的成本估算就已经超过了政府批准的项目预算。成本估算和项目预算之间的紧张关系在 Malle Jan(1998) 和 Aanlegbegroting(2000) 的两份协议中被处理，而促使这些协议签订的谈判导致当事双方产生了严重矛盾。争论的主要问题是："谁负责范围变化？""如何处理范围变化？"在该方面，系统管理通常可以提供两方面的援助：范围变化的管理以及成本结果和透明的预算控制管理。

荷兰交通运输部严重怀疑项目管理机构所构建的项目控制方法，因此实施了两项审计工作——一项由科尔尼咨询公司执行，另一项由荷兰国家审计署（"Nationale Rekenkamer"）执行。

科尔尼咨询公司在 1999 年的报告中做出总结：

(1) 安排荷兰铁路基础设施公司与荷兰交通运输部的合作具有一定的困难。
(2) 行政组织和总体规划遵循项目发展，而不是指导项目发展。
(3) 在应急计划中没有"备选"方案。
(4) 荷兰交通运输部内的组织作为项目法人，其职责本应分配给更高的管理层。

审计署的结论是：

(1) 项目管理机构中缺乏坚实可靠的设计规范。
(2) 项目组织中缺少一套标准化的范围要求。
(3) 缺乏刺激低成本设计的手段。
(4) 设计成本估算不符合固定预算。
(5) 财务和其他管理信息并未充分反映项目的财务状况。

科尔尼咨询公司和荷兰审计署的结论都表明，系统管理在当时是可以进行改进的。

荷兰 Betuweroute 项目的例子说明了项目所经历的一些困难，而这些困难至少有一部分是不成熟的系统管理导致的。该种不成熟和较早的成本超支意味着荷兰 Betuweroute 项目不断面临着源于改善项目控制的压力。可以说，这种外部压力有时被项目经理认为是一种消极的因素，但实际上它激发了人们使用改进的系统管理策略来管理项目复杂性。

我们所研究的荷兰 Betuweroute 项目和其他案例表明系统管理技术在大型基础设施项目中的应用并不简单。外部压力高、项目独特、信息量巨大这些因素极大地阻碍了系统管理的使用。

因此我们认为，大型基础设施项目中的系统管理是不可能在短期内实现的，它需要高水平的专业水准和持续的管理关注，尤其是基于这些巨大的工程。此外，为了使复杂性管理在大型基础设施项目中发挥

作用,系统管理需要:

- 具有高水平的专业水准并给予持续的管理关注。
- 拓展常规的系统管理策略。
- 适应项目的具体特点。

大型基础设施项目的独特性意味着标准系统管理技术也需要与项目相适应。我们调查的大多数大型基础设施项目应用了用于进度、预算和风险控制的标准技术,这些技术专门针对它们所应用的独特项目,瑞士圣哥达隧道项目的风险管理系统就是一个例子(案例7.2)。

案例7.2 瑞士圣哥达隧道项目的风险管理

瑞士圣哥达隧道项目早期就已经实施风险管理,其风险管理包括从当局到承包商的所有级别。风险管理是一种普遍接受的方法,是为项目专门定制的。

在应用于瑞士圣哥达隧道项目的方法中,惯常使用的风险一词被视为一种威胁(消极)或机会(积极)。是威胁还是机会取决于它对项目目标的影响,这种区别的前提是能够控制威胁,抓住机会(如下图)。风险管理的重点是那些可以通过项目管理的适当措施加以影响的风险,剩余风险则被严密控制。

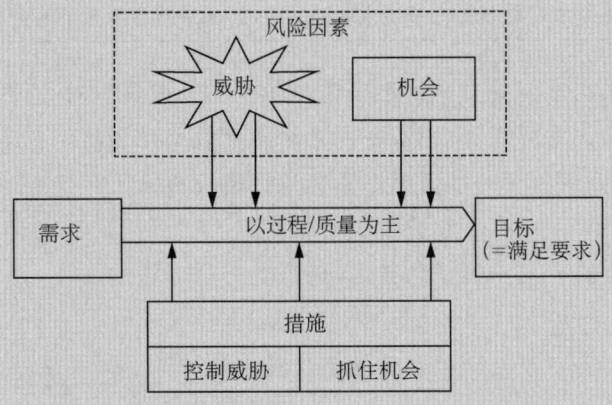

风险管理方法的具体调整源于这样一个事实,即有具体的指导方法指导项目管理机构阿尔卑斯枢纽圣哥达有限公司将风险报告给交通运输部。阿尔卑斯枢纽圣哥达有限公司管理指南中还规定了承包商将风险报告给阿尔卑斯枢纽圣哥达有限公司的具体方法。总体风险管理技术很大程度上与质量管理指南、汇报安排和相关方的责任挂钩。

案例7.2中的例子展示了如何将一个项目控制要素(风险)的技术应用和其他系统管理工具(如报告结构和质量管理流程)联系起来。在大型基础设施项目中,为了满足项目的要求,系统管理技术往往需要扩展。一般来说,项目需要先进的技术,但在小规模项目中往往不需要。例如,荷兰高铁南线项目使用了详细的风险数据库来帮助其进行项目的控制。这一详细数据在项目初期没有被使用,却在使用后为管理人员和决策者提供了更全面的管理信息。对于小规模项目来说,该工具将导致产生很多不必要的细节。这展现了系统管理领域最先进的工具和技术应用于大型基础设施项目的策略。

另一个先进形式的系统管理案例是在英国西海岸干线项目中,该项目使用系统管理的方法来处理乐观偏见和悲观偏见的问题。此示例在案例 7.3 中说明。英国西海岸干线项目和其他铁路项目遇到的一些问题也使得该方法得以应用和发展。

案例 7.3　成本估算误差来源

交通运输部在成本估算方面使用了三种不同的错误来源,见下表。

来源	描述	如何在评估中解决
风险	与已知概率相关的事件,是可衡量的	定量风险分析 计算概率加权成本
不确定性	概率无法轻易量化的事件	描述不确定性的来源 补充意外增加的费用(例如未得到计划许可的 10 万英镑)
乐观偏见	从历史角度观察到的低估成本的趋势	增加乐观偏见调整来纠正偏差

修改可以被纳入成本。效益中的不确定性和风险应该通过对关键利益驱动的敏感性分析来处理。节约的成本应视为效益,并相应地接受敏感性测试。

最近在英国,在评估项目时也会考虑到交通运输投资的更广泛的经济效益,这导致了更高的收益/成本比率,并减少了收益被低估的"悲观偏见"。该想法是为了在未来的两年内为更广泛的经济收益开发一种评估措施,但这是一项艰巨的任务,因为效益和成本无法轻易衡量。

交通运输部的财务专家处理项目开发中两种重要的"人为"失误:

- 乐观偏见。对收入的高估,特别是在做或不做的决定上。在西海岸路线现代化的评估更新(2004 年 8 月)中,乐观偏见被评估为资本成本的 15%。
- 悲观偏见。如果只计算项目的直接影响,就可能不会实现具有相当积极影响的项目,Jubilee 线的延伸就是一个很好的例子。

下表列出了为解决积极倾向而建议增加的预算,这些增加是基于以前项目的结果,一旦收集到新的结果,将加以改进。

	预可性	项目定义	选择	单一选择细化	设计开发
资本支出	66%	50%	40%	18%	6%
业务支出	41%	每年 1.6%	每年 1%	基于证据	基于证据

英国西海岸干线项目的工作实践,展示了一个为处理成本和收益估计中的错误而建立的系统。与传统的计算收益和成本的方法相比,它可以被视为一种更成熟的系统管理方式。

本书的案例展示了许多系统管理方面改进的例子,然而我们发现,在大型基础设施项目中,"内容聚焦法"仍然居于主导地位。前面的事实也证明,改进仍然不能被视为"给定"的。为了更好地应对大型基础设施项目的复杂性,需要应用新颖的和先进的系统管理方法。

7.4.2 系统管理的优势

1. 项目管理机构通常无法利用系统管理的潜在优势

在大型基础设施项目中,系统管理的应用不仅给技术复杂性的管理带来巨大成效,还能在管理利益相关方网络内部固有的社会复杂性时产生巨大效益。通过考察,我们发现系统管理在管理社会复杂性中有以下重要优势:

系统管理对大型基础设施项目中的社会复杂性和技术复杂性的管理都带来了益处。

系统管理有助于促进进程,界定行为者或参与方之间的责任,调节和记录变动,并改进对所作决策的问责制。

系统管理法能够十分有效地降低利益相关方网络细节的复杂性。两个主要实例是:

(1) 通过明确参与方间的责任来提高透明度。

(2) 通过跟踪和记录变化来改进问责制。

在第 4 章中,我们认为大型基础设施项目所面临的主要复杂性是社会复杂性。大型基础设施项目涉及诸多利益相关方,且随着他们追求的利益不断变化,他们之间不断产生分歧。这种利益出现差异的情况甚至存在于公共机构内负责项目交付的各个政策部门中。可以看出,社会复杂性不仅存在于当地利益相关方和非政府组织之间的对外关系中,而且出现在内部关系,如项目法人、上级组织及项目管理机构中。正如在研究的案例中所观察到的那样,我们可以有效地利用系统管理来应对这种社会复杂性。尽管社会复杂性似乎更多地与动态而不是细节复杂性相关,但系统管理仍被用于做"利益相关方分析",通过明确参与方之间的责任来提高透明度,从而降低了(社会)细节复杂性。

瑞士圣哥达基线隧道项目就是一个有效运用系统管理以明确责任的例子。详情可见案例 7.4。

案例 7.4 NEAT 控制条例

所有相关的控制过程都记录在 NEAT 控制条例(NCW)中。在瑞士圣哥达项目中，NEAT 控制条例是公认的最大优势之一。它不仅界定了项目的监督和控制过程，也定义了报告过程。条例包含总体的工作分解结构，并根据法律和合同准则明确项目利益相关方的责任。责任界定为：瑞士联邦交通局(BAV)作为项目法人的职责，阿尔卑斯枢纽圣哥达有限公司（ATG）作为项目管理机构的职责，以及承包商在现场执行工程的职责。NEAT 控制条例还包括一个持续的改进过程，所以会定期修订。

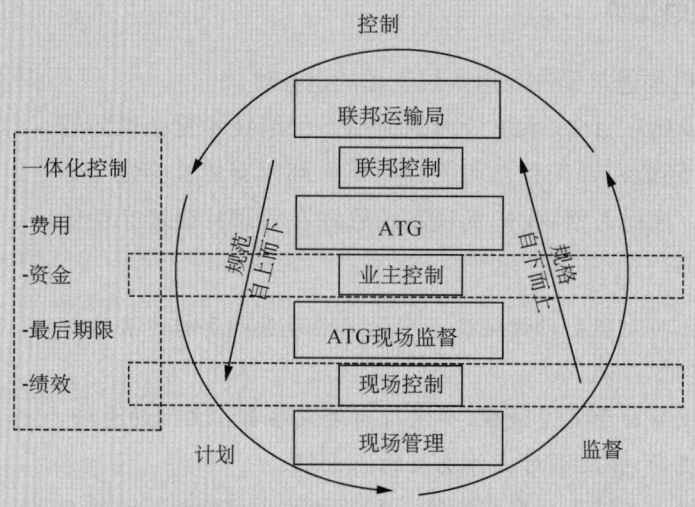

在 ATG 控制周期内会对内部和外部进行不同级别的审查和审计：
- ATG 内部审查
- ATG 外部审查委员会(SIOP)
- 项目会议
- BAV 技术审查小组(TBT-AT)
- ATG 现场项目管理
- 特殊情况特别工作组
- 现场监督

"NEAT 控制条例"成为界定项目法人和项目管理机构，即阿尔卑斯枢纽圣哥达有限公司之间责任的有效工具。由于大型基础设施项目规模庞大，许多组织经常参与项目交付。我们可以通过应用系统管理工具来明确责任和任务，从而降低社会复杂性。

系统管理的第二种有效方法是通过跟踪和记录变化来改进问责制。正如第 3 章至第 5 章中所说，大型基础设施项目的技术和利益相关方网络将产生许多变化，而使用能够处理行政和变动进程的系统管理工具有助于促进对这种动态复杂性的管理。

在大型基础设施项目中,系统地追踪变化及其原理是十分必要的,系统管理中控制范围变化的程序也将帮助我们做到该点。健全的范围变化程序和对变更有条不紊的管理有助于改善和提高利益相关方网络的问责制和透明度。虽然在所研究的案例中可以发现这类程序的有益应用,但是也往往会发现,健全的程序,特别是在与变化相关的领域中,仍然是缺失的。例如,在 Betuweroute 项目的隧道安全技术子项目中,我们无法形成对范围和成本发展的历史概述。

一个项目在初期需要由项目管理机构和项目法人商定项目范围和相关预算。正如我们在荷兰 Betuweroute 项目中所看到的,项目管理机构的成本估计与项目法人的预算之间是不应有差异的。而在达成协议后,这一份基准文件应作为项目执行和变更管理的主要参考(案例 7.5)。

案例 7.5　勒奇山隧道项目的范围变化程序

勒奇山隧道项目的范围变化与联邦的命令有关(根据瑞士联邦与劳工统计局项目管理机构之间的协议所界定),并在参考基准中具体说明。配置管理过程确保所有更改都是透明、易理解,且记录完善的。根据获瑞士联邦交通局和劳工统计局批准的变动和被瑞士联邦交通局接受的变动,劳工统计局可以请求修改参考基准。在范围变化不影响"联邦命令"的情况下,瑞士联邦交通局可以修改参考基准。如果范围的改变确实影响到联邦的"命令",联邦委员会就必须修改命令。

范围变化程序是系统管理中管理动态复杂性最重要的工具,所以它是系统管理的关键要素。该变化程序涉及项目的规划、预算编制和成本计算方面的任何变化。因为范围的变化往往意味着预算和进度的变化,所以它被称为"范围变化程序"。它可以向涉及的利益相关方说明如何改变项目范围。我们在第 3 章至第 5 章中也发现,在大型基础设施项目中,因为项目需要持续与利益相关方不断变化的偏好保持一致,所以主要的范围变化是不可避免的。然而我们也需要明白,虽然一个范围变化程序益处颇大,但它并不能告诉你如何与你的利益相关方打交道。它可以帮助我们进行决策,却不能代替我们做出决策。

2. 一个被利益相关方所接受的健全的范围变化程序有助于促进动态复杂性的管理

我们发现,系统管理在管理大型基础设施项目中的社会复杂性方面起到了显著作用。而且,我们认为社会复杂性是大型基础设施项目复杂性的核心,该点也很重要。除此之外,系统管理对管理第 4 章中所描述的其他形式的复杂性方面也非常有用,如技术复杂性和法律复杂性。

在将要建造的基础设施（产品系统）和执行项目的管理过程（工作活动）中，我们也发现了技术复杂性的存在。系统管理可以帮助我们将产品系统和工作过程分解为可管理的部分，同时也有助于建筑项目的设计和执行，并促进进展。它涉及工作活动系统和产品系统的管理以及两者之间的联系。

法律复杂性是系统管理应用的另一个热点，主要应用于管理不断出现的关于许可和批准的法律问题。荷兰Betuweroute项目的一个例子说明了该点（见案例7.6）。

案例7.6 荷兰 Betuweroute 项目的法律程序

荷兰Betuweroute项目的所有法律程序都由荷兰铁路基础设施公司的一个部门管理。"路线决策"是所有法律程序的起点。根据"路线决策"，所有适用于荷兰Betuweroute项目的程序都是使用荷兰铁路基础设施公司制订的一份清单来确定的，清单中包含了所有可能的程序，进而规划法律程序以适应该项目。

从事法律程序工作的专家被任命来确定轨道路线的特定部分，这导致了利益相关方需要为某一特定地区的所有程序与相同的专家打交道，这些专家也被指派到相关地区的计划合约团队。

在荷兰铁路基础设施公司中，适用于项目的程序清单是定期更新的。在荷兰铁路基础设施公司内部更新该清单，增加新的程序和删除过时的程序，对于获得土地和在施工期间进入工地都是非常重要的。无论是正式的还是"历史案例"，都需要内部专家来跟踪变化。荷兰Betuweroute项目是新"路线决策"的首次应用，这使得建立法律程序更加复杂。

7.4.3 系统管理的缺陷

我们已经发现，系统管理有着显著优势，特别是在技术系统的细节复杂性管理和对涉及利益相关方的动态系统管理这两方面。但另外，我们的案例表明，系统管理仍存在一些缺点：

> 系统管理在其应用中存在着需要解决的重大缺陷，它往往会产生自身盲区，从而导致利益相关方的反对。系统管理方法也往往被教条地、僵化地应用，这不利于灵活地适应利益相关方不断变化的诉求，也会使系统管理的使用在动态复杂性管理中产生反作用。

在第5章中，我们发现了初始条件在大型基础设施项目中的重要性。有关的意见和决定，尤其是在大型基础设施项目的初期阶段产生的，可能会对项目的后期阶段产生极大的影响。在第5章中已经得出结论，由于利益相关方的存在，大型基础设施项目的初始条件有着重要作用,更重要的是,项目管理机构将其行动倾向于维护当前制订的解决方案。案例表明,这种倾向可以与在项目管理机构中使用系统管理技术有关。我们观察到,有着坚持"早期制订的解决方案"强烈倾向的案例是荷兰高铁南线项目(《阿尔卑斯倡议》)、荷兰 Betuweroute 项目(运营准备阶段,隧道安全技术)、荷兰交通运输部 A73 高铁项目(隧道安全技术)和瑞士圣哥达隧道项目(乌里州)。分析表明:

> 由于利益相关方的存在,大型基础设施项目中的初始条件有着重要作用,最为关键的是,项目管理机构倾向于将其行动目标定位于维持当前的解决方案。

总的来说,在我们研究的所有案例中,当面对极具争议性的新信息或新见解时,通常有一种坚持早期解决方案的强烈趋势存在,这使得这些早期解决方案具有很高的争议性。对此,一个合理的解释是,由于对项目控制和项目进度的需求非常高,以至于在做最小的改变下坚持最初的计划成为本能的反应。当然,人性的心理因素也表明,人们可能很难承认他们在过去做了"错误"的决定。

所以,本能反应就是坚持原计划或意图。项目计划的改变似乎是不可取的,因为它会导致额外的工作,并可能造成项目管理机构的延迟交付。利益相关方的初始条件,导致了所谓的"历史路径依赖"。关键的"历史事件"会在整个项目期间影响利益相关方的态度和偏好,正如我们在荷兰 Betuweroute 项目案例中所看到的那样,在该案例中,由于缺乏与当地利益相关方互动,导致了 Gelderland 地区的极端反对(3.1.2 节)。在乌里州的圣哥达基线隧道项目也发生了类似的事件(案例 7.7)。

案例 7.7 初始条件在乌里州的重要性

乌里州的圣哥达子案例描述了彼时当地利益相关方讨论圣哥达的铁路如何穿过峡谷的情况。项目管理机构阿尔卑斯枢纽圣哥达有限公司首先采取的行动之一是获得建造新线路所需的土地。他们对该财产应支付的价格进行了预估,但是因为该地区可用于建筑和农业的土地非常稀少,市民们认为该价格远低于现行的市场价格。这使得市民对阿尔卑斯枢纽圣哥达有限公司产生了强烈的反感,这也是阿尔卑斯枢纽圣哥达有限公司的提议在该项目中遭到强烈抵抗的一个可能原因。项目管理机构的最初行动可能对其产生了持久的影响,并且该影响可能永远无法修复。

与"初始条件"同样重要的是,项目管理机构和项目法人往往被视为提供官员们所要求的基础设施的"中立利益相关方"。但这只是理论上的,实际上我们发现:

项目管理机构和项目法人是强大的利益相关方,当然不是中立的。

瑞士圣哥达基线隧道项目中的阿尔帕纳门案例可以证明该结论(案例 7.8)。

> **案例 7.8　瑞士圣哥达基线隧道项目的阿尔帕纳门案例**
>
> 　　Sedrun 社区位于圣哥达基线隧道项目路线上方的格劳宾登州。社区是隧道的主要施工地点之一,需要通过电梯将机器和其他材料带到地下 1 000 米以下的施工现场。出入电梯原本只用于施工,但在隧道运营期间人们期望该设施可以被长期提供,这意味着此处将会有一个巨大的电梯,并且为在隧道下面建立地下火车站提供了可能。20 世纪 40 年代,瑞士铁路公司首次考虑了该想法。电梯可以将乘客从隧道迅速转移到高山地区,该设施吸引了许多游客,该想法也被称为"阿尔帕纳门"。阿尔帕纳门倡议很快得到了周围社区和该州政府的支持,该州随后与阿尔卑斯枢纽圣哥达有限公司和瑞士联邦交通局联系,要求对该项目进行可行性研究。但该请求受到了极大的质疑,主要是因为它在当时并不是项目范围的一部分。为了推进该想法,该州随后决定对该课题展开可行性研究。研究得出了一个有利的结论——阿尔帕纳门将给该地区带来重大好处,这成为议会内负责任的官员们推广该想法的依据。这是由 2002 年该地区设立的一个特别基金会来完成的,虽然该想法得到了一些政治支持,但它并没有成为项目范围的一部分,其中的主要原因之一是瑞士联邦交通局不支持该想法,或者正如 Sedrun 社区的负责人所说:"我可以根据我的经验告诉你,瑞士联邦交通局没有真正支持该倡议。但这些年来,他们在向支持的态度转变。"
>
> 　　这表明,瑞士联邦交通局确实没有以中立的态度审查该举措的可行性。当项目管理机构不想将某些范围要素纳入标准时,无论出于何种原因,项目管理机构都会阻碍这些要素被纳入。虽然不能证明瑞士联邦交通局阻止了阿尔帕纳门倡议,但其态度无疑降低了阿尔帕纳门成功纳入项目范围的可能性。

在阿尔帕纳门的例子中,我们发现项目法人并不想主动合作,因为该倡议不符合其在项目中感知的角色。这是促使项目法人和项目管理机构内的项目管理人员倾向于坚持维持现状,本能地拒绝接受改变的原因之一。在大多数情况下,项目管理机构被要求在拟定的时间和预算限制内交付具有固定范围的项目。当范围发生变化时,例如在阿尔帕纳门的案例中,这就意味着在预先设定限制条件下的交付受到负面影响,从而导致项目管理机构的消极反应。在该情况下,项目法人也会受到负面影响。即使这些变化可能意味着利益相关方的额外收益,但项目中的变化被认为是不可取的,因为它们可能威胁到在所述界定范围内的项目交付。这使我们得出以下结论:

项目总监如果根据先前确定的目标(成本、进度、质量)进行判断,可能会产生相反的效果,因为大型基础设施项目的特点是会有新发展和新思路的出现。这意味着项目总监将没有足够的空间去进行改变和优化。

这种对变化的抵制也与系统管理技术有关。这些技术被用来在这些边界内交付项目,同时也是基于我们在本章前面所说的"控制"。控制的目的是将项目保持在既定的项目边界内,因此,即使变化确实提供了我们前面看到的好处,控制的基本策略也不能与动态复杂性相关的变化概念很好地融合在一起。在第9章我们会详细介绍,项目可能会使得控制需求和互动需求之间产生重大摩擦。除了前面提到的变化程序之外,系统管理并不太适合处理潜在的变化。

另一种用控制策略来看待管理复杂性效果的方法是区分"不确定性"和"模糊性"。Pauly(2001)提出,区分不确定性和模糊性的重要性在于,对于每一种情况,不同的解决方法都是适用的。此外,不确定性角度的解决方案应用于模糊情形时会产生问题。不确定性意味着信息和知识的缺乏。Pauly认为明确的解决方案是缩小信息鸿沟,这是一种典型的控制策略。然而,更多信息显示,模棱两可的情况下问题更容易产生,这些问题往往是由项目的动态复杂性导致的。模棱两可指的是基于参与方的规范和价值观而做出的不同解释。这些解释将被新的信息所补充,这些信息可能会进一步加剧模糊性并激化冲突,而不是防止或解决冲突。

一个例子可以证明该点。荷兰的一个中等规模的城市规划了一个轻轨项目,用轻轨连接城市中心与城市新开发部分,并提出一个备选路线。在提出备选方案时,对沿线居民所造成的不便(如视觉冲击、噪声、障碍物等)引发了争议。市议员的首选方案在财务上比反对方的方案更有吸引力,而反对方专注于克服居民的不便。为了更深入地了解这些不便,工程师们被要求进一步计算电车的频率和噪声干扰。但当结果提交给两方时,每一方都找到了利于自己方案的地方,冲突进一步加剧。随后两方进行了更多的调查和计算,尽管一位当地顾问哀叹:"政治需要所有这些计算吗?我不想看到这些详细的信息,因为它将开启一场不断深入的对于计算细节的讨论。"在该项目中,两方无法达成协议。新的信息并没有扑灭大火,反而火上浇油。最后的结果是,中央政府提供的资金被收回,即使两方都支持轻轨项目。

表7-5概述了在处理不确定性和模糊性之间的差异。

表 7-5　不确定性和模糊性之间的差异

	不确定性	模糊性
本身的特点	基础行动缺乏信息和知识	在判断问题和提出解决方案时出现两种不同的框架
操作时出现的问题	风险、不确定性、未知	困惑、矛盾
处理方法	收集信息、利用专家、开展研究	使目标达成一致，将分歧化为共识

我们关于项目管理机构（和项目法人）行为的另一个研究案例是在乌里州中发现的。在案例中，出于节约成本的潜在动机，项目管理机构阿尔卑斯枢纽圣哥达有限公司提出了一项空间规划程序的项目范围变更，这对当地社区而言是完全不可接受的，但是却符合组织自身的项目交付要求。这再次造成项目严重的延误，因为最终必须做出许多调整才能使项目继续下去。

因此，抗拒变化会引起利益相关方的不满，正如在荷兰 Betuweroute 项目和乌里州案例中我们需要面对项目管理机构"尽可能坚持原计划"的固执态度一样。特别是在项目初期，这种态度意味着没有足够的空间来满足出现冲突的利益相关方的要求。到了最后，许多最初的利益相关方的要求会最终被纳入该项目。由于最初对变化的抗拒，项目交付损失了宝贵的时间。在这里，我们发现了系统管理的缺陷：为了适应利益相关方不断变化的偏好，管理需要灵活性，变化是不可避免的。因此，在处理动态复杂性时，系统管理不能很好地发挥作用。当然，这件事的关键是要能够准确地判断出什么时候纳入改变，什么时候坚持项目中已经制订的惯例。对此，我们将在剩下的章节中讨论。

这就引出了另一个关于大型基础设施项目中项目管理机构行为的概念：该项目似乎创造了自己的"既得利益"。正如本书的观点，项目交付管理机构存在的理由是项目的交付。但根据我们在第 5 章中所提出的，大型基础设施项目中的一个复杂因素会使得项目发展的最终结果随着时间的推移而变化，因为利益相关方网络中的偏好也会发生变化。当目标发生变动时，一些早期的目标可能会过时，有时甚至使整个项目受到威胁，正如我们在 Hermans 委员会关于荷兰 Betuweroute 项目的决定中看到的那样（案例 7.9）。

案例 7.9　荷兰 Betuweroute 项目的 Hermans 委员会

1995 年成立了新政府，其中包括一些反对荷兰 Betuweroute 项目的最初决定的政党。在组建新政府联盟的谈判中，政府决定成立一个由 Hermans 领导的特别委员会，调查该项目是否应该继续进行。当时荷兰 Betuweroute 项目的早期目标是实现从公路到铁路的模

> 式转变以及通过建设一个促进可持续发展的项目来实现经济回报，但是由于环境的变化，早期目标已经过时。在委员会调查期间，各利益相关方提出了该项目的利弊。其中，项目管理机构是主张继续执行该项目的利益相关方之一。最后，委员会建议政府继续进行该项目，主要理由改为项目是将鹿特丹港与德国腹地连接起来的一项战略决定。因此，该项目的目标发生了根本性的变化。除此之外，委员会还建议采取一些额外的缓和措施以减少给当地社区带来的不便。该建议被政府采纳，该项目也被允许继续进行。

在荷兰 Betuweroute 项目和其他的案例中我们再次注意到，项目管理机构本身就是一个重要的参与方。它有自己的观点，并试图影响结果，例如 Hermans 委员会的建议。这往往会对改变项目范围或者放弃项目增加阻力。系统管理的僵化应用就是这样，这些因素综合起来可能导致人们"锁定"一个项目的执行方式，即使它不满足利益相关方的需要，它也无法改变或停止。例如，当项目将交付的设施不满足利益相关方的需要时，死板的成本控制是没有用的，这就是系统管理的缺陷。而在我们考虑交互式管理和动态化管理时，第 8 至 10 章描述了项目的利益相关方是如何处理这种项目"锁定"趋势的。

7.5 总结与结论

项目管理从一般管理理论演变而来。项目管理尤其应注意设计原则和典型组织原则，其也可以运用到大型项目管理机构中，例如控制幅度以及有关集中管理和权力下放的讨论。但运营机构和项目组织之间存在差异，这也激发了一种独特的项目管理理论的产生。

在本章中重点讨论了系统管理意义上的项目管理，因为系统管理在处理大型基础设施项目的细节复杂性上有特殊作用。我们讨论了系统管理的优点，尤其在很多情况下需要保护部分组织不受"动态复杂性"的影响，以得到优化并保持控制。我们确定了两种主要的系统管理策略：①及时分解、最终产品和组织；②进度、成本、质量和风险的管理过程。尽管系统管理经常被认为是大型基础设施项目的"标配"，但我们认为它并不是必要的。大型基础设施项目中的系统管理是一项耗时的任务，通常需要借助复杂的工具，这就需要在建立和使用适合的项目控制工具方面持续投入。系统管理有助于项目进展，明确利益相关方的责任，规范和记录其中的变化并改进决策的问责制。

另外，我们也注意到系统管理并不是一个能灵活管理复杂性的方法。由于需要对范围和时间预算限制进行分解和控制，我们经常观察到使用传统解决方案的现象。控制是一种"设计方法"，从一个固定的问题出发,以一个明确的目标为导向,通过项目分解和固定的管理过程来完成项目,该过程的前提是有一个稳定的环境。但是大型基础设施项目的特征在于其会出现新的发展和新的认识,或者"动态复杂性",我们在前面章节也指出了该观点。因此,即使系统管理的使用确实是有益的,我们仍需要"更多的方法"来解决动态复杂性。"更多的方法"是指交互式管理。交互式管理始于一个概念:由于情境的变化,项目的实施需要通过各利益相关方的互动来实现。

8 交互管理——管理动态复杂性

在描述了管理细节复杂性的控制策略之后,现在我们来研究以管理动态复杂性为主要目标的管理策略。由于策略的核心是通过交互方式和迭代方式来决策和管理,因而我们将这些策略称为"交互策略"。

对于大型基础设施项目,许多利益相关方都参与其中,问题不是静态的,解决方法也往往多变,联盟往往形成然后破裂。从长远来看,正如我们在第 5 章中看到的那样,项目经理的决策可能会产生不同于最初预期的结果。从第 6 章中具有这些特性的项目中,我们已经看到了交互的必要性,这种对"交互"的需求不能用注重"控制"的系统管理方法来解决。相反,在第 7 章中我们看到,当控制策略应用于具有高度动态复杂性的情况时,可能会产生负面的结果。

在本章中,我们描述了应对动态复杂性的策略。这些策略主要源于"交互管理",但在"复杂性管理"理论的基础上增加了一些策略。我们首先概述这两个理论领域(8.1 节和 8.2 节),然后接着概述了交互策略(8.3 节)以及在我们的案例中应用这些策略的关键发现(8.4 节),最后以总结和结论(8.5 节)结束。

8.1 交互管理理论

> 我们的任务是创造一颗颗能照亮每个人的珍珠,并将珍珠串成一条美丽的项链,而不做任何妥协。
>
> Albert de Vries,荷兰媒体公园项目经理,2006 年

项目经理 Albert de Vries 已多次观察到"内部和内容聚焦法"的影响,见表 8-1(De Vries,2004)。

"期望"(表 8-1 的左栏)与我们在第 4 章和第 5 章中观察到的社会和动态复杂性相矛盾。这让人联想到第 6 章中描述的"内容聚焦法",但也包含了前一章控制策略的要素。这是因为该方法旨在管理细节复

杂性,而似乎没有充分关注大型基础设施项目所涉及的社会动态性。系统管理是一种"严密"的方法,特别适合于项目目标明确、项目按照常规项目阶段发展、变化不突出的情况。而且,正如我们总结的那样——动态复杂性是大型基础设施项目复杂性中最主要的因素。因此,我们需要额外和适当的管理策略,我们称之为"交互"策略。

表 8-1 "一个项目经理观察"的期望和现实

期望	现实
• 尽快实施以免浪费时间 • 解决具体问题 • 寻找多种解决方案并从中选择最优方案 • 得出最终报告 • 发布报告供参考	• 对问题的分歧导致解决方案的分歧 • 计划时没有考虑交互(方式) • 项目移交给专家 • 解决方案固定 • 因此,我们产生了阻碍

大型基础设施项目的决策者和管理者在一个复杂的社会中运作,代表着不同利益的众多参与方参与其中。对相关"参与方"的分析显示,他们都非常活跃(见 4.4 节)。这些参与方没有等级关系,通常是通过正式和非正式网络联系在一起。举些例子,交通运输大臣可能与一个环境监督组织保持密切联系;地方政府政党为了即将举行的选举愿意支持农民去反对某项计划;公路管理局为了促进他们在另一项开发中的利益愿意取悦一个地区政府。

过去几十年,利益相关方越来越意识到自己的权利和潜在影响,因此他们发出自己的声音。压力团体成为项目管理机构的专业对口单位,洞察最新的技术和环境发展。他们得到了法律的支持,法律保障了其与官方磋商的权利,但利益相关方往往比这些具体的"法定磋商时刻"更早进入竞技场。此外,还有一些利益相关的用户、公司和政府将从新设施中受益,并可能与发起人合作。因此,利益相关方在大型基础设施项目的形成和执行中起着至关重要的作用。然而,正如在第 7 章中所观察到的,系统管理很大程度上忽略了这个领域——与利益相关方的交互。

交互策略不同于控制策略,因为问题可能模棱两可,并且目标与参与方相关,项目目标不固定、不稳定。交互策略注重通过利益相关方网络中的交互和适应性来满足需求,适应性是指能够以有益的方式主动采取行动,以改变环境或管理决策的结果。正如我们之前在研究动态复杂性时所看到的,管理策略的结果是不确定的。交互策略试图以有利的方式影响利益相关方网络的"自我组织"过程,这个过程比应用更严格的控制策略更具迭代性。

交互策略主要源于两个研究领域:交互管理领域(荷兰语称为流程

管理)和复杂性管理领域。"流程管理"的理论在本节中有描述,在下一节中我们将描述复杂性管理的理论。

在荷兰,"流程管理"领域起源于 20 世纪 90 年代,其发展的原因之一是一些大型基础设施项目遇到的重大问题,如荷兰 Betuweroute 项目。正如我们所看到的,20 世纪 90 年代头几年的荷兰 Betuweroute 项目是内容聚焦法的"展示"。到 90 年代中期,荷兰 Betuweroute 项目之后的其他几个项目清楚表明,需要一个更加关注当地居民、(地方)政府、私人公司和利益集团(非政府组织)的新方法,这促进了"流程管理"理论的发展。

据称,大型基础设施项目的管理过于注重控制,反而产生了并不理想的结果。Van Twist (2003) 指出了控制和交互作用之间的关系(表 8-2)。这表明控制在某些情况下是合适的,而交互在其他情况下更合适。

表 8-2 计划和发展的适应性

控制适应于以下情况	交互适应于以下情况
• (附属)问题可以被隔离 • 参与方之间就首选解决方案达成共识 • 参与方数量可减少 • 利益相关方对项目实际情况有相同的理解 • 权力问题不太相关	• 众多参与方有各自的关注点 • 参与方自主权很大,层次结构不完整 • 参与方相互依赖 • 非结构化问题 • 交织的问题 • 不可预测的决策过程 • 项目进展陷入僵局

部分学者讨论了控制策略和交互策略之间的差异,尽管他们常使用不同但相似的术语来表示"控制"和"交互"(Bekkering, 2001; De Bruijn et al., 1998; De Vries, 2004)。我们在表 8-3 中给出了概述。

表 8-3 控制策略和交互策略的对比

策略	控制	交互
1. 问题	明确和固定的问题	对问题认识模糊
2. 目标	固定的目标,确定了方向和路线	目标与参与方有关,并且可能改变。固定目标会阻碍创造力
3. 管理重点	优化内容(进度、成本、质量)	满足需求
4. 结构	进行方案分解(分解结构),从可供选择的方案中,选出最佳方案	需求的扩大和联系带来新机遇,策略变化(如情景)能对变化做出适当反应
5. 信息	客观的、稳健的、可分析	主观的、与参与方相关、可协商的
6. 计划	线性的,始于内容	迭代,始于流程

续 表

策略	控制	交互
7. 决策	决策保证结果和决定新阶段	决策与特定时刻(及时)有关,持久性取决于交互
8. 关系	层次,正式的	网络,非正式的
9. 环境	稳定、独立的参与方	不稳定,相互依赖的参与方网络
10. 复杂性	风险	机遇

方法上的差异很有趣,Van Twist 指出,没有"一种最佳方法"适合所有情况,这两种方法都是有用的,其必须与所面临的环境相适应。因此,就自身而言,我们需要交互策略和控制策略——这很好地适应了细节和动态复杂性的特点。在第 9 章中,当我们提出"动态管理"的方法时,我们将更详细地讨论这些策略的组合。

De Bruijn 等(1998)提到交互设计的 4 个核心要素,它们代表了交互的 14 个设计原则,见表 8-4。

表 8-4 4 个核心价值和 14 个交互设计原则

14 个交互作用的设计原则(DeBruijn et al.,1998)	
开放	1. 涉及所有相关的参与方 2. 选择在经过协商后达成一致 3. 过程和交互的透明度
安全	4. 参与方的核心价值受到保护 5. 对过程保证,而不是对结果保证 6. 参与方可以推迟承诺 7. 退出规则
过程	8. 鼓励合作,特别是完成任务过程中 9. 优秀参与方 10. 营造好的环境用于加速进程 11. 尝试从交互的角度消除矛盾 12. 命令和控制作为交互的加速器
内容	13. 内容影响进程;专家和利益相关方扮演着不同的角色 14. 从内容的多样性发展到选择

这些设计原则注重利益相关方目标的一致性,但也提到了环境(10)的影响和多样性(14)的应用。这说明它们展示了一些我们目前研究的复杂性管理理论的常见要素。

在第 5 章中,我们得出结论,大型基础设施项目的复杂性是动态的,这意味着它与利益相关方系统的动态性密切相关——涉及的利益相关方不断变化的偏好和行为,这也是社会复杂性的关键(第 4 章)。控制策略不足以应对这种复杂性,有时甚至会适得其反;而交互策略特别关注这种动态复杂性。当环境不确定,利益相关方系统以非线性方式随时间演化时,交互策略可以被成功应用。在交互过程中,新的轮次意味着新的机会!

8.2 复杂性管理理论

> 如果有人真的认为正在发生的事情一切尽在掌握之中,那他就大错特错了。
>
> ——Flood(1999)

复杂性管理领域为如何处理动态复杂性提供了一些额外的见解。该领域的学者概述了确定的观点(详见表5-1)及相关的控制策略——不允许对动态复杂性进行过度的管理,同时他们指出我们的策略重点是提高组织的适应性。

在5.4节中,我们表明了动态复杂性的核心在于利益相关方系统随时间演变的潜力:自我组织和共同演化。此外,我们还描述了动态复杂性对决策的影响。决策者需要在认识和预测有限的情况下工作。David Levy(2000)提到了一些动态复杂性的附加影响:

(1) 长期计划是不可能的。

(2) 变化可能出乎意料。

1. 长期计划是不可能的

长期计划是所有(项目)经理和组织的策略任务,这一论点的正确性难以证明。比如考虑决定进入哪个市场,如何进行长期投资以及加入可能具有吸引力的联盟。Levy认为,先进的计划模型最长可运行3~5年,此后,预测的准确性快速下降。如果为更好预测而建立更复杂、更精确的长期计划模型,其利润将很小。

对于英国西海岸干线项目,在20世纪90年代中期,铁路公司预估其升级改造的总投资为20亿英镑,但是预算后来完全失控了。2002年修正后的预算表明,线路升级将花费145亿英镑以上。2006年底,西海岸计划以83亿英镑(2005年6月时的价格水平)的价格完工。这说明了在大型基础设施项目范围和成本方面可能发生巨大变化,这些事例使长期规划的价值得到了正确的认识。

1999年6月,荷兰交通运输部向全世界700多家公司发送了一份关于"荷兰Betuweroute运营市场征询"的文件。本征询文件同时也征询确定在荷兰Betuweroute项目上部结构投标中采用"设计—建造—融资—运营"合同的兴趣水平,征询后的回复令人失望。原因之一是征询工作进行得过早,而荷兰Betuweroute项目的计划实施日期是2005年。投资者认为征询时间太过超前,无法预测他们投资的收益。

在所研究的项目中,我们发现大型基础设施项目的规划期通常为15到20年甚至更长(Hertogh et al.,2008),实际上很难规划。经验表明,估计的项目交付时间通常比较乐观。

瑞士圣哥达基线隧道项目和勒奇山基线隧道项目显示了不同的计划竣工日期(详见3.4.1节中的图3-13和图3-14)。圣哥达基线隧道项目是延迟的一个极端例子,从1996年到2007年的两次计划,计划完成日期从1996年确定的2009年,在2007年调整为2017年,所以你几乎可以认为这11年里只有3年有进展。而勒奇山基线隧道项目则是一个"严密"计划的好案例,从1996年到2007年间,尽管工程范围发生了重大变化,竣工日期却未推迟,仍然是2007年。

2. 变化可能出乎意料

Levy列举了引起巨大变化的突发事件。例如:一个新的竞争对手的进入,或是一项看似微不足道的技术的发展,但却产生了巨大的影响(如晶体管收音机)。在第5章的案例中有许多类似例子。

2005年,荷兰的一些基础设施项目因未能达到空气质量目标而暂时停止。欧盟委员会制定了新的标准,其中规定,新的建设项目不能降低空气质量。尽管这些规定为一些专家所知,但对许多决策者和管理者来说,这些规定出乎意料,或是他们不能预见到其影响。不管什么原因,由于新的法规,各种大型基础设施项目的计划突然被严重推迟。

在复杂性理论适用的情况下——在不可能长期计划,变化随时可能出乎意料的情况下,你如何管理?这种复杂性只会造成混乱吗?许多局部交互作用很重要,而这些交互作用不可知,也难以观察和衡量,在这样的情况下,管理者能做些什么呢?在突发行为占主导地位的情况下,次要因素和初始条件就变得非常重要。复杂性领域的学者提出了增强组织的适应性这一可能解决方案。Levy提到,一些复杂的系统呈现出短期可预测性的模式,组织也可以"调整"以具有多样性,从而提供更多的适应性。

我们将讨论策略列表中的建议,尤其是David Levy(2000)、Axelrod和Cohen(2001)以及Flood(1999)提出的观点。虽然应用于组织的复杂性理论文献比较新,经验基础也很少,但它为我们提供了一些关于大型基础设施项目管理的有价值见解。此外,复杂性管理的理论仍然与永久性("常规")组织的领域联系密切,而基本上与项目没有特别的联系,尤其是大型基础设施项目。

在下一节中,我们将基于交互管理理论、复杂性管理理论和案例中的发现提出交互策略。

8.3 交互策略——管理动态复杂性

控制以"设计方法"为基础：从一个固定的问题和一个明确的目标出发，项目是通过分解、管理稳定环境下的过程（进度、成本、质量、风险）来执行。项目以线性方式遵循连续的项目阶段。但是，交互策略是不同的，即问题不是明确的，目标与参与方有关，并且不是固定的。管理的重点是通过利益相关方网络之间的交互来满足需求，并注重适应性，以便能够主动地对不断变化的环境和新见解采取行动。这是一种基于"发展"的方法，正如我们前面所看到的动态复杂性一样，决策的结果是不确定的。交互策略试图以有利的方式影响"自组织"过程。因此，与控制策略相比，此过程更具迭代性。在动态复杂性管理中，我们划分了4种主要策略。

(1) 调整。
(2) 重新定义问题和变更范围。
(3) 利用短期可预测性：
  ① 成功策略的选择。
  ② 系统评估。
(4) 变化：
  ① 在策略、解决方案、组织和人员方面。
  ② 情景分析和模式分析。

这些策略将在下一节中详细讨论。

8.3.1 调整

> 在沟通中要绝对坦诚，"直截了当地说"。告诉利益相关方好消息和坏消息！最简单的方法就是制造错误的预期，因为人们会记住它们，结果适得其反。
>
> 英国交通运输部西海岸干线项目的发起人和经理

至于如何实现这些目标，积极参与大型基础设施项目的管理者面临的一个主要挑战是，他们使项目具有各方共享的目标和愿景来使利益相关方保持一致。我们结合了各种行动和方法，这有助于实现我们称之为"调整"的目标，因为这些策略旨在将利益相关方的利益联系在一起。

最初研究模糊性管理的一些作者提出了部分关于调整的有效建议。正如我们在第5章中看到的那样，模糊性与动态复杂性密切相关。Pauly(2001)强调参与方需找到一种明确的解释来处理相互之间的矛盾(或缺乏的东西);模糊性导致缺乏共同的准则和价值观,有必要就如何处理这种模糊性达成协议,这需要时间,因为并非所有参与人员都认为这是可行的,他们需要研判是否有价值投入其中。Pauly 建议如下。

(1) 就如何处理模糊性达成协议。

此外,Noordegraaf(1999)基于阿姆斯特丹史基浦机场案例研究,就如何处理模糊性提出了一些有趣的建议:

(2) 鼓励人们进行交互,不是结束讨论,而是尝试接受建议。

(3) 专注于交换意见并分享明智的解释。

(4) 查看关于理性和认同的集体行动,"对我意味着什么"?

从(1)到(4),这些建议的中心主题是利益相关方之间的交互作用,以便增加集体解释同时减少模糊。现在,在我们的案例中如何观察到这种方法?在所研究的案例中,英国西海岸干线项目是一个关于调整研究的突出案例。

在这个案例中,所有相关目标的协调对该项目成功至关重要,即"试图使所有人团结一致",如项目发起人告诉我们的那样。他们称其为"一种保持联系的方法,你无须创新即可在一系列会议中通知所有利益相关方"。这个案例向我们展示了,如果利益相关方积极参与,可以对大型基础设施项目的效率和产出做出非常积极的贡献。我们将用3个来自第三轮决策的例子来详细说明交互是如何在英国西海岸干线项目中得到应用的:

(1) 跨行业、开放的方法。

(2) 西海岸 250(一个利益相关方组织)。

(3) 对利益相关方的态度。

1. 跨行业、开放的方法

铁路交通在快速增长,一个项目如果在 5 年的时间里明显处于停滞状态,运营商对项目进展缓慢很苦恼。列车运营商与英国铁路公司之间,甚至在英国铁路公司内部都没有达成共识。英国铁路战略管理局决定采用开放的、跨行业的方法,他们想向整个铁路行业介绍他们的西海岸干线项目策略,并达成共识。2002 年 10 月,一份新的咨询文件发布了。在英国铁路战略管理局(现为英国交通运输部)的领导下,铁路行业的各方积极参与了咨询文件的制订,并最终签署了该文件。该文件包括列车运营公司的特许经营规范修订版。

此后,项目之外的铁路和货运运营商开始积极参与,并为英国铁路战略管理局提供了大量的实际建议和指导。这个计划不像以前那样是在"完全孤立"中制订的,而是在与整个铁路行业和重要利益相关方的交互中制订的。让客运和货运运营商参与到项目的早期阶段可以产生很多好处：

（1）铁路安全系统和标准很复杂。考虑到基础设施与车辆之间的相互作用，这一点尤其正确——许多界面必须得到充分的管理。铁路行业有大量的运营和工程专业知识可供借鉴并且有效地应用——这些基础设施最终将被铁路运营公司利用。

（2）列车运营商对当前和未来的业主需求有更清晰的看法。

（3）施工和运营通常需要同时组织。通过业界参与，可以形成更好、更清晰的规范，从而降低成本，设计更坚固，实施更有效。

维珍集团是该路线上最繁忙的运营商。有趣的是，维珍集团在第二轮中采取了内向型政策："我们把自己封闭起来。"但是，维珍集团后来发现，与其他列车运营商的合作对所有人都更好。英国铁路网络公司也有类似的经验。在最初的几年中，一切都是按照"合同"进行的。但是，随着关系的改善，沟通变得更加友好，同时尊重合同和双方的立场。事实证明，这创造了更好的合作基础和更有效地完成并交付。从中得出的重要经验是：与其他利益相关方的伙伴关系比"以自我为中心"的契约关系更为稳固。

2. "西海岸250"（外部利益相关方）

大多数外部利益相关方（共有700多个组织）可分为3个级别——县、区和行政大区。这些利益相关方之所以重要，是因为他们代表了沿线的居民，他们也是铁路的使用者。他们给将要采取的相关措施提供"当地情报"，并在向公众解释该项目的进展情况和原因（解释和判断）等方面发挥重要作用。

西海岸250代表了许多沿线还设有议会分支机构的地方政府，他们能够和国会议员直接对话，英国交通运输部、英国铁路网络公司和列车运营商继续定期（每两个月）与该机构会面。因此，西海岸250促进了与外部利益相关方的联系。

除了"西海岸250"外，他们还建立了一个非正式的沟通网络，在当地的列车运营公司内，沟通团队也积极开展工作，确保与公众的联系质量高、覆盖面广。

3. 对利益相关方的态度

项目管理机构认为成功实现项目目标至关重要的是什么？获得的经验教训是：

（1）项目各方目标的调整，使所有人团结起来，对项目的成功至关重要！一个结构化的沟通过程是需要的。运营和维护人员必须意识到他们都为同一目标而工作，并且他们对项目的成功有所帮助。

(2) 关于外部沟通,政府高级成员(内阁大臣级别)签署了进度报告,并以这种方式再次承诺政府、运营商和英国铁路网络公司对该项目的支持。这向利益相关方表明,他们将及时获得他们的需求(输出)。

(3) 交流中"绝对开放,诚实和直率。告诉利益相关方好消息和坏消息"。最简单的事情就是做出虚假的承诺,但是人们记得!

(4) 别再搞政党政治了。一个项目不能太符合某个特定政党的偏好,因为这些项目比政府任期的寿命长。

(5) 无论您能咨询多少人,大多数人在实施之前都没有意识到项目的影响。

(6) 开放的沟通减少了"意外"的机会,而"意外"是利益相关方通常不喜欢的。

调整策略以参与方的特定需求和看法为出发点。这些需求和看法无法(完全)事先知道;只有通过交互,我们才能洞悉他人以及我们自己的需求和看法。通过这种交互,需求和看法会不断发展(就像它们通过外部发展一样)。重要的是要注意,需要通过这个参与方网络来解决问题和发现机遇。因此,利益相关方需对其他利益相关方的观点秉持"开放"。目的是通过调整的过程,可以产生具有更广泛支持的解决方案。从这个意义上讲,这个过程通过调整利益相关方的解释和看法来减少模糊性——同样的,减少复杂性(见案例 8.1)。

案例 8.1

在荷兰 A73 高速公路南线项目中,尊重了地区合作伙伴的核心价值观。通过交互,提出了用于解决该地区流动性和安全性问题的一套建议。该项目的另一个例子是与鲁尔蒙德市当地人的交互。如何与当地居民打交道?我们可以参考两个方面。首先是成立了一个委员会,成员由荷兰交通运输部林堡省分局和承包商的人员组成。正如鲁尔蒙德市协调员告诉我们的那样,我们的目标不仅是让人们了解情况,还有与他们交互,利用当地的情报。重要的问题是交通流通以及骑自行车者和行人的安全。第二个方面是关于交流的态度。协调员提到了沟通中的重要特征:

"……开放,告诉自己为什么这样做,理解不便,并留意细节,每个交通标志都很重要。"

"他们(当地居民)知道什么对他们的地区最好。"

"当人们想抱怨时,这里一天 24 小时都可以接受访问。"

——鲁尔蒙德市协调员

荷兰鲁尔蒙德的经验与英国西海岸线升级项目的建议相符。在这两个项目中,参与方都经历了一种统一策略,从而改善了工作关系,提供了更好的解决方案,并使当地利益相关方更加满意。

8.3.2 重新定义问题和变更范围

解决动态复杂性交互管理的第二种策略源于这样一种观点,即利益相关方之间的讨论内容需要灵活而不是固定(Kickert 1997；Teisman 1997)。该策略与上一节中描述的调整策略有很大关系。

如前所述,控制策略假定范围在某个时间点是固定的,但在我们的子案例中,我们观察到范围是易变的。只需回顾一下我们在第 3 章中的案例。因为利益相关方的偏好会在项目过程中发生了变化,所以大型基础设施项目的范围会发生变化。因此,需要重新定义项目所解决的问题。在持续的交互与协作过程中,问题将变得相互联系,事物通常会以一种新的方式出现,因此需要重新制订策略。这是第 5 章的主要结论之一,我们认为利益相关方的偏好变化是大型基础设施项目复杂性的关键要素之一。偏好的改变会导致有趣的发展:重新定义问题和变更范围。

重新定义范围的两个示例:瑞士圣哥达隧道项目和勒奇山隧道项目(见案例 8.2)、荷兰 A73 高速公路南线项目(见案例 8.3)。

案例 8.2　瑞士最大的环保项目

在瑞士圣哥达隧道项目和勒奇山隧道项目中,我们看到了两个有关"重新定义问题"和"变更范围"的例子。首先是到 90 年代中期,负责任的官员越来越意识到,两条隧道不仅是交通设施,而且对环境具有重要意义,这重塑了 NEAT 的明确宗旨。为了表达这种想法,"瑞士最大环境项目"的口号已经制订并开始使用。

第二个重新定义的例子是 FinÖv 基金,它对确保 NEAT 的未来非常重要。FinÖv 基金是一项融资计划,把两个项目的范围扩大到一个整体,这个整体的项目还包括了高速连接、噪声保护措施和 Bahn 2000。这项基金有可能延长到 20 年以后。

案例 8.3　荷兰 A73 高速公路南线项目重新定义范围

政府搁置荷兰 A73 高速公路南线项目的决定引发了一系列事件,其中林堡省与其他利益相关方合作,重启了该项目。事实证明,使用该方法是成功的,因为该项目在重新启动后获得了资助。研究用于管理复杂性的方法,并了解是什么导致了这一成功会很有趣。

令林堡省的地区合作伙伴感到失望的是,交通运输大臣不是将该项目推迟了一次,而是推迟了两次。在 1998 年第二次推迟之后,荷兰交通运输部林堡省分局正副局长带头,与斯瓦尔门、鲁尔蒙德和蒙福特堡等城市的市政议员合作,寻求解决方案。他们知道大臣遇到预算问题,当他们抗议这些延误时,他们也认为自己的机会很渺茫。他们必须找到一种方法,用一个令人信服和可行的替代方案来说服大臣。他们制订了分两步走的方法。首先,地区合作伙伴需要达成一致协议,然后他们将尝试与交通运输大臣达成协议。

所有相关地区参与方都参与了项目重启工作。关键人物彼此了解,互相尊重,并有共同利益。所有合作伙伴都对这个问题有着共同的看法,合作的过程促进了他们的"共同理解"。他们对大臣之前的决定都很失望,参与和负责的人对利益、当地情况、工程和程序等有足够的授权和了解,所以含糊不清不是问题,总是可以取得进展,这些都为合作达成共识奠定了地区基础。这位议员告诉我们,"这是一个讨价还价的事",据此来寻求互惠互利,因此在结束的那一天,每个组织都可以展现出足够的利益和回报以获得他们的支持。

解决方案的基础是将项目范围从单一项目扩展到包含地区综合交通的问题。提出了由4个项目组成的一套建议(后来又增加了第五个项目,即又增加了哈伦市),与你所期望的相反,这项计划是可行的。范围的扩大具有两个主要优点:

(1) 该省可能会实施三(四)个新项目。
(2) 由于结合在一起,可以节省大量成本。

荷兰交通运输部与林堡省之间的政治协议,涵盖了重新界定的范围,从范围、成本、计划和风险方面为项目的实现奠定了基础。

这些示例说明了交互作用如何通过重新定义问题和促进范围变更来为动态复杂性的管理提供帮助,从而增加了项目利益相关方的收益。交互作用使人们有可能超越个人利益,并"突破个人责任的界限"。

8.3.3 利用短期可预测性

即使大型基础设施项目经历了非线性的发展,但通常它们的发展在短期内是可以预测的。这些知识可供项目经理使用。使用短期可预测性包括以下策略:

(1) 成功策略的选择。
(2) 系统评估。

这两种策略都是通过定期关注当前问题并在必要时不断调整方法来处理动态复杂性,以便使策略与项目或手头问题的情境和目标保持一致。因此,降低复杂性不是一个策略,而是随着时间的推移监控复杂性,准确地响应发展。正如我们在第 5 章中总结的那样,复杂性的一个关键因素是利益相关方的偏好会随着时间而变化。这些变化既可以由外部事件(例如灾难和政府选举)引起,也可以由过去的决策产生。我们在此描述的策略与解决过去决策的影响最为相关。

基于过去决策的影响,开发新的替代方法,尤其可以通过使用短期可预测性的策略来实现。

1. 成功策略的选择

在复杂性管理理论中，我们发现选择对于发现哪些代理（人员、组织）和策略必须被复制，哪些可以被忽略是至关重要的。重要因素是（Axelrod and Cohen，2001）：

(1) 成功标准的定义。

(2) 选择水平的确定——选择代理还是选择策略？

(3) 给成功和失败打分。

(4) 创建新的代理和策略。

交互是选择正确策略的重要驱动力。通过这种交互，人们体验到什么是成功的，什么不是，他们看到了新组合的可能性。

两项建议引起关注（Axelrod and Cohen，2001）：

(1) 定义选择代理或策略的成功标准。最好是寻找更详细的短期成功标准，而不是寻找更广泛的长期成功标准。

(2) 利用社会交互来传播成功的策略。

不采取任何行动或不立即作出反应，本身就是一种策略。在 2002 年和 2003 年，在对荷兰 Betuweroute 项目的组织进行了风险分析中，发现许多风险与管理有关。令人惊讶的是，在项目总监级别上列出的一些风险并未导致任何具体行动。项目总监决定什么也不做，只观察其他人的反应。由于其他问题的出现/或问题在适当的时候"自行解决"，敏感度通常会降低。

一种适合选择策略的方法是借鉴学习其他项目中的实践经验和教训，但我们发现这种策略在我们的案例中很少出现。下面给出了一个例子。

项目是有限的，与常规的永久性组织相比，在过程中的重复次数更少。但是，我们也希望在大型项目中，从错误中学习并改进。荷兰 Betuweroute 项目组织是一个经过质量认证的组织，定期进行内部和外部审计及管理评审。荷兰 Betuweroute 项目组织在 2005 年左右启动了一项知识计划，以记录最佳实践和经验教训，并与其他组织交流这些知识。该计划涵盖知识会议和出版物（通过印刷形式和网站形式）。

除了提供的示例外，评估和学习类似项目以及过去的项目似乎也不是项目管理机构管理的核心。这既可以说是内部评估，也可以是从其他类似项目中的学习。尽管从过去的成功和失败中学习是许多项目经理都支持的观点，但实际上，这并不是项目经理日常工作的一部分（Hertogh et al.，2008）。

因此，我们关于选择和学习的结论是一个悖论：

> 大型基础设施项目经历"学习悖论"：从您自己的项目和其他

类似项目中学习可以带来巨大的好处,但实际上这是一种很少应用的策略。

缺乏对成功策略的参考的可能原因是,向他人学习通常被定义为超出项目经理的任务范围。它不等同传统的预算、进度和质量控制(Hertogh et al.,2008)。其他可能的解释是,从头开始,而不是从另一个项目或另一个团队的"经验教训"中,可以产生开始工作所需的凝聚力。此外,困难之一是,永远无法将一种情况下的经验直接转移到另一种情况下,这是复杂系统的特征之一,例如大型基础设施项目中的利益相关方系统。如果没有以下条件,就永远无法复制其他地方的最佳实践:

(1)理解为什么在特定地点和特定时间被应用。

(2)了解最佳实践所处环境的特点,以及与你试图重新使用成功实践的环境的差异。

因此,对于每一种情况,都应该量身定制解决方案,即使过去的经验被证明在实现目标的过程中是有用的。

2. 系统评估

在复杂项目研究中,通常做得最多的就是尝试在局部层级管理项目,并不断地考虑"在其他涉及的层面上发生了什么"?改进只能被定义在局部,并且基于"利益相关方",但应以更广泛的"整体系统视角"作为重点。我们的出发点是参与方(代理),在局部层面进行交互。他到底能做什么?他必须专注于自己的组织:设定目标、计划自己的行动、执行、评估和再次行动。这使我们想起了持续改进的戴明环:计划—执行—检查—行动。正如我们在第5章中演示的那样,复杂性意味着项目经理的决策可能会产生与预期不同的结果。对此的可能解释是,他们的行为仅针对系统的一部分,而没有考虑对整个(或更广泛的)系统的影响。因此,不断评估和权衡替代方案的过程可能是一个富有成效的策略。

Flood 强调需要进行系统评估以处理复杂性(1999)。可以考虑 4 种类型的措施:

(1)系统和过程的效率和可靠性措施。

(2)结构体系的有效性措施。

(3)衡量协议理解项目整体背景上的程度。

(4)知识权力体系的公平性措施。

为了处理复杂的问题,系统的评估是必不可少的工具。它可以帮助大型基础设施项目中的项目经理评估其当前处境并确定未来策略。虽然这个概念似乎很简单,但实际上说起来容易做起来难。我们经常看到，大型基础设施项目中的项目经理被众多的信息和任务所困扰，以至于很难找出那些对实现项目目标至关重要的问题，项目经理的注意力和精力始终是有限的。

> 一次只能有五到六只猴子坐在项目经理的肩膀上，其他所有猴子都会掉下来。
>
> ——荷兰 Betuweroute 项目质量经理

这就是为什么对项目中最复杂的问题进行概述是有益的。在这方面，第 4 章提出的类别可能会有所帮助。

> 项目经理可以从复杂性浏览中受益，以便识别项目中的复杂性问题。这有助于在系统评估方面适当地集中管理注意力。

Betuweroute 项目是荷兰第一个获得 ISO 9001 认证的大型基础设施项目。他们在项目组织内的工作流程已在质量体系中概述。多年来，质量体系发生了多次变化。最初的版本被证明过于详细，无法为项目员工的工作提供足够的支持。后来决定修订为只涉及最重要的问题，因此，质量体系变得越来越实用。该系统有助于项目组织以统一的方式有效、高效和负责地工作，除非确有理由偏离标准流程。这种方法适合的项目环境：你必须始终如一地对待人和问题。例如，合同团队需要遵守系统中设置的固定规则。在这一质量体系内，定期通过内部和外部审计进行评价。审计结果似乎是改进的起点，这是一个由于系统评估而改进系统的例子。

另外，发起人使用系统评估作为对项目管理机构的外部审核的手段。但是，通常审计的目的更多的是判断而不是学习，是回顾而不是展望。审计可能会概述过去发生的事情，但未必一定会提出将来的处理方法。

8.3.4 变化

为了防止所谓的"事物的不可知本质"，变化可以提供一些冗余，并增加了采取适当行动的机会。Axelrod 和 Cohen（2001）提到，人员变化是适应的关键要求。有时项目团队中的一致性可能在变化的世界中是一个缺点，例如在大型基础设施项目中。但即使在静态世界中，也需要变化来刺激改进。多样性在达尔文理论中起着重要作用，其中演化适应是突变和差异繁殖的结果（Axelrod and Cohen，2001）。这种解决动态复杂性的方法也可以应用于大型基础设施项目。同样，变化策略并不是要降低复杂性，而是要处理复杂性，或者用 H. R. Schalcher 教授的话说，"与复杂性共舞"。

关于变化主题，Axelrod 和 Cohen（2001）提出了另外两个概念：

（1）放宽约束。

（2）长久谋划与过早趋同。

为了找到解决难题的方法，Axelrod 和 Cohen 建议尝试使自己摆脱某些约束。通过突破约束，可能会发生更好的、更成功的变化，这与先前描述的"重新定义问题"策略（8.3.2 节）非常一致。

在第 7 章中，我们已经看到"过早趋同"出现在一些调查的子案例中（表 6-2）。Axelrod 和 Cohen 建议：要注意"过早趋同"，因为这意味着在这个过程中过早地抑制变化，有希望的未来改进被中断，"应珍视多样性"。

相反，当组织处于永久性的动荡状态时，就可能发生"长久谋划"。然而，由于新的变革浪潮，新的优秀思想可能会丢失。何时选择融合、开发，还是继续创新、探索，这是一个根本性的决定。看下面的例子。

以英国西海岸干线项目为例，在 20 世纪 90 年代末，项目组织希望使用一种管理系统（下称 ERTMS），但这种新技术的开发成本太高、耗时太长。何时放弃这一潜在的研发，寻求更成熟的技术？后来开发停止了，因为如果不这样做，项目将被不可接受地推迟，竣工日期将进一步推迟。因此 ERTMS 方案被放弃，取而代之的是更传统的列车安全和通信系统。

变化是一种在案例研究中已经观察到的策略，特别是为了解决动态复杂性。我们再次强调，将变化作为一种策略来降低复杂性，好比是通过在几匹马而不是一匹马上下注来匹配复杂性，这与降低复杂性的方法不同。在运用变化时，我们区分两种策略：

（1）不同的策略、解决方案、组织和人员。

（2）情景构建和模式分析。

1. 不同的策略、解决方案、组织和人员

控制策略和交互策略的不同是动态管理方法的核心要素，我们将在第 9 章中更详细地描述。项目管理机构的策略组合已经通过英国西海岸干线项目和荷兰 Betuweroute 项目的示例进行了说明。但是，策略的变化不仅可以被项目管理机构和项目法人成功应用，还可以使外部利益相关方受益。第一个例子可以在案例 8.4 中找到，林堡省环保基金使用了多种策略成功地管理其在荷兰 A73 高速公路南线项目环境保护的利益。

案例 8.4　非政府组织在荷兰 A73 高速公路南线项目采用的策略变化

荷兰 A73 高速公路项目本身的需求并没有争议，讨论的是在马斯河的西岸还是东岸建造它。经过多年的辩论，1995 年 3 月，荷兰议会最终以一票多数决定在东岸建造荷兰

A73高速公路南线。西岸和东岸之间的争论是生态与经济之间的平衡的争论。生态学家是西岸路线的捍卫者,认为这样一条公路不会影响生态上更具价值的东岸;东岸路线的支持者将重点放在与位于东岸的鲁尔蒙德市的连接上。此外,人们认为东岸的现有道路非常不安全。

在荷兰A73高速公路上,两个主要的利益集团积极保护环境利益:林堡省环保基金和獾与树基金会,两者都支持西岸路线。因为林堡省环保基金的关注点是很常规的,獾与树基金会选择保护獾而后来选择了普通的仓鼠作为他们努力的象征。但是,在1995年议会决定在东岸建立之后,作为一个生态利益集团应该采取什么样的策略呢?林堡省环保基金和獾与树基金会都做出了不同的选择。林堡省环保基金决定与东线项目管理机构合作,讨论道路建设的最佳缓和措施。林堡省环保基金的代表说:"我们住在这一地区,我们正在努力做到最好。"林堡省环保基金的感觉是,当设计更详细,每一个变化都很难获取时,第一阶段比后一阶段有更多的事情要安排和增加。因此,林堡省环保基金将精力集中在早期设计阶段,从而与项目组织的合作进展顺利。荷兰交通运输部林堡省分局于1995年成立了生态补偿咨询委员会,林堡省环保基金加入了该委员会。有趣的是,在林堡省环保基金与项目组织就东岸缓和措施进行合作的同时,他们与獾与树基金会启动了法律程序,基金会以在国务委员会上对东岸的决定提出异议。这是一个非政府组织在大型基础设施项目中如何利用多样性作为策略的例子。獾与树基金会的策略与林堡省环保基金的策略相反,他们认为东岸的位置根本上是错误的,因此不准备讨论缓和措施。相反,他们专注于使用法律程序对议会的决定提出异议。经过艰苦的努力,他们的呼吁最终失败了,獾与树基金会选择完全撤回该问题。另外,林堡省环保基金可以灵活地从反对的态度转变为合作的态度。项目管理机构接受了双向合作以获取环境补偿。最终,尽管道路是在东岸建造的,但林堡省环保基金还是为批准的道路采取了许多缓和措施。

从更高层次上看,两个非政府组织的策略差异是组织间差异的一种形式。

在荷兰高铁南线项目中,观察到一个非政府组织采用了类似的变化策略。当在荷兰高铁南线的隔音屏障上发现许多死鸟时,警醒了当地的一个利益集团(西布拉本特鸟类工作组)。显然,这些障碍阻碍了鸟类主要的迁移路线,并产生了重大后果。利益集团采用了各种策略,以尽可能最佳的方式为他们的利益诉求服务。第一,他们致函项目管理机构以解决该问题。第二,他们寻求地区和地方其他环境利益集团的支持。第三,他们沿路线组织了公众抗议活动,使人们可以亲眼看到隔音屏障的影响效果,这些活动引起了很多媒体的关注。第四,他们通过研究此事开始跟踪鸟类的伤亡情况。第五,当合作未能取得令人满意的结果时,他们便开始采取法律行动。政府法律顾问得出的结论是,法官可能会做出有利于利益集团的裁决,并且为了避免这种情况的发生,项目组织决定采取适当的补救措施。

这一系列广泛的策略包括与项目管理机构合作,同时寻求广泛的媒体报道,引起政治关注,并最终采取法律措施。他们专注于自己的利益,不忙于寻找解决方案;他们认为这是项目管理机构的任务。从他们的角度来看,所应用的策略是成功的。这些策略最终导致了隔音屏障的重新设计:现在在隔音屏障上增加了垂直条纹,为鸟类提供了视觉警示。

这些都是非政府组织和项目管理机构应用多种管理策略的成功范例。

> 运用多种策略对项目管理机构和外部参与人(例如非政府组织)都有利。

这当然不是多样性应用的唯一例子。例如,多样性也可以应用于特定的技术解决方案(范围)。奇怪的是,在许多观察到的子案例中,我们发现项目管理机构未能在解决方案中使用这种多样性:在我们的隧道安全技术示例中和绝大多数其他子案例中都没有发现"B 计划"。

这使我们得出以下结论:

> 项目交付可以在处理技术复杂性的过程中受益于几种替代方案的制订,特别是在可行性和设计的早期阶段。

在项目的后期阶段,保持一个 B 计划在手边通常是不可能的,或者是极其昂贵的,但是在项目的早期阶段,备用一个 B 计划似乎是一个好主意。欧洲大型基础设施项目管理 NETLIPSE 研究的厄勒海峡通道案例说明了这一点(详见案例 8.5)。

案例 8.5　厄勒海峡通道:考虑 B 计划

厄勒海峡通道的项目管理机构 ØSK 采用了系统且主动的风险管理方法,评估了一些值得注意的风险,如瑞典水务法庭程序和裁决对范围和进度的影响,并将适应性纳入缓解这一影响的计划中。即使是由于沉管隧道 E13 管节不幸意外下沉而造成工期延误,一项新的"B 计划"也可以克服这个问题,以提高隧道管节的生产能力和应对突如其来的不确定性。实际上,隧道管节的创新预制工艺被认为是 ØSK 没有立即可用的"B 计划"替代方案的唯一领域。

在我们的复杂性管理案例中,发现的多样性的第三个案例是私人和公共驱动程序的混合管理项目。在英国西海岸干线项目中,已证明仅使用公共驱动程序(第一轮)或私有驱动程序(第二轮)不会产生良好的结果。在第三轮中,公共和私人举措的混合被证明更合适(详见案例 8.6)。

案例 8.6　致力于英国西海岸干线项目公共和私人机构的多样性

在项目的第三阶段，"公私合作"被重新设计。政府重新发挥作用并没有导致英国铁路体制的回归，因为私有化的许多方面已经证明是非常成功的。在此阶段的第一周期，寻找新方法的责任移交给了英国铁路战略管理局——一个非私人部门机构。英国铁路战略管理局与业界合作制订了更切合实际的计划。早些时候被排除参与该项目的客运和货运运营商投入了大量精力，并为英国铁路战略管理局提供了大量实用建议和指导。这项计划并非像以前那样单独闭门制订，而是与整个铁路行业和重要利益相关方合作制订的，这导致了复杂的制度安排再次将公共和私人驱动因素集成组合在一起。这次，主管领导能够应对这种复杂性。他们专注于理想的结果和管理支持，并处理正在进行的体制变革，例如改革英国铁路战略管理局，处理并调整英国交通运输部、英国铁路网络公司和英国铁路管理办公室之间的任务划分。

第三周期导致了公共指导和私人生产的有趣结合，并建立了一个有效的缔约方网络，能够处理当前实际铁路网络和未来计划交付铁路网络的网络特点和相互依赖性（发展策略）。一方面，在任务和责任方面有明确的正式分工（从规划的角度看是策略）；另一方面也有足够的非正式网络和协作规划方法，积累了足够的知识和支持。

总结一下（对比 3.5.3 节），英国西海岸干线项目的经验是：

> 采用公私合营的混合形式，在公共指导和私人权利之间建立一种平衡，从而可以成功实施。与仅涉及公共或私人主导地位的并不先进的组织结构相比，这种组织的多样性更适合处理动态复杂性。

另一个可以应用多样性的方面是项目人员。在案例 8.7 中，我们给出了荷兰 Betuweroute 项目的示例，该示例通过一种有意识的策略来吸引多元化的合同经理。

案例 8.7　荷兰 Betuweroute 项目合同经理的选择多样化

在荷兰 Betuweroute 项目中，在设计阶段结束时，合同经理被招募到执行阶段。合同非常相似，合同经理的要求也非常相似，这些要求在一份工作说明中作了说明。负责招聘合同经理的管理者不为所有合同选择同一种类型的合同经理，她认为这样做太冒险了。设想一下，假如使用的职位描述并不成功，将会带来什么后果？此外，她认为，引入合同经理的个性和能力需有多样性，将通过跨部门/跨工作流的咨询促进"彼此学习"，提高他们的适应能力，并为他人树立榜样。

在荷兰高铁南线观察到了类似的策略。

> 我们的项目团队包含许多多样性：年龄和经验、男女，包括财务、安全、合同和技术等多个专业。我们还通过展望未来的任务来尝试规划人员的多样性。
>
> ——荷兰高铁南线项目运输经理

因此，对于大型基础设施项目的项目经理来说，重要的一课是：

> 雇用情境、专业知识和能力不同的各种项目团队成员可以增强复杂性的动态管理。

2. 情景构建和模式分析

有趣的是，在所有困惑中，复杂性研究人员也看到了模式。Levy说，我们可以观察到使系统具有"一定程度的有序性"的模式。该系统无法详细预测，但可以根据模式进行预测（Brukx and Wackers，2001）。对于出现的模式，我们需要知道寻找哪些变量很重要。Levy提到"吸引子"的概念。他举了一个由3个变量决定的天气系统的例子：温度、气压和湿度。从任何一个起点来看，结果都可能是一个稳定的平衡："吸引子"。

"吸引子"是首选情况（Krohn et al.，1990 in Geldof，2001）。"吸引子"是一个系统可能的趋向，但不一定会达到的平衡（就像地球不会撞向太阳一样）。正如Levy所解释的："例如价格或产出等结果变量，在一定的范围内波动，这是由系统的结构和参数决定的，而不是由其初始条件决定的。"例如，垄断行为的趋势可能受到政府反垄断行动的限制。Levy认为，策略规划设计可以集中在由系统吸引子定义的有限数量的方案上。当一个系统的状态接近一个所谓的临界点时，一个小的操作可能会在另一个吸引子中结束（Geldof，2001）。

Levy认为，如果我们可以将系统的不同阶段与其他特定特征相关联，观察模式就特别有用。在大型基础设施项目中，我们具有不同阶段的不同特征，例如：倡议和可行性、设计、执行、运营和维护。实际上，可以观察到这些阶段，但是不能以线性方式观察到，详见案例8.8。

案例8.8　随着时间的变化，在大型基础设施项目中类似的发展

为了研究这种"吸引子"的学术理念是否可以在项目实践中看到，我们试图在基础设施建设中找到一些共同点。通过这样做，我们希望将吸引子的想法应用于大型基础设施项目。在对我们的案例进行简短分析的基础上，我们可以区分出大型基础设施项目中常见的四轮回合。第一轮是公共机构感到需要新的基础设施（出于流动性、问题缓解等原因），发起人制订了一个粗略的范围，进行可行性研究，并试图降低成本，从而增加了批准的机会。由于保持低成本的需要带来的压力，与当地利益相关方的交互通常很有限，因为这种交互会增加项目的成本，并会延迟决策。因此，正如我们在第7章中看到的那样，这容易导致管理者采用内部和内容聚焦法的管理方法。在第二轮中，许多利益相关方进入了舞台。其结果是范围扩大了——有时甚至是"爆炸性的"，即成本上升了（例如在瑞士圣哥达隧道项目示例中）。这导致第三轮成本削减，并寻求额外的融资。有些项目无法在本轮中幸存(例如,荷兰的高铁东线),其他情况大体一样(由于多年的拖延,荷兰 A73 高速公路南线项目通过了这一轮)。第四轮是实现项目的相对平静的阶段(荷兰 Betuweroute 项目是一个很好的例子)。在这一轮结束时(例如实施之前的时期),随着交付的临近,可能会出现问题。例如,存在隧道安装工艺问题(也包括 ERTMS/ETCS)以及与转让给运营商有关的问题以及其他实际问题。

吸引子分析使我们发现四个常见的回合是基于快速的第一分析,这意味着它缺乏足够的证据。但是,我们认为这可能是未来研究的起点。

我们单独讨论的另一种使用多样性的方法是通过应用多样性的概念来思考未来(一种"未来的多样性")。实现这一点的一种方法是基于模式分析和模式构建的情景分析。

什么是情景? Storm 将情景定义为一组主要利益相关方在给定特定参数的情况下可能发生的行为和反应(P. Storm in De Bruijn et al., 1996)。一般情况下,情景可能非常详细,包括深入的风险分析。深入情景构建的困难在于,情景越详细,情景显示出显著准确性的可能性就越小(MacIntyre in Flood)。这意味着情景构建者需要具备识别主要驱动力的能力,并能够预见它们如何影响我们感兴趣的结果(Axelrod, Bach)。

情景构建有助于人们了解可能发生的事情以及它们发生的原因,而不是将要发生的事情(Flood, with reference to De Geus 1997)。我们不可能预见和确保未来,但可以尝试得出一系列我们认为重要的可能因素:可能的关系、可能的行动和可能的结果。

Courtney, Kirkland 和 Viguerie(1997)将不确定性分为 4 个离散级别,如图 8-1 所示。传统的不确定性被认为是二进制的。世界是确定的,因此可以对未来进行精确的预测(图 8-1 中的第 1 级);或者不确定,因此是完全不可预测的(第 4 级)。实际上,可能存在一系列潜在结果(第 3 级),甚至可能是一组离散情景(第 2 级)。

图 8-1 不确定性的 4 种等级

1.清晰的结果　2.可变的结果　3.一系列结果　4.真正的模糊

3 级是最常见的,4 级是少见的。级别 3 具有一系列可能的结果,通常没有自然情景,该范围内极端情况下的情景很少能提供指导。作者针对级别 3 提出了 3 个有趣的建议:

(1) 只开发有限数量(4 或 5 个)的情景。

(2) 避免开发没有独特含义的冗余情景,以便每个情景提供不同的画面。

(3) 制订一组情景,这些情景共同说明未来结果的可能范围,而不一定是整个可能范围。

在第 4 级中,不同于单纯地凭直觉,而是尝试识别:

(1) 至少一个变量子集具有有利和不利的指标。

(2) 显示可能发展的模式(参考 Levy 提到的吸引子)。

(3) 可以收集到关于未来的有趣信息。

在这些案例中,我们仅确定了一个系统情景构建的示例。荷兰高铁南线的运输项目团队定期使用情景分析来描述与运输合同有关的备选方案。这些分析似乎有助于找到问题的答案,例如:特定问题的未来可能是什么?主要驱动因素是什么(影响此问题的未来)?我们的利益相关方将如何行动和反应?哪些策略可行,效果如何?有什么"不后悔"的措施可以采取?情景分析被用作项目管理机构内一些问题的决策信息输入。根据分析,很明显某些决策在一个情景中的效果与在另一个情景中的完全不同。它有助于更多地了解利益相关方网络中的备选方案,或者正如我们之前所说的那样——动态复杂性。

该运输项目组负责人的一句话说明了情景分析的必要性:

> 我们不知道明年具体做什么,你只能谈论情景,我们需要处理的很多事情都是事先不知道的。为了解决这个问题,我们的项目团队开发情景并等待它们实施。当一个特定的情景实施时,因我们具备了一定的能力和本领,所以我们能够迅速作出反应。
>
> ——荷兰高铁南线项目运输经理

项目团队的经验是,情景分析使人们对风险和机遇有了更好的认识,并且有助于应对大型基础设施项目的复杂性。经验证明,现实往往是在不同情景下所预见到的混合体。在这种情况下,情景构建被证明是非常有成效的。

8.4 交互策略的关键发现

8.4.1 交互作用的结果

交互策略是否成功?在我们的案例中,我们观察到许多有交互作用,也有一些则缺乏它。第 7 章中描述的内容聚焦法就缺乏交互作用。

在这 3 个国家的案例中，我们与管理者就交互管理和如何实现交互管理进行了清晰的探讨，但这并不是一种广泛使用的方法。交互管理在许多案例中仍然是一种开创性的方法。因此，主要结论是：

交互策略代表了一种相对较新的方法——在过去 10 年中获得的第一次经验。

在案例分析时，我们发现了一些关于"调整"和"重新定义项目"策略的有趣例子，短期可预测性和变化的应用经验并不突出。事实上，在我们的案例中很少出现这种情况。但当我们观察它们时，见 8.3.4 节，这些策略似乎提供了附加值：

在大型基础设施项目复杂性的管理中，短期可预测性和变化的策略具有价值但实际应用中仍然很少使用。

为了审查交互策略的效果，我们通过分析子案例来研究该策略，并将其与发起人（项目法人或项目管理机构）和外部利益相关方（如非政府组织、城市、省）的满意度相关联。在表 8-5 中选定的子案例中，这些外部利益相关方发挥了重要作用。

我们区分了两种策略。一种是"内部"方法，即一个组织从自身角度出发，关注内容（以内容聚焦法）或控制，组织不使用交互，而是（如果它有关注点）关注细节的复杂性，这种策略往往与涉及冲突的策略有关。第二种是"交互"，在这种策略下，其中一个组织有合作意愿并愿意推动合作进程。

表 8-5 中利益相关方的满意度表示为："＋"为满意；"0"为无所谓；"－"为不满。有时满意是"－/＋"，我们在文中对此进行了阐明。

表 8-5 内部聚焦法和交互策略的结果

	外部利益相关方：内部	外部利益相关方：交互
发起人：内部	海尔德兰省（荷兰）：Ⅰ－S＋ 霍林赫姆（荷兰）：Ⅰ－S－ 潘纳登施运河：Ⅰ－S＋/－ 西海岸铁路主线：Ⅰ－S－	鸟类问题：I0 S－ Bos（地名）路线替代方案：Ⅰ－S－ 政治协议：I0 S－ 隧道安全：Ⅰ－/＋S－ 乌里州：Ⅰ－S－
发起人：交互	环境保护（D＋B）：Ⅰ＋S－	巴伦德雷赫特市：Ⅰ＋S＋ 鸟类问题：Ⅰ＋S＋ 环境保护（林堡省环保基金）：Ⅰ＋S－/＋ 弗鲁蒂根（瑞士）：Ⅰ＋S＋ 政治协议：Ⅰ＋S＋ 西海岸铁路主线：Ⅰ＋S＋

Ⅰ＝发起人的满意度。
S＝外部利益相关方的满意度。

从表 8-5 我们可以得出结论：

> 与外部利益相关方相比，业主和项目管理机构更倾向于使用内部聚焦法，而外部利益相关方更倾向于交互策略。

项目法人为支持项目，通常建立项目管理机构以实现项目目标。在 7.4.3 节中，我们已经证明项目管理机构不是"中立"的，因为他们只执行项目法人的命令。事实上，他们倾向于保护自己的项目不受外部利益相关方的影响，在项目范围、规划和预算方面保持现状。这也许可以解释为什么项目管理机构倾向于对外部利益相关方使用内部方法。

从表 8-5 我们还可以得出以下结论：

> 交互带来回报：它可以提高项目法人、项目管理机构和外部利益相关方的满意度。

第 6 章也证实了我们的结论，"内容聚焦法"即一种与交互相反的方法，在复杂性管理方面不会产生积极的结果，这往往会导致所有利益相关方的不满。De Bruijn 等（2005）调查了荷兰 10 年交互管理（被称为"流程管理"）的效果，与荷兰 16 名顶级项目经理、学者和决策者一起组织了一次圆桌会议，同时由更广泛的人群（35 人）填写了一份调查问卷，并访谈了另外 5 名经理以便能够提供更多的情境分析。从这项研究的结果来看，总的结论是（De Bruijn, Hertogh, Kastelein, 2005）："交互通常会带来更多的支持，也会带来更多的决断力。"

荷兰 Betuweroute 项目的另一个教训是，满足外部利益相关方需求的决策，在有交互的情况下，将比没有交互的情况更受欢迎和重视，详见案例 8.9。

案例 8.9　荷兰 Betuweroute 项目错过的机会

在项目的早期阶段，荷兰 Betuweroute 项目的范围发生了很大的变化。最初计划对现有的 Betuweline 单线进行升级。后来，荷兰铁路公司提出了一个完全不同的项目，其对港口铁路（穿过港口和鹿特丹市的线路）进行了升级，并在 A15 高速公路（鹿特丹以东）沿线修建了一条全新的 Betuweroute 铁路专用双线。转移到 A15 高速公路备选方案的决定完全由荷兰铁路公司和荷兰交通运输部做出：这不是一个与当地利益相关方进行实质性交互的决定。

各地区已经制订了对项目管理机构的要求，但都被拒绝了。当时的研究已经表明，从人类环境的角度来看，在 A15 高速公路沿线修建一条新的铁路线是更好的，因为没有穿过市中心。事后看来，对这个项目，我们应该保留这个结论，把重点放在升级改造传统线路上。后期经过与利益相关方交互，我们可以提出 A15 高速公路线作为更好的解决方案。

——荷兰 Betuweroute 项目经理，评论从 Betuweline 到 Betuweroute 的范围变更

> 从 Betuweline 转移到 Betuweroute 的决定表明,荷兰铁路公司将该项目的范围视为"技术问题",在分析的基础上提出了最佳的解决方案。然而,由于缺乏交互,这种解决方案从未得到普遍认可。此外,由于当地利益相关方很关注荷兰 Betuweroute 项目的方案和进展,因此,在他们看来,NS 表现总是"可疑"。
>
> 前项目经理回顾了 NS 和该公司最初使用的方法,他表明不同的方法可能会导致不同的态度。

我们得出结论:

> 当决策是交互的结果而不是内部方法时,为利益相关方带来好处的决策更受欢迎。

为了进一步说明交互策略的潜在效益,我们比较了瑞士弗鲁蒂根市和乌里州的案例。

弗鲁蒂根是交互作用的一个成功例子(详见 3.4.2 节)。当时提出了一种穿越村庄的解决方案,该方案包括一条穿过弗鲁蒂根车站的加盖轨道的双洞隧道。然而,瑞士联邦交通局单方面改变了这种解决方案,为了节省资金,决定先建一条隧道,之后再建第二条隧道。这在该村引起了抗议,因为这意味着该村将受到两次而不是一次施工的长时间不利影响。经过瑞士联邦交通局、瑞士 BLS 铁路公司、弗鲁蒂根和伯尔尼州的进一步谈判,达成了一个新的解决方案。即决定两条隧道同时施工,但只有一条隧道将在技术上配备运行操作。这意味着市民只会经历一个"施工不便期"。此外,施工活动也有所改变,以便将有利于当地社区的新基础设施(如桥梁交叉口)考虑在内,甚至有一项计划是利用从隧道中流出的热水来制作一个热带屋,在那里可以饲养热带鱼。所有这些措施都增加了对该项目的支持——这是所有参与方开放和积极态度的直接结果。通过交互作用,他们达成了一个被完全支持的共同解决方案,使项目能够圆满完成。

与之相反的是瑞士圣哥达隧道项目中的乌里州(详见 3.4.2 节),其多年来讨论的焦点集中在对抗内容上。瑞士联邦交通局和阿尔卑斯枢纽圣哥达有限公司等相关方不与乌里州沟通交互,也不与乌里州合作制订共同的解决方案,而乌里州则抵制瑞士联邦交通局和阿尔卑斯枢纽圣哥达有限公司提出的想法。因此,僵局长期存在,向交互的转变也只是后来很晚才开始的。僵局导致项目的大规模延误——类似于在涉及当地 Betuweroute 利益相关方的一些子案例中发现的情况。

在荷兰巴伦德雷赫特市发现了一个有趣的交互例子。荷兰高铁南线项目和荷兰 Betuweroute 项目在巴伦德雷赫特市平行运行。由于这两个铁路项目,铁轨的数量增加了,巴伦德雷赫特市不得不容纳两个大型项目,但为什么当地社区的反应与其他城市相比相对平静?一个主要的原因是项目法人、项目管理机构和城市之间就这个问题进行了共同商讨。所有利益相关方都意识到,这两个大项目对该市有重大影响。巴伦德雷赫特市选择合作,因为其明确自己的利益,同时与相关参与方合理谈判。令人吃惊的是,巴伦德雷赫特市在与项目管理机构的讨论和谈判中做了非常充分的准备,且比其他大多数城市都要充分。最终,荷兰 Betuweroute 和荷兰高铁南线的项目管理机构共同制订出解决方案:用一个巨大的隧道顶覆盖轨道,形成一个隧道。总之,双方在巴伦德雷赫特市合作的原因是:

- 参与的组织明确关注问题及其解决方案。
- 这座城市很合作,其对自身利益很清楚。
- 巴伦德雷赫特市是为数不多的合作城市之一。
- 巴伦德雷赫特市能够考虑其市民的反应。
- 巴伦德雷赫特市在讨论和谈判中准备充分,得到了业主和项目管理机构的赞赏。

显然:

> 开放合理是交互成功的必要条件。

与巴伦德雷赫特市相反的是荷兰霍林赫姆市(详见 6.4.7 节),由于想要更多的补偿,他们坚持抵抗而不是开展某种形式的合作。在瑞士乌里州和弗鲁蒂根案例中发现了类似方法的多样性。

荷兰 Betuweroute 项目和荷兰高铁南线项目的前项目总监 Leendert Bouter 在欧洲重大基础设施项目 NETLIPSE 研究[NETLIPSE 通讯 2007 年 7 月 2 日]中回答了这个问题:到目前为止,你学到了什么?

> 到目前为止学到的主要问题是,良好的项目管理的核心是不要对项目目标产生错误期望,而要使其清晰和可预测。
>
> ——Leendert Bouter,NETLIPSE 执行董事会主席

从我们在子案例中观察到的情况来看,所有相关人士,特别是利益相关方,都不喜欢惊喜。不仅是坏的惊喜,好的惊喜同样如此,人们希望参与这个过程。

> 开放式沟通目的是减少利益相关方们普遍不喜欢的"惊喜"。
>
> ——英国西海岸干线项目总监,2006 年

8.4.2 交互作用的缺点

在前一节中,我们描述了交互策略的优点,并展示了这些策略是如何成功的,但它同样也有缺陷。我们看到的最大的缺点是它过于注重满足利益相关方的各种需求,而没有在其与控制之间取得平衡。这种做法的风险在于,该组织将产生错误的期望。会谈和讨论如果没有实质性进展,将会浪费大量时间。例如荷兰高铁东线项目就过于注重交互,详见案例8.10。

> **案例 8.10　荷兰高铁东线项目的期望**
>
> 荷兰高铁东线是一个过于注重交互的例子。这不是我们的一个子案例,但是我们发现它有助于说明这一结论。20世纪90年代后半期,关于荷兰高铁东线的讨论主要集中在乌特勒支和阿纳姆之间的轨道上,该轨道大部分位于A12高速公路旁。荷兰交通运输部与所有当地社区和市民反复沟通,并通过研讨会提高创新性。这次磋商导致了各种减缓进度的措施被提出。一个众所周知的例子,有人提出在小城市马恩修建一条铁路和公路绕行线,在此之前这个城市被原来的铁路和公路分成了两部分。此外,其他措施如降低(开放)轨道也很受欢迎。结果,成本预算大幅上升,交通运输大臣无法接受。与此同时,交通运输部官员重新计算了预测值,并将其与既有双线铁路的运力进行了比较,发现只需要有限的措施就可以达到目的。基本上,乌特勒支和阿纳姆之间的四轨铁路建设被认为是不必要的。为利用现有的铁路线,该项目被取消,改为一个小得多的项目。当地社区感到失望,因为在讨论可供选择的方案时抱有很高期望。项目管理机构过多地关注交互,而忽略了其他投资少得多的可供选择的方案,从而产生了这些期望。

基于此,我们可以得出结论:

> 过度应用交互可能会导致错误的期望和耗时的过程,最终不会给相关人员带来任何好处。

考虑到项目范围,利益相关方的利益聚集在一个自然点上:利益相关方的利益在这里被转移到一个有形的基础设施中。在这里,利益相关方之间的纸面合作变成了看得到的基础设施产生的实际利益。项目管理机构在从理论利益到实现基础设施利益的转移过程中负主要责任。根据研究,我们得出以下结论,即如何履行这一职责:

> 项目管理机构应寻找"适合目的"的范围解决方案。范围解决方案应尽可能以最有效的方式服务于利益相关方的利益,而不会造成不必要的资源浪费。

在案例中我们注意到,基于交互管理的策略倾向于寻求共同解决方案。但问题是：共同制订的解决方案总是"最佳解决方案"吗？或者以不同的方式处理这个问题："这些解决方案是否最符合目的"？我们不认为一定会是这样。但是，在不浪费资源的情况下，回答什么样的范围最符合利益相关方的利益是一个棘手的问题。谁来评判这个？官员的最终决策不是判断这一点的最佳方式吗？让我们再来看一些案例。

我们以荷兰海尔德兰省的潘纳登施运河案例作为一个有趣的开始。在这个案例中，经过与海尔德兰省和其他地方组织的讨论，拟议的"潘纳登施运河"（阿纳姆市以南的一条运河）Betuweroute 交叉口从一座桥改为一条隧道，这是一个更昂贵的解决方案，当时利益相关方对这一决策感到满意。大约 10 年后，该省计划扩建紧邻 Betuweroute 的 A15 高速公路，并在潘纳登施运河修建一个十字路口。该省不愿意接受这个事实，即他们现在可能被迫采取与 Betuweroute（一条隧道而不是一座桥梁）相同的（昂贵的）措施。在 Betuweroute 隧道决定时，交通运输大臣告诉一位代表，"未来该省将对这一决定感到遗憾"，尽管修建隧道的决策得到了最高级别的政治批准，但所选的解决方案是否"符合目的"值得商榷。正如当地财富委员会的协调员告诉我们的那样，一座桥会更便宜，会提供一个地标性建筑，并且会为新的 A15 高速公路提供一个更便宜的可供选择的方案（详见表 5-7，5.4.1 节）。我们认为这是一个被错失的机会，可以被视为实施过程的失败——即使我们不能"证明"这个决策是错误的，并表明它是如何被改变的。

当审视我们的案例时，发现应用交互管理的策略也可能会导致制订的解决方案事后被认为成本过高。在荷兰巴伦德雷赫特市发现了一个这样的例子。在这个案例里，交互作用的结果是 Betuweroute 的轨道被一个巨大的隧道顶所覆盖：就像地面上的一个盒子。安全是隧道的一个重要问题，这条隧道也是如此，消防部门需要足够的水以应对紧急情况。为此，在陆地隧道旁建了一个小湖。确定这个湖的大小很麻烦：它甚至必须考虑到 1 米厚的冰不会对抽取足够的水用于灭火造成任何问题！在隧道技术装置中，也可以使用类似的论据来证明可能存在"过犹不及"，如以下引用所示：

> 巴伦德雷赫特市隧道顶引入了一种安全概念，这种安全概念远比英法隧道中使用的完整隧道安全系统先进得多。
> ——Stuart Baker，英国西海岸干线项目总监（当时他在为 NETLIPSE 研究 Betuweroute 时）

基于此，我们强调：

> 过多地关注交互策略会导致范围过大和解决方案过于昂贵。

因此，虽然协商过程对达成共同解决方案相当重要，但就项目范围而言，我们认为仅靠协商决不能成为唯一或最终的判断。从技术/理性的角度看待范围的论点对于做出正确的决定也是必要的。然而，项目管理机构应始终意识到，这些支持其认为"适合目的"的范围的合理论据，并不固定和普遍。相反，它们是灵活和主观的，这意味着他们需要与利益相关方进行讨论。我们再次看到了控制和交互两个世界的结合。通过使用交互策略，项目管理机构可以确保范围符合利益相关方的利益。通过使用控制的策略和论点，项目管理机构可以防止范围解决方案造成资源浪费。这种成功的平衡是与当地利益相关方就大型基础设施项目开展卓有成效合作的核心要素之一。

回到我们的荷兰潘纳登施运河例子，项目管理机构有机会在评估桥梁或隧道解决方案的环境影响方面建立共识。在这个过程中，项目管理机构有机会达成一个共同接受的解决方案，这可能意味着是一座桥梁。然而，一旦项目管理机构决定单独进行影响评估，其结果会立即被地区利益相关方所怀疑。我们认为错失了一次证明第 9 章和第 10 章中提出的动态管理方法的潜在附加值的机会。

交互的缺陷在于它不能被视为一种充分的方法。在不控制项目的情况下，它可能过于关注利益的一致性和适应性。当然，交互并不是坏事，因为我们可以把交互和控制结合起来，成为"两全其美"，这将在下一章讨论。

8.5 总结与结论

在本节中，我们讨论了除控制策略外的另一种方法：交互。控制是一种"设计方法"：从一个固定的问题和一个明确的目标出发，通过分解和严格的管理过程来执行项目，这个过程以一个稳定的环境为前提。交互方法假设问题是模棱两可的，目标与参与方相关，并且不是固定不变的——随着环境的变化而变化。这是一种"发展"。管理注重通过利益相关方之间的交互来满足需求，注重适应性，以便能够（通过预期有利地）面对不断变化的环境或管理策略的具体结果来采取有效措施，交互尤其可以用来管理重大基础设施项目的动态复杂性。

交互包括以下 4 种策略：

（1）调整。

（2）重新定义问题和范围变更。

（3）利用短期可预测性：

① 选择成功的策略。

②系统评估。

(4) 变化：

①按策略等。

②情景构建和模式分析。

在研究的子案例中，我们发现复杂性管理中最明显的策略是"一致性"。我们证明，采用合作策略比采用"内部"方法更容易成功。

利用短期可预测性和变化的经验并不突出，我们在子案例中发现的例子很少。另外，我们发现，当使用这些策略时，它们似乎提供了附加价值。

我们的分析表明，基于交互的策略主要适用于处理动态复杂性。使用情景分析就是一个例子。通过预测可能的未来情景，利益相关方的"世界"的发展可以被讨论并公开化——它直接与利益相关方关系网络的动态联系在一起。

尽管很少有实证来评估其有效性，但我们认为，交互策略有可能为大型基础设施项目内部的复杂性管理提供额外的作用。项目经理和其他利益相关方可以从这些策略的实际应用中获益。但管理者也需要意识到交互策略的潜在问题。最主要的问题是一味地关注利益相关方的需求可能会严重限制项目进度或导致出现过于昂贵的解决方案，因为最好是尽量避免或不要面对困难的决策。

现在我们将把这些策略具体描述为动态管理方法的一个组成部分。动态管理既包括交互和控制管理的结合（第9章），也包括成功地"追求卓越"来管理大型基础设施项目的复杂性（第10章）。

9 动态管理——控制和交互的平衡

9.1 引言

本书从第 1 章开始，概述了大型基础设施项目实施过程中的当前问题、期望和挑战。出现的主要问题是预算超支、工期延误和参与的利益相关方对大型基础设施项目收益情况的普遍不满。虽然国内和国际上对大型基础设施项目实施抱有很大期望，但实施能力却稍显不足。

从当前的大型基础设施项目实施的挑战中可以看出复杂性及其管理成为一个主要的问题，需要找到改善的可能办法。复杂性是实践者在大型基础设施项目管理过程中认识到的一个主要问题。此外，为了应对这种复杂性，产生了许多新奇的理论见解，相关的术语注释晦涩难懂。大型基础设施项目的复杂性在项目特征和实施过程的演化中都是可见的，在第 3 章中使用了"轮次模型"进行了研究，"轮次模型"根据参与方之间的不同决定来监督实施过程。我们提出在实施过程中发现的复杂性特征在国际上是有可比性的，这将使国际知识交流和管理更为有效。

在第 4 章中，我们提出了实践者对复杂性的看法，复杂性以技术、社会、融资、组织、法律和时间等形式体现出来。在第 5 章中，我们以此为基础提出关于复杂性的理论观点，并与实践进行比较。我们得出"细节复杂性"和"动态复杂性"是管理者在大型基础设施项目中需要积极应对的复杂性的两个主要来源。细节复杂性和动态复杂性的区别，使我们能够开发出一种基于控制和交互的大型基础设施项目管理模型。

在第 6~8 章中，我们概述了管理大型基础设施项目复杂性的三种方法："内部和内容聚焦法""控制策略"和"交互策略"。在我们的分析中，虽然"内部和内容聚焦法"被证实在处理高细节和动态复杂性的情况下能力非常有限，但应用系统管理和交互管理都可以提供帮助。此外，我们已经发现系统管理和交互管理都存在需要解决的主要缺陷。但好的一面是，一种方法的益处似乎有助于处理另一种方法的缺陷。

所以这就是我们现在的观点。在本书的最后两章中，我们将从我们的案例中找到成功管理复杂性的关键。现在是时候回答"在大型基础设施项目的实施过程中，成功管理复杂性的经验教训是什么"的问题了。我们对成功管理复杂性的答案在于"动态管理"的概念，它包括两个不同的元素（图9-1）。

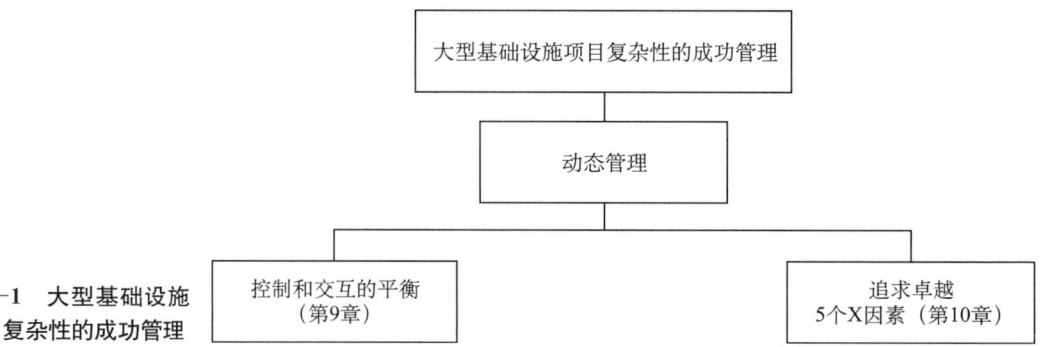

图9-1 大型基础设施项目复杂性的成功管理

为了回答我们的主要研究问题，我们引入了动态管理的概念。这一概念包含在大型基础设施项目的实现过程中成功地管理复杂性需要的两种方法：

（1）在控制与交互之间寻求平衡（本章概述）。

（2）追求卓越——5个X因素（第10章）。

从第7章和第8章描述的"系统管理"和"交互管理"中得到了一个平衡匹配的原则，这是在一些案例中发现的。我们将这种方法称为"控制和交互的平衡"，并在本章中将其内容描述为动态管理的第一要素。

但我们并不认为控制和交互的平衡是唯一需要的。在对实证材料的分析中，我们更加详细地调查了那些取得成功结果的案例。我们发现，想要成功的话，需要更多的、额外的东西。这些额外的因素使得管理者能够在管理复杂性中"酝酿"出自己独特的成功秘诀，包括引入特殊的解决方案。我们觉得这些特殊的解决方案，或者我们称之为X的因素，是解决大型基础设施项目复杂性的关键。这些X因素是动态管理的要素，第10章概述了这些特殊的解决方案。

正如在前面第5章中提到的，4种复杂性管理方法可以与细节复杂性和动态复杂性的概念联系起来，以表示其最有利的应用环境，如图9-2所示。

在前面的章节中，我们注意到某些方法主要源于系统管理，他们更适合于处理细节复杂性——"具有高度相互关联性的许多部分"。其他

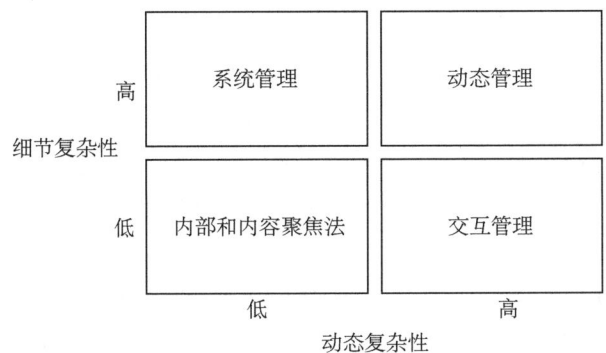

图 9-2 管理复杂性的 4 种方法

策略,我们称之为"交互管理",特别适用于处理动态复杂性:原因和结果是微妙的,干预的效果随着时间的推移是不明显的。我们现在将介绍动态管理方法的第一个要素。第一个要素是基于系统要素和交互管理的有效组合,使其成为处理细节复杂性和动态复杂性的潜在合适方法。

在本章,我们首先描述动态管理的理论和方法(9.2 节和 9.3 节),然后继续讨论案例中的主要发现(9.4 节),以总结和结论结束(9.5 节)。

9.2 动态管理理论

我们使用的动态管理理论主要来自以下领域:
(1)权变理论。
(2)复杂性理论。
(3)适应性治理。

1. 权变理论

在管理科学中,寻找一种单一的"最佳组织方式"的传统由来已久。各种各样的研究学派,如泰勒发起的科学管理方法,都假设有一种最好的组织方式。然而,早在 20 世纪 60 年代,Burns 和 Stalker(1961)以及 Thompson(1967)等就指出,找到一种最好的方法是一种乌托邦式的理想。相反,他们的研究表明,处于不断变化和不确定条件下的组织,要采取更加复杂和灵活的体系。他们的研究标志着一种新流派的开始,这种流派通常被称为"权变学派",即组织结构应与组织运作的内外部环境相匹配。因此,"权变学派"从根本上打破了在管理科学早期占主导地位的"最佳组织方式"。权变方法是 20 世纪 70 年代管理科学中的一种主流方法,尤其是在组织结构("结构权变理论")方面。

Lawrence 和 Lorsch(1967)(Rainey,1997)在一项对美国企业的研究中发现,表现最好的企业拥有与其环境一样复杂的结构。处于不确定性水平较低（更可预测、更不复杂）环境中的企业在内部结构不太复杂的情况下运作良好。处于更不确定、更不可预测、更复杂环境中的公司具有更高程度的差异化（单位间的差异）和整合（协调单位的安排，如特别工作组和联络角色）。这种内在的复杂性需要与情境的复杂性相匹配的组织原则，通常被称为"必要多样性法则"，其源于生物学（Ashby，1956）的术语。

当将权变方法应用于大型基础设施项目和复杂性的管理时，该方法告诉我们，项目管理机构的结构（以及大型基础设施项目中其他参与方的组织结构）应与项目的情境相匹配，并尽量达到某种形式的契合或平衡。而且，由于我们已经阐明，该情境具有动态复杂性的特征，这意味着项目管理机构的结构应该以某种形式匹配或反映这种复杂性。

2. 复杂性理论

权变学派的概念在复杂管理领域仍然被一些作者所使用和扩展。例如，在 Levy（2000）中，许多作者表明组织具有"适应性、创造性和创新性"，而不是对组织期望很高，并花费大量精力进行预测。封闭的、机械的和常规的组织在稳定的环境和稳定的技术条件下是成功的。然而，与开放的、有机的和非常规的组织相比，它们在不断变化和不确定的情况下不太成功。在前者中，重点放在纵向的沟通上，遵循管理链——上级管理下属的形式，并严格遵守职位描述和组织结构图。在更具适应性和创新性的组织中，重点是网络和横向沟通，管理者也是"实施者"并且拥有灵活多变的工作分配（Rainey，1997）。

表 9-1 列出了这些要素和其他要素，并对机械组织和有机组织进行了比较（Hellriegel and Slocum，1989）。

表 9-1 机械组织与有机组织

机械组织	有机组织
任务是相互独立的	任务往往是相互依存的
除非高层管理人员变更，否则任务是明确的	任务通过交互不断地调整和重新确定
为每个员工规定了具体的职能（权利、义务和技术方法）	需要一般职能（超出特定职能外完成任务的责任）
控制、权力和沟通的结构是按等级划分的	控制、权力和沟通的结构是一个相互作用的系统
沟通主要是上下级之间的竖向沟通	沟通既有纵向的也有横向的，这取决于所需信息所在的位置
沟通的主要形式是上级的指示和决定以及下级的请示	沟通主要采取涉及各个层面的信息和建议的形式

Stacey 认为,集中与分散、严格与无序之间的良好结合,可以优化组织的适应能力和创造力(Levy,2000)。Levy 提到需要共享组织身份、文化、任务和价值观,以便在整合分散的网络组织形式方面发挥强大作用,从而变得更具创新性和适应性。这种创新和适应性的方法在复杂性管理中更为需要。这也意味着需在某种程度上打破组织,而不是在他们的环境中寻求平衡,锁定在稳定的工作模式和状态中。对意外、巧合和偶然性保持开放是很重要的(Rosenhead,1998)(偶然性是通过偶然事件而被意外发现的)。

3. 适应性治理

在公共管理领域中,最近出现了"适应性管理"或"适应性治理"的方法,例如 Cooney(2007)、Brunner(2005)和 Adger(2003)。这一术语源于 20 世纪 70 年代的环境管理文献,并与社会科学中的替代方法相结合(Garcia Salmones,2009)。它基于持续的学习过程,而不是"传统的指挥和控制管理框架"。适应性治理情境下的决策被认为是一个重复的过程,因为科学知识被视为临时性的,需要根据新的信息进行检验,因此不是确定的或最终的。作者的观点是"没有单一的最优的政策问题解决方案"(Cooney,2007)。在公共管理领域中,适应性管理或治理方法主要是在气候变化和一般环境管理问题上发现、使用和描述的。

正如我们在描述交互管理的一些方法时所观察到的,适应性治理或管理将风险和不确定性作为一个特征,而不是必须不惜一切代价解决问题。正如现在设想的和正在出现的,"适应性治理"指的是"政策决策是针对真实的人,而不是为科学或管理目的而制作的虚假的漫画"的适应。健全的政策是以人为本作为基础的,并在特定环境的实际约束下,寻求增进他们的共同利益(Brunner,2005)。这意味着,政策决策需要适应"因为人们交流时存在的实地经验的差异和变化"(同 Brunner,2005)。适应性治理强调,政策决策不能仅仅被视为需要解决的单独技术问题,而应强调这些政策决策的社会或政治上的考虑。

适应性治理方法的关键行动策略是"迭代决策"——根据所掌握到的监控和评估结果并及时调整行动。这意味着在监控和决策之间有一个强有力的反馈环节,这使得学习更为有效。我们之前在第 8 章中把这个策略放在"交互策略"下。除了对迭代决策和学习的关注之外,一些作者补充说,除了适应性外,还需要"韧性,这种需要应尽可能地受到强调"(Teisman,2009)。正如 Adger(2003)在谈到韧性时所说的,"韧性是坚持和适应的能力"。因此,除了"适应性"之外,"持久性"和"稳定性"是面对复杂性管理成功的必要组成部分,在这里可以与动态管理建立联系。正如我们在"权变方法"和"复杂性管理理论"中所指出的那样,一方面的严格性和有序性,以及在另一方面的适应性和开放性之间需要有适当的平衡。

9.3 动态管理方法

当对比权变理论、复杂性管理理论和适应性治理理论时,我们看到了与我们提出的两种复杂性非常吻合的相似性。一方面,特别需要稳定性和持久性来管理我们所面临的细节复杂性。另一方面,需要适应性来处理我们称之为动态复杂性的情境和不可预见事件的不可避免的变化。

基于上述理论,我们开发了动态管理方法。选择"动态管理"一词是为了强调动态复杂性对项目成功的主导影响。虽然我们已经清楚地表明,管理细节复杂性是大型基础设施项目成功实施的关键问题,然而达到成功的核心在于管理动态复杂性。此外,"动态"一词说明,成功地管理大型基础设施项目的复杂性意味着熟练灵活地应用旨在控制和基于交互的管理策略。管理这两种方法之间的矛盾关系是我们动态管理方法的核心。那么这会产生什么样的方法呢?我们已经得出动态管理的核心策略是控制与交互的平衡。该方法包括以下两种平衡:

(1)组织结构。

(2)随时间变化的控制和交互方法。

1. 平衡组织结构

遵循上一节介绍的理论,似乎有必要并且可能有益于为项目管理机构(和其他参与方)建立一个适合其情境的结构。在这种组织结构中,必须有稳定的正确组合,以创造必要的进展;以及保持对新的影响和变化的开放。该策略非常符合前面描述的结构权变方法。

正如我们在第 5 章中所展示的,在项目执行过程中,利益相关方(如主要和当地利益相关方)的偏好会发生变化。为了适应这些变化,项目管理机构将需要一定程度的适应性,以适应这些变化的偏好和整个规模的其他变化——规则和法律,引进新的或更有效的技术,新的合同形式等。组织结构需要一定程度的适应能力。在项目管理机构的结构和工作过程中,关键是实现严格性和有序性、适应性和创造性之间合适的结合和平衡(见案例 9.1)。

案例 9.1 质量和风险管理系统的适应

在 Betuweorute 项目中,建立了一个描述其策略、组织和过程的质量体系。质量手册的第一版(1995—1997 年)纳入了质量体系,人们认为这个体系过于详细。在讨论如何提高效率时,工程师和专家对流程描述太过累赘,结果成为"过度组织":项目组织的适应能力和学习能力变得过于受限。其结果是,对环境变化的快速反应受到阻碍。后来的解决方案是在更高的层次上描述流程,即关注关键项目的流程。结果是页数减少到第一版的大约 1/3。

项目组织希望荷兰 Betuweroute 项目成为荷兰第一个通过 ISO 9001 认证的大型基础设施项目。他们意识到当系统过于关注控制,而组织结构是根据"机器流程"来设置时,认证可能会限制组织的适应性(Brux and Wfkes,2001,第 96 页),因此他们试图保证足够的适应性。他们成功了!

荷兰 Betuweroute 项目组织也认识到了与风险管理系统同样的潜在困难——风险管理系统同样倾向于关注过于详细和复杂的层面。

从中吸取的教训是,管理者应该谨防质量管理和风险管理体系扼杀组织内的创造力和适应能力。这可以解释为什么 ISO 9000 最近通过强调改进和检查的必要性,给"学习型组织"更多的鼓励。

Steens 等(1998)提到质量体系应实用、使用方便,并与用户合作,从用户的角度进行编写。重点放在对专业人员真正重要的事项上,尽量减少对详细信息和表格的要求,这些要求也有过时的趋势。一个质量体系应能够通过制订组织处理和推进这些策略的方法,以支持创新和适应的需要。

现在,应该如何调整项目管理机构以适应项目的环境?如何才能解决稳定性与适应性之间的矛盾关系?我们将通过荷兰 Betuweroute 项目的两个例子来说明这一点。第一种是任命关注"内部"和"外部"不同的管理者;第二种是使用"矛盾弧"的组织结构。

1995 年,荷兰铁路公司的 Betuweroute 项目组织增加到 50 多人,其中不包括工程顾问。选定的组织具有以下特点(1995 年,1997 年有所改进),详见图 9-3。

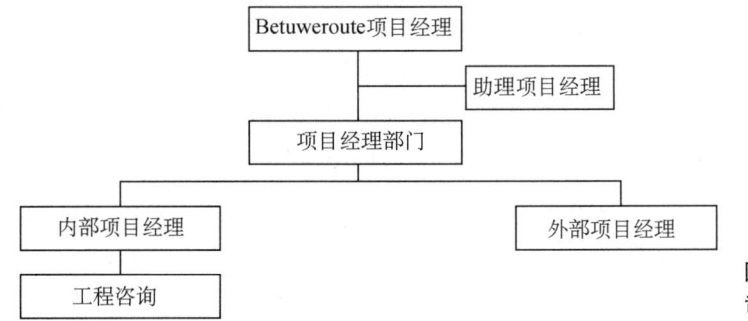

图 9-3 荷兰铁路基础设施公司项目组织(1995—1998 年)

荷兰 Betuweroute 项目经理是管理者,他有一个主要负责对外事务的助理项目经理。

路线分为 7 个标段,每个标段都有 1 个项目经理(项目经理部)。项目经理负责项目团队,内部项目经理负责设计和建造管理,外部项目经理负责与"外部"的合作。"内部"和"外部"是从项目管理机构的角度定义的。

在这两个管理层级上,内部和外部责任已经分开。荷兰 Betuweroute 项目经理希望在组织这两条线上工作开展时,能够同时充分关注规划、设计和建设的内部管理,以及与利益相关方沟通和协调利益的外部管理。项目经理担心,如果他没有任命与内部项目经理同层级的外部项目经理,环境和社会问题将被视为不如规划、设计和建设管理重要,特别是如果进展艰难的情况下。

在他自己的层级上,项目经理有他的副手助理项目经理,其主要关注的是利益相关方。项目经理自己与交通运输部打交道。项目经理助理告诉我们:

> 作为在项目经理旁工作的一名经理,他更关注内部,而我则关注外部。

荷兰 Betuweroute 项目的第二个例子是有组织的"矛盾弧"计划(图 9-4),该计划显示了 2000—2002 年期间,管理机构如何处理业主和上级组织以及外部利益相关方关系。荷兰 Betuweroute 项目业主和项目管理机构寻求一种方法,一方面确保开放的沟通和报告的结构,另一方面保持预测和指导未来发展的能力。

正如他们在提交众议院的进度报告中强调的那样,控制是一个重要事项,但他们也强调必须对环境信息更加敏感。这两种需求被纳入一个他们称之为"矛盾弧"的模型中,在这个模型中,控制和预期(一个与我们使用的"交互"不同但相似的术语)形成了"自然矛盾"。这两种功能都可以在设定的方法中找到,控制在方案的左侧,预期在方案的右侧。该模型体现了"控制"和"交互"的双重管理方式。

在组织的各个层面上画出矛盾弧:在项目法人和项目管理机构之间,以及朝向项目管理机构的地区部门的内部组织(图 9-4)。

这种结构意味着控制和相互作用之间的自然矛盾被识别出来,矛盾弧的两极被组织起来。作为项目管理机构内的一名经理,他评论道:

> 组织的每个部分都有自己的目标,希望通过这个项目来实现。
> 关键是要承认存在矛盾,各部分有不同的目标和不同的角度,你需要处理好它。

带有矛盾弧的模型反映了组织内部的积极或建设性矛盾。带有矛盾弧的模型的一个要素是,交通运输部和荷兰铁路基础设施公司的合作者在竖向沟通的结构中有联系并共同工作,因此也增加了这些利益

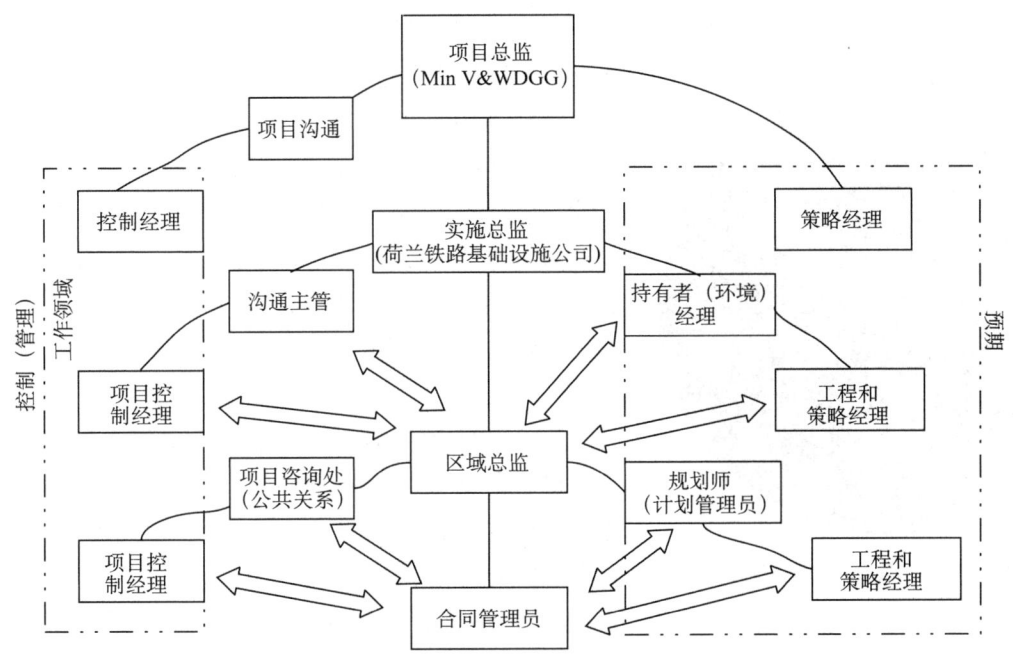

图 9-4 具有"矛盾弧"的荷兰 Betuweroute 项目的组织方案

相关方之间的交互。然而,荷兰铁路基础设施公司和交通运输部的主管并不总是很喜欢这一点,他们希望荷兰铁路基础设施公司和项目部之间有更正式的关系(对他们来说太"模糊"了)。更正式的关系是荷兰铁路基础设施公司和交通运输部在其他项目和问题上的共同做法。

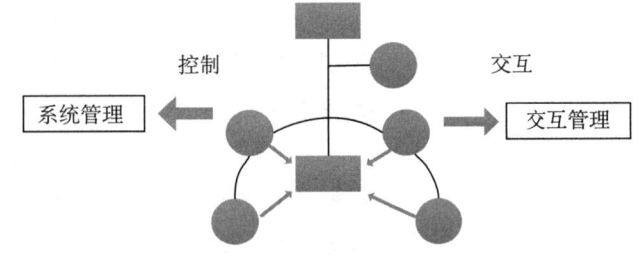

图 9-5 应用于矛盾弧模型的复杂性管理策略

如果我们将矛盾弧模型"转化"为系统管理和交互管理的理论概念,我们将得到以下结果(图 9-5)。

2. 平衡策略、控制和交互

在平衡的第一个方面,我们致力于建立一个充分关注控制和交互的组织结构。我们现在转到平衡的第二个要素,它更关注过程而不是结构。项目经理应该知道可以用来管理复杂性的多种方法及其效果,不一定有一个蓝图或清单,我们的子案例表明,认知和综合方法往往能取得令人满意的结果。大量的利益相关方,他们之间的相互关系和他们不断变化的偏好意味着,一种仅仅基于指挥和控制的关系将不再发挥作用。事实上,正如我们在第 7 章对系统管理的分析中所看到的,它可能会产生反作用,快速的决定可能会变成糟糕的决定。过于注重对规模、质量、成本和时间的控制,低估了大型基础设施项目所涉及的社会动态,往往导致问题不但不能解决,解决方案往往也易变。联盟形成然后破裂，没有人拥有完美的信息和洞察力，也没有人可以自己强行做出决定。但是我们也发现，系统管理的方法需要计划工作包、定义一套需要的条件、进行设计并正确遵循法律程序。毕竟，在整个过程中，需要对规模、质量、成本和时间进行管理。甚至有必要将项目管理机构的各个部分隔离开来，以执行工作包并取得成果，这是平衡策略的核心。

这种平衡方法如图 9-6 所示（Hertogh et al.，2008）。

事实证明，交互管理在确定一个更符合利益相关方利益的规模方面特别成功。这样，交互可以帮助解决参与方系统中的"锁定"问题。但另外，我们也注意到交互管理中的陷阱，因为它有一种过度反应的倾向，即通过设定错误的期望值，然后牺牲项目进度来迎合利益相关方的参与。这表明，应用交互管理可以解决系统管理的缺点，反之亦然！为了进一步概述平衡策略，我们展示了系统管理和交互管理之间的 4 种基本矛盾关系（图 9-7）。

图 9-6　控制和交互的平衡

图 9-7 所示的 4 种矛盾被用于荷兰高铁南线项目举办的一个研讨会（由与隔音屏有关的鸟类问题引发），以强调系统管理和交互管理之间的差异。

对于那些在系统管理方面占主导地位的项目经理来说，他们的挑战在于更清楚地意识到其他群体的利益和交互的重要性。他们面临的挑战是发展与图 9-8 的右侧（Hertogh and Bruijninckx，2004）一致的能力。当然，以类似的方式，对于那些主要关注交互方面的管理者，可以提出相反的论点。

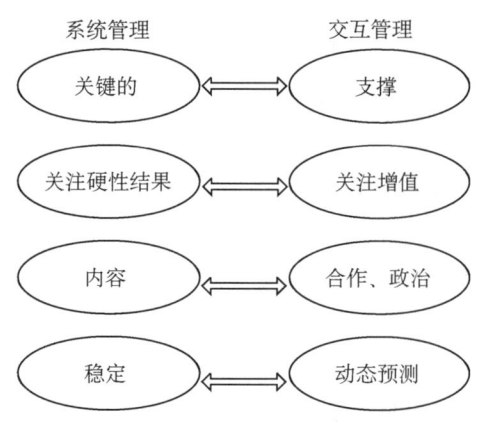

图 9-7　系统管理和交互管理之间的矛盾关系

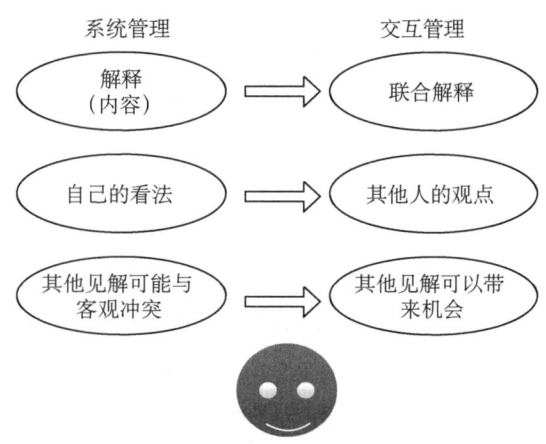

图 9-8　从系统管理到交互管理

一些来自荷兰高铁南线项目访谈和研讨会的例子。
(1) 问:我取得的成果不足,我将再次解释(内容)。
答:什么是需求和动机? 我们怎样才能联合起来?
(2) 问:我是根据自己的经验和目标来处理的。
答:尽量理解对方,同时尊重个人目标和偏好。
(3) 问:一名顾客抱怨,不理解。
答:业主的投诉是一个机会,要建设性地利用他们的抱怨。

一名经理称挑战(图 9-8 中的右边)是一种"以业主为导向"的方法,"要比你自己的思维方式看得更远"。这似乎是为期两天的研讨会的中心思想:建立基于(相互)信任的关系对项目经理来说是一个挑战。

交互策略适合于大型基础设施项目中的管理问题的动态复杂性,其中看起来很有希望、并且早在过程中被锁定的解决方案,可能由于新的洞察力和/或外部事件改变利益相关方的偏好而变得过时。这些不断变化的偏好和外部事件的重要性,使得有必要采取一种方法,包括不断监测变化和重新评估已实施解决方案的质量,包括方法(过程)和规模(结果)。正如我们在上一节适应性治理理论中看到的那样——以潘纳登施运河为例:桥梁仍然是穿越这条河最可行的解决方案吗? 或者隧道更合适? 这些问题需要定期审查,特别是在发生重大变化事件后,例如选举新政府之后。第 8 章指出的使用短期可预测性和变化的策略可以帮助项目经理做到这一点。交互是在不断评估过程和预期结果的基础上解决问题的,其方式类似于一个泥塑工匠,他不断地回顾自己的作品,调整自己的工艺,以塑造自己独特的艺术作品。不过,虽然工匠经常会自己动手,却不适用于活跃在大型基础设施项目的人。事实上,许多利益相关方都是积极的,这意味着每一个变化都会影响整个网络或体系。因此,在应用交互策略时,利益相关方之间的关系应该是一个关键的组成部分。交互策略是在一个不清楚如何解决的、处理变化中和难以定义的问题的一种工作方法。然而,显而易见的是,这个问题应该与那些利益相关方以合作的方式解决。

除了交互方法之外,还需要一种方法来处理细节复杂性——基于系统管理的策略。这些策略是专注于控制的策略。控制是一种结构化的、线性的工作方式,它建立在有稳定明确的问题和如何解决问题的基础上。解决问题是一件可以独立(至少部分可以)以一种高效的方式促进完成项目管理机构的工作的事情。作为概述,我们在表 9-2 中列出了构成动态管理方法的策略。

表 9-2　交互和控制策略概述

策略	控制策略	交互策略
图示		
基础		
适用于	细节复杂性	动态复杂性
问题	明确、固定、独立于利益相关方	模棱两可，不断变化，由利益相关方决定
解决问题	线性的	迭代的
理论基础	组织设计系统管理	交互管理复杂性管理
管理策略		
	1. 分解 • 及时 • 最终产品 • 组织 2. 管理流程 • 计划 • 成本 • 质量 • 风险	1. 调整 2. 重新定义问题与范围变更 3. 利用短期可预测性 • 成功策略的选择 • 系统评估 4. 变化 • 在策略、解决方案、组织和人员方面 • 情景分析和模式分析

表 9-2 中发现的策略构成了管理大型基础设施项目复杂性的基石，这些策略需要在正确的平衡中使用才能成功。此外，项目管理机构和其他利益相关方如何使用这些策略来适应不断变化的项目环境已经在前面得到了演示，这意味着交互和控制之间的平衡不是固定的或给定的。由于每个项目都是独特的，因为它的历史、情境和事件等，它需要一个定制的方法，将需要随着时间的推移而改变。通过评估一个项目的情境，可以从一系列控制和交互的方法中选择适当的管理策略并发挥作用，就像厨师根据部分固定的烹饪原料准备独特的食谱一样，这个独特的"配方"将需要在整个项目进程中进行调整，管理者需要决定何时适应环境的变化。

9.4　动态管理的主要发现

正如我们在第一章中看到的，在我们现在的社会里"没有人负责"。项目是在需要处理动态复杂性和细节复杂性的组织和人员的网络中实现的。英国西海岸干线项目表明，大型基础设施项目的成功实施既需要控制管理也需要交互管理。案例9.2说明了策略是如何组合的。

> **案例9.2 英国西海岸干线的动态管理**
>
> 英国西海岸干线项目第三阶段的好转至少可以部分归因于一种不断变化的管理方法，它展示了动态管理的各种元素。在周转中，项目发起人——铁路战略管理局——和项目管理机构引入了新的管理策略，重点放在控制和交互上。
>
> 在第8章中，我们展示了英国西海岸干线项目管理层使用了交互策略，如"西海岸250委员会"与当地利益相关方合作。此外，我们还看到，铁路行业的众多机构合作制订了一份新的线路升级咨询文件——采用了"跨行业方法"。引入这些新策略对于克服在前一阶段最终导致英国铁路公司破产的系统锁定至关重要，它使项目在利益相关方网络中重新获得了信誉，并为再次启动项目奠定了坚实的基础。
>
> 处理动态复杂性，除了这些"交互"策略之外，还引入了几种"控制"策略。实施策略的例子包括引入描述项目规模的共享功能需求文档和严格的变更单管理程序。此外，还为项目的融资管理制订了新的方法，其核心要素是项目的商业计划。英国铁路网络公司的项目管理机构建立了风险登记册，并使用了项目管理信息中心。
>
> 英国西海岸干线项目第三轮的策略应用表明，控制与交互的成功结合在实践中是可能的，并将产生积极的效果。

我们在荷兰A73高速公路南线项目的案例中也看到了类似的动态管理的例子。

在初步谈判期间，考虑了规模（扩大）和组织（新方式）的各种选择，然后通过一项政治协议加以确定。这项政治协议标志着一种以控制为基础的直截了当的管理方式的开始。从协议开始，规模和成本控制、规划、风险管理和合同管理是管理荷兰A73高速公路南线项目的重要方面。这是可以理解的，因为该地区希望有一个确定的承诺，正如一位荷兰公共工程及水管理局经理告诉我们的："没有什么比政治更能改变。"但结果是，在执行阶段进行优化和更改的可能性比实际情况要小得多。

对成功实践的观察可以与项目执行的情境相关联。基本上特定的环境因素可以使控制方法得以成功。在我们2006年夏天举行的访谈中，预测该项目将控制在预算范围内并将按时完成。在成本方面，由于招标时的有利市场条件，成本超支可由招标结余抵消。这基本上表明，在这种情况下，有利的市场条件至少在一定程度上促进了严格的系统控制，这表明"成功"取决于具体情况。

虽然项目方法可能是系统的，并侧重于控制，但这并不意味着整个项目的复杂性在执行过程中突然消失。在其他两个案例中，生态补偿和隧道安全说明了交互管理以及系统和交互管理之间的"平衡"仍然很重要。荷兰交通运输部林堡省分局的一位项目经理强调：

> 事先不清楚一个项目将如何发展，你应该始终向前看，并具有适应性。

正如项目经理强调的那样，项目的社会情境仍然特别重要。此外，他还强调了项目经理对社会事务保持敏感的重要性，并认识到以开放的方式进行沟通的必要性，这样能够赢得尊重和信任。这些技能是项目组织及其管理人员的传统控制能力的补充。

在荷兰 A73 高速公路南线项目的后期阶段，遗留的复杂性是通过对该子案例中的下列主题的讨论来说明的：

（1）关于西岸、东岸的讨论，直至内阁决定为止。
（2）额外的补偿、缓和措施。
（3）隧道安全。

后续的讨论表明：

> 大型基础设施项目的复杂性不会随着项目寿命的延长而降低，可能导致重大变化并影响项目成功的重要讨论仍然存在，这意味着在大型基础设施项目的执行阶段也需要交互策略。

人们常常认为，在项目的"执行决策"之后，复杂性会消失。根据我们的发现，这个论点似乎是有争议的，尤其是对于我们研究的非常大的项目。例如，在第 3 章的案例中，主要的决策过程是不同的。

英国西海岸干线项目和荷兰 A73 高速公路南线项目的案例也表明，控制策略和交互策略可以在实践中结合起来。但同时也可以说，这两种策略之间存在着矛盾。交互的增加存在限制控制的可能性，反之亦然：

> 由于它们之间的内在矛盾，控制和交互的策略不能在完全和谐中展开，而需要在大型基础设施项目复杂性的成功管理中共存。

控制策略是基于一种确定性的方法来处理复杂的情况，假设结构和秩序将导致项目成功。它有一个明确的程序：从下一阶段的计划开始——一个集中于范围、预算和计划的阶段，项目应该按照这个计划来管理。然而，交互策略以利益相关方的动态偏好为出发点。这里的假设是没有人负责，但是项目的成功取决于紧密相关的组织网络的性能。问题不是结构化的，也没有一个预先的、最好的、客观的解决方案。因为偏好的变化源于观点的变化、新参与方的加入或其他因素，问题和解决方案是动态的。控制和交互的两种方法需要由利益相关方和个人结合起来使用。

正如荷兰高铁南线项目组织内的一位项目经理声明：

> 员工需要能够处理不确定性。另外，他们应该能够处理理性的一面，例如能够制订快速的计划。我们的大多数员工都有在这两种方法之间进行转换的能力。
>
> ——荷兰高铁南线运输项目经理

为了给动态管理方法提供更多的经验深度，我们使用了最后一个例子，这次来自荷兰 Betuweroute 项目（见案例 9.3）。

案例 9.3　隧道安全技术在荷兰 Betuweroute 项目的动态管理

2001 年 8 月，隧道安全技术的第一部分——控制和电信系统——开始招标，结果是出价比最初的估价高出 3~4 倍，招标过程被取消。成本预算上升至 3.45 亿欧元。2001 年 9 月，尽管荷兰 Betuweroute 项目管理机构的一些成员对新估算的有效性表示怀疑，然而，3.45 亿欧元的估计数已上报给交通运输部的项目法人，这引起了负责人组织内部和项目管理机构内部对隧道安全技术的主要关注。这种关注提供了一种"紧迫感"，这是改变早期应用的内容聚焦法的导火索。

2001 年 11 月，隧道安全技术的责任移交给了新的项目经理。荷兰铁路基础设施公司 Betuweroute 项目管理机构内的项目经理开始了对隧道安全技术成本上升的几次历史调查，并启动了一个新的方案过程。他很快建立了相关文件的档案。这些文档原来分布在整个荷兰 Betuweroute 项目管理机构中，这使得跟踪范围变更几乎不可能。在以项目控制和管理为重点的新方法下，可以清楚地认识到系统管理的规划策略。

在项目经理引进的新方案进程中，人们更关注与利益相关方的交互。这意味着方案进程中的每一步都得到了地方当局的正式批准。荷兰 Betuweroute 项目管理机构试图在与当地政府的谈判中找到其他的解决方案。绿皮书——这是以前制定的安全标准——仍然被用作参考，但这次的解释是与地方当局和消防部门密切合作完成的。以前，方案是由项目管理机构独立进行的，主要基于对绿皮书的技术解释。而应用新方法后，开发了基于模块化方法的隧道安全技术替代方案，这导致了地方当局容易接受对隧道安全技术的新的替代要求。

因为成本的不可接受的上升导致了改变管理方法的压力，在这种情况下，内容聚焦法被放弃。将计划和发展策略相结合，大大提高了子项目的产出。

动态管理的案例向我们展示了这种管理方法的前景，但这并不意味着该方法的全部细节和益处已经在实践中得到充分利用。相反，我们注意到，"内部和内容聚焦法"和"系统管理"应用得更为频繁，而且几乎总是不太成功。我们的结论是，成功管理复杂性还有很长的路要走。

最后，我们要强调的是，我们只是简单地介绍了平衡控制和交互管理的一些初始组成部分。我们已经展示了基本策略以及如何在实践中观察这些策略。但由于在我们的案例中发现的证据有限，许多问题仍然存在，比如："项目经理如何在控制和交互之间找到成功的平衡点？""在什么情况下，将方法从关注控制转变为关注交互更为有效，反之亦然？"这些问题和其他相关问题可以作为未来研究的出发点。

9.5　总结与结论

在本章中，我们引入了"动态管理"的概念来回答"如何成功管理大型基础设施项目中的复杂性"的问题。因为大型基础设施项目中的动态复杂性经常被忽略，我们选择使用动态管理这个术语，此外，这一术语还包括大型基础设施项目需要不断调整策略、结构重组和适应不断变化的特性，动态管理概念基于：

（1）在控制和交互之间找到正确的平衡。

（2）追求卓越——5个X因素。

在这一章中，我们概述了第一个要素，即在控制和交互之间找到正确的平衡，从而有效处理细节复杂性和动态复杂性。控制和交互的平衡是建立在权变理论、复杂性管理理论和现代适应性治理理论的基础之上的。

平衡意味着项目管理机构需要找到一个适合项目环境的结构，并适应交互和控制的需要。此外，平衡还意味着两个互补和连贯的管理策略的结合：控制和交互。一个适合处理细节复杂性（控制）和一个处理动态复杂性（交互）。策略的结合可能会随着时间的推移而改变，因为它至少需要部分地反映项目在环境中的变化。

为给成功管理大型基础设施项目复杂性提供最好的机会，同时需要控制策略和交互策略，这说起来容易做起来难，因为这些策略带来了它们之间一些无法完全调和的自然矛盾。很重要的一点是要找到一种平衡，这种平衡要适合你工作项目的独特情况。以"配方手册"的方法来管理复杂性将被证明是不可能的，因为在管理策略的成功应用中，情境的重要性很高。

与"内部和内容聚焦法"和"系统管理"相比，平衡策略的实际应用仍然相对较少。但初步分析表明，平衡策略可以极大地增加管理复杂性的成功机会。然而，无论是理论基础还是实践应用，都存在许多问题，未来的研究需要解决这个问题。

我们在对复杂性管理方面成功案例的分析表明,平衡策略的应用并不能给出管理者在成功处理复杂性时需要的完整情形。其他因素也有助于成功地管理大型基础设施项目的复杂性,这是我们动态管理理念的第二个要素。简单地说,这意味着我们需要不寻常的解决方案来处理大型基础设施项目的复杂性。在下一章中,我们将考虑管理复杂性方面的 X 因素来作为本书结尾。

10 动态管理——5个X因素

10.1 引言

在复杂的环境下,大型基础设施项目的成功不能通过远程遥控技术来操纵。大型基础设施项目的成功需要不寻常的解决方案:以新的和创造性的方式来保持进步和克服主要的僵局。

在第9章中,我们介绍了动态管理的概念,集中讨论了动态管理的第一个要素:控制和交互的动态平衡。而在本章中,我们将通过引入第二个元素来加以补充,我们认为"追求卓越"对于成功地管理大型基础设施项目复杂性是很有必要的。

当我们分析案例寻找成功的实践时,发现平衡控制和交互可以帮助项目经理更好地管理大型基础设施项目的复杂性。根据我们的概念模型和之前在该领域的工作经验,这是我们非常期望的。但除此之外,我们还发现了一些以前没有想到或预料到的事情。根据我们对大型基础设施项目成功实践的分析表明,反复出现的成功主题是"追求卓越"。似乎我们需要非凡的方法、人员和解决方案来处理大型基础设施项目中存在的所有复杂问题。特别是在我们的子案例中所出现的僵局和其他问题,只能通过新的、创造性的方法来解决!我们将这一现象称为"复杂性管理中的X因素",并将在本章中概述其元素,将其作为"动态管理"概念中的第二个要素。

在第3章中,我们介绍了一些案例,并得出结论,大型基础设施项目的复杂性,从项目的特点和实施过程的演变中都是显而易见的。从第3章概述的特点来看,关于大型基础设施项目复杂性的3个主要结论是:

(1) 与情境的紧密联系。
(2) 多方参与。
(3) 独特的项目情境。

这 3 个发现意味着大型基础设施项目的管理不能被一个项目管理机构单独有效地部署。项目管理机构是利益相关群体中独特的一部分,其中许多参与方和事件会影响项目的最终结果。因此,为了制订成功的管理策略,我们需要同时考虑更高层次的利益相关系统和项目管理机构。此外,在这个利益相关方的网络中,我们发现不能只看参与方所在团体的水平,我们还需要在个人层面上进行观察。在这种独特的情境下,个人能力可以产生巨大的差异。综上所述,"X 因素"可以在本章各节中描述的以下层次中找到。

(1) 利益相关方系统:更高层次的合作(10.2 节)。

(2) 参与方层面:项目引领者(10.3 节)。

(3) 个人层面:有能力的人会带来改变(10.4 节)。

第 3 章提出的结论的第二部分表明,在实施进程的演化中发现了复杂性:

① 非线性实施过程。

② 独特的起始点与后续事件是至关重要的。

③ 在决策的所有轮次中,复杂性都是明显的。

这些在实现过程中可见的复杂性元素与另外两个 X 因素有关。首先,我们发现为了取得成功需要:

(4) 找到独特管理解决方案的能力(第 10.5 节)。

在大型基础设施项目的独特情境下,非传统的和创造性的管理解决方案被证明是有效的,但除此之外,大型基础设施项目的参与方应该认识到并在项目中使用推动力。他们需要:

(5) 利用机会窗口(10.6 节)。

很多时候,被视为威胁的事件可能会带来良机。

10.2　X 因素 1:更高层次的合作

在我们所研究的一些案例中,因为实现了更高层次的合作,从而在复杂性管理方面取得了巨大的成功,并且在预算和规划方面取得了良好的成果,但更重要的是,在利益相关方的满意度方面取得了成功。

成功的第一个关键是在大型基础设施项目中的动态利益相关方系统中的合作。我们在案例中发现:

> 项目管理机构和其他利益相关方能够在其利益相关方系统中发展更高层次的合作,这大大增加了成功实施大型基础设施项目的机会。

更高层次的合作可以使大型基础设施项目中的利益相关方系统产生卓越的效果。在我们的子案例中,我们发现了利益相关方系统能够产生超出个人利益总和的合作水平,这就是我们所说的"更高层次的合作"。然而,更高层次的合作并不意味着个人利益被忽视,而是意味着系统中的利益相关方利用他们的合作能力来协调他们的自身利益,从而产生对他们所有人都有利的系统产出。

更高层次的合作超越个人利益,实现互利共赢。

在我们的案例中,我们发现合作程度较高的案例如下。

(1) 英国西海岸干线项目第三轮:综合考虑私人和公共动因。

(2) 荷兰 A73 高速公路南线项目:地区合作。

(3) 瑞士圣哥达隧道项目和勒奇山隧道项目:公投和 NEAT 项目指导委员会代表。

(4) 荷兰 Betuweroute 项目:"同事模式"。

1. 英国西海岸干线项目的联合决策

在英国西海岸干线项目的第三轮中可以找到一个更高层次合作的好例子(Teisman et al.,2009)。在第一轮中,西海岸干线完全位于英国铁路公司的公共领域(垄断),由于英国铁路公司无力为铁路创新提供资金,在私有化之后,采用了一种主要基于私人参与和私人市场决策的新方法。然而,私人的做法导致了巨大的成本超支,最终导致了英国铁路公司的破产。接下来的英国铁路公司私有化基础设施的后续发展,既不是纯粹的私人责任,也不是纯粹的公共责任促成了项目实施的成功。在前两轮中,项目的正式结构不符合项目的复杂性,它无法处理参与的正式实体(如英国交通运输部、英国铁路管理办公室)与英国铁路公司或其继任者铁路网络公司之间以及维珍集团与英国铁路公司/铁路网络公司之间的众多紧张关系等。

在第三轮中,网络管理和管理网络已经发展起来,例如在联合会议和联合文件方面。其结果是,有关各方现在对铁路系统的实际情况以及对第三轮存在的改造、创新和投资回报的可能性也有了更多的了解。此外,各方聚集在一起的共同目标是:整个行业都清楚,英国财政部在 2002 年愿意在已支出的 25 亿英镑基础上承诺再支付 56 亿英镑,这是整个行业展示其能够从投资中获得宝贵成果的最后机会。许多观察家认为,如果该项目再次失败,那么整个网络将缺乏投资。在混合形式中,共同决策的过程导致了共识,产生了紧迫感,并在利益相关方网络中产生了更高层次的合作,这一点在 8.3.1 节中概述的"跨行业方法"中得到了说明。

在第三轮研究中发现了创新与坚持成熟技术、范围刚性与范围发展、固定成本与附加值之间的平衡;以及集中的传统控制安排、合同与交互。这导致参与方之间的合作程度更高,利益相关方系统成功地协调了项目中不同参与方的目标,从而使项目目标得以迅速实现。英国铁路公司和维珍集团这样的运营商最初的目的是关注每个组织自身的短期财务业绩;这些组织(英国铁路公司和维珍集团这样的运营商)主要关注利润。人们一次又一次地发现,使参与该项目的不同各方的目标一致是有益的,这是最终实现项目的时间和预算目标的一个关键因素。

维珍集团已经意识到,所有运营商最好与其他运营商合作,尤其是与其他列车运营商合作。铁路网络公司的经历也是如此,在第二轮中,一切都是"通过合同"进行的。但随着第三轮人际关系的改善,沟通和人际关系转向了更为非正式和私人的方式,而这种方式对合作更为有利。从西海岸线项目得出的重要经验是:与其他利益相关方的伙伴关系比"以自我为中心"的契约关系更为稳固。

英国西海岸干线项目的外部利益相关方很重要,因为他们是沿线居民的代表,他们也是铁路的使用者,可以对将要采取的措施提供一些"当地情报"。他们在向公众解释项目正在做什么,以及为什么事情是按照他们的方式去做(解释和判断)这些方面发挥着重要作用。"西海岸250"一个利益相关方的组织——促进与其他外部利益相关方的联系(详见 8.3.1 节)。

第三轮导致了公共指导和私人生产的有趣结合,建立了一个有效的相关方网络,能够处理网络特性、物理铁路网与未来交付的相互依存关系。另外,在任务和责任方面有明确的划分,但也有充分的非正式网络和协作规划方法,积累了足够的知识和支持。

我们对大型基础设施项目利益相关方行为的分析表明,自然的主导驱动力是服务于他们自己的利益,对此我们并不感到奇怪。在所研究的案例中很难寻找到普遍或共同的利益,虽然这种行为是完全合理的,但如果只关注自身利益,可能会导致一些后果,尽管这种行为看似合乎逻辑,但可能会导致令人失望的系统产出,从而导致个人利益的减少。在荷兰高铁南线项目的运输合同中观察到了一个很好的例子,其中中标的联合体(荷兰高铁联合体)和项目管理机构(交通运输部)争论谁应该为车辆(列车)的延迟交付负责。虽然从合同的角度来看,这种争论是可以理解的,但其结果是,没有就如何使列车尽快在新轨道上运行制订出共同的解决方案。双方忽视了这样一个现实,即如果没有列车可用,很快就会给双方造成巨大的经济和形象损失。此外,尽管荷兰高铁联盟由不同的公司组成,但绝大部分都是国有公司,这使得融资讨论的角度变的完全不同。

英国西海岸干线项目是一个重要的例子,说明了如何在公共和私营组织之间实现更高层次的合作,从而使英国西海岸干线项目再次启动。在"地区"内的荷兰 A73 高速公路南线项目合作的核心是,它以这样一种方式协调利益,以至于交通运输部最终别无选择,只能支持他们的提议。

2. 荷兰 A73 高速公路南线项目地区合作

第三章和第八章已经介绍了地区合作,值得注意的是,该地区的合作伙伴们最终都会向大臣提出一项她不能也不会拒绝的计划,这是该地区所有的利益相关方激烈讨论后所产生的结果。正如 8.3.2 节所提到的,主要参与方之间应该相互了解,相互尊重,有共同的利益。这里所采取的合作方法是独特的,要求有关组织必须超越自己的利益考虑问题,所带来的具有建设性进程的结果就是有了一个对所有参与方都有好处的计划。

3. 瑞士全民公投和 NEAT 项目监督委员会代表

在所研究的瑞士项目中发现了另一个合作程度较高的例子,瑞士政府有义务提出重要决策供公众投票,这种情况在荷兰和英国的大型国家项目中都没有发生过。在公众投票中,只有当大多数的州和大多数的瑞士公民都支持该项目,该项目才能被接受。公众投票确保了公众对 NEAT 项目的广泛支持。1992 年的公开投票获得了建设瑞士勒奇山和圣哥达隧道项目的第一个决定,1998 年的投票结果对通过征收重型车辆税(65%)、征收石油税(25%)和征收增值税(10%)为 NEAT 项目提供资金产生了积极影响。

根据联邦委员会和议会的决定,以及 1992 年和 1998 年的全民公投所传达的瑞士民众的意见,NEAT 并没有成为"必要性"辩论的主题。这对官员和项目组织而言是有利的,给了他们一个重要的保证。例如,这可以与荷兰 Betuweroute 项目组织相比较,在荷兰 Betuweroute 项目组织中,关于需求和必要性的决策延伸到实施阶段,并导致所有利益相关方都有较长时间的不确定性。在荷兰 A73 高速公路南线项目也是如此,在议会(以一票多数)作出决定后,由于财政原因,该项目被推迟了两次。此外,继续对西岸和东岸备选路线进行讨论,直至州议会①对上诉作出裁决。似乎全民公投可以成功地降低项目中的复杂性。

尽管在瑞士使用公众投票有助于获得刺激合作的政治支持,但它

---

① 内阁向荷兰政府和议会提供法律和治理方面的建议,它是荷兰最高行政法院。

也有一个很大的缺点:许多利益相关方在访谈中一致认为,只需要一个通道(他们提到圣哥达)来满足交通需求。为了确保大多数州都支持NEAT,有必要提出建设两个通道的建议。例如,如果只建造圣哥达,西部地区的各州就不会满意,这是有偏见的全民公投的结果。看来想获得政治支持需要付出很大的代价。

Andrea Hämmerle(2004):

> 这两个项目的决定都可以被视为民主制度的代价。在瑞士,想通过一个方案,必须有不少于50%的公民投赞成票。如果涉及宪法修正案,至少有50%的州投赞成票。而NEAT的建议就是如此,为了有双重保证,需要双管齐下。

此外,由议会成员组成的"NEAT项目指导委员会代表"的合作程度更高,该委员会定期与联邦交通办公室进行磋商。联邦交通局是NEAT的业主。联邦交通局与成员之间的定期对话有利于彼此互相交流、收集信息和相互理解,这样就减少了围绕着NEAT的任何分歧。相比之下,在荷兰,就没有一个共同的平台供官员和议员讨论这些问题,这往往会导致更多的政局动荡。NEAT项目指导委员会代表的记录表明,一个专门的"政治代表团"来指导大型基础设施项目可以促进项目的实施。见案例10.1。

案例10.1 NAD是阿尔卑斯山下新铁路线的规划和建设的上级监督机构。

NAD由下列各方各派两名成员组成。

两院议会常设委员会:财政委员会、控制委员会和交通电信委员会;因此共有12名成员,NAD与控制委员会和财政委员会享有同样的权利。

其主要任务如下:

- 在规划和建设阶段期间和之后,联邦办公室负责运营和高级别财务监督,由议会控制。
- 监督所有业务活动是否符合法律规定;监督整个规划和建设阶段的后续服务、费用、期限和支出。
- 核查组织结构和监督程序;核查监督机构如何执行其监督和管理任务。

我们从访谈中得出结论,所有参与的项目成员都认为代表团是项目最大的优势之一。它在不断更迭的政府和公共当局之间起着桥梁的作用。即使是代表团内部人员的调整,或是领导人的政治倾向的改变,可能会导致沟通方式和工作重点产生变动,但不会对利益产生重大影响。整个代表团的机构和工作可以看作是透明度和长期政治支持的保证。Andrea Hämmerle(2004):

项目管理机构必须每半年报告一次。在这些报告中,所有的问题都需要报告,不过,在本报告所述期间,可能还有一些问题需要提前通报。这种情况发生在 2003 年,当时出现了问题,NAD 只收到了很少的临时信息,后来,在官方的半年报告中,人们意识到这是一个导致 7 亿瑞士法郎额外成本的"问题"。这一发现导致局势变动非常紧张。项目管理机构为自己辩护说,他们已尽其所能,希望在报告期间削减这些额外费用。但 NAD 和众议院决定,以后当项目管理机构收到关于严重问题的通知时,即使在总体影响尚不清楚的情况下,也应立即向 NAD 报告。

4. 荷兰 Betuweroute 项目:同事模式

在荷兰 Betuweroute 项目组织中,我们观察到另一个我们一开始称之为更高层次合作的实例,但在这里,合作的核心是项目法人与项目管理机构之间的关系。

1999 年,交通运输部任命了一位新的荷兰 Betuweroute 项目总监为项目法人。荷兰铁路基础设施公司 Betuweroute 项目管理机构新的 Betuweroute 项目经理一年前就加入了这个项目。此时,因为在早期阶段费用增加,并引起了激烈的政治辩论,导致该项目的形象非常负面。此外,荷兰 Betuweroute 项目管理机构与交通运输部就预算和成本估算问题进行了多次讨论:荷兰 Betuweroute 项目管理机构的费用估计远远高于交通运输部现有的预算。两位新的项目领导注意到,交通运输部和荷兰铁路基础设施公司的项目组织工作不够紧密。他们发现,这两个组织缺乏共同的愿景,缺乏"共同的项目感觉",缺乏信心。其结果就是形成了一种形式化的沟通方式,他们彼此之间许多的正式信件都说明了这一点。彼此之间重要的事情都会隐瞒很久,不管什么事情,都只在 Betuweroute 的项目总监(交通运输部)和项目经理(荷兰铁路基础设施公司)之间讨论,在中下管理层内部几乎没有任何交流,从而导致各组织之间的任务和责任划分逐渐走向极端。

为了应对这些挑战,人们产生了一种信念,认为有必要在"策略伙伴关系"中采取更多的共同行动,即"两个世界共同合作",两位项目领导都强调了这一点。他们在 1999 年下半年决定将外部世界所关注的组织,即荷兰 Betuweroute 项目管理机构与一个管理体系整合起来,该体系已于 2000 年 5 月 30 日通过 NEN-ISO 9001 认证,但交通运输部和荷兰铁路基础设施公司的两个项目组织仍然是独立的实体,其目的是"作为一个整体"开展更多的工作。新的工作方式被称为"同事模式",在这种模式中,他们可以更公开地谈论重要的事情及其进展。同事模式带来的另一个重要变化是,交通运输部和荷兰铁路基础设施公司的同事是在垂直通信结构中相互联系,共同工作。

1999年11月,交通运输部项目总监和荷兰铁路基础设施公司项目经理制订了项目任务,见表10-1。

表10-1 1999年11月前后项目任务分配情况

1999年11月之前	1999年11月之后
• 荷兰Betuweroute项目组织的执行 • 准备私人开发 • 荷兰Betuweroute项目组织北线决策过程的准备	• 荷兰Betuweroute项目组织的执行 • 在预算和时间范围内实现这一目标 • 有关社会支持该项目执行的信号问题

从这个意义上说,同事模式可以看作是项目法人(交通运输部)和项目管理机构(荷兰Betuweroute项目管理机构)之间的更高层次的合作。那么,关于这种同事模型有什么相关的经验呢?荷兰Betuweroute项目管理机构的一位经理告诉我们:

> 看起来这种工作关系的目标是使大家一起工作,但实际的目的是为了可以更好地实施这个项目,交通运输部对这个项目并不是十分看好,他们也不清楚这个项目的组织系统是否运作良好。

不过,他也强调:

> 它(同事模式)确实改进了项目内部的工作方法。

这句话进一步说明了我们之前的发现,更高层次的合作可以促进项目的实施。

在高级管理层,同事模式尤其奏效。事实证明,在进行敏感的预算谈判时,交通运输部项目总监和荷兰铁路基础设施公司项目总监之间保持良好的合作关系是非常重要的,它增强了彼此之间的交流,促进了相互理解彼此的工作。一个质量体系的载体促进了这一过程,这是一项旨在弥合项目政治方面和项目执行业务方面之间差距的倡议,这样就减少了分歧,解决了两个当事人之间存在的社会复杂性,可能这不是一个完美的解决方案,但它确实有利于项目的复杂性管理。

我们的第一个成功关键是实现了更高层次的合作,这种高层次的合作可以出现在利益相关方系统的各个部分中(见图10-1,这里的例子放在了大型基础设施项目活跃的利益相关方网络中)。实现这种合作与交互策略有关,而这种策略有助于随着时间的推移调整项目的利益。除此之外,控制策略也是非常重要的组成部分,因为如果没有控制策略,项目合作将面临因进展不足而破裂的风险。因此,更高层次的合作还要求利益相关方就分工、交付的工作范围和进度达成协议,只有在控制策略与交互策略相平衡的情况下,更高层次的合作才能以可持续的方式存在。

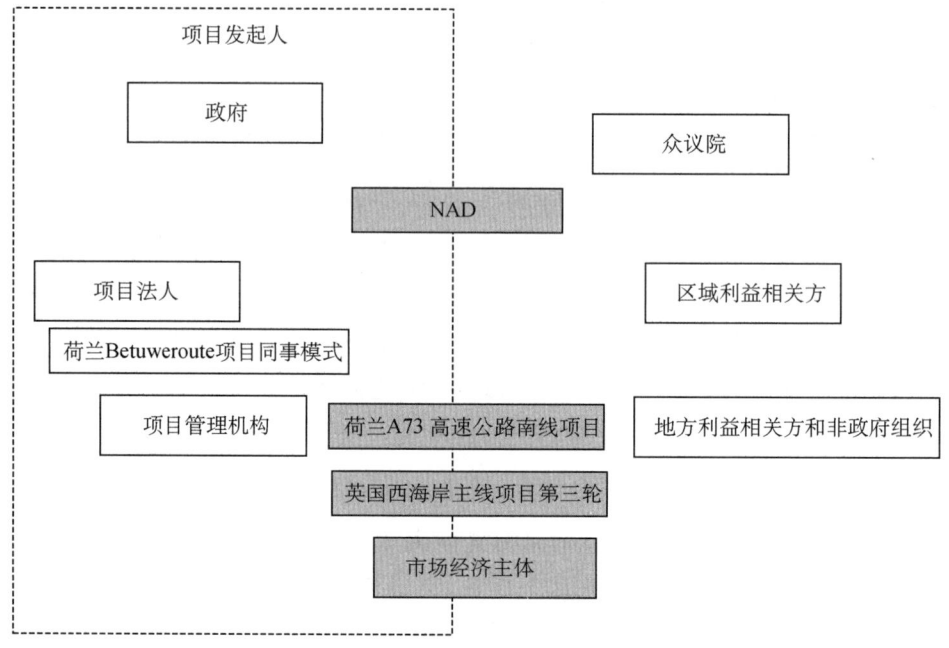

图 10-1　大型基础设施项目利益相关方系统中高阶合作的例子

图 10-1 进一步说明了通常活跃于大型基础设施项目的利益相关方群体中的不同参与方之间需要具备互相合作的能力:

(1) 在政治层面(政府和众议院)和项目法人之间。
(2) 在项目法人和项目管理机构之间。
(3) 项目管理机构与当地利益相关方和非政府组织之间。
(4) 在项目管理机构和市场各方之间。

但是,在这样一个动态复杂的利益相关方系统中,如何实现这种更高层次的合作呢?这是我们的第二个成功关键,可能为项目经理提供帮助。

10.3　X 因素 2:项目引领者

根据我们的分析观察,要想启动一个非同寻常的项目,大型基础设施项目的利益相关方群体需要有一个利益相关方,这个利益相关方将竭尽全力使项目成功。如前所述,正如我们在以内容为中心和系统管理的主要方法中看到的那样,合作不是利益相关方的自然行为。谁会看出这一点并接受挑战?谁将成为激发相关参与方合作能力的项目引领者?

从我们的子案例中,我们发现了实现项目成功的条件如下:

> 为了成功地管理大型基础设施项目的复杂性,项目发起人需要竭尽全力,因为他们负责交付出符合所有利益相关方需求的项目,而不仅仅只关注项目的预算和进度。

在 10.2 节中,我们看到当不一致的个人利益主导参与方的行为时,利益相关方系统就会有产生负面系统输出(不满)的趋势。为了解决这一问题,并防止出现更多案例中的僵局——在第 6 章中进行了特别说明——我们认为项目法人和项目管理机构应该成为项目的引领者。

在有关项目管理的文献中,经常提到项目引领者的作用。然而,这些研究将项目引领者视作为项目执行提供必要支持的个人。在我们的研究中,项目引领者指的是别的东西,而不是那些研究中所提到的某个人。相反,我们提出了一个额外的观点,我们将项目引领者定义为参与方层面(而不是个人)。然而,个人水平被列为 X 因素 3,详见 10.4 节。

之前我们展示了大型基础设施项目中不同的看法和目标(图 10-2),在这里,对于社会和利益相关方来说,更高阶的利益是他们管理的基础,这一点非常重要。而这也是特别困难的,因为要实现一个项目,需要将其分解为水平和垂直结构。

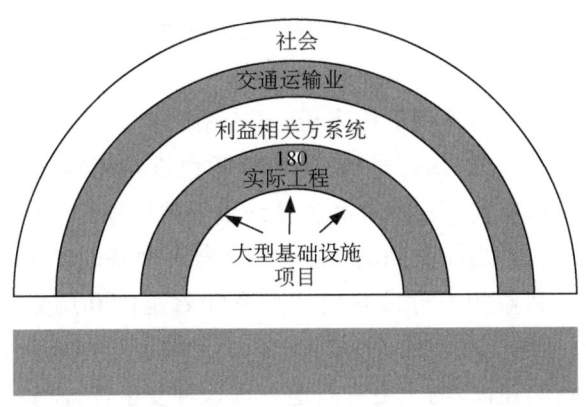

图 10-2 大型基础设施项目在利益相关方系统中的优势

项目法人和项目管理机构是最适合考虑超越其项目边界的利益相关方来管理图 10-2 中所示的所有利益。他们是大型基础设施项目实施过程的核心,作为发起人,他们最有能力承担这个角色。他们可以与其他参与的利益相关方(10.2 节)接触和建立联系,并且制订一些非常规的管理方案,以此来打破僵局(详见 10.5 节)。

在我们的 6 个主要案例中都发现了这方面的例子,见表 10-2。

表 10-2 在我们的案例中发现的项目引领者的例子

序号	案例	子案例	特点	项目引领者来自
1	荷兰 Betuweroute 项目	1999 年组织工作	同事模式（第 10.2 节）	项目法人/项目管理机构
2	荷兰 Betuweroute 项目和荷兰高铁南线项目	风险预留	荷兰 Betuwerout 项目和荷兰高铁南线项目的风险预留（第 10.5 节）	项目法人
3	荷兰 A73 高速公路南线项目	政治协议	1.扩大范围（第 10.2 节，第 10.5 节） 2.提出建议的地区，节约成本和共同融资（第 10.2 节，第 10.5 节）	省、市项目管理机构
4	瑞士圣哥达隧道项目和勒奇山隧道项目	历史	全民公投（第 10.2 节）NAD（第 10.2 节）	议会，项目法人（瑞士联邦交通局）
5	瑞士圣哥达隧道项目和勒奇山隧道项目	历史	FinöV（第 10.5 节）	议会，项目法人（瑞士联邦交通局）
6	英国西海岸干线项目	第 3 轮	合作生产的意义（第 10.2 节）	项目法人，项目管理机构和运营商

值得注意的是，荷兰 A73 高速公路南线项目不仅是由项目管理机构推动的，而且是由地方政府，特别是省政府，来扩大范围和开发的一个新项目。在这种情况下，由于共同筹资安排，该省也作为这个项目的项目法人。与英国西海岸干线项目的共同努力是由领导人（英国铁路战略管理局）发起的。

特别是对于项目管理机构来说，这一系列责任需要与它们在大型基础设施项目中作为"执行机构"的传统角色进行比较。通常，这些项目管理机构是根据它们在预算和进度约束下执行项目的能力来进行判断的。但正如我们之前看到的，这并不符合大型基础设施项目的动态复杂性特征。利益相关方偏好的改变意味着范围和约束可能需要改变，为了更好地适应利益相关方的改变，大型基础设施项目的变化是不可避免的。我们建议，为了更有效地管理这种复杂性，需要扩大项目管理机构传统的判断标准，不应只以项目限制为基础，而应以整个社会，尤其是以实现利益相关方的利益为基础。不言而喻，这些好处仍然需要转化为约束条件，以促进项目执行。

将重大变更的决策保留在项目管理机构的授权范围之外似乎是一种很好的做法。在项目管理机构的项目实施中，控制策略仍然是必要的，但核心应该是"利益相关方的利益"，作为我们动态管理方法的一部分，应用控制和交互策略的组合可以更好地为利益相关方服务。

10.4　X 因素 3：有能力的人会带来改变

> 交互管理就是能力。
>
> Jacques Hock（2005 年阿姆斯特丹项目管理局副主任）

在 10.3 节中，我们描述了项目引领者，他们是应该发挥作用的参与方。当成功是由一群人决定的时候，关键人物的能力在这个过程中的重要性就无法得到很好的说明。一个成功的复杂项目管理者应该简化过程，寻找机会，关心利益相关方的参与情况，并努力取得足够的进展。

Bekkering 等（2001）描述"10 秒钟内"交互管理：

> 交互管理者是一个与很多重要组织进行交互交流的人，他知道如何在非结构化环境中工作。他以敏感、聪明、意志力和地位而与众不同。此外，他还掌握基本的社交技能（对话、如何处理冲突等），并对项目的主题和细节有一定的了解。

Teisman（2005）提到了他在有关高管和经理的辩论中经常设想的 5 种核心能力：速度、聪明、责任、一致性和远见。大型基础设施项目的管理者应该具有下列能力（De Bruijn, Hertogh and Kastelein, 2004）：

(1) 会建立高度信任的关系。
(2) 对人际关系敏感。
(3) 了解活动者行为的深层驱动力。
(4) 不断进步。
(5) 把成功归功于他人。
(6) 可以在不同的方法之间切换。

最后，管理者还需要与主题和系统管理密切相关。最后一项建议还表明，在项目经理的技能方面，需要将系统管理和交互管理的方法结合起来。见案例 10.2。

案例 10.2　在荷兰 A73 高速公路南线项目上表现突出的个人

在荷兰 A73 高速公路南线项目上，有 3 个人引人注目。首先是副省长，他建议扩大范围，发起了头脑风暴会议，并准备为该省的新角色代言。

第二位是荷兰交通运输部的项目总监，他非常清楚交互的必要性，尽管总部的同事有时拥有不同的意见，但他还是愿意继续合作。

在访谈中多次提到对当地消防官员的赞赏和尊重，他们在这个问题上花费了大量的（额外）时间，以此获得足够的专业知识来判断什么是正确的解决方案，并成为荷兰交通运输部专家的专业对口人。这里所涉及的能力是："热情、敬业、准备充分、正直和谦虚。"

这些人有能力超越他们自己所在组织的利益。

有能力的个体在复杂性的管理中起着至关重要的作用。在英国西海岸干线项目(见10.2节),公共领域(英国交通运输部,英国铁路管理办公室)和私人领域(铁路网络公司,维珍集团和其他运营商)之间似乎有着明显的界限,但事实上,整个铁路行业是作为一个合作伙伴集体运作的,其成熟度更多地取决于管理层的质量,而不是本身结构的形式。

正如我们在本书中所阐述的那样,大型基础设施项目的管理是围绕着复杂性的管理而发展的,这意味着在利益相关方系统中"没有人负责"(见第1章)。对于细节和动态复杂性的管理,这对大型基础设施项目利益相关方网络中的所有参与方都有所要求,为了产生良好的效益,他们必须要满足这些要求。这就意味着项目产生良好效益的能力在很大程度上取决于项目管理机构和其他参与方的个人能力。

当然,关于大型基础设施项目内部个体的影响还有很多要说的,在这里,我们只谈到它的重要性,这只是冰山一角。

10.5　X因素4:找到独特管理解决方案的能力

在我们研究的大型基础设施项目中,我们看到了几个陷入危机的例子,其中有些项目几乎被放弃。在这些危机时刻,人们有一种强烈的紧迫感,一种改变现状的动机。此外,由于所面临的问题通常是独特的,非常具体的,所以项目法人、项目管理机构和其他利益相关方需要提出非常规的解决方案来改变现状,以确保项目的顺利实施。我们在以下几个案例中看到了独特的管理解决方案:

(1) 瑞士圣哥达和勒奇山的FinöV基金。
(2) 荷兰A73高速公路南线项目政治协议。
(3) 荷兰高铁南线项目和荷兰Betuweroute项目的风险预留。

独特和非常规的管理解决方案可以在僵局或危机情况下实现重大突破。

1. 瑞士圣哥达隧道项目和勒奇山隧道项目的FinöV基金

我们现在从瑞士的案例中举例说明FinöV基金。正如项目总监部门(联邦交通局)的Peter Testoni在我们2004年的访谈中所说:

真正的关键时刻是在1994/1995年,当时财政部大臣反对现有的融资体系,1998年FinöV基金解决了这个问题。

1994/1995年交通运输大臣和财政部大臣之间的激烈讨论对NEAT来说意味着"坏天气"。财政部大臣对NEAT的融资和盈利能力表示怀疑,而Coopers Lybrand在一份报告中也认同这种怀疑,认为

NEAT 是不盈利的,大臣也怀疑是否满足两个城市的需求(圣哥达和勒奇山)。在最后一次讨论中他输了,但由于他的担心,一种全新的金融模式被开发出来并决定成立——FinöV 基金。事后看来,这些讨论最终导致了一个更好的解决方案,两位大臣对此结果都感到满意。但在制订这一解决方案之前,两位大臣都已离职,新任交通能源大臣 Moritz Leuenberger 可以在没有之前影响的情况下继续前进。

FinöV 基金的重要特点如下。

(1) 保证 20 年的融资。

(2) 减少了对政府的依赖。

(3) 提供一系列财政计划:NEAT,瑞士西部和东部的高速连接,噪声保护措施和 Bahn 2000。

FinöV 基金是一个融资方案,确保 20 年的融资,而不像 1992 年的建议那样加重财政部的负担。这种新的融资方式为 NEAT 的融资提供了重要的保障,使得其融资减少对政治变化和联邦委员会的财政优先政策的依赖。这个解决方案提供了一个机会,20 年后它将继续下去,用这些资金可以支付新的投资。

这是一个为了制订一个可行的计划而"改变范围"的完美例子,Finöv 基金将范围从 NEAT 扩大到包括瑞士东西部高速连接、噪声保护措施和 Bahn 2000 在内的一系列计划。该解决方案适合大型基础设施项目中的动态复杂性,并促进项目执行。

我们已经得出结论,正如我们在第 5 章中所看到的,如果没有外界的压力(主要是不满),大型基础设施项目的情况不太可能改变,项目管理机构有保持现状的趋势。综上所述,这意味着创新的解决方案通常不是来自项目管理机构内部,而是来自不满的利益相关方的外部压力。

> 大型基础设施项目内部的管理创新通常不是来自项目管理机构内部,而主要是由外部压力引起的。

2. 荷兰 A73 高速公路南线项目政治协议

在 1998 年第二次推迟荷兰 A73 高速公路南线项目之后,林堡省的地区合作伙伴成功地试图一起找到解决办法(详见 8.3.2 节)。在这种情况下,有两个特别的过程引人注目:

(1) 以解决该地区面临的流动性问题为目标,重新界定了这一问题,导致范围从单一项目(荷兰 A73 高速公路南线项目)扩大到一系列 4 个项目(后来又增加了第五个项目:哈伦市)。

(2) 该地区关于节约成本和地方共同筹资的建议,大臣认为这是供其他地区学习的模板,是一种解决其他地区问题的方式。该地区对此也感到非常满意,因为除了主要目标荷兰 A73 高速公路南线项目之外,他们还可以实现 3~4 个新项目。

3. 荷兰高铁南线和荷兰 Betuweroute 项目的风险预留

在荷兰 Betuweroute 项目和荷兰高铁南线项目的预算出现严重超支之后,交通运输部提议设立一项特别基金,以应对项目可能发生的其余风险,并决定在预算中为这两个项目预留空间(以便对承包商隐藏有吸引力的潜在索赔信息)。此外,还决定预算只能在众议院批准后使用,因此不能立即提供给项目法人和项目管理机构。

风险预留可被视为公共当局预算编制方面的一项创新:因为通常是不可能为没有明确工作范围的事情预留资金的,例如在这种情况下的风险偶发事件。但是,预留被证明是有益的,因为它为如何报告这些项目中的风险以及由谁决定提供额外预算提供了更多实现的可能。这项创新是由交通运输部作为该项目的项目法人所推动的,因为他们当时对这两个项目预算不断增长的"正常"过程感到不满,这一过程在众议院引起了激烈的讨论。

4. 找到独特管理解决方案的能力

因此,创新是化解僵局的好方法,创新是一种与交互相关的策略:它是一种以前所未有的方式来协调利益相关方的利益,在这种情况下使用创新可能非常有益,但在很大程度上取决于关键人员的个人能力。例如,在荷兰 A73 高速公路南线项目中,消防部门的官员劝说交通运输大臣使用压缩空气泡沫。当这种劝说没有取得什么效果时,林堡省的副省长直接安排了一次与大臣的会议。这些以及更多的例子都表明,为了扭转利益相关方体系内的僵局,关键人员必须有变革的远见,而不仅仅是为自己组织的利益服务。

发展符合项目情境的独特管理解决方案的能力,对大型基础设施项目内部的管理学习产生了若干影响。虽然我们在研究的案例中观察到,所研究的项目在特征(细节复杂性)和实现过程(动态复杂性)方面的复杂性都是可比较的,但每个项目都需要自己独特的解决方案。这意味着将一个项目的解决方案复制应用到另一个不同的项目上去,是注定会失败的。一个项目应该从其他项目中吸取相关经验教训,并且结合其特定情境制订出一套符合该项目实际情况的管理方案,这类似于一个厨师根据一些普通的原料和自己的工作经验,为一组特定的客人做了一顿独特的饭。同样,我们需要根据一个大型基础设施项目的情境、历史以及其他相关因素来制订出相对应的独特管理方案。

10.6　X因素5：利用机会窗口

项目经理改变项目结果的能力有限：许多影响项目结果的因素不在他们的控制范围之内，许多事情不可能一蹴而就。然而，它们确实可以通过以下方式来影响结果：

(1) 聚焦于复杂性产生要素（详见第4章）。

(2) 结合控制策略和交互策略（详见第9章）。

(3) 开发符合项目情境和历史的独特管理解决方案（详见10.5节）。

(4) 寻找机会窗口。

在本节中，我们将看到第四条建议：变革的机会窗口通常标志着一轮决策的结束和新一轮决策的开始。正如我们前面所说的那样，变革往往源于一个关键利益相关方的不满。在一个高度复杂的环境中，大型基础设施项目的实施，需要尽可能多的人来维持这个过程。这可能会引出复杂性和会令人不安的结论，但是，正如我们在项目中所观察到的，复杂性对新方案的产生有促进作用。

正如我们在第5章中所指出的，改变偏好是复杂性管理的核心。偏好的变化可能是利益相关方系统中新平衡的开始。但偏好的改变是如何发生的呢？我们看到，各种外部和内部的发展可能会引发一个参与方的偏好变化。外部因素可以是特定的事件，也可以是环境的单独变化。内部因素源于过去决策的影响。我们还注意到，大型基础设施项目变化的主要原因是不满：如果所有利益相关方都满意，那利益相关方系统就有保持现状和平衡的趋势。

项目管理机构在面对这些变化时能做些什么？根据我们的研究，得出结论：

> 项目管理机构应该利用机会窗口来实现大型基础设施项目的改变，从而使项目更好地符合利益相关方的利益或以更好的方式进行管理。

在我们的案例中，看到了一些例子，其中利益相关方的不满可以转化为满意。例如，在"鸟类问题"（荷兰高铁南线项目）、"政治协议"（荷兰A73高速公路南线项目）和英国西海岸干线项目的子案例中，当我们仔细观察这些案例时，会发现使用交互和控制策略可以消除不满情绪。在英国西海岸干线项目第三轮开始时，英国铁路战略管理局将态度从"内部"转变为"交互"。在第二阶段，无论是铁路公司还是铁路运输行业都无法避免过程堵塞。事实证明，解决这种情况的最好方法是增强交互程度，并采取新的控制措施。

另一个例子来自荷兰 Betuweroute 项目，20 世纪 90 年代上半期的争议和成本超支所带来的负面形象，给项目组织带来了巨大的压力，迫使他们寻找避免政治不满和成本超支的管理方法。1998—2002 年间，交通运输大臣 Netelenbos 女士告诉该部门负责人，她不想听到"关于这个项目任何可能引起政治关注的事情"。尽管这一声明让参与该项目的一些官员感到非常沮丧，但这也是项目管理机构开发出"最佳实践"管理系统的原因之一，该系统可以作为其他大型项目的范例（Westerveld，Flyvbjerg，2007）。这里我们有一个例子，可以说明外部压力是如何促成项目控制的。

荷兰 Betuweroute 项目范围和成本开发中的另一个子案例展示了一种以内部和内容聚焦法向更动态的方法的转变，转变的导火索是预料到了预算会严重超支。在 1999 年底左右，由于成本的上升，而外界的报告又对项目控制的质量提出负面的看法，所以项目法人和项目管理机构（荷兰铁路基础设施公司）改变了他们以前的态度，变得更加愿意合作。

表 10-3 总结了我们看到的方法从内容聚焦法到同时使用交互和控制策略的转变。

表 10-3　将内部方法转变为动态管理方法的动机

子案例	机会窗口（标志着轮次的变化）
鸟类问题（荷兰高铁南线项目）	非政府组织的法律威胁（在多次的交互尝试失败后），项目管理机构断定他们会在法庭上败诉
荷兰 Betuweroute 项目组织（"矛盾弧"）	共同的紧迫感，因为不可接受的预算增长和来自外部质询的负面报告，双方的新任关键管理者都想改变这种局面
政治协议（荷兰 A73 高速公路南线项目）	这是一个全新的概念，通过包括省道、地区共同融资以及为其他地区提供榜样等措施，从而使交通运输大臣信服
荷兰 Betuweoute 项目隧道安全技术	预算大幅增加（几个月内从 1.5 亿欧元增加到 3.45 亿欧元）
瑞士勒奇山隧道项目的弗鲁蒂根	州、社区和联邦交通局共同意识到，弗鲁蒂根将受到该项目的严重影响
英国西海岸干线项目	成本大幅上升（接近 130 亿英镑）、英国铁路公司破产和安全问题（Hatfield 事故）

根据表 10-3，我们可以得出以下结论：

当存在明显的紧迫感时，可以通过应用动态管理来打破僵局。

未做出改变的子案例包括 Bos 替代方案、乌里州、荷兰 Betuweroute

项目运营和隧道安全案例(表10-4)。在这4个案例中,发起人都保持(或多或少)以内容聚焦法,并继续减少与利益相关方的讨论空间。这就降低了项目与利益相关方的偏好相结合的能力,从而导致无法将动态复杂性整合到组织中。

表10-4 坚持采用内部和内容聚焦法的原因

子案例	坚持内部和内容聚焦法的原因
Bos 替代方案(荷兰高铁南线项目)	尽管空间规划部门支持这一备选方案,但项目法人和项目管理机构并没有认真考虑这个方案,项目发起人对备选方案不太满意
乌里州(瑞士圣哥达隧道项目)	根据业主和项目管理机构的意见,乌里州的解决方案成本过高,这些发起人的内部方法并不能够解决问题
荷兰 Betuweroute 项目运营	因为业绩仍然遥遥领先在,并且过程中的错误带来的负面影响还不明显,所以没有紧迫感
隧道安全(荷兰 A73 高速公路南线项目)	因为双方关系疏远,并且需要节省费用,所以该部门不太热衷于交互

表10-4反映了坚持内部方法的原因,它向我们表明:

> 如果没有一个主要利益相关方因为感到紧迫而做出改变,那么僵局将会一直持续。

进行干预的时机至关重要。机会窗口的打开是由于外部环境变化的结果,或者是由于对过去决策的重新评估,或者是以上两者的结合。通过定期评估和选择使用"短期可预测性"的策略有助于跟踪这一点。它们能让你计算出什么时候事情可以改变,什么时候需要改变。项目管理机构不应该害怕利用外部压力来改变现状,我们的子案例表明,这种外部压力产生了最大的紧迫感。因此,虽然项目经理通常不想看到政治动荡,因为它扰乱了执行流程,但它通常是一个有效和必要的因素,有助于产生新的方式来重新调整利益相关方的偏好。

10.7 总结与结论

在成功地管理大型基础设施项目内的复杂性时,X因素可以起到作用。我们观察到以下"特殊"解决方案:

(1) 利益相关方系统——更高层次的合作。
(2) 参与方层面——项目引领者。
(3) 个人层面——有能力的人会带来改变。
(4) 找到新的管理解决方法的能力。
(5) 利用机会窗口。

掌握控制和交互的平衡，这些都是成功管理大型基础设施项目内复杂性的关键。

前3个X因素分别从系统、项目管理机构和个人3个层面考虑大型基础设施项目的参与方。当参与其中的利益相关方只考虑自己的利益时，大型基础设施项目的利益相关方系统往往会产生负面效果。为了解决这一问题，应鼓励以更广泛的大局观作为其行动的基础。这一观点将使他们能够认清自己的行动和立场与其他参与方的行动和立场是紧密联系的，并使他们能够看到更广阔的前景。项目管理机构也是利益相关方，应负责鼓励参与方采用广泛的、基于系统的观点作为其行动的基础。从这个意义上说，项目管理机构不仅仅是一个"执行机构"，而且应该确保整个利益相关方的系统在项目产出方面产生最佳效益。这就转化为个人能力的问题，我们看到，有能力的人可以从全局的角度，在大型基础设施项目内做出改变，这也有助于实现他们自己的目标。

X因素4专注于管理解决方案。为了协调利益和取得进步，需要独特的管理解决方案，新的管理解决方案可以为参与方取得突破性的进展。由于动态复杂性在大型基础设施项目中有重要地位，这导致创新和应急处理成为项目管理中的一个至关重要的主题。因此，项目经理和其他参与方应该努力寻找机会，从而推动项目进程和协调各方利益。而这些机会通常是由主要利益相关方的外部压力而带来的，所以改革不应被视为一件消极的事情，它可以为所有相关的人提供新的和不可预见的潜在利益。

11 总　结

1. 目标

国际上有一种通过建设新基础设施来增加流动性的强烈愿望。截至 2020 年，欧盟有一个约 6 000 亿欧元的投资计划。与此同时，我们注意到各国不仅有雄心勃勃的建设目标，而且这些年来对新基础设施的要求一直在提高。例如，这种需求的增长在需要遵守的附加规则和法律中能够体现出来，比如那些与动植物、考古学和土壤净化有关的规则。更多的压力来自受到大型基础设施项目影响的利益相关方（如社区、压力团体和环境保护机构）更高要求、更专业的行为。很明显，在大型基础设施项目实施中做好已经不能满足要求。研究表明，从花费（成本超支）、延迟交付和相关利益相关方的普遍不满来看，大型基础设施项目的结果通常是令人失望的。根据这些事实，我们可以得出这样的结论：我们面临着一种潜在的僵局，一方面是对流动性的巨大需求，另一方面是实施大型基础设施项目以满足这一需求方面的巨大困难。从根本上提高大型基础设施项目的管理质量，是打破这种僵局的可能解决方案（图 11-1）。

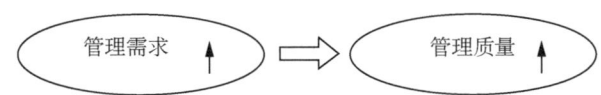

图 11-1　在大型基础设施项目中平衡管理需求和管理质量

基于这一分析，我们制订了以下主要研究问题：

欧洲大型基础设施项目的实施过程是如何演变的？大型基础设施项目实施过程的复杂性如何体现？如何管理这一过程？有什么合适的方法来提升实施过程中的管理？

为了回答这些研究问题，需要对研究方法做出几方面的选择。在我们的研究方法中，我们选择从内部研究大型基础设施项目，这不是一个巧合,因为我们都是大型基础设施项目管理的积极实践者。在我们的方法中,我们试图将科学和实践结合起来,通过以实践研究为基础来发展理论。这项研究是"基于行动的研究"的一个例子,因为我们积极参与了我们研究的项目。

从研究问题中可以看出,本书使用的主要概念是复杂性。在我们对参与大型基础设施项目实施的关键人物的第一次访谈中,这个主题很快就出现了。复杂性是一个在实践中广泛使用的术语,用来描述与大型基础设施项目相关的管理问题。此外,这个词还被用于管理理论和其他研究领域,为我们提供了大量的见解,我们觉得这些见解对活跃在这些领域的管理者来说可能是富有成效的。

通过这项研究,我们不想拘泥于本国经验,我们想要在国际范围内满足不断增长的知识需求,因此我们研究了几个欧洲国家的项目。为了回答我们的主要研究问题,我们研究了以下6个案例,每一个都是国际交通网络的一部分:

(1) 荷兰 Betuweroute 项目。

(2) 荷兰高铁南线项目。

(3) 荷兰 A73 高速公路南线项目。

(4) 瑞士圣哥达隧道项目。

(5) 瑞士勒奇山隧道项目。

(6) 英国西海岸干线项目。

2. 研究项目:实施过程的特点和演变

在进行全面分析时,我们发现虽然所研究的项目之间有许多不同之处,但很明显,所研究项目的特征及其实施过程存在一些有趣的相似之处。例如,相似点体现在:

(1) 该类项目的特征

① 与情境的紧密联系。

② 多方参与。

③ 独特的项目情境。

(2) 项目过程的演化

① 非线性实施过程。

② 独特的起始点与后续事件是至关重要的。

③ 在决策的所有轮次中,复杂性都是明显的。

在研究的案例中发现的这些相似性是非常重要的,因为它们意味着对比复杂性和管理策略可能是富有成效的。尽管具有高度重要性的制度情境在各国之间是不同的,但分析表明,有足够的相似之处可以使我们比较复杂性和发现这种复杂性管理的策略。

研究发现的相似点提供了一些复杂性的初步总体迹象，并为进一步研究奠定了坚实的基础。其实，这并不是什么新发现，该领域的其他作者已经对这些项目和其他项目做了分析。到目前为止，我们发现的元素在其他研究中很少被发现，或者有不同的描述，即复杂性在所有的决策过程中都是可见的，并且不会随着项目的结束而消失。虽然在项目早期，复杂性通常是很高的；但是在项目后期，复杂性的许多元素仍然是可见的。似乎一些重要的问题被解决之后，随之就会出现其他的问题。此外，似乎已经解决的问题往往会在项目后期重新成为需要关注的焦点。最典型的例子是荷兰 A73 高速公路南线项目，在政治协议签署后，关于隧道安全、位置在东岸还是西岸和生态补偿这些重要的讨论持续了很久。另一个引人注目的例子是与瑞士圣哥达隧道项目相关的乌里州建设方案的讨论，这个讨论不太可能在短时间内结束。因为乌里州居民首选的山脉替代方案在近期内的任何时间是不会实施的。

3. 实践者对复杂性的看法

对故事线的分析给我们提供了复杂性发生及其管理的最初迹象。但这些迹象主要建立在对案例历史描述的外部观察基础上的。换句话说，在第一次分析中，复杂性是由研究人员定义的，而不是由大型基础设施项目的关键参与方定义。这是该领域中的一种相当普遍的方法，因为关于复杂性的特定文献在大多数情况下是相当新的，没有与大型基础设施项目有效联系起来，并且没有一个占主导地位的理论基础。实践者很大程度上缺乏对复杂性的定义，即使这些参与方需要每天处理复杂性的挑战。出于这个原因，我们决定更深入地研究实践者对复杂性的看法。

"复杂性"这个词经常被实践者使用，但大多没有解释其含义。对一个管理者来说，复杂的情况可能对另一个管理者来说是简单的。我们选择询问大型基础设施项目中的项目经理和其他利益相关方一个问题："对你来说，是什么让这个项目如此复杂？"这就产生了我们所说的实践者对复杂性的看法不同。根据我们的访谈、经验和与实践者的讨论，我们形成了一种观点，我们将复杂性分为 6 种类型：技术复杂性、社会复杂性、融资复杂性、法律复杂性、组织复杂性和时间复杂性（图 11-2）。

实践者所体验到的复杂性主要形式是社会复杂性。另外，法律的复杂性也被证明不那么重要。这是很有趣的，因为最近许多试图提升大型基础设施项目成功的倡议都强调了法律方面。社会复杂性的核心在于所涉及利益相关方的利益是不同的。这些不同的利益主要体现在非政府组织和当地利益相关方之间，以及项目法人、用户和上级组织之间。项目法人、用户和上级组织对项目进行投资，并需要项目最终的产

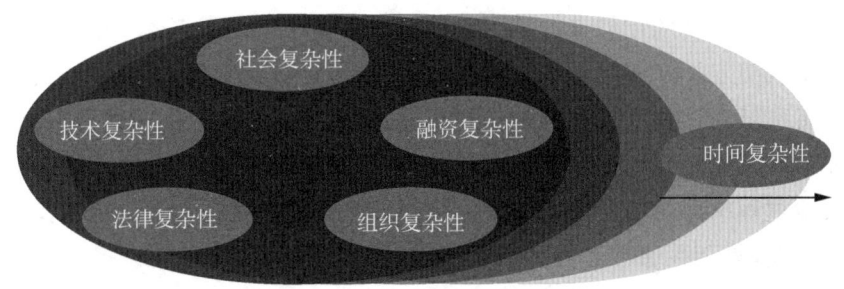

图 11-2 大型基础设施项目中的 6 种复杂性

品。为了控制它们的投资,它们所使用的资源往往在范围、进度和预算限制方面进行了严格的限制。外部利益相关方,如非政府组织和本地利益团体则没有这些限制,他们主要是为了保护自己在项目中的利益,时间和预算限制基本上不是他们所关心的问题。项目管理机构充当这两个利益集团之间的中介,这使得利益冲突很可能在这里显现出来。

在我们的案例中,组织复杂性主要体现在项目管理机构与其上级组织和发起人组织之间的关系上,项目管理机构在与这些利益相关方打交道时似乎遇到了很多挑战,比如在与非政府组织和当地利益相关方打交道遇到的困难。这是值得注意的,因为在目前大型基础设施项目相关文献中,与非政府组织和当地利益相关方打交道的挑战常常被重视,而有关上级组织和发起人的管理问题在很大程度上被忽视。

技术复杂性和融资复杂性均与社会复杂性密切相关。当技术和融资复杂性影响到大型基础设施项目的利益相关方时,它们就会带来挑战。从这个意义上说,技术和融资的复杂性引发了社会复杂性。在实践中观察到的技术复杂性的两个主要例子是:处理新的创新技术和技术的不确定性。融资复杂性可能与成本和收益的分配、对成本发展的看法、对定义和协议的不同理解、战略误解、乐观偏见和"一连串的扭曲"相关。

复杂性的实践者框架表明,复杂性作为一个敏感概念,广泛地被实践者认为是项目成功实施的关键因素。6 种类型的复杂性影响了大型基础设施项目实践者,这些是他们在项目实施中比较担心的元素,需要给予大量的管理关注。从这个意义上说,这些是在寻求成功的过程中需要处理的关键主题。值得注意的是,复杂性的各个类型和相关问题的讨论偏离了传统的时间、金钱、质量、组织、信息和风险,而这些在项目管理相关的文献中被教条地使用。

4. 复杂性的科学认知

现在,我们已经展示了复杂性是如何被实践者感知的,研究复杂性在理论上是如何被感知的以及如何与实践进行比较是很有趣的。为了回答这个问题,我们研究了关于复杂性的文献。根据综述和我们的案例材料,我们区分了两种复杂性。

（1）细节复杂性

许多组成部分具有高度的相互关联性。

（2）动态复杂性

① 随时间演化的潜力:自组织和共同演化。

② 有限的理解和可预测性。

这种分类当然不是唯一的,选择这个分类的决定性因素是它使我们能够将复杂性与独特的管理策略联系起来。该框架的目的是标记复杂性和确定适当的管理策略来处理这种复杂性,在中间形成一座天然的桥梁。

细节复杂性是将复杂性定义为具有高度相关性的许多组成部分。这种复杂性在我们的案例中明显存在,我们研究的大量事实和数据可以证明这一点。细节复杂性可以在大型基础设施项目中的3个主要子系统中展示,分别为利益相关方子系统、产品子系统(基础设施)和活动子系统。

在大型基础设施项目的3个子系统中,利益相关方子系统说明了动态复杂性的存在。动态复杂性指的是因果关系微妙,控制的效果随时间推移并不明显的情形。利益相关方子系统是随着时间的推移而演变的,将会产生各种各样的新颖性和提升的可能性,具有复杂自适应系统的特点。动态复杂性与我们实践者框架中的社会复杂性相关。社会复杂性与模糊性的概念有一定的关系,都是因为不同利益诉求导致难以聚焦共同价值。当大型基础设施项目的利益相关方之间出现利益冲突时,这种缺乏共同价值的情况就很明显了。我们发现,利益相关方往往会根据自己的利益来解释现实,尤其是在风险很高的时候。这本身很有意思,但大型基础设施项目动态复杂性的关键不仅在于参与方的兴趣和偏好不同,还在于他们可以在项目过程中进行重大修改。利益相关方不断变化的偏好主要是由外部因素和内部发展引起的不满所驱动的。外部因素可以是外部事件或环境中的独立变化,如政策变化或社会经济变化,内部发展是由评估过去决策影响所驱动的变化。

大型基础设施项目的变化可以用系统状态的变化来描述。不满的关键参与方将采取行动来改变系统状态,以更好地满足他自己的利益。由于与其他利益相关方交互的结果,一系列变化事件将形成新的均衡。这种新的平衡,或者说是系统状态,是由一个新的利益相关方集群来定义的,通常伴随着变化的产品和活动子系统。因此,利益相关方子系统的变化可能导致产品子系统和活动子系统的变化。这意味着大型基础设施项目中的3个子系统是动态关联的,这些动态关系促进了大型基础设施项目随时间变化的非线性实现过程。

大型基础设施项目的动态复杂性影响之一是,决策者必须在有限的理解和可预测性的情况下做出决策,这些决策者必须应对不确定性。由于这种不确定性,决策和行动的结果很难去预测。在部署大型基础设施项目期间,我们可以获得更多有关所需的最终产品和实现过程的相关知识,这些新的见解可以带来变化。例如,我们可以发现,一项新技术实现了预期的结果,但它也有一些其他无法预见的好处。或者,我们会发现以前开发的契约模型不再适用。决策中的不确定性不仅与我们无法获得所有可用信息这一观察结果有关,这在以前关于这一主题的文献中一直是占主导地位的定义。不确定性还与一个客观事实有关,即较小或较大的变更事件会极大地影响先前所做决策的结果。这些不确定的情形意味着决策者必须在不了解最终基础设施产品或不了解首选实现过程的情况下做出一些决定。

5. 复杂性管理框架

现在讨论利益相关方如何处理大型基础设施项目中的细节复杂性和动态复杂性。基于复杂性的特点,我们可以概括出管理方法的两个主要需求。

(1) 细节复杂性:需要控制管理。
(2) 动态复杂性:需要交互管理。

与利益相关方相关的活动数量和关系意味着项目经理不能仅仅依靠他们自己的概述来做出安排,他们需要一个更为结构化的方法来协调我们的工作。为了管理这些庞大的数字,我们需要将任务分解并密切监视进展。如果不这样做,我们将很快失去对将要交付项目的控制。我们把这种主要源于细节复杂性的需求称为控制需求。

大型基础设施项目内部的动态复杂性对其管理具有重要的管理意义,因为它突出了项目经理控制之外的因素的重要性。政治变化、政策变化、经济变化、事件和事故极大地影响着基础设施项目的成果。项目经理通常被要求在预算、进度和质量(范围)的约束下交付项目。然而,将这些严格的约束应用于项目管理绩效的评判,并不符合在项目经理控制之外的许多因素仍然会对项目结果产生影响的结论。复杂性管理的一个重要应用与前面提到的决策的不确定条件有关。决策在短期和长期可能产生不同的影响,因此在考虑未来行动时,必须要评估过去决策带来的影响。基于此,我们可以确定复杂性管理的第二个需求,特别是处理外部影响,如利益相关方的行为和决策中的不确定性,我们把这种需求称为交互需求。

因此,对大型基础设施项目复杂性的管理需要控制来解决细节复杂性，需要交互来解决动态复杂性(表 11-1)。

表 11-1 控制策略和交互策略

策略	控制策略	交互策略
图示		
基础		
适用于	细节复杂性	动态复杂性
问题	明确、固定、独立于利益相关方	模棱两可，不断变化，由利益相关方决定
解决问题	线性的	迭代的
理论基础	组织设计系统管理	交互管理复杂性管理
管理策略		
	1. 分解 • 及时 • 最终产品 • 组织 2. 管理流程 • 进度 • 成本 • 质量 • 风险	1. 调整 2. 重新定义问题与范围变更 3. 利用短期可预测性 • 成功策略的选择 • 系统评估 4. 变化 • 在策略、解决方案、组织和人员方面 • 情景分析 & 模式分析

基于控制和交互的需要，我们构建了复杂性管理的框架(11-3)。

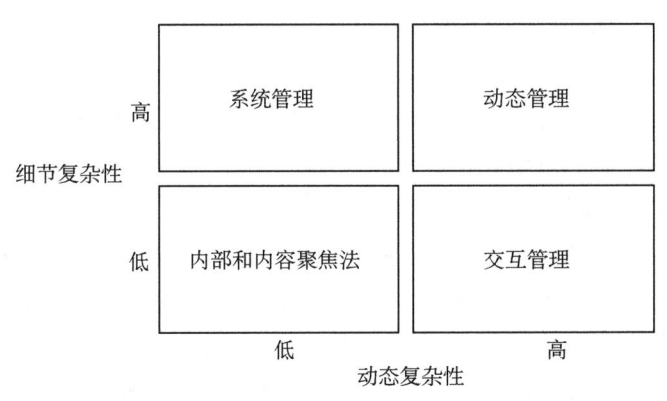

图 11-3 管理复杂性的 4 种方法

6. 内部和内容聚焦法

第一种方法被称为"内部和内容聚焦法"。因为其缺乏明确的管理策略，负责任的项目管理机构将项目视为技术或融资上的挑战，而很少关注利益相关方的利益或项目控制的策略。在我们的总体方案中，将其分类为与低细节复杂性和低动态复杂性情境相匹配的方法。这可能看起来很奇怪,其主要原因是我们的研究聚焦于高度复杂的情形。因此,这意味着这种方法不太适合我们所研究的具体情况,虽然我们的研究结果支持了这一观点。但令人惊讶的是,从我们的案例中观察到的情况来看,内部和内容聚焦法却是最常用的实践方法。

在研究管理理论时,已经发现了一些管理策略的描述,乍一看,它们似乎类似于内容聚焦法,如 Lindblom(1959)的"分离渐进"方法。然而,有一个主要的区别,因为分离渐进是一种方法,其特点是进展中有较小增量步骤,重点是不同参与方之间的讨价还价和交互过程。在内容聚焦法中,这个元素是缺乏的,在这种方法中,问题解决者主要是独自开展活动,然后发现他们提出的解决方案不能满足利益相关方的需求。因此,虽然内容聚焦法在理论上没有得到很好的描述,但令人惊讶的是,它在实践中经常被使用。各种因素可能会刺激内容聚焦法出现,例如:缺乏管理注意力、缺少专业经理人,融资紧张、组织之间互相不熟悉以及一个具有趋同群体思维特征的项目团队。内容聚焦法会导致解决方案的过早趋同。

可能有效的替代解决方案在实施过程中容易被过早地忽略,这并不是该方法的唯一缺点。一般来说,内容聚焦法在较高的细节复杂性和动态复杂性情况下不会产生积极的结果,因为它经常引起利益相关方的不满。由于这种不满情绪,使用内容聚焦法的组织迟早会被迫改变态度。此外,使用内容聚焦法所产生的不满会以消极的方式影响利益相关方的态度,即使这种方法已经被抛弃很久也会如此。因此,内容聚焦法在复杂性管理中的长期影响可能是(通常是)毁灭性的。

7. 系统管理(控制策略)

第二种方法是系统管理,这里的策略集中在控制上。在我们观察的许多案例中,尤其是在细节复杂性的管理方面成功地使用了分解和控制管理过程的策略。控制策略起源于系统管理理论领域,可以与组织设计领域相联系。

使用系统管理有各种各样的好处,特别是在许多情况下,有必要保护组织的一部分不受动态复杂性的影响,从而促进进度和保持控制。我们确定了两个主要的系统管理策略:①根据时间、最终产品和组织进行分解;②设定进度、成本、质量和风险管理流程。虽然系统管理通常被认为是大型基础设施项目管理中的一个标配,但在实践中它的应用却不是单靠设定即可行的。大型基础设施项目中的系统管理是一项耗时的任务,通常由复杂的工具支持,需要持续关注设置和使用适当的项目控制工具。系统管理有助于定义参与方之间的责任,规范和更改记录,并提升所做决策的可靠性。

另外,系统管理是一种灵活的复杂性管理方法。由于需要分解和控制管理过程,它鼓励要"坚守过时的解决方案"。这是一种严格的方法,它基于一个固定的项目目标假设,项目将在一个稳定的环境中以线性方式执行。但是大型基础设施项目的特征是有新发展和新见解的出现,或者我们之前所说的动态复杂性。因此,虽然使用系统管理肯定是有益的,但我们需要更多的东西来处理动态复杂性,更重要的是使用交互管理方法。

8. 交互管理(交互策略)

交互管理作为一种方法,最初是作为系统管理的替代或补充而发展起来的。传统的系统管理策略已不足以处理与大型基础设施项目有关利益相关方的动态性。

传统的交互管理文献非常关注与利益相关方的交互。我们为这个理论增加了一个新的元素,它是从复杂性管理理论中借用来的:关注适应性。这个重点是需要处理发生在大型基础设施项目的许多变化,这使得交互管理适合于处理利益相关方网络以及利益相关方偏好随时间的动态发展的社会复杂性。

交互策略假设问题是模糊的,目标与参与主体有关,且随着环境的变化而变化,这是一种发展视角下的方法。管理的重点是通过利益相关方网络的相互作用来满足需求,并注重灵活性,以便在面对不断变化的环境或管理策略的具体结果时能够采取行动。在研究的子案例中,我们发现在交互管理中最明显的策略是一致性。这种方法可能是非常有益的,因为我们的案例支持这样一种观点,即用合作策略比内部方法有更大的成功机会。使用其他策略,例如使用短期可预测性和变化性,则不那么突出,在我们的子案例中发现了较少几个类似的例子。但是,当使用时,这些策略似乎提供了附加价值。

我们的分析表明,基于交互的策略主要适用于处理动态复杂性,情景分析就是一个例子。通过预测可能的未来情景,可以讨论利益相关方群体在一段时间内的发展,并将其与利益相关方网络的动态直接联系起来。

尽管评价其有效性的经验证据仍然有限,但我们相信,交互策略是可以为大型基础设施项目中的复杂性管理提供附加价值。项目经理和其他利益相关方可以从这些策略的实际应用中获得更多的好处(与以前相比)。但是管理人员还需要意识到交互策略的潜在陷阱,其中最重要的陷阱是纯粹地、唯一地关注利益相关方的需求而可能严重地限制项目进展,或者导致出现过于昂贵的解决方案。其主要是由于为了满足利益相关方的需求,从而回避并不再面对艰难的决策。

9. 动态管理(控制和交互的平衡)

我们的第四个也是最后一个方法叫作动态管理,这种方法是综合了我们观察到的管理复杂性成功案例发现的。这就是我们对这个问题的回答:如何管理大型基础设施项目的复杂性。我们认为,这种管理方法提供了成功管理大型基础设施项目复杂性的最佳方案。

动态管理的基础是:

(1) 做到控制与交互的合理分配。

(2) 追求卓越。

平衡控制和交互是基于权变方法、复杂性管理理论和最近的适应性治理理论中提取的理论。平衡意味着项目管理机构需要找到一种结构来适应项目情景并适应交互和控制的需要。此外,平衡还意味着管理策略(控制和交互)的两个互补和一致的集群的混合。一个用于处理细节复杂性(控制),另一个用于处理动态复杂性(交互)。策略的混合可能会随着时间的推移而改变,因为它至少需要部分地反映项目情景的变化,如图11-4所示。

图11-4 控制和交互的平衡

控制策略和交互策略不一定能很好地结合,因此它们不能总是完全协调地部署。构建新一轮的交互可能会与项目的时间计划产生严重冲突。然而,控制策略和交互策略都是实现成功管理大型基础设施项目复杂性的最佳方案。重要的是要找到一种平衡,使其适合工作项目的独特环境。由于独特情景极其重要,复杂性管理的标准方案是不可能存在的。

与内部和内容聚焦法、系统管理方法的应用相比,平衡策略的实际应用仍相对较少。但分析表明,平衡策略可以大大提高复杂性管理的成功几率。然而,平衡策略在理论基础上还是在实践中都存在许多问题,未来的研究需要解决这个问题。

因此,控制策略与交互策略的有效结合显然是大型基础设施项目管理成功的关键之一。尽管只有有限的实践证据,但这一方法已经被该领域的文献所触及。但实践支撑真的就这么少吗?当我们查看案例材料时,发现这个问题的答案显然是否定的。为了在管理复杂性方面取得真正的成功,我们需要非凡的努力。这是我们的动态管理方法的第二个元素,并形成了一种迄今为止还没有在文献中出现的见解。在成功地管理大型基础设施项目中的复杂性方面,X因素是非常重要的,我们观察到以下非比寻常的解决方案:

(1) 利益相关方制度——更高层次的合作。

(2) 参与方层面——项目引领者。

(3) 个人层面——有能力的人发挥作用。

(4) 发现新的管理解决方案的能力。

(5) 利用机会窗口。

前3个X因素分别从系统、项目管理机构和个人3个层面考虑大型基础设施项目的参与方。当参与其中的利益相关方只考虑自己的利益时,他们内部的利益相关方体系可能会产生不希望的结果。为了避免这种情况,应该鼓励他们将更广泛的系统视角作为其开展活动的基础。这个系统视角将使他们看到自己的行动和相对于其他参与方的位置,并使他们能够看到更广阔的未来。项目管理机构是应该负责鼓励参与方采用这种广泛的、基于系统的视角的利益相关方,从这个意义上说,项目管理机构不仅仅是一个执行机构。利益相关方应该确保整个利益相关方系统在项目产出方面创造最佳效益,这转化为个人的行为水平,我们看到有能力的人可以通过采取全系统的观点,在大型基础设施项目做出改变,这也有助于实现他们自己的目标。

X因素4关注管理解决方案。为了协调利益和实现进步,需要独特的管理解决方案,新的管理解决方案可以为参与方创造一个突破性的进展。动态复杂性在大型基础设施项目中的支配地位意味着创造、处理和利用变化成为一个至关重要的主题。项目经理和其他人应该寻找机会窗口来促进项目进展并协调利益(X因素5)。这些窗口通常是在某个主要利益相关方的外部压力下打开的,变化不应被视为一件消极的事情:它可以为所有相关的人提供新的和不可预见的潜在利益。

致　谢

如果没有众人的支持与合作，我们的研究项目是无法完成的。

首先，我非常荣幸地向大家介绍我们的发起人和老师 Geert Teisman 教授。能与您展开密切合作，借助您的洞察力来扩宽我们的视野是一种荣幸，您总是用寥寥数语清楚地解释你的见解。当我们最需要您的反馈意见、支持和鼓励时，您总是无私地提供给我们。我们会珍惜在鹿特丹餐厅的有趣讨论，我们希望能够继续这样做。

Leendert Bouter 对本书的支持也起到了至关重要的作用，他是荷兰高铁南线和荷兰 Betuweroute 的前任项目总监。7 年前，我们（包括 Leendert）怀揣着一个梦想开始了国际之旅。在那次旅行中，您对（国际）知识交流的热情感染了我们。感谢您的智慧和支持，感谢和怀念我们在乌特勒支、Zoetermeer 和整个欧洲体验的所有鼓舞人心的时刻。

我们也非常感谢苏黎世联邦理工学院的 Hansruedi Schalcher 教授。因为你们，我们的抱负更具有国际性。您向我们介绍了位于伯尔尼的瑞士联邦交通局以及瑞士圣哥达基线隧道和勒奇山基线隧道项目，在这些项目中我们遇到了 Tony Eder、Frank Wadenpohl 和其他所有人。此外，您也在那里和我们讨论理论的实际应用，因为只有理论被应用到实践中才能显现其价值。最后，你们教会了我们如何处理复杂性。

在致谢人名单中，我们必须感谢英国交通运输部前项目总监、西海岸干线项目的 Stuart Baker。Stuart，乍一看您对"那些来自荷兰的同事"有点保留，但是 5 年来，您和您的同事 Tony Francis 已经成为我们在欧洲寻找最佳实践经验的最佳伙伴。我们很荣幸能与您这样一位鼓舞人心的人密切合作！

Rodney Turner，您从一开始就参与该研究中。多年来我们一直保持联系，由于您在项目管理领域的丰富知识以及对全局的掌控能力，使我们有机会深入地与国际专家组成员进行接触。非常感谢您一直以来的支持!

我们非常感谢 Transumo(荷兰的知识项目"Transition sustainable mobility"),Jan Klinkenberg,Jo van Nunen 和 Arjan van Binsbergen 支持了我们的博士研究,我们感谢你们给我们提供的这些机会,也感谢你们愿意与我们就 Transumo 的其他创新交换意见。还要感谢 Teije Gorris,您在过去多次支持我们的研究。我们对成为这个项目集群的一部分而感到自豪。

我们想强调很多愿意分享知识的鼓舞人心的专业人士对我们完成本研究的重要性。我们非常感谢你们在讨论中的投入,也非常感谢你们给了我们在荷兰 Betuweroute 项目进行广泛研究的机会。在荷兰高铁南线项目,Jaap Geluk 和 Frans de Mol,感谢你们鼓励我们收集和积累有关大型项目管理的知识。在荷兰 A73 高速公路南线项目我们与 Rene Scholtes 进行了卓有成效的接触,他热情地与我们分享了他的经历。我们将珍惜这些讨论,并希望今后继续进行这些讨论。

在完成博士项目期间,我们的知识构建和交流项目的两名热心支持者 Rob Prins(荷兰 A73 高速公路南线项目总监)和 Peter Testoni(瑞士联邦交通局的前瑞士基线隧道业主)去世了,我们与他们的家人和朋友同在。

感谢 Dudley Taylor 和 Wim Demmers 的鼓励和支持,我们的基本态度是,我们的国际交往将对我们同事的发展有价值,有利于 AT Osborne 的专业成长,并使我们独特的公司保持其可持续性。感谢支持我们的同事:特别是 Mirjam Cauvern, Pau Lian Staal, Manon Elling, Marcel van Rosmalen 和 Franc Mouwen。

Lidwien, IJsbrand, Diederik, Timo 和 Veronique,我希望博士生涯对我们的日常生活影响不大,因为对我们来说太宝贵了。谢谢你们的支持和不断的鼓励。

Chaja, Samuel 和 Raul,谢谢你们这么支持我,如果没有你们的支持,完成这个博士研究项目仍然只是一个梦想。

我们还要感谢所有接受我们访谈的人,感谢他们分享了自己的经历和信仰、成功和失望。我们对你们在瑞典、英国和荷兰的开放和礼貌感到惊讶。通过这本书,我们希望能给你们一些启发。

我们希望我们能够在未来继续我们鼓舞人心的合作。Panta rei!

Marcel Hertogh
Eddy Westerveld
2009 年 12 月

参考文献

Adger, W.n. (2003) *Social capital, collective action, adaptation to climate change*, economic Geography 79 pp. 387-404

Aken, J. e. Van (1994a) *De bedrijfskunde als ontwerpwetenschap; de regulatieve en reflectieve cyclus*, Bedrijfskunde, vol. 66, no. 1, 16-26

Aken, J. e. Van (1994b) *Het ontwikkelen van wetenschappelijke kennis voor organisatie-professionals vanuit spelersperspectief; de rol van ontwerpmiddelen en heuristieken*, M&O, no. 4, 388-404

Aken, J. e. Van (1994c) *Strategievorming en Organisatiestructurering, Organisatiekunde vanuit Ontwerpperspectief*, Kluwer Bedrijfswetenschappen, Deventer

Aken, J.e. Van (1996) *Methodologische vraagstukken bij het ontwerpen van bedrijfskundige systemen; het paradigma van het sociaal realisme*, in Bedrijfskunde, vol. 68, no. 2, 14-22

Aken, T.G.C. van (1996) *De Weg naar Projectsucces*, Reed Business

Albinski (red) (1981) *Onderzoekstypen in de Sociologie*, Van Gorcum, Assen

Andersen, e.S., K.V. Grude, T. Haag, J.R. Turner (1988) *Doeltreffend Projectmanagement*, Coopers Lybrand Associates, Utrecht

Ashby, W.R. (1956) *An Introduction to Cybernetics*, Chapman & Hall, London

Association for project Management (2006) *Glossary of project management terms*, www.apm.uk.org

Atkinson, R. (1999) *project management: cost, time, quality: two best guesses, a phenomenon*, in international Journal of project Management, vol. 17, no. 6, pp. 337-342

Axelrod, R., M.D. Cohen (2001) *Complexiteit in organisaties*, Pearson education

Bais, S. (2005) *De natuurwetten, Iconen van onze kennis*, Salomé

Bekkering, T., H. Glas, d. Klaassen, J. Walter (2001) *Management van processen*, Het Spectrum

Belassi, W., O. I. Tukel (1996) *A new framework for determining critical succes/failure factors in projects*, international Journal of project management, vol. 14, no. 3, pp.141-151

Bervais J. (1993) *Landschap als geheugen, Opstellen tegen de dijkverzwaring*, Cadans Amsterdam

Betuweroute, Managementgroep (2000) *Kwaliteitshandboek Managementgroep Betuweroute*, "Het Groene Boekje", prorail

Biemans, W.G., J. Van der Meer-Kooistra (1994a) *Case research voor bedrijfskundig onderzoek 1*, Bedrijfskunde, jaargang 66, nr. 1, 51-56

Biemans, W. G., J. Van der Meer-Kooistra (1994b) *Case research voor bedrijfskundig onderzoek 2*, Bedrijfskunde, jaargang 66, nr. 2, 95-104

BLS alptransit AG (2008) *Lötschberg-Basistunnel*, *Vom der Idee zum Durchschlag*, Stämpli Verlag AG

Boddeke, D. A., e. Drentje, S. Roesink, L. Van Woerden (2002) *HRM in projecten-over vakidioten, jaknikkers en rebellen*, Van Gorcum, Assen

Boom, Hans (1997) *Slag om de Betuweroute*, Uitgeverij Balans

Bovens, M.A.p. (2000) *De vierde macht revisited, over ambtelijke macht en publieke verantwoording*, Rede, Universiteit van Utrecht

Braster, J.F.A. (2000) *De kern van casestudy's*, Van Gorcum, Assen

Breedveld, W., J.A. Heemskerk, J. Katus, W.F. Volmer, A. Warner (1998) *Doet u eens wat draagvlak*, dossier duivenvoorde iv, xantia

Bruijn, J.A. de, p. De Jong, A.F.A. Korsten, W.p.C. Van Zanten (1996) *Grote projecten, Besluitvorming & Management*, Samson H.d. Tjeenk Willink

Bruijn, J.A. de, e.F. Ten Heuvelhof, R.J. in't Veld (1998) *Procesmanagement*, Academic Service

Bruijn, J.A. de, G.R. Teisman, J. Edelenbos, W. Veeneman (2004) *Meervoudig ruimtegebruik en het management van meerstemmige processen*, Lemma

Bruijn, J.A. de, M.J.C.M. Hertogh, n. Kastelein (2005) *Balanceren tussen belangen. Procesmanagement Dynamisch Complement van Projectmanagement*, in: projectie (12), oktober, pp. 25-29

Brukx, J. F. L. M., G. L. Wackers (2001) *De complexiteitsparadox: over mechanische en adaptieve systemen*, essay in de Graef, M.R. de (red.), Betrouwbaarheid van technische systemen. Anticiperen op trends. Den Haag: Stichting Toekomstbeeld der Techniek, pp. 86-100

Brunner, R.d. (2005) *Adaptive governance: integrating science, policy, decision making*, new York, Columbia Univ press

Burns, T., Stalker, G.M. (1961) *The management of innovation*, Tavistock publications

Cooney R., A.T.F. Lang (2007) *Taking Uncertainty Serious: Adaptive Governance*, International Trade, ejil Vol. 18, no. 3

Courtney, H., J. Kirkland, p. Viguerie (1997) *Strategy under Uncertainty*, HBR, nov-dec 1997, pp. 67-79

Covey, S.R. (1990) *The seven habits of highly effective people: restoring the character ethic*, Free press

Darwin, Charles (1859) *On the Origin of Species by Means of Natural Selection, or the Preservation of Favoured Races in the Struggle for Life*, 1st edition, John Murray, London denison, d. R. (1990) *Corporatie Culture, Organizational Effectiveness*, John Wiley, Sons, ny, ny, Weick's clock dijkstra, L., F.M. van eijnatten (1999) *Over het structureren van bedrijfskundig onderzoek*, pp. 83-100, in dilemma's in de bedrijfskundige wetenschap, M.J. v. Riemsdijk (ed.), Van Gorcum, Assen

Doorewaard, H., p.J.M Verschuren (1999) *Het ontwerpen van een onderzoek*, Uitgeverij Lemma B.V., Utrecht

Dorr, D.C. (2002) *Presenteren met Processen*, Kluwer

Eisenhardt, K.M. (1989) *Building theories from case study research*, Academy of Management Review, Vol. 14, no. 2, 532-550

Elverding Committee (2008) *Sneller en beter*, www.verkeerenwaterstaat.nl

European Commission (2002) *Trans-European Transport Network, TEN-T priority projects*, European Commission

European Commission (2005) *Trans-European Transport Network, TEN-T priority axes, projects*, European Commission

European Commission (2001) *White Paper, European Transport Policy for 2010: Time to Decide*, European Commission

Falconbridge, R.I., M.J. Ryan (2003) *Managing Complex Technical Projects*, Artech House

Ferreira, L.d., K.A. Merchant (1992) *Field Research in Management Accounting, Control; a review, evaluation*, Accounting, Auditing & Accountability Journal, jrg. 5, no. 4, 3-34

Fisher, R., W. Ury, B. Patton (1991) *Getting to Yes*, penguin

Flood, R.L. (1999) *Rethinking The Fifth Discipline*, Routledge

Flood, R.L., e.R. Carson (1988) *Dealing with Complexity*. New York: plenum press

Florusse L.B., M.J.F Wouters (1991) *Beperkt generaliseren vanuit de case study*, Management en Organisatie, 1991, no. 3 pp. 198-209

Flyvbjerg, B., M.K. Skamris Holm, S.L. Buhl (Summer 2002) *Underestimating Costs in Public Works Projects: Error or Lie?*, Journal of the American planning Association, vol. 68, no. 3, pp. 279-295.

Flyvbjerg, B., Bruzelius, n., Rothengatter, W. (2003) *Megaprojects, Risk: An Anatomy of Ambition*, Cambridge University press, Cambridge

Flyvbjerg, B., Cowi (2004), *Procedures for dealing with optimism bias in transport planning: Guidance document*, UK department for Transport, London

Flyvbjerg, B., M.K. Skamris Holm, S.L. Buhl (Spring 2005) *How (In) accurate are demand Forecasts in public works projects? The case of transportation*, Journal of the American Planning Association, vol. 71, no. 2, pp. 131-146

Flyvbjerg B., e. Westerveld (2007) *Betuweroute als best practice*, nrc Handelsblad 16-07-2007

Flyvbjerg, B. (2007) *Truth, Lies About Megaprojects, Faculty of Technology, Policy, Management*, Delft University of Technology

García-Salmones, M. (2009) *Taking Uncertainty Seriously: Adaptive Governance, International Trade: A Reply to Rosie Cooney and Andrew Lang*, The european Journal of international Law, Vol. 20 no. 1

Geldof, G.D. (2001) *Omgaan met complexiteit bij integraal waterbeheer*, Tauw

Gell-Man (1994) *The Quark, the Jaguar*, W.H. Freeman Company

Glaser B.G., A.L. Strauss (1967) *The discovery of grounded theory*, Aldine, Chicago

Graef, M.R. de (2001) *Betrouwbaarheid van technische systemen*, STT, den Haag

Graham (1990) *Project Management as if people mattered*, primavera press

Groot, A.d. De (1981) *Methodologie; grondslagen van onderzoek en denken in de Gedragswetenschappen*, Van Gorcum, 1994, revised edition

Gummesson, e. (2000) *Qualitative Methods In Management Research*, Sage

Hakvoort, J.L.M. (1995) *Methoden en technieken van bestuurskundig onderzoek*, eburon, Rotterdam, 2nd edition

Ham, H. Van, J. Koppenjan (2002) *Publiek-private samenwerking bij transportinfrastructuur*, Lemma

Hardjono, T.W., S. Ten Have, W.d. Ten Have (1997) *The european Way to excellence. How 35 European manufacturing, public, service organizations make us of quality management*, European Quality publications Ltd

Haynes, p. (2008) *Complexity Theory, Evaluation in Public Management-a qualitative systems Approach*, in public Management Review, vol. 10 issue 3, 2008. pp. 401-419

Heijer, C.M. den, Hertogh, M.J.C.M. (2005) *PPS, motor, mode of mythe?*, Bouwend nederland

Hellriegel, d., J.W. Slocum (1989) *Management 5th*, Addison-Wesley publishing Company

Hertogh, M.J.C.M. (1997) *Belangen bij Complexe Infrastructurele Projecten*, Elsevier

Hertogh, M.J.C.M., e. Westerveld, G.R. Teisman (2005) *DYNAMIPS Annual Plan 2005*, Transumo

Hertogh, M.J.C.M., B. Smolders (2000) *De Groei in de Weg*, elsevier

Hertogh, M.J.C.M., W.C.T.F. de Zeeuw, A. Wildekamp (2003) *Ruimte voor Uitvoering*, Bouwfonds

Hertogh, M.J.C.M., J. Bruijnicx (2004) *Politiek-bestuurlijke sensitiviteit bij HSL-Zuid*, HSL-Zuid

Hertogh, M.J.C.M., S.K. Baker, p.L. Staal, e. Westerveld (2008) *Management of Large Infrastructure Projects*, netlipse

Hertog, J.F. den (1991) *Gevalstudies in het organisatie-onderzoek*, Methodologische verkenning, No. 4, Merit Maastricht

Hutjes, J., J. Van Buren (1992) *De gevalstudie; strategie van kwalitatief onderzoek*, Boom

Hychner, R.H. (1985) *Some guidelines for the phenomenological analysis of interview data*, Human Studies, 8, pp. 279-303

Janis, i.L. (1982) *Groupthink, Psychological Studies of Policy Decisions*, Fiascoes, Houghton Mifflin Company, Boston

Jonker J., B.J.W. pennink (1999) *Laveren tussen begrijpen en gebruiken*, in: M.J. van Riemsdijk (red.), 'dilemma's in de bedrijfskundige wetenschap', Van Gorkum, Assen, pp. 49-68

Kanter, R. Moss (1989) *When giants learn to dance; Mastering the Challenge of Strategy*, Management, Carreers in the 1990's

Kastelein, n. (2003) *The N201 (re)constructed*, eramus University Rotterdam

Kempeners, M.A. (1999) *Ontwerp van accountmanagementsystemen*, Technische Universiteit Eindhoven

Kickert, W.J.M., e. Klijn, J.F.M. Koppenjan (1997) *Managing complex Networks, Strategies for the Public Sector*, sage publications

Kingdon, J.W. (1984) *Agendas, alternatives, public policies*, Little Brown, Company, Boston

Koolma, A., Schoot, C.J.M. van der (1974) *Projectmanagement; Handleiding voor het beheren en Leiden van en het samenwerken in projecten*, nive, Samson, Brussel

Koppenjan, J., e.H. Klijn (2004) *Managing uncertainties in networks*, Routledge

Kurz, C.F., D.J. Snowden (2003) *The new dynamics of strategy, sense making in a complex, Complicated world*, Ibm Systems Journal, vol 42 no.3

Leede, J. De (1997) *Innoveren van onderop, Over de bijdrage van taakgroepen aan product-en Procesvernieuwing*, Universiteit Twente

Leede, e. De, p.H. Van engelendorp Gastelaars (1999) *Naar een methodologie van de kunde: Een pleidooi* voor een context afhankelijke methodologie' pp. 141 – 163, in dilemma's in de Bedrijfskundige wetenschap, M.J. v. Riemsdijk (ed.), Van Gorcum, Assen

Leeuw, A. J. C. de (1993) *Bedrijfskundige Methodologie, Management van Onderzoek*, Van Gorcum, Assen

Leeuw, A.J.C. de (1990) *Een boekje over bedrijfskundige methodologie, management van Onderzoek*, Van Gorcum, Assen

Leijten, M. (2004) *Big Dig: Een halve eeuw Central Artery in Boston*, in: H. De Bruijn, G.R. Teisman, J. Edelenbos, W. Veeneman (eds.) Meervoudig ruimtegebruik en het management Van meerstemmige processen, Lemma, Utrecht, pp. 151-177

Lerner, A.W., Wanat, R. (1992) *Public Administration*, prentice Hall

Levy, J.M. (2002) *Collected views on complexity in systems*, mit, Massachusetts

Levy, David L. (2000) *Applications, Limitations of Complexity Theory*, in Organization Theory, Strategy in Jack Rabin, Gerald J. Miller, W. Bartley Hildreth (editors), Handbook of Strategic Management, Second edition (New York: Marcel dekker)

Lim, C. S., Mohamed, M. Z. (1999) *Criteria of project success: an exploratory re-examination*, International Journal of project management, vol. 17, no. 4, p.243-248

Lindblom, C.E. (1959) *The Science Of Muddling Through*, in public Administration, Vol. 19, pp. 79-88

Lorenz, e.n. (1993) *The Essence of Chaos*, University of Washington press, Seattle

March, J.G. (1988) *Decisions and Organizations*, Basil Blackwell, Oxford

March, J.G (1994) *A primer on decision-making: how decisions happen*, new York, Free press

Mcevoy J.P., O. Zarate (1997) *Quantum mechanica voor beginners*, elmar

Miller, R., d. Lessard (2000) *The Strategic Management of Large Engineering Projects*, mit, Massachusetts

Ministerie van Verkeer en Waterstaat (2004—2006) *Progress Report Highspeed Line-South* #13-17

Ministerie van Verkeer en Waterstaat (1996—2003) *Voortgangsrapportage Betuwroute* #1-15,

Mintzberg, H. (1997) *Mintzberg over management, De wereld van onze organisaties*, Contact, Asterdam

Morris, p.W.G. (1994) *The management of projects*, Thomas Telford

Morris, p.W.G., M.B. patel, S.H. Wearne (2000) *Research into revising the APM pmbok*, in International Journal of project Management, vol. 18, no xx, pp. 155-164

Netlipse (2005) *Contract*, Annex 1, netlipse

Netlipse (2006—2009) *Newsletters* #1 to #6, www.netlipse.eu

Network Rail (2006) *The Project Management Information Centre, including "GRIP": Guide to Railway Investment Projects*, network Rail

Nijhof, A.H.J. (1999) *Met zorg besluiten*, Samsom Uitgeverij, Deventer

Nijssen, B. (2006) *Process Guidance at the Charles*, Erasmus Universiteit Rotterdam

Nonaka, i., H. Takeuchi (1995) *The knowledge-creating company: how Japanese companies Create the dynamics of innovation*, Oxford University press

Noordegraaf, M. (1999) *De zinloze wanorde*, Bestuuskunde, jaargang 8, no. 7

Noordegraaf, M. (1999) *Wat zit er in mijn koffertje?*, M&O

Noordegraaf, M. (2000) *Attention!*, eburon

Noordegraaf, M., M. Van der Steen (2001) *The problem is, what is the problem*, Twynstra Gudde

Pauly (2001) *Ambiquïteit in het spel, De casus polyvinylchloride*, eburon, delft

Perrow, C. (1984) *Normal Accidents: Living with High-Risk Technologies*, Basic Books, Ny

Peters, T., R.H. Waterman (1982) *In search of Excellence*, harpercollins publishers

Polkinghorne, J. (2002) *Quantum Theory*, Oxford paperbacks

Primus, H., B. Flyvbjerg, B. Van Wee (2008) *Decision-making on Mega-Projects, Cost-Benefit Analysis, Planning, Innovation*, Edward elgar

Provincie Zuid-Holland (2005) *Onderzoekscommissie Stagnatie Infrastructurele Projecten uit Provinciale Staten van Zuid-Holland*, Willen en Wegen

Putter (1993) *The economic nature of the firm*, A reader, Cambridge University press

Rainey, Hal G. (1997) *Understanding & Managing Public Organizations*, Second edition, Jossey-Bas publishers, San Francisco

Reason & Bradbury (2001) *Handbook of Action Research*, London: Sage

Renkema, T.J.W. (1996) *Investeren in de informatiestructuur, richtlijnen voor besluitvorming in Organisatie*, TU Eindhoven

Robbins, S.p. (2001) *Organisational behaviour*, edition 9

Rosenhead, J.R (1998) *Complexity theory, management practice, Science as culture*, Human-nature.com

Van Rossum, e.J., deijkers, R., Hamer, R. (1985) *Students' learning conceptions, their Interpretation of significant educational concepts*, Higher education 14, 617-641

Schafritz, J.M., J.S. Ott (1991) *Classics of Organization Theory*, 3rd edition, Brooks/Cole Publishing Company

Schalcher, H.R. (2000) *Project Controlling of Large Railway Constructions*, Swiss Fedral institute Of Technology, eth Zurich

Schalcher, H.R., F. Wadenpohl (2008) *Case Study Report Gotthard Base Tunnel*, netlipse

Schalcher, H.R., F. Wadenpohl (2008) *Case Study Report Lötschberg Base Tunnel*, netlipse

Schlumbom, F. (2003—2004) *Vom ersten Eisenbahntunnel am Gotthard bis zur NEAT*, BAV, Swiss Traffic nr. 29-34

Schumacher, e.F. (1977) *A guide for the Perplexed*, Harper & Row

Schuring, R.W. (1997) *Procesmodellering van dynamiek in organisaties*, Universiteit Twente

Senge, p.M. (1994) *The Fifth Discipline*, Currency doubleday

Simons, R. (1995) *Levers of control, How managers use innovation control systems to drive Strategic renewal*, Harvard Business School press, Boston, MA

Slocum, n. (2003) *Participatory Methods Toolkit, A practitioner's manual*, Belgian Advertising

Stacey, R.d. (1992) *Managing the unknowable: Strategic boundaries between order, chaos in Organisations*, San Francisco, Jossey Bass

Stacey, R.d. (2001) *Complex Responsive Processes*, Routledge

Steens, J., D.A. Boddeke, M.J.C.M. Hertogh (1998) *Kwaliteitsmanagement bij bouwprojecten*, Elsevier

Stoner, A.F., R.E. Freeman (1992) *Management*, prentice Hall

Strauss, A.L., J. Corbin (1990) *Basics of Qualitative Research, Grounded Theory Procedures,*

Techniques, Sage, Londen

Strauss, A.L., Corbin, J. (1990) *Basics of Qualitative Research*, Sage publications inc., Thousand Oaks, CAA., 1998, 2nd edition

Strien, p.J. Van (1986) *Praktijk als wetenschap*, Van Gorcum, Assen

Strikwerda, J. (2000) *Het Ontwerpen van een Organisatie*, de Concernstructuur

Sussman J.M. (2002) *Collected Views on Complexity in Systems*, pp. 1 – 25 in proceedings of the Engineering Systems division internal Symposium. Cambridge, Mass.: engineering Systems Division, mit

Sutton R.I., B.M. Staw (1995) *What theory is not*, Administrative Science Review, vol. 40 371-384

Swanborn, P.G. (1987) *Methoden van sociaal wetenschappelijk onderzoek*, Boompers, Meppel

Taylor S.J., R. Bogdan (1998) *Introduction to Qualitative Research Methods*, Wiley, Ny

Tci, Tijdelijke Commissie infrastructuurprojecten (2004) *Onderzoek naar infrastructuurprojecten*, Sdu Uitgevers

Teisman, G.R. (1992) *Complexe besluitvorming, een pluricentrisch perspectief op besluitvorming Over ruimtelijke investeringen*, VUGA, den Haag

Teisman, G.R. (1997) *Sturen via creatieve concurrentie*, Kun nijmegen

Teisman, G.R. (2000) *Models For Research into Decision-Making Processes: On Phases, Streams, Decision-Making Rounds*, public Administration, Volume 78, number 4, Winter 2000, pp. 937-956

Teisman, G.R. (2001) *Ruimte mobiliseren voor coöperatief besturen*, eburon, delft

Teisman, G.R. (2001) *Besluitvorming en Ruimtelijk Procesmanagement*, publiek Management in Ontwikkeling, eburon, delft

Teisman, G.R. (2005) *Publieke management op de grens van chaos en orde : over leidinggeven En organiseren in complexiteit*, Academic Service, den Haag

Teisman, G.R., A. Van Buuren, L.M. Gerrits (2009) *Managing Complex Governance Systems*, Routledge

Termeer, C.J.A.M. (1993) *Dynamiek en inertie rondom mestbeleid; een studie naar Veranderingsprocessen in het varkenshouderijnetwerk*, Vuga, den Haag

Thompson J.d. (1967) *Organisations in action*, New York, mcgraw-Hill

Torbert, W. (1991) *The Power of Balance: Transforming Self Society and Scientific Inquiry*, Sage

Turner, J. Rodney (1997) *The Handbook of Project-Based Management*, mcgraw-Hill

Turner, J. Rodney (1996) *The Project Manager as a Change Agent*, mcgraw-Hill

Turner, J.R., Cochrane R.A. (1993) *Goals-and-methods matrix: coping projects with ill defined Goals,/ or methods to achieving them*, international Journal of project Management Vol 11 No.2 pp. 93-102

Twist, M.J.W. van, e.F. Ten Heuvelhof, n. Kastelein, M.J.C.M. Hertogh, (2003) *N201, Van een Eenvoudige wegomlegging tot bestuurlijke gordiaanse knoop*, Connekt Kenniscompetentie 3

Twist, M.J.W. van (2003) *Procesmanagement: leergang projectleiders*, presentation, Berenschot

United Nations, economic Commission for europe (2006) *TEN, TER Master Plan, Final Report*, United Nations, new York, Geneva

Vermeulen, p.A.M. (2001) *Organizing product innovation in financial services*, Nijmegen University press, Nijmegen

Verschuren, p. J. M. (1988) *De probleemstelling van een onderzoek*, Aula, het Spectrum, Utrecht, 2nd edition

Verschuren, p.J.M. (1999) *Heeft bedrijfskunde een eigen methodologie nodig?*, p. 164-184, in Dilemma's in de bedrijfskundige wetenschap, M.J. v. Riemsdijk (ed.), Van Gorcum, Assen

Verschuren, p.J.M, H. Doorewaard (2000) *Het ontwerpen van een onderzoek*, Lemma B. V., Utrecht, 3rd edition

Via Limburg (2001—2006) *Via Limburg Magazine*, www.vialimburg.nl

Vijverberg, A.M.M. (1995) *Diagnosemodel voor het (her-)ontwerpen van topstructuren. Analyse van de primaire ordening van de Nederlandse industriële concerns vanuit Configuratieperspectief*, TU Eindhoven

Volberda, H.W. (1999) *Building the Flexible Firm : How to Remain Competitive*, Oxford University Press, Oxford

Volberda, H.W. (1997) *Op zoek naar een gedisciplineerde methodologie: Een synthetische Benadering in management en organisatie*, M&O, Tijdschrift voor Management en Organisatie, No. 51, pp. 65-91

Volberda, H.W., (1998) *Blijvend Strategisch Vernieuwen: Concurreren in de 21ste eeuw*, Alphen a/d Rijn, Kluwer BV.

Vosselman, e.G.J. (1995) *Sturing door prestatie-evaluatie of marktwerking; ontwerp van Management control systemen in economisch perspectief*, TU Eindhoven

Vries, A.A. de (2006) *Succesfactoren Mediapark: waarom is het nu wel gelukt?*, AT Osborne

Vries, A. A. de (2004) *Procesmanagement, presentatie*, AT Osborne Wadenpohl, F., *Best Practice bei Infrastrukturprojekten in Europa am Beispiel des Stakeholdermanagements*, Artikel aus der Zeitschrift: Tunnel, Vol. 26, nr.1, 2008

Wall Bake, d.W. Van den (1993) *Report Betuweroute*, Berenschot

Ward, S., C. B. Chapman (2002) *Transforming project risk management into project uncertainty Management*, international Journal of project Management

Wateridge, John (1995) *IT Projects: A Basis For Success*, international Journal of project Management. Volume 13, number 3 (June 1995) pp. 169-172

Weening, H. M. (2003) *Managing uncertainty; Establishing successful collaboration between Public, private parties in the realisation process of smart cities*. In p. Hibbert (ed.), Co-creating Emerging insight: Multi-organizational partnerships, Alliances, networks (pp. 196-205). Glasgow: Strathclyde University

Weick, K.e. (1979) *The social psychology of organizing, second edition*, Addison-Wesley

Weick, K. E. (1989) *Theory construction as disciplined imagination*, Academy of Management Review, 14. (4), 516-531

Wester, F. (1981) *De case study*, pp. 24-33, in Onderzoekstypen in de sociologie, M. Albinksi (ed.), Van Gorcum, Assen

Wester, F. (1987) *Strategieën voor kwalitatief onderzoek*, dick Coutinho, den Haag

Westerveld, e. (2003) *The project excellence model: Linking success criteria, critical success Factors, international Journal of project* Management, Vol. 21, no. 6, pp.411-418

Westerveld e., d. Gayá Walters (2001) *Het verbeteren van uw projectorganisatie*, Kluwer

Whitty, S., H. Maylor (2007) *Then came complex project management*, in: project management Essential reality for business, government, proceedings of the 21st ipma world congress, Cracow

Wijnen G., W. Renes, p. Storm (1984) *Projectmatig werken*, Spectrum

Wijnen G., R. Kor, (1996) *Het managen van unieke opgaven, Samen werken aan projecten en Programma's*, Kluwer

Williams, T.M. (2002) *Modelling Complex Projects*, London, Wiley & Sons

Wittgenstein, L. (1953) *Philosophical Investigations / Philosophische Untersuchungen*, Basil Brackwell

WRR (1994) *Besluiten over grote projecten*, WRR rapport nr. 46, Sdu Uitgeverij, den Haag

Yin, R. K. (1989) *Case study research: Design and methods*, newbury park, Sage

Zwaan, A. H. van der (1999) *Van geval tot geval; ontvouwen of beproeven? Over onderbenutting Van gevalstudies*, in: M. J. van Riemsdijk, dilemma's in de Bedrijfskundige Wetenschap, Van Gorcum, Assen

Zwaan, A. H. van der, J.M.L. van engelen (1994) *Bedrijfskundige theorie I: wetenschaps-Theoretische context*, *Bedrijfskunde*, Methodologie en theorie special, nummer 1, 27-35

附　录

附录1　受访者名单

A73-South

Rob prins (†)	Project director A73-South，RWS
René Scholtes	Contract Manager A73-South，RWS
Math Vestjens	Delegate province of Zuid-Limburg
Ditmar Weertman	Project manager A73-South，RWS
Angelino Wollersheim	Regional fire officer
Geert Rutten	Civil servant，Roermond
Ad Jereskes	Civil servant，Roermond
Gerard iJff	Alderman Roermond
Toine Wuts	Stichting Milieufederatie Limburg

Betuweroute

Hans Versteegen	Head Major project (Civil principal project Betuweroute)，Ministry of Transport
Patrick Buck	Project director Betuweroute, project Organisation Betuweroute
Henk van Harmelen	Head of planning & Risk Management，project Organisation Betuweroute
Jaap Balkenende	Director Realisation，project Organisation Betuweroute
Bert Klerk	CeO，proRail
Cees de Vries	Deputy project director Betuweroute，proRail
Carla Fenijn	Co-ordinator of local interest groups Betuweroute
Piet iJssels	Mayor of Gorinchem
Johan de Bondt	Delegate province of Gelderland
Marijke van Haaren	Delegate province of Gelderland
Marina Hart nibbrig	Head of Communications，project Organisation Betuweroute
Rob Mulde	Project Controler，project Organisation Betuweroute
Wim Fritz	Project Controller，project Organisation Betuweroute
Teun Tuytel	Divisional Manager infrastructure and Maintenance，port of Rotterdam

Theo van Bekkum	Director project Control Betuweroute, proRail
Thieu van de Wouw (†)	Mayor of Barendrecht
A. Koekhoven	Civil servant, Barendrecht
Jan Wabeke	Member committee of architecture ('welstandcommissie') Betuweroute, Gelders Landschap
R.J. Messemaeckers	Head of Quality Management, project Organisation Betuweroute Ean de Graaff
Jan Jonker	Preparation Tunnels, project Organisation Betuweroute
Reijer Baas	Director Stakeholder Management Alliance Sliedrecht-Gorinchem, Betuweroute

Gotthard Base Tunnel

Toni Eder	BAV, Head of division infrastructure
Peter Testoni (†)	Ex BAV, former Head of division infrastructure
Peter Suter	Ex BAV, former head of Section Alp Transit
Andrea Hämmerle	NAD, president
Nikolaus Hilty	BAFU, neAT Coordinator
Stefan Trüb	Canton Uri, Mayor of Schattdorf
Peter Zbinden	Ex ATG, former CeO
Toni Büchler	ATG, Head of Commercial division
Walter Jauch	Canton Uri, neAT Coördinator
Martin Furter	Representative of eight national environmental protection organisations
Placi Berther	Community Sedrun, Mayor
Thomas pfisterer	NAD, president

HSL-South

Jaap Geluk	Project director, Ministry of Transport
Jan Bijkerk	Project Manager Bored Tunnel, Ministry of Transport
Yolanda Oudt	Head of Legal Affairs and project Secretary, Ministry of Transport
Alexander van Altena	Director Rail, Ministry of Transport
Peter van Kleunen	Test manager (integrated system), Ministry of Transport
Jan Ochtman	Tender manager superstructure, Ministry of Transport
Hans Odijk	Head of project Management, Ministry of Transport
Wim Korf	Project director, Ministry of Transport
Theo podt	Manager Project Control, Ministry of Transport
Wim Gideonse	Deputy Director Rail, Ministry of Transport
Peter Kee	Assistant to the Board of directors, Ministry of Transport
Frans de Mol	Knowledge Management, Ministry of Transport

Lötschberg Base Tunnel

Toni Eder	BAV, Head of division infrastructure

Peter Testoni（†）	Ex BAV, former Head of division infrastructure
Peter Suter	Ex BAV, former Head of Section Alp Transit
Andrea Hämmerle	NAD, president
Nikolaus Hilty	BAFU, neAT Coordinator
Karl Klossner	Mayor of Frutigen
Martin Furte	Representative of eight national environmental protection organisations
Jürg von Känel	Civil Servant, Bern
Peter Teuscher	BLS AT, CeO
Thomas pfisterer	NAd, president

West Coast Main Line

Stuart Bake	DfT, divisional Manager-Rail projects (national)
Tony Francis	DfT, project Sponsor-Rail projects (national)
Matt Dillon	DfT, project Sponsor-Rail projects (national)
Tom McCarthy	Bechtel, project Manager
Simon Maple	Network Rail, investment Manager West Coast
Tony Sadler	Virgin West Coast, Operation planning Manager
John ellard	Shearman & Sterling, West Coast Legal Advisor
James Mackay	West Coast Advisor

附录2 地名译名一览表

英文原文	中文翻译	所在国家
Aalsmeer	阿尔斯梅尔	荷兰
Ambt Montfort	蒙福特堡	荷兰
Barendrecht	巴伦德雷赫特	荷兰
Canton Uri	乌里州	瑞士
Ceneri	切内里	瑞士
Crewe	克鲁	英国
Emmerich	艾默里奇	德国
Euston	尤斯顿	英国
Frutigen	弗鲁蒂根	瑞士
Gelderland	海尔德兰省	荷兰
Glasgow	格拉斯哥	英国
Gorinchem	霍林赫姆	荷兰
Gotthard	圣哥达	瑞士
Groene Hart	绿色心脏	荷兰

续 表

英文原文	中文翻译	所在国家
Haelen	哈伦	荷兰
Heide Roerstreek	海德罗斯特里克	荷兰
Keulsebaan	库尔斯班	荷兰
Kijfhoek	基夫霍克	荷兰
Limburg	林堡省	荷兰
Lötschberg	勒奇山隧道	瑞士
Maas	马斯河	荷兰
Nijimegen	奈梅亨	荷兰
Pannerdensch	潘纳登施	荷兰
Roermond	鲁尔蒙德市	荷兰
Schiphol	史基浦	荷兰
Sliedrecht	斯利德雷赫特	荷兰
Swalmen	斯瓦尔门	荷兰
Val di Susa	苏莎山谷	意大利
Venlo	芬洛	荷兰
Verona	维罗纳	意大利
West Midlands	西米德兰兹郡	英国
Zevenaar	泽弗纳尔	荷兰
Zimmerberg	齐默尔贝格	瑞士

附录3 机构名称一览表

缩写	西文原文	中文翻译
SNCF	Société nationale des chemins de fer français	法国国家铁路公司
NMBS	Nationale Maatschappij der Belgische Spoorwegen	比利时国家铁路公司
	British Rail	英国铁路公司
BAV	Bundesamt für Verkehr	瑞士联邦交通局
	Das & Boom	荷兰獾与树基金会
DfT	Department for Transport	英国交通运输部
LNV	Ministerie van Landbouw, Natuur en Voedselkwaliteit	荷兰农业、自然及食品质量部
NR	Network Rail	英国铁路网络公司
OPRAF	Office of Passenger Rail Franchising	英国客运铁路特许经营办公室

续 表

缩写	西文原文	中文翻译
ORR	Office of Rail Regulation	英国铁路管理办公室
	Prorail	荷兰铁路基础设施公司
RWS	Rijkswaterstaat	荷兰交通运输部
SBB	Schweizerische Bundesbahnen	瑞士联邦铁路公司
SRA	Strategic Rail Authority	英国铁路战略管理局
	The European Commission	欧盟委员会
	The European Council	欧洲理事会
EU	The European Union	欧盟
UVEK	Umwelt，Verkehr，Energie und Kommunikation	瑞士联邦环境、交通、能源与通讯部
VROM	Wederopbouw en Volkshuisvesting	荷兰住房、空间规划及环境部

附录4 专业名词一览表

缩写	英文原文	中文翻译
	Cascade of distortion	级联失真
	Civil principal	项目法人
	Content focused approach	内容聚焦法
CPM	Critical Path Method	关键路径法
D&B	Design & Build	设计与建造
DBFM	Design，Build，Finance & Maintain	设计、建造、融资与维护
EIA	Environmental Impact Assessment	环境影响评价
ERTMS	European Rail Traffic Management System	欧洲铁路运输管理系统
ETCS	European Train Control System	欧洲列车控制系统
	Inter-subjectivity	主体间一致性
	Mudding Though approach	分离渐进法
NETLIPSE	Network for the dissemination of knowledge on the management and organisation of Large Infrastructure Projects in Europe	传播欧洲大型基础设施项目管理和组织知识的网络
NGO	Non-Governmental Organizations	非政府组织
Nimby	Not-in-my-backyard	邻避设施
	Phasing model	阶段模型
PERT	Planning Evaluation and Review Technique	计划评审技术

续 表

缩写	英文原文	中文翻译
	Premature convergence	过早趋同
	Pressure group	压力团体
PFI	Private Finance Initiatives	私人融资倡议
	Project delivery organisations	项目管理机构
	Rounds model	轮次模型
	Tension arcs	矛盾弧
	The project excellence Model	项目卓越模型
	Tracewet	路径决策法
TTI	Tunnel safety technology (Tunnel Technical Installations)	隧道安全技术

译 后 记
——期待"有个说法"

到了快合上本书的时候,脑海中一幕一幕涌现出来。《百年孤独》作者马尔克斯说过,"生命中真正重要的不是你遭遇了什么,而是你记住了哪些事,又是如何铭记的"。想想翻译本书一路走过的历程,每个伙伴都有自己的收获和获得感,我们把它设计成译者读书有感,纳入本书,供读者分享。翻译的过程,如果简要概括的话:内心明朗清晰,想法变成目标;目标转为行动,行动坚决果断;集成方法资源,过程不易,终抵彼岸。

如果不是有梦想和平时的准备积累,恐怕抓不住出国访学的机会;如果不是有翻译书籍的想法和平时与好友的交互沟通,恐怕也不可能这么快速集结资源和转化为行动;如果不是行动坚决和善于抓住危机中的机会,把握节奏,如果不是集合团队的力量和大家共同的智慧,也不可能高质量地交付翻译成果。从出国前确定翻译的目标,抵达荷兰的第二天协调得到作者的授权,抵达荷兰20天内组建翻译团队并召开第一次启动会。之后在国内疫情和国外疫情此起彼伏、交互影响的全球抗疫过程中,工作抓得更紧,一路高歌猛进,一鼓作气完成了初稿。之后多轮校核,反复迭代、再三推敲完成翻译工作。疫情之下,学校停课,社交受阻,团队快速切换到一种安静的模式,反而能够投入大量集中的时间到翻译工作中来,团队把疫情的危机转化为机会,高质量、按计划交付了译稿。翻译的这个过程,从策划到决策、从资源投入与组织、从过程协调到交互控制、从环境交互影响到正向转化、从结果输出到成果交付,而这一切本身就是对复杂性管理的驾驭和解读。

出发前的访学的顶层设计规划、翻译的具体计划和资源配置本身就是对复杂性的解构和认知,用推演来加深认识,解决认知的模糊性;而本身建立的快速迭代优化计划的弹性操作模式、对困难的充分预计和对于突然遭遇疫情后采取的一系列做法和措施,用针对性方案应对过程的易变性,用动态性应对本身的复杂性,用适应性应对结果的不确定性,目标不变又能通权达变,这恐怕正是中国传统文化的精华,也是驾驭复杂性的所在。而令人称奇的是,Marcel Hertogh 教授正是引入中国传统文化太极图来解释管理控制和管理交互的平衡,而动态权变正是他构建的复杂性认识的核心。而这,从历史的视野看,也许还只是一个探索的开始。

世界重大工程的实践和理论发展似乎很多时候是实践在领跑,或者实践与理论并跑,在摸索中前行;何时能够实现理论领跑是业界的强烈期待,也是中国重大工程的实践需求。世界各地重大工程实践在工程技术进步的推动和工程师们的智慧和经验作用下取得卓越成绩,有的重大工程也付出了高昂的学费。中国重大工程实践已经走在世界的前列,从跟跑到并跑,其中超大型跨海通道工程、超大跨径的桥梁等领域已经完成了并跑,处在已经超越或者将要超越和领跑的阶段。恰如任正非所说,作为通信领域的领军企业,华为已感到"寂寞"。华为"正在本行业逐步攻入无人区,处在无人领航、无既定规则,无人跟随的困境","已感到前途茫茫,找不到方向"。中国重大工程的实践,也面临类似的背景和处境,重大工程迫切需要系统总结过去的实践经验和教训,也更加迫切地呼唤重大工程理论、方法的科学指导,特别是适合中国国情、中国特色和中国情景的理论、方法的科学指导。重大工程如何推动理论创新和实践创新,按照著名管理学家、南京大学盛昭瀚教授的说法是:"究竟是什么样的重大工程管理理论在指导着人们的管理实践却含糊不清,甚至究竟是否存在着这样的重大工程管理理论体系在学术界都没有定论,需要对这一重大学术问题'有个说法'。"

这个说法的关键,在于经世致用,在于理论在实践中的灵活运用。真正的理论和真正的大师,一定在于能够用他自己的思想去实践他的行,或者有人能够实践他的行。王阳明一生学说,核心精华在于"事上磨练""知行合一""致良知",归根到底本质是实践的学说,"知行合一"不但是成圣之道,更是以其发扬通透的"良知"本体实现其伟大事功的"行",是决胜法宝和利器。王阳明的伟大,在于他用他的"三不朽"实践了他的千古知行。马克思《关于费尔巴哈的提纲》"哲学家们只是用不同的方式解释世界,问题在于改变世界",而《共产党宣言》"全世界无产者,联合起来",更是直接改变世界的号角。马克思是伟大的,他既解释了世界,更改变了世界。而重大工程的复杂性管理,是可用来解释世界的局部,而中国工程师所做的和要做的,也是需要利用"这个说法"的理论来进行更好的实践,建造传世项目,改变世界的微观局部。"这个说法",应该能够解释重大工程,更能够简明清澈地用来指导实践重大工程。

重大工程复杂性管理理论、方法的大厦需要建构，需要与时俱进。读完这本书，这些问题可能还是会始终围绕着我们。评价重大工程成功的标准是什么？放到什么样的维度、宏观还是微观、多长的时间跨度来评价重大工程的成功相对合适？影响重大工程成功的关键是什么？如何确保重大工程的成功？什么是复杂性本体的准确定义？复杂性的起点和参照系是什么？如何用复杂性管理理论和思维来驾驭重大工程，确保重大工程的成功？Marcel Hertogh 教授针对欧洲重大工程的案例和学界的理论基础给出了欧洲答案，有些还没有答案，需要进一步深入研究。应该说，Marcel Hertogh 教授的复杂性管理的认识不是终点。而在中国引领世界重大工程实践的巨大舞台上，面向中国重大工程管理实践需求和新技术、新时代、新的复杂国际背景下的新需求，如何新旧结合，开创中国特色的项目管理理论和方法？值得期待和共同努力。我们相信，以中国传统文化精髓为形而上的指导和统领，以现代工程管理实践为基础，融合西方管理学和实证科学基础的新的项目管理体系，有望开创中国特色的项目管理理论和方法，而在此基础上形成的系统复杂性思维也必然会是国家治理和社会治理的良方。

让我们一起去探索重大工程复杂性管理的未知世界吧。

是为译后记。

高星林

于荷兰代尔夫特理工大学

初稿 2020.6.30

修改于 2021.6.18